Photoshop CC für Lightroom-Anwender

Harald Löffler ist ein preisgekrönter Tier- und Landschaftsfotograf, ACE (Adobe Certified Expert) und Lightroom-Anwender der ersten Stunde, der sein Wissen aus über 20 Jahren digitaler Fotografie mit viel Begeisterung in Seminaren und Workshops weitergibt. Unter www.Eye-of-the-Tiger.com erfahren Sie mehr über seine Arbeit.

Anna Laudan ist eine Fine Art-Fotografin aus Hamburg, die für ihre künstlerischen, überwiegend schwarz-weißen Architekturfotos mehrfach international ausgezeichnet wurde. Mehr über Anna Laudans Arbeiten erfahren Sie auf www.anna-laudan-photography.de, oder Sie folgen ihr auf www.facebook.com/annalaudanphotography.

Karsten Rose ist Photoshop-Nutzer seit Version 1, Fotograf, Bildbearbeiter, Dozent und Buchautor verschiedener Photoshop- und Reisebücher. Den Dozenten und Autor Karsten Rose finden Sie unter www.karstenrose.com, den Fotografen und Photoshop-Künstler unter www.kabrun.com.

Zu diesem Buch – sowie zu vielen weiteren dpunkt.büchern – können Sie auch das entsprechende E-Book im PDF-Format herunterladen. Werden Sie dazu einfach Mitglied bei dpunkt.plus[+]:

www.dpunkt.plus

Harald Löffler, Anna Laudan, Karsten Rose

Photoshop CC für Lightroom-Anwender

Der Praxiseinstieg mit Grundlagen und Workshops

Harald Löffler, Anna Laudan, Karsten Rose

Lektorat: Boris Karnikowski
Copy-Editing: Petra Kienle, Fürstenfeldbruck
Satz: III-satz, www.drei-satz.de
Herstellung: Susanne Bröckelmann
Umschlaggestaltung: Helmut Kraus, www.exclam.de
Druck und Bindung: Grafisches Centrum Cuno GmbH & Co. KG, 39240 Calbe (Saale)

Bibliografische Information der Deutschen Nationalbibliothek
Die Deutsche Nationalbibliothek verzeichnet diese Publikation in der Deutschen Nationalbibliografie;
detaillierte bibliografische Daten sind im Internet über http://dnb.d-nb.de abrufbar.

ISBN:
Print   978-3-86490-497-4
PDF   978-3-96088-329-6
ePub 978-3-96088-330-2
mobi 978-3-96088-331-9

1. Auflage 2017
Copyright © 2017 dpunkt.verlag GmbH
Wieblinger Weg 17
69123 Heidelberg

Die vorliegende Publikation ist urheberrechtlich geschützt. Alle Rechte vorbehalten.
Die Verwendung der Texte und Abbildungen, auch auszugsweise, ist ohne die schriftliche Zustimmung des
Verlags urheberrechtswidrig und daher strafbar.
Dies gilt insbesondere für die Vervielfältigung, Übersetzung oder die Verwendung in elektronischen Systemen.
Es wird darauf hingewiesen, dass die im Buch verwendeten Soft- und Hardware-Bezeichnungen sowie Markenna-
men und Produktbezeichnungen der jeweiligen Firmen im Allgemeinen warenzeichen-, marken- oder patent-
rechtlichem Schutz unterliegen.
Alle Angaben und Programme in diesem Buch wurden mit größter Sorgfalt kontrolliert.Weder Autor noch Verlag
können jedoch für Schäden haftbar gemacht werden, die im Zusammenhang mit der Verwendung dieses Buches
stehen.

5 4 3 2 1 0

Inhaltsverzeichnis

Liebe Leserinnen und Leser, ... 9

Einleitung 11

Teil I: Der Photoshop CC-Grundkurs

1 Lightroom oder Photoshop? 15

2 Arbeitsweise und Benutzeroberfläche von Photoshop 21

3 Datei-Workflow 27

3.1 Laden und Speichern in Photoshop............................. 28
3.2 Vor- und Nachteile der wichtigsten Dateiformate.............. 33
3.3 Austausch zwischen Lightroom und Photoshop................... 38
3.4 Unterschiedliche ACR-Versionen in Lightroom und Photoshop.... 44

4 Ein kurzer Exkurs in die Welt des Farbmanagements............ 47

4.1 Wozu brauchen wir Farbmanagement?............................ 49
4.2 Wie funktioniert Farbmanagement? 50
4.3 Was müssen Sie über Arbeitsfarbräume wissen?................. 51
4.4 Wie muss ich die Farbeinstellungen in Photoshop konfigurieren? 56

5 Basis-Werkzeuge und -Funktionen 59

5.1 Navigieren in einem Bild 60
5.2 Tonwertkorrektur.. 63
5.3 Gradationskurven 66
5.4 Freistellen/Beschneiden und Drehen.......................... 69
5.5 Das Protokoll 71
5.6 Bildgröße verändern 72

6 Weitere Werkzeuge und Funktionen 75

6.1 Das Pinselwerkzeug 76
6.2 Retuschewerkzeuge 80
6.3 Auswahlen 92
6.4 Inhaltsbasiertes Skalieren & Füllen......................... 104

7 Ebenen 117

7.1 Was sind Ebenen und wozu dienen sie? 118
7.2 Arbeiten mit Ebenen... 119
7.3 Mischen von Ebenen.. 128
7.4 Arbeiten mit Ebenenmasken................................... 137

8	**Nicht-destruktive Bildbearbeitung**	**147**
	8.1 Arbeiten mit Einstellungsebenen	148
	8.2 Retusche auf eigener Ebene	154
	8.3 Smartobjekte	158
	8.4 Smartfilter	169
	8.5 Bevor Sie weiterblättern	174

Teil II: Die Photoshop CC-Workshops

9	**Workshops Landschaftsfotografie**	**177**
	9.1 Kontrastumfang meistern	178
	9.2 Entfernen von störenden Elementen	213
	9.3 Partielles Aufhellen (Dodge & Burn)	223
	9.4 Doppelbelichtungen	229
	9.5 Rahmen und Text hinzufügen	242

10	**Workshop Architekturfotografie**	**257**
	10.1 Vorüberlegungen und Voraussetzungen	258
	10.2 Bildbearbeitung: mein kompletter Workflow	264
	10.3 Hilfreiche Tricks und Techniken	292
	10.4 Abschließende Arbeiten und Fehlerbehebung	324

11	**Workshops People-Fotografie**	**333**
	11.1 Schnelle Porträtverbesserung	334
	11.2 Schnelle Lookänderung	346
	11.3 Einfache bis komplexe Porträtretuschen	358
	11.4 Beautyretusche mit Nik-Filter	389
	11.5 Hautretusche, Kontrast- und Farbausgleich mit der Frequenztrennung	402
	11.6 Augen betonen	427
	11.7 Alter betonen	440
	11.8 Falten abmildern	452
	11.9 Color Key und Tonung	460
	11.10 Erstellung von Color Lookups	470
	11.11 Analoger Filmlook	494

	Anhang: Die Banane	**525**
	Index	**527**

Liebe Leserinnen und Leser,

vielleicht geht es Ihnen wie mir vor einiger Zeit. Photoshop war für mich zwar der Hauptgrund, auf Adobes Creative Cloud Foto-Abo zu wechseln, aber die Einarbeitung erwies sich als weitaus schwerer als gedacht. Und ein kurzer Kurs half mir eigentlich nur zu erkennen: Photoshop hat mächtige Werkzeuge, und ich möchte sie unbedingt nutzen, weiß aber nicht, wie. Mehr oder weniger intuitives Lernen via Trial & Error wie seinerzeit bei Lightroom funktionierte nicht.

Um diese Zeit herum veröffentlichte Adobe die Zahlen für das abgelaufene Geschäftsjahr — denen zufolge mussten mehrere Leute vor dem gleichen Problem stehen wie ich. Leute, die bislang nur Lightroom genutzt hatten, mehr oder weniger notgedrungen in das Abo-Modell gewechselt haben und nun ratlos vor Photoshop standen. Und das gab für mich den Ausschlag, mit Harald Löffler, Anna Laudan und Karsten Rose als Autoren dieses Praxisbuch für Lightroom-Anwender zu machen, das ganz praxisnah das Arbeiten mit Photoshop erklärt. Die drei sind renommierte Fotografen und Photoshop-Profis und arbeiten zu ganz verschiedenen Genres, die diesem Buch seine thematische Breite geben: Landschafts-/Natur-, Architektur- und Porträtfotografie. Jeder der drei bringt in dieses Buch neben Wissen und handwerklchem Können auch wichtige Techniken und Herangehensweisen bei der Arbeit mit Photoshop ein. Indem Sie den dreien durch ihre Workshops folgen, lernen Sie Photoshop sehr genau kennen und, noch wichtiger: verstehen.

Allerdings empfehle ich Ihnen unbedingt, das Buch chronologisch durchzuarbeiten. Widerstehen Sie der Versuchung, gleich mit den Workshops loszulegen. Arbeiten Sie erst den Grundkurs von Harald Löffler durch, dann seinen Workshop über Photoshop in der Landschaftsfotografie, dann Anna Laudans Workshop zur künstlerischen Bearbeitung von Architekturfotografie und schließlich Karsten Roses Tutorials zur Porträtretusche. Gehen Sie auch hier der Reihenfolge nach vor. Die drei großen Workshopblöcke sind nach Schwierigkeitsgrad angeordnet. Hier lernen Sie nur noch Bearbeitungstechniken, aber keine Grundlagen mehr. Anna Laudan geht davon aus, dass Sie das Arbeiten mit Ebenen beherrschen. Und bei Karsten Rose werden Sie keine Einführung in die Retuschewerkzeuge mehr finden.

Die Übungsbilder zu den Workshops finden Sie auf unserer Website, unter dem URL *www. dpunkt.de/ps4lr*. In dem dort unter *Downloads* verlinkten Zip-Archiv finden Sie Unterordner für jeden Workshop, zu dem es Beispielbilder gibt. Bitte haben Sie Verständnis, wenn die Autoren Ihnen nicht alle im Buch gezeigten Bilder bereitstellen, und dass dieses Bildmaterial nur für private Übungszwecke benutzt und nicht online gestellt werden darf. Bestimmt haben Sie auch eigene Bilder, die Sie stattdessen verwenden können — und vielleicht sogar lieber verwenden wollen.

Lesen Sie sorgfältig, probieren Sie aus, variieren und kombinieren Sie. Und irgendwann mittendrin werden Sie feststellen: Photoshop ist ein großartiges Tool, das Ihnen hilft, aus guten Fotos faszinierende Bilder zu machen. Und es ist gar nicht so schwer, wie Sie anfangs dachten.

Ich wünsche Ihnen viel Spaß und Erfolg beim Arbeiten mit diesem Buch!

Boris Karnikowski (Lektor Fotografie)

Einleitung

»Das ist doch gephotoshoppt!« – Haben Sie sich diesen Satz auch schon öfter anhören müssen, wenn Sie zum Beispiel im Freundes- oder Familienkreis ein besonders schönes oder spektakuläres Foto gezeigt haben? Wir haben ihn leider schon sehr oft gehört. Er kommt in der Hitliste gleich nach: »Tolles Foto, du hast sicher eine richtig teure Kamera!«

Abb. 1   Kein Photoshop im Spiel, auch wenn es meist nicht geglaubt wird.

»Das ist doch *gephotoshoppt*!« – In diesem Satz stecken auch zwei bemerkenswerte Aspekte. Zum einen hat die Fotografie ganz allgemein in den letzten ein bis zwei Jahrzehnten sehr stark an Glaubwürdigkeit verloren. Eine Glaubwürdigkeit, die allerdings schon immer von recht zweifelhafter Gestalt war. Allein durch geschicktes Weglassen (und die Kunst besteht in der Fotografie bekanntermaßen ja vor allem im Weglassen) kann die »Realität« durch ein Foto schon verzerrt werden (und das schon zu Zeiten der analogen Dunkelkammer). Doch noch viel bemerkenswerter finden wir die Tatsache, dass der Name einer Software sich so sehr in unserem Sprachgebrauch festgesetzt hat, dass er von wirklich jedermann verstanden, wenn nicht gar verwendet wird.

»Das ist doch gephotoshoppt!« – Wir haben uns auf jeden Fall angewöhnt, diesen Satz als Kompliment zu verstehen. Heißt es doch in der Regel nichts anderes, als dass ein Foto eine besondere Qualität aufweist. Wodurch diese(s) entstanden ist, sollte letztendlich nachrangig sein, solange man mit dem Foto niemandem ein X für ein U verkauft, sondern ehrlich mit dessen Entstehungsgeschichte umgeht.

»Das ist doch gephotoshoppt!« – Wenn Sie diesen Satz bisher immer zu Unrecht gehört haben und dabei stets mit (etwas) Bedauern dachten: »Ich kann doch gar kein Photoshop«, dann ist dieses Buch genau das richtige für Sie. Wir haben uns die größte Mühe gegeben, den Einstieg in diese faszinierende Software für Sie als Lightroom-Anwender so reibungslos und spannend wie möglich zu gestalten. Dabei verzichten wir bewusst darauf, Ihnen jede auch noch so kleinste Funktion von Photoshop zu vermitteln und beschränken uns ganz bewusst auf diejenigen Funktionalitäten, die für Sie als Fotograf relevant sind und Ihre Arbeit mit Lightroom ergänzen und bereichern.

Wir hoffen, Sie haben genauso viel Spaß bei der Lektüre dieses Buchs und beim »Photoshoppen«, wie wir beim Schreiben und Gestalten hatten. Vielen Dank für Ihr Vertrauen in unsere Arbeit!

An dieser Stelle möchten wir uns auch ganz besonders bei unserem Lektor Boris Karnikowski für seine Geduld, Anregungen und Unterstützung bedanken!

Und zu guter Letzt gilt unser Dank natürlich unseren Partnern und Partnerinnen, die so manchen Abend oder das ganze Wochenende auf uns verzichten mussten, wenn wir, statt gemeinsam die Freizeit zu verbringen, mit unserem Textverarbeitungsprogramm »verheiratet« waren!

Harald Löffler, Anna Laudan & Karsten Rose

Der Photoshop CC-Grundkurs

von Harald Löffler

1
Lightroom oder Photoshop?

Spätestens mit der Einführung des Creative-Cloud-Foto-Abos hat Adobe viele Lightroom-Anwender nicht nur vor die Entscheidung gestellt, ob sie den Einstieg in die Welt von Photoshop wagen sollen, sondern auch bei welchen Fotos und für welche Bearbeitungsschritte besser die eine oder die andere Software zum Einsatz kommen sollte. Schließlich sind viele der wichtigsten Bearbeitungsfunktionen wie z.B. Kontrast, Sättigung, Tonwertkorrektur etc. in beiden Programmen vorhanden. Und auch schon bei der Markteinführung von Adobe Photoshop Lightroom, wie die Software eigentlich korrekt heißt, hat Adobe durch diese Namensgebung eher für Verwirrung als für Klarheit gesorgt.

Wir wollen an dieser Stelle nicht in die vielfach geführte Grundsatzdiskussion mit einsteigen, welches der beiden Programme denn das einzig richtige Bildbearbeitungsprogramm sei, sondern anhand unseres in der Praxis erprobten Workflows aufzeigen, wie Sie die jeweiligen Stärken der beiden Programme optimal nutzen und dabei die nicht zu verschweigenden Schwächen oder Nachteile gekonnt umschiffen können.

Ohne hier auf die Details eingehen zu wollen, sehen wir Lightroom als die derzeit ideale Lösung für alle Fotografen (vom Hobby- bis zum Berufsfotografen) an, um ein umfangreiches Bildarchiv zu *verwalten*. Die einzige Einschränkung ist dabei nur, dass nicht mehrere Nutzer gleichzeitig auf das Bildarchiv zugreifen können. Davon abgesehen unterstützt Lightroom den Fotografen bei fast allen anstehenden Aufgaben vom Einlesen der Bilder über das Organisieren, Katalogisieren sowie die effiziente Bearbeitung und ermöglicht dabei einen reibungslosen *Workflow* bis hin zur hochwertigen Ausgabe, z.B. als Fine-Art-Print mittels entsprechendem eigenen Drucker, als skalierte TIFF-Datei für die Weiterverwendung in einem Layout oder direkt über das Buchmodul in Form eines High-End-Fotobuchs von Blurb (leider ist dabei auch der Preis High-End).

Vor allem die nicht-destruktive Bearbeitung der Bilder, bei der stets nur das Original-RAW-Bild und die zugehörigen Bearbeitungsschritte als »Text-Protokoll« (und damit vom Speicherplatz her vernachlässigbar) Platz auf dem Speichermedium belegen, stellt dabei einen großen Vorteil dar. Zwar hört man heutzutage schnell das Argument, dass Speicherplatz nichts mehr kostet, doch eine adäquate TIFF- oder PSD-Version (ProPhoto RGB, 16 Bit, aber ohne Ebenen) belegt meist den drei- bis vierfachen Platz der zugrunde liegenden RAW-Datei. Das bedeutet also, dass sich für die Speicherung der zusätzlichen TIFF-Dateien ein insgesamt ca. fünffacher Speicherplatzbedarf ergibt. Dieser zusätzliche Bedarf fällt natürlich nicht nur für die Speicherung des Bildarchivs an, sondern auch für die mindestens zwei – besser drei – Sicherungskopien, die jedem, der an seinen kostbaren Bildern und sonstigen digitalen Daten hängt, unbedingt zu empfehlen sind. Denn die Frage, *ob* eine Festplatte (oder Solid State Disk) ihren Dienst quittieren könnte, stellt sich nicht. Es ist immer nur die Frage, *wann* dies geschehen wird!

Dass durch den Verzicht auf eine zusätzliche Bitmap-Version in Form einer JPEG-, TIFF- oder PSD-Datei erheblicher Speicherplatz eingespart wird, ist allerdings nicht der einzige Vorteil der Bildbearbeitung in Lightroom. Auch dass die Bearbeitungsschritte zu jeder Zeit und ohne jeglichen Qualitätsverlust wieder verändert oder rückgängig gemacht werden können, ist ein Mehrwert, an den man sich schnell gewöhnt hat und auf den man nur ungern wieder verzichten möchte. Zwar ist schon seit längerem auch in Photoshop eine nicht-destruktive Arbeitsweise möglich, doch dreht sich in diesem Fall der o.g. Vorteil der Speicherplatzersparnis schnell ins Gegenteil um. So wird hier aus einer moderaten RAW-Datei mit knapp 7 MB durch eine etwas intensivere, nicht-destruktive Bearbeitung in Photoshop leicht eine Datei mit 340 MB. Und damit wäre auch schon ein erster Hinweis auf die Beantwortung obiger Frage geliefert: Es macht wohl eher keinen Sinn, jedes einzelne aufgenommene Foto einmal durch Photoshop zu jagen und als speicherverschlingendes 16 Bit-TIFF-Ungeheuer abzuspeichern.

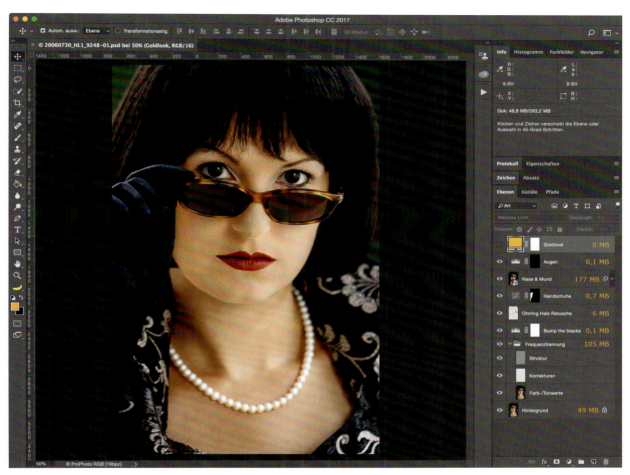

Abb. 1.1   In der Ebenenpalette im rechten Teil des Screenshots sehen Sie, wo der enorm größere Speicherplatz einer Photoshop-Datei mit 338 MB gegenüber der RAW-Datei mit nur 6,8 MB herrührt.

Hinzu kommt, dass die Bearbeitung mit Lightroom bei größeren Mengen an Bildern in jedem Fall weit effizienter abläuft als in einem herkömmlichen Bildbearbeitungsprogramm wie Photoshop, da bei Letzterem jedes Bild separat geöffnet und gespeichert werden muss und auch beim Bearbeiten viele Funktionen nur über extra Dialoge ablaufen, die den Arbeitsfluss verlangsamen. Und auch das schnelle Übertragen von Bearbeitungsschritten auf eine beliebige Anzahl weiterer Bilder ist hier nicht möglich. Auf der anderen Seite sind die Möglichkeiten, die Lightroom zum Bearbeiten von Fotos bietet, im Vergleich zu Photoshop noch immer recht bescheiden. Zwar sind mit jeder neuen Version von Lightroom immer mehr nützliche Funktionen hinzugekommen, doch reicht der Funktionsumfang nicht einmal im Ansatz an die Möglichkeiten des unangefochtenen »Platzhirschs« Photoshop heran.

Wie im zweiten Teil des Buchs in zahlreichen Workshops gezeigt wird, ermöglicht erst Photoshop die beeindruckenden Ergebnisse, die ohne die umfangreichen Retusche- und Composing-Funktionen so gar nicht oder nur durch erheblichen Mehraufwand beim Shooting möglich wären.

Wie also sollte demnach ein idealer Workflow zur Kombination der beiden Anwendungen aussehen? Eine erste Voraussetzung ist es sicherlich, Lightroom zur zentralen Verwaltungsinstanz für das eigene Bildarchiv zu machen. Darüber hinaus ist es von Vorteil, alle nötigen Bearbeitungsschritte so weit wie möglich in Lightroom zu erledigen, um die oben beschriebenen Vorteile möglichst vollständig ausnutzen zu können. Auch wird es sicher – wie weiter oben schon angeführt – nicht nötig und auch nicht sinnvoll sein, jedes einzelne Foto einer intensiven Photoshop-Behandlung zu unterziehen. Wann immer aber ein Foto es einerseits wert ist, dass man sich in der Bearbeitung intensiver mit ihm auseinandersetzt und daher Zeit und Speicherplatz investieren möchte, und zum anderen z. B. aufwendigere Retuschearbeiten erforderlich sind, wird der Weg automatisch zu Photoshop führen. Selbstverständlich sollten die dabei entstehenden Master-Dateien anschließend wieder nach Lightroom zurückwandern, damit auch sie von der Katalogisierung und den damit verbundenen Suchmöglichkeiten profitieren. Zum Glück lassen sich die beiden Anwendungen, wie im Abschnitt »Austausch zwischen Lightroom und Photoshop« ab Seite 38 ausführlich beschrieben, hierfür ideal kombinieren und ermöglichen so einen reibungslosen Workflow.

Zu den am besten in Lightroom durchzuführenden Bearbeitungsschritten zählen neben den Funktionen des Grundeinstellungen-Panels, den Objektivkorrekturen und den Transformationen insbesondere auch das Eingabeschärfen und die Rauschreduzierung im Details-Panel sowie alle (lokalen) Korrekturen, bei denen Sie *nach Ihrer Erfahrung* in Lightroom schneller zu einem hochwertigen Ergebnis gelangen als in Photoshop. So geht es in Lightroom z. B. mithilfe eines Verlaufsfilters deutlich einfacher und schneller, die Ecke eines Bilds abzudunkeln, als dies mit Photoshop möglich wäre. Das Entfernen von unerwünschten Elementen in einem Bild ist dagegen mit den verschiedenen mächtigen Werkzeugen in Photoshop viel leichter, als sich in Lightroom mit der (oft bescheidenen) Bereichsreparatur herumzuärgern.

Etwas anders ausgedrückt sollten Sie das Bild in Lightroom soweit vorbereiten, dass es in Bezug auf den Weißabgleich, die Tonwerte (Helligkeit, Kontrast etc.), die Rauschreduzierung und das Eingabeschärfen Ihren Vorstellungen entspricht.

Was das Beschneiden bzw. Freistellen des Bilds betrifft, sollten Sie gut abwägen, ob Sie diesen Schritt schon vor der Bearbeitung in Lightroom vornehmen wollen. Stellen Sie sich dazu folgende Situation vor: Sie haben ein Foto im Seitenverhältnis 3:2, das Sie unbedingt in Photoshop noch aufwendig retuschieren und veredeln wollen. Da Sie bei der Aufnahme etwas Luft um das eigentliche Motiv gelassen haben, beschneiden Sie es nun ein Stück, ebenfalls noch im Seitenverhältnis 3:2. Dieses Bild bearbeiten Sie anschließend zwei bis drei Stunden in Photoshop und speichern es dann zurück nach Lightroom. Sollten Sie dieses Bild zu einem späteren Zeitpunkt dann z. B. gerne als Cover für ein neues Fotobuch verwenden wollen, bekommen Sie evtl. das Problem, dass das Coverformat nach einem 4:3-Bild verlangt. Das unbeschnittene Originalbild hätte auch einen 4:3-Ausschnitt erlaubt, ohne dass Teile des Motivs beschnitten worden wären. Die aufwendig bearbeitete Photoshop-Datei lässt dies aber leider nicht mehr zu. Nun bleibt Ihnen nur die Wahl eines anderen Bilds für das Cover oder die zeitintensive Neubearbeitung des Originals.

Aus diesem Grund sollten Sie mit dem Zuschneiden besser bis zum Schluss warten und in Photoshop die unbeschnittene Version bearbeiten. Ein weiterer Vorteil dabei ist, dass Sie so die Möglichkeit haben, die evtl. benötigten verschiedenen Seitenverhältnisse einfach, platzsparend und schnell über virtuelle Kopien in Lightroom anzulegen, und dabei für jedes gewünschte Seitenverhältnis die maximal mögliche Bildauflösung zur Verfügung haben.

Abb. 1.2   Die auf das Format 3:2 beschnittene Version lässt keinen zufriedenstellenden 4:3-Ausschnitt mehr zu.

Abb. 1.3   Das unbeschnittene Original lässt dagegen einen 4:3-Ausschnitt zu.

Es versteht sich somit eigentlich von selbst, dass auch der Lightroom-Effekt *Vignett. nach Freistellen* ebenfalls erst auf die fertige Photoshop-Datei angewandt werden sollte.

In den Workshops des zweiten Buchteils werden wir den skizzierten Workflow mittels Beispielen aus der Praxis noch ausführlicher demonstrieren.

2

Arbeitsweise und Benutzeroberfläche von Photoshop

Lightroom-Anwender sind es normalerweise nicht gewohnt, dass sie das Ergebnis ihrer Arbeit in irgendeiner Form abspeichern müssen, um es dauerhaft zu erhalten. Was bei der Arbeit mit Standardsoftware wie Textverarbeitung, Tabellenkalkulation u.Ä. selbstverständlich ist (kaum ein Anwender der am meisten verbreiteten Textverarbeitung auf dem Markt kommt ohne den regelmäßigen Griff zur Tastenkombination Strg-S aus), kennt man von Lightroom so bislang nicht. Zwar müssen Bilder zuerst mehr oder weniger aufwendig importiert werden, bevor sie von Lightroom verwaltet und bearbeitet werden können. Ein explizites Abspeichern ist dagegen niemals nötig.

Photoshop folgt im Gegensatz dazu dem klassischen Dokument-Modell, wie Sie es von den oben beschriebenen Standardanwendungen bereits kennen dürften. Um ein Originalbild in Photoshop bearbeiten zu können, muss es zuvor – ähnlich wie ein bestehender Text in einer Textverarbeitung – geladen werden. Nach der erfolgreichen Bearbeitung wird es dann in einer neuen Datei, sprich unter einem neuen Dateinamen, abgespeichert. Durch den neuen Dateinamen wird sichergestellt, dass die Originaldatei (z.B. ein JPEG direkt aus der Kamera) nicht überschrieben wird und damit unwiederbringlich verloren wäre.

Darüber hinaus arbeitet Photoshop von Haus aus pixelbasiert, d.h., bei der Bearbeitung von Bildern werden in erster Linie vorhandene Pixel im Bild direkt verändert sowie mit neu erzeugten oder kopierten Pixeln überlagert. Dies geht wie im vorherigen Abschnitt bereits beschrieben mit größerem Speicherplatzbedarf einher, denn es werden nicht wie bei der nicht-destruktiven Bildbearbeitung in Lightroom nur die eingestellten Parameter der einzelnen Bearbeitungsfunktionen mit minimalstem Speicherplatzbedarf abgespeichert, sondern stets alle vorhandenen und veränderten Pixel.

Zwar ist auch in Photoshop, wie bereits erwähnt, eine nicht-destruktive Bildbearbeitung möglich, sodass ähnlich wie in Lightroom die früheren Bearbeitungsschritte zurückgenommen oder verändert werden können. Jedoch geht dies, wie auch im Screenshot im vorherigen Kapitel zu sehen, zum Teil (insbesondere beim Einsatz von Smartobjekten) zu Lasten der Dateigröße. Diesem Speicherplatzbedarf gegenüber stehen nahezu unerschöpfliche Möglichkeiten bei der Bildbearbeitung, Retusche und dem Composing, also dem Kombinieren mehrerer Bildelemente zu einem Gesamtkunstwerk, die so nur mit Photoshop zu realisieren sind.

Für den Einstieg in diese Welt der ungeahnten Möglichkeiten wollen wir uns zuerst einmal die Benutzeroberfläche von Photoshop näher anschauen und die wichtigsten Hilfsmittel (Paletten/Fenster) für die spätere Arbeit zusammenstellen und anordnen. Im Gegensatz zu Lightroom besteht Photoshop nicht aus einzelnen Modulen, sondern aus einem einzigen Fenster, in dem sich fast das gesamte Geschehen abspielt. Die meisten Elemente der Benutzeroberfläche lassen sich ein- und ausblenden, fast beliebig verschieben, gruppieren sowie anordnen. Das Ergebnis dieser Konfiguration können Sie unter einem beliebigen Namen abspeichern, sodass für verschiedene Aufgaben die jeweils passende Konfiguration erstellt und schnell aufgerufen werden kann. Dieses Hauptfenster wird bei verschiedenen Bearbeitungsfunktionen durch zusätzliche Dialoge (Fenster) ergänzt.

Arbeitsweise und Benutzeroberfläche von Photoshop 23

Abb. 2.1 Übersicht: Die Elemente der Photoshop-Benutzeroberfläche

Zentrales Element ist die eigentliche Arbeitsfläche, die vom zu bearbeitenden Foto ausgefüllt wird und auf der sich die direkte Arbeit am Foto abspielt. Um sie herum lassen sich die weiteren Elemente der Benutzeroberfläche anordnen. Standardmäßig kommt Photoshop auch schon mit einer vorkonfigurierten Auswahl und Anordnung der Paletten auf Ihren Rechner, doch leider ist diese nicht so sehr an den realen Bedürfnissen von uns Fotografen ausgerichtet, sodass wir sie im Folgenden erst einmal anpassen müssen. Doch zuvor wollen wir uns noch die weiteren Elemente näher anschauen.

Am linken Rand befindet sich die Werkzeugleiste mit allen zentralen Werkzeugen, die nicht über eigene Dialoge gesteuert werden, sondern direkt zur Bearbeitung des Fotos sowie zur Navigation (Ein- und Auszoomen, Verschieben des gezoomten Ausschnitts) innerhalb der Arbeitsfläche dienen. Falls die Werkzeuge bei Ihnen in zwei Spalten angeordnet sind und Ihr Bildschirm hoch genug ist, können Sie über einen Klick auf den kleinen Doppelpfeil am oberen Rand der Werkzeugleiste in den einspaltigen Modus umschalten und so wertvollen Bildschirmplatz für die wichtigere Arbeitsfläche schaffen.

Am oberen Rand befindet sich die Optionsleiste. Ihr Inhalt verändert sich je nach ausgewähltem Werkzeug aus der Werkzeugleiste. In der Optionsleiste können Sie das aktuell ausgewählte Werkzeug konfigurieren und so sein spezielles Verhalten beeinflussen. Haben Sie z. B. das Pinselwerkzeug aktiviert, so können Sie hier u.a. die Breite bzw. Größe des Pinsels oder dessen Deckkraft verändern. Aber auch Zusatzfunktionen zum aktivierten Werkzeug finden sich für manche Werkzeuge in diesem Bereich wieder. So ist in der vorangestellten Übersicht z.B. das Verschieben-Werkzeug aktiviert, mit dem sich einzelne Elemente (Ebenen) im Bild verschieben lassen. Als Zusatzfunktionen finden Sie in der Optionsleiste für dieses Werkzeug auch Funktionen, um mehrere Elemente aneinander auszurichten oder gleichmäßig über das Bild zu verteilen.

Obwohl sich alle Leisten und Paletten der Benutzeroberfläche beliebig anordnen lassen, werden die meisten Photoshop-Anwender die beiden gerade vorgestellten Bereiche wohl an ihren Standardpositionen belassen. Für den Palettenbereich am rechten Bildschirmrand dürfte es hingegen so viele verschiedene Varianten wie Photoshop-Anwender geben, da jeder hier seine eigenen Präferenzen hat und die ausgewählten und angezeigten Paletten auch stark davon abhängen, welche Aufgaben man häufig in Photoshop zu erledigen hat. Ein Anwender, der sehr oft Texte in seinen Photoshop-Dokumenten benötigt, wird sicher die dafür nötigen Paletten dauerhaft anzeigen lassen. Ein reiner Bildbearbeiter wird diese so gut wie nie benötigen und sie deshalb bei Bedarf nur kurz aufrufen.

Damit Sie für alle Beispiele und Workshops dieses Buchs bestens gerüstet sind, haben wir in der Übersicht alle wichtigen Paletten für Sie als empfohlene Startkonfiguration angeordnet. Wie Sie selbst zu dieser Konfiguration kommen, zeigen wir Ihnen im folgenden Abschnitt.

Zu Beginn sollten Sie sich über das Menü *Fenster* alle folgenden Paletten anzeigen lassen, sofern diese nicht sowieso schon angezeigt werden:

- Absatz
- Ebenen
- Eigenschaften
- Farbfelder
- Histogramm
- Info
- Kanäle
- Navigator
- Pfade
- Protokoll
- Zeichen

Nun können Sie damit beginnen, die einzelnen Paletten an ihre Zielposition zu befördern. Dazu greifen Sie mit dem Mauszeiger den Palettenkopf (die Namensbeschriftung oben links) und ziehen die Palette mit gedrückt gehaltener linker Maustaste an die gewünschte Stelle im Palettenbereich. Hierbei sind zwei Varianten zu unterscheiden, die in den folgenden beiden Screenshots verdeutlicht werden sollen.

Variante 1: Wenn Sie die Palette zwischen zwei anderen Paletten oder am oberen bzw. unteren Rand platzieren wollen, bewegen Sie diese Palette an die gewünschte Stelle, bis eine blaue Linie zwischen den Zielpaletten bzw. am oberen oder unteren Rand erscheint, und lassen nun die Maustaste los.

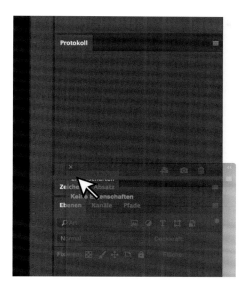

Abb. 2.2 Variante 1

Variante 2: Wenn Sie eine Palette einer anderen Palette oder einer bestehenden Gruppe von Paletten als weiteren »Reiter« hinzufügen möchten, dann bewegen Sie diese Palette auf den Palettenkopf (»Reiter«) der Ziel-Palette, bis ein blauer Rahmen um den Zielbereich erscheint, und lassen nun die Maustaste los.

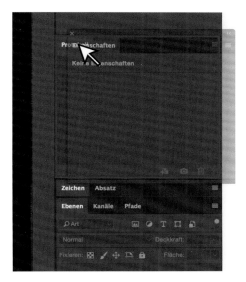

Abb. 2.3 Variante 2

In beiden Fällen spielt es keine Rolle, ob die beteiligten Paletten geöffnet (komplett sichtbar) oder geschlossen (nur der Palettenkopf ist sichtbar) sind. Um eine Palette zu öffnen oder zu schließen, genügt jeweils ein Doppelklick auf den Palettenkopf.

Gehen Sie nun auf die soeben beschriebene Weise vor, um Ihre Paletten gemäß unserer Empfehlung anzuordnen. Selbstverständlich können Sie die Anordnung jederzeit nach Ihren eigenen Vorlieben anpassen. Aber falls Sie noch keine konkrete Vorstellung davon haben, welche Paletten Sie später häufiger benötigen und wie Sie sie gerne anordnen möchten, stellt unser Vorschlag einen guten Startpunkt dar.

Sobald alle Paletten an Ort und Stelle sind, können Sie das Ergebnis sichern, sodass Sie es in Zukunft jederzeit schnell wiederherstellen können. Klicken Sie dazu auf den Knopf ganz rechts oben neben der Lupe. Es erscheint das folgende Kontextmenü:

Abb. 2.4 Sichern des Arbeitsbereichs unter einem neuen Namen

Rufen Sie die Funktion *Neuer Arbeitsbereich...* auf und geben Sie Ihren Einstellungen einen aussagekräftigen Namen. Setzen Sie zusätzlich noch wie im folgenden Beispiel die drei Haken und klicken Sie zuletzt auf *Speichern*.

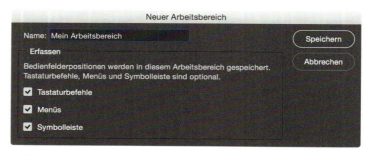

Abb. 2.5 Dialog zum Sichern des Arbeitsbereichs

Ihr Arbeitsbereich erscheint nun unter dem gewählten Namen ebenfalls im Kontextmenü, sodass Sie ihn jederzeit »auf Knopfdruck« wiederherstellen können.

Wenn Sie ganz genau aufgepasst haben, wird Ihnen schon aufgefallen sein, dass wir den in der Übersicht gekennzeichneten Infobereich bislang noch außen vor gelassen haben und Sie diesen momentan wahrscheinlich auch nicht sehen können. Er wird erst angezeigt, wenn Sie ein Bild geöffnet haben. Wie dies funktioniert, erfahren Sie im nächsten Kapitel. An dieser Stelle wollen wir der Vollständigkeit halber noch erwähnen, dass Sie die Information, die im Infobereich angezeigt wird, durch einen Klick auf den kleinen Pfeil am rechten Rand des Infobereichs auswählen können.

3
Datei-Workflow

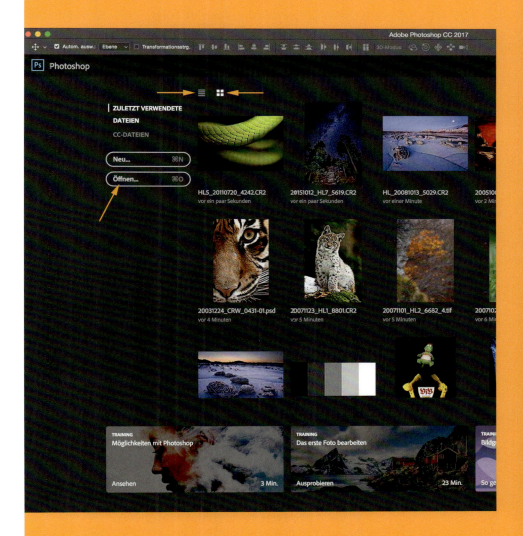

3.1 Laden und Speichern in Photoshop

Wie im vorherigen Kapitel bereits ausführlich beschrieben, handelt es sich bei Photoshop um eine Anwendung, die dem Dokument-Modell folgt, was nichts anderes bedeutet, als dass jedes zu bearbeitende Bild zuerst geöffnet (geladen) und zum Sichern der Bearbeitungsschritte wieder gespeichert werden muss. Beim ersten Speichern sollten Sie einen neuen Dateinamen vergeben, um Ihre unveränderte Originaldatei nicht zu überschreiben.

Für den Dateinamen einer bearbeiteten Datei empfiehlt es sich, den Originalnamen zu behalten und ein möglichst immer gleiches Kürzel daran anzuhängen. Dadurch können Sie zu jeder Zeit die Originaldatei zu einer bearbeiteten Version wiederfinden, auch wenn diese sich nicht mehr im selben Ordner befinden.

Aus *20170401_HL9_4711.jpg* wird somit z.B. *20170401_HL9_4711-01.psd*, wobei hier *-01* als Kürzel die erste Version dieser Datei kennzeichnet und *.psd* für das Photoshop-eigene Dateiformat steht, auf das wir im folgenden Kapitel noch näher eingehen werden. Viele Photoshop-Anwender verwenden für ihre bearbeiteten Bilder auch das Kürzel *-bearbeitet*, was zwar zu etwas längeren Dateinamen führt, aber auch für Außenstehende sofort verständlich ist. Letztendlich bleibt es natürlich Ihnen überlassen, was Ihnen als Kürzel am besten zusagt. Für einen guten Workflow sollten Sie nur darauf achten, dass Sie nach einem einheitlichen Schema vorgehen.

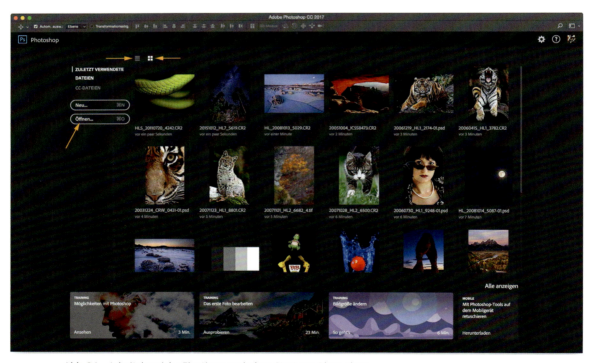

Abb. 3.1 Arbeitsbereich »Einstieg« nach dem Start von Photoshop

Für den direkten Austausch von Bildern zwischen Lightroom und Photoshop (d.h. zum Laden von Bildern aus Lightroom nach Photoshop und zum Speichern der Bearbeitungen von dort zurück nach Lightroom) müssen Sie sich um dieses Thema nur einmal kümmern. Danach läuft alles automatisch im Hintergrund für Sie ab. Die hierfür nötigen Einstellungen und das konkrete Vorgehen zum Austausch behandeln wir im Abschnitt zum »Austausch zwischen Lightroom und Photoshop« ab Seite 38. An dieser Stelle soll es erst mal um das autonome Arbeiten mit Photoshop gehen.

Standardmäßig ist Photoshop CC so konfiguriert, dass Ihnen nach dem Start der Anwendung oder wann immer Sie kein Bild geöffnet haben, der Arbeitsbereich »Einstieg« angezeigt wird, in dem Sie neben der Anzeige der zuletzt geöffneten Dateien (als Dateiliste oder in Thumbnail-Form) auch einen Button zum Öffnen beliebiger Dateien finden. Dieser hat die gleiche Funktion wie der Menüpunkt *Datei → Öffnen...* und ruft den Standard-Dateidialog Ihres Betriebssystems auf, den Sie so aus zahlreichen anderen Anwendungen kennen dürften.

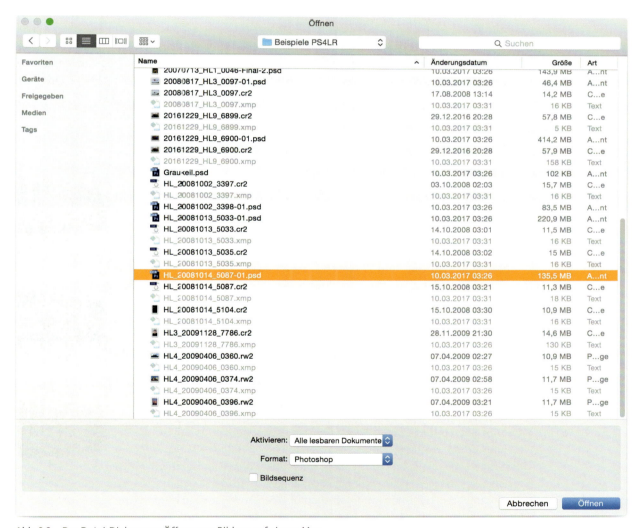

Abb. 3.2 Der Datei-Dialog zum Öffnen von Bildern auf einem Mac

In diesem Dialog können Sie eines oder auch mehrere Bilder auswählen, die dann anschließend zur Bearbeitung in Photoshop geöffnet werden. Jedes geöffnete Bild wird dabei im oberen Teil der Benutzeroberfläche durch einen Reiter repräsentiert, welcher als Beschriftung den zugehörigen Dateinamen trägt. Über das kleine x im Reiter lässt sich die Datei dann wieder schließen. Ein evtl. vorhandenes Copyright-Zeichen vor dem Dateinamen weist darauf hin, dass es sich laut IPTC-Metadaten des Bilds um ein urheberrechtlich geschütztes Foto handelt. Darüber hinaus gibt der Text des Reiters noch Auskunft über die aktuelle Zoomstufe, die aktuell ausgewählte Ebene (sofern die Datei nicht nur aus einer einzelnen Hintergrundebene besteht), den Farbmodus (z. B. RGB oder CMYK) sowie die Farbtiefe der Datei (in der Regel 8 oder 16 Bit).

Abb. 3.3 Zwei Reiter mit zwei geöffneten Bildern

Neben dem gerade beschriebenen Weg haben Sie darüber hinaus die Möglichkeit, eines oder mehrere Bilder (z. B. aus dem Windows Explorer oder dem Mac Finder) per Drag & Drop auf die Photoshop-Oberfläche zu öffnen. Solange dabei aktuell noch kein Bild in Photoshop geöffnet ist, können Sie die Maustaste an jeder beliebigen Stelle innerhalb der Arbeitsfläche loslassen. Sind aber bereits Bilder geöffnet, so können Sie die neu zu öffnenden Bilder nur im leeren Teil des Reiterbereichs oberhalb der Arbeitsfläche fallen lassen (sonst würden die zu öffnenden Bilder einem Bild hinzugefügt).

> **Hinweis**
> Wenn Sie das mit einer oder mehreren RAW-Dateien machen, werden diese zunächst in Photoshops Entwicklungsmodul Adobe Camera Raw angezeigt. Wenn Sie die Bilder dann in Photoshop öffnen möchten, müssen Sie das durch einen Klick auf *Bild öffnen* bzw. *Bilder öffnen* bestätigen. Allerdings: Haben Sie diese RAWs zuvor bereits in Lightroom entwickelt, werden Sie feststellen, dass diese Bearbeitungen nicht angezeigt werden. Dazu müssen Sie die entwickelten RAWs direkt aus Lightroom an Photoshop übergeben. Mehr dazu erfahren Sie weiter unten ab Seite 38 im Abschnitt »Austausch zwischen Lightroom und Photoshop«.

Sollten Sie in den allgemeinen Voreinstellungen die Option *Arbeitsbereich »Einstieg« anzeigen...* deaktiviert haben, so sehen Sie statt besagtem Arbeitsbereich lediglich eine leere Arbeitsfläche.

Datei-Workflow 31

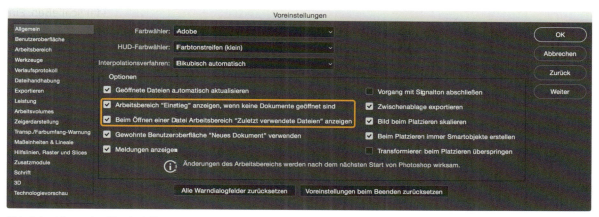

Abb. 3.4 Allgemeine Voreinstellungen

Ein Doppelklick mit der linken Maustaste in diesen leeren Bereich öffnet ebenfalls den Dialog zum Öffnen von Bildern. Sollten Sie zusätzlich noch die Option *Beim Öffnen einer Datei Arbeitsbereich »Zuletzt verwendete Dateien« anzeigen* aktiviert haben, so erhalten Sie sowohl beim ersten Doppelklick auf die leere Arbeitsfläche wie auch beim Aufruf des Menüpunkts *Datei → Öffnen…* zuerst (wie im folgenden Screenshot zu sehen) eine Auflistung aller zuletzt geöffneten Dateien am rechten Rand der Benutzeroberfläche. Dabei handelt es sich um eine verkleinerte Version des Arbeitsbereichs *Einstieg*. Erst ein erneuter Doppelklick auf die leere Arbeitsfläche bringt Sie wieder zum bekannten *Öffnen …*-Dialog.

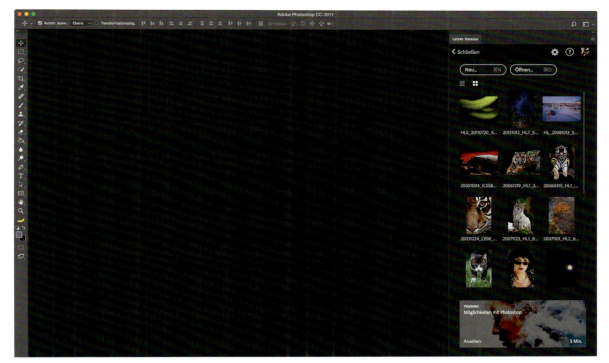

Abb. 3.5 Der Arbeitsbereich »Zuletzt verwendete Dateien«

Bevor wir in den folgenden Kapiteln noch ausführlich auf das Bearbeiten von Bildern eingehen werden, wollen wir für den Moment erst einmal annehmen, dass wir das soeben geöffnete Bild nun bearbeitet hätten und es deshalb gerne speichern würden. Hierzu stehen uns zwei Optionen in Form der beiden Menüpunkte *Datei → Speichern* und *Datei → Speichern unter...* zur Verfügung. Ersterer dient in erster Linie dazu, bereits zuvor umbenannte Bilder direkt und ohne *Speichern*-Dialog unter dem bestehenden Namen abzuspeichern. Dabei wird selbstredend die bestehende Bilddatei mit der aktuellen Version aus Photoshop überschrieben, weshalb Sie diese Option niemals auf Ihre originalen Bilder anwenden sollten, sondern nur auf die Version, die Sie gerade bearbeiten wollen. Wie am Anfang dieses Kapitels beschrieben, sollten Sie Ihre bearbeiteten Dateien stets über den Menüpunkt *Datei → Speichern unter...* mit einem entsprechenden Kürzel versehen.

Der sich öffnende *Speichern*-Dialog entspricht größtenteils ebenfalls dem aus anderen Anwendungen bekannten Standard-Dateidialog Ihres Betriebssystems, enthält aber zusätzlich noch einige sehr entscheidende Optionen.

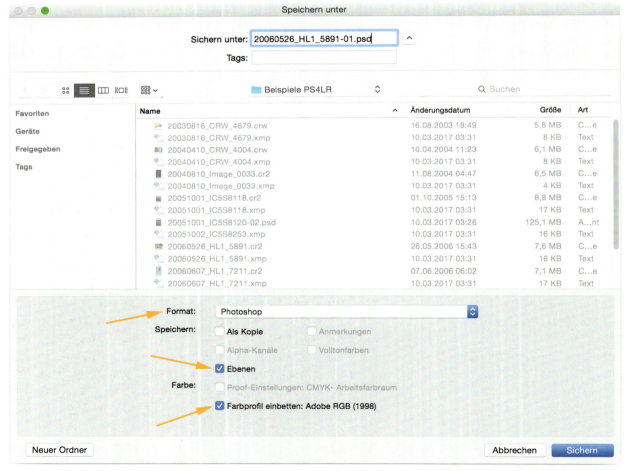

Abb. 3.6   Der »Speichern unter«-Dialog von Photoshop

Von diesen Optionen wollen wir uns an dieser Stelle mit den drei wichtigsten näher beschäftigen. Über die Option *Format* legen Sie das zu verwendende Dateiformat fest. Über die Vor- und Nachteile der einzelnen Formate und welche überhaupt für den Alltag relevant sind, erfahren Sie alles Wissenswerte im nachfolgenden Abschnitt.

Die Option *Ebenen* steht nur bei Dateiformaten zur Verfügung, die das Speichern von Ebenen erlauben, und Sie sollten sie stets aktivieren, sobald Sie bei der Bearbeitung eines Fotos auf Ebenen zurückgegriffen haben (also so gut wie immer) und diese erhalten möchten. Wenn Sie an dieser Stelle noch nicht wissen, was denn mit Ebenen gemeint sein könnte, ist das nicht weiter schlimm. Sie erfahren alles darüber im entsprechenden Abschnitt weiter unten. Für den Moment merken Sie sich am besten nur, dass diese Option so gut wie immer beim Speichern gesetzt sein sollte.

Die mit Abstand wichtigste Option beim Speichern von Bildern finden Sie ganz unten im Dialog: *Farbprofil einbetten*. Sie muss *immer* aktiviert sein! Denn ohne diese Option werden Ihre Bilder ohne ein Farbprofil abgespeichert. Dies führt dazu, dass beim nächsten Öffnen geraten werden muss, in welchem Arbeitsfarbraum/Farbprofil die Farben dieses Bilds zu interpretieren sind. Sie selbst können dieses Ratespiel meist noch erfolgreich lösen, da Sie im Normalfall Ihren bevorzugten Arbeitsfarbraum kennen werden und auch im Zweifelsfall durch Ausprobieren zu einer korrekten Farbdarstellung kommen können. Mehr über Farbprofile und Farbräume erfahren Sie weiter unten im Kapitel »Ein kurzer Exkurs in die Welt des Farbmanagements« ab Seite 47.

Landet ein solches Bild ohne eingebettetes Farbprofil allerdings bei jemand anderem, sorgt es im besten Fall für zusätzlichen Aufwand, da derjenige durch Zuweisen verschiedener Arbeitsfarbräume erraten muss, welcher wohl der gewollten Farbdarstellung entspricht. Im schlimmsten Fall werden z.B. Ihre ProPhoto-RGB-Daten als sRGB interpretiert und der teure Fine-Art-Print vom High-End-Dienstleister taugt anstatt für die Portfolio-Mappe nur für die Rundablage.

3.2 Vor- und Nachteile der wichtigsten Dateiformate

Das Thema »Dateiformate« betrifft den Lightroom-Anwender in der Regel erst dann, wenn Bilder außerhalb von Lightroom benötigt werden, er diese also exportieren muss. Die drei dort zur Verfügung stehenden Dateiformate JPEG, PSD und TIFF (DNG und Original sind an dieser Stelle aus Photoshop-Sicht nicht relevant) sind auch für das Abspeichern in Photoshop mit Abstand die sinnvollsten Optionen. Alle anderen von Photoshop angebotenen Dateiformate, mit Ausnahme des PNG-Formats, sind lediglich für spezielle Anwendungsfälle nötig und gehen, wie z.B. das DICOM-Format für den Medizinbereich, über den Rahmen dieses Buchs hinaus.

Im Folgenden möchten wir Ihnen deshalb die vier relevanten Formate JPEG, PSD, TIFF und PNG mit ihren jeweiligen Vor- und Nachteilen näher vorstellen. Allen gemeinsam ist die Möglichkeit, Farbprofile mit in die Datei einzubetten, was im Sinne einer farbrichtigen Darstellung, wie im vorherigen Abschnitt schon besprochen, unerlässlich ist.

Das PSD-Format ist das Photoshop-eigene Dateiformat und bietet damit die beste Unterstützung, wenn es darum geht, sämtliche Inhalte und spezifischen Funktionen von Photoshop (wie z.B. Ebenen, Smartobjekte und -Filter) in einer Datei zu speichern. Ein daraus resultierender Nachteil ist sicherlich die dabei entstehende Dateigröße, welche teils erheblich größer als beim vergleichbaren TIFF-Format ist.

Auch kann eine PSD-Datei nicht von jedem anderen Programm angezeigt oder geöffnet werden. Die meisten Programme, die überhaupt mit PSD-Dateien umgehen können, benötigen hierzu den Modus *Kompatibilität maximieren* (den Sie beim Abspeichern in Photoshop aktivieren müssen, siehe unten). Dieser geht allerdings noch zusätzlich zu Lasten der Dateigröße, da Photoshop in diesem Fall aus allen vorhandenen Ebenen und Objekten eine zusätzliche Ebene erstellt, welche das Endergebnis der Bearbeitung repräsentiert und natürlich die Datei noch weiter vergrößert. Andere Programme, und dazu zählt auch Lightroom, können zum Anzeigen und Weiterverarbeiten nun diese Kompatibilitätsebene verwenden und müssen daher nicht die Interna des PSD-Formats beherrschen oder gar die Bearbeitungsfunktionen von Photoshop abbilden. Wenn Sie also Bilder in diesem Format in Lightroom importieren wollen, müssen Sie beim Abspeichern in Photoshop die entsprechende Option auswählen. Weitere Einstellungsmöglichkeiten gibt es für das PSD-Format nicht.

Abb. 3.7 Die Option Kompatibilität maximieren beim Abspeichern im PSD-Format

Das PSD-Format verwendet auch keine verlustbehaftete Komprimierung zu Lasten der Bildqualität und ist vor allem für Ihre Master-Dateien, in denen Sie alle Photoshop-Bearbeitungsfunktionen mit maximalem Komfort erhalten wollen, die beste Wahl.

Ähnlich wie das PSD-Format kann auch das TIFF-Format sämtliche Bearbeitungsfunktionen von Photoshop mit abspeichern und für zukünftige Weiterverarbeitung erhalten. Die Dateigröße fällt dabei in der Regel aber um einiges kleiner aus und laut Adobe funktioniert auch der Austausch von Metainformationen (Kameradaten, Stichworte, Copyright-Infos etc.) eventuell effizienter als beim PSD-Format.

Dazu kommt, dass das TIFF-Format ein offener Standard ist, der von nahezu jedem anderen Programm, das mit Fotos zu tun hat, geöffnet und angezeigt werden kann. Es eignet sich damit ideal als Austauschformat, wenn Sie Bilder zur Weiterverarbeitung unabhängig von der verwendeten Software weitergeben wollen.

Das TIFF-Format bietet beim Speichern einige zusätzlich Optionen, deren optimale Einstellung Sie dem folgenden Screenshot entnehmen können.

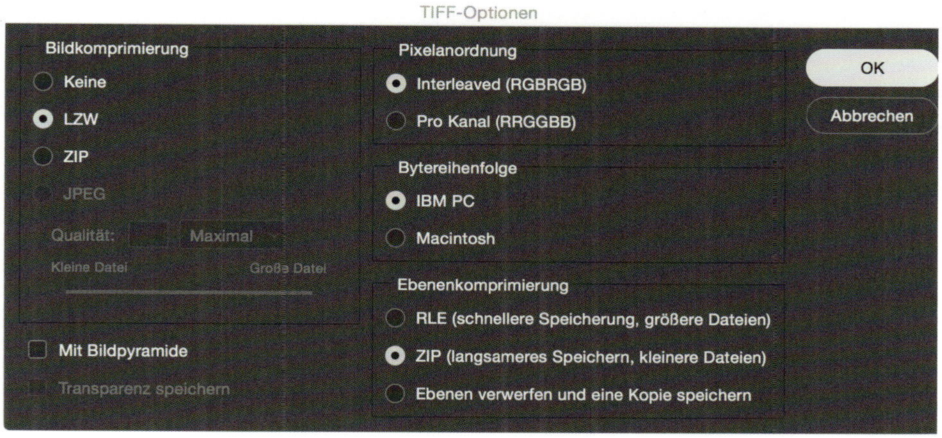

Abb. 3.8 Die Optionen beim Speichern im TIFF-Format

Die entscheidenden Optionen sind hier die Bild- und die Ebenenkomprimierung. Für die Bildkomprimierung hat sich das LZW- ebenso wie das ZIP-Verfahren bewährt, welche nun schon seit vielen Jahren von nahezu jedem anderen Programm problemlos verstanden werden und im Gegensatz zum JPEG-Format nicht verlustbehaftet sind, also keine Einbußen bezüglich der Bildqualität mit sich bringen.

Für die Ebenenkomprimierung können Sie, wie im Dialog beschrieben, zwischen zwei gegensätzlichen Aspekten wählen: Dateigröße und Speicherdauer. Da das Abspeichern in Photoshop seit einiger Zeit im Hintergrund abläuft, können Sie hier getrost die kleineren Dateien favorisieren.

Beim ersten Speichern einer Datei im TIFF-Format und aktivierter Ebenenspeicherung wird Ihnen der folgende Dialog angezeigt, der Sie vor dem zusätzlich benötigten Speicherplatz warnt. Diesen können Sie durch Setzen des entsprechenden Hakens für die Zukunft stummschalten, da Sie beim Speichern mit Ebenen diesen Speicherplatzbedarf ja bewusst in Kauf nehmen, um die Datei mit allen Bearbeitungsfunktionen zu sichern.

Abb. 3.9 Das Speichern von Ebenen hat größere Dateien zur Folge

Das dritte relevante Dateiformat ist das weitverbreitete JPEG-Format. Dieses arbeitet im Gegensatz zu den gerade beschriebenen Formaten mit verlustbehafteter Komprimierung. Das heißt, dass hier zugunsten möglichst kleiner Dateigrößen (eventuell sichtbare) Verluste in der Bildqualität in Kauf genommen werden. Wie stark diese Komprimierung ausfällt, kann von Ihnen beim Abspeichern über den Qualitätsregler der JPEG-Optionen bestimmt werden.

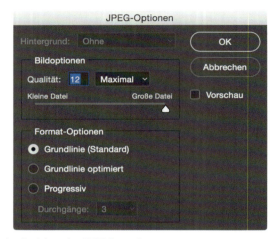

Abb. 3.10   Die Optionen beim Speichern im JPEG-Format

Selbst bei der maximalen Qualitätsstufe von 12 erhalten Sie im JPEG-Format ohne sichtbare Qualitätsverluste deutlich kleinere Dateien als mit den zuvor beschriebenen Formaten. Mit Werten zwischen 9 und 11 sollten Sie in der Praxis auch noch keinen Verlust der Bildqualität erkennen können. Lediglich feine und klar abgesetzte Linien sowie Schriften vor einfarbigen Hintergründen könnten ein wenig beeinträchtigt werden. Die Einstellung müssen Sie daher von Fall zu Fall gezielt auswählen. Die Option *Vorschau* kann Ihnen dabei behilflich sein. Sobald der Haken gesetzt wird, zeigt Ihnen Photoshop rechts im Dialog die resultierende Dateigröße und, wie in Abbildung 3.11 gezeigt, im Arbeitsbereich die Auswirkungen der Komprimierung auf den Bildinhalt an.

Hierzu wurde die Komprimierung einmal auf den schwächsten und einmal auf den stärksten Wert eingestellt, was die Auswirkung auf die Bildqualität in Form von JPEG-Artefakten sehr deutlich zum Ausdruck bringt. Achten Sie vor allem auf die Unterschiede in den weißen und gelben Flächen, dort wo sie an die schwarze Linie anschließen. Neben der Qualität verringert sich aber auch die Dateigröße von 2,9 MB auf 240 KB.

Welchen Kompromiss Sie an dieser Stelle eingehen, bleibt natürlich Ihnen überlassen. Für einen schnellen E-Mail-Versand ist die Dateigröße meist wichtiger als die Bildqualität und für den Upload in einem Fotoportal gilt in der Regel das Gegenteil. In der Praxis werden Sie selten Werte kleiner als 8 benötigen und wenn Sie auf Nummer sicher gehen wollen, wählen Sie einfach 12 aus.

 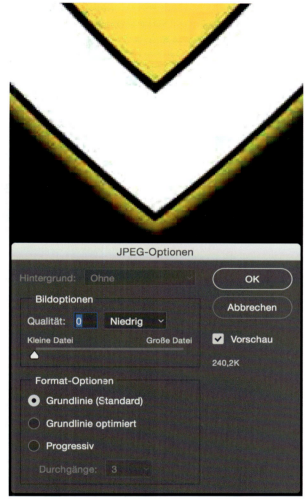

Abb. 3.11 Auswirkungen von unterschiedlich starken JPEG-Komprimierungen

Der geringe Speicherplatzbedarf ist sicher der größte Vorteil des JPEG-Formats, weshalb es vor allem für den Austausch per E-Mail, für Web-Galerien oder für Präsentationszwecke am Beamer oder Fernseher geeignet ist. Auch für die Verwendung in Fotobüchern oder zum Ausbelichten ist das JPEG-Format die ideale und meist auch einzige Wahl, da viele Dienstleister nur JPEG-Dateien akzeptieren. In allen Fällen sollten Sie aber die *Qualität* möglichst auf 12 einstellen, um die maximale Bildqualität zu erhalten.

Doch nun zu den Nachteilen gegenüber den beiden vorherigen Formaten: Das JPEG-Format kann weder die Ebenen und Bearbeitungsfunktionen von Photoshop erhalten, noch kann es Bilder mit einer Farbtiefe von 16 Bit pro Farbkanal abspeichern. Ersteres disqualifiziert es natürlich als Format für Ihre Master-Dateien. Letzteres verhindert leider die Verwendung des Arbeitsfarbraums ProPhoto RGB, welcher nur in Kombination mit einer Farbtiefe von 16 Bit sinnvoll eingesetzt werden kann. Näheres hierzu finden Sie auch im Abschnitt über Farbmanagement sowie im folgenden Abschnitt zum Austausch von Bildern zwischen Photoshop und Lightroom.

Als letztes Dateiformat bleibt an dieser Stelle noch das PNG-Format zu erwähnen. Es ist das einzige hier besprochene Format, das von Lightroom nicht exportiert werden kann. Es ist mit dem JPEG-Format vergleichbar, da es ebenso weder Ebenen etc. noch 16 Bit Farbtiefe unterstützt. Die Komprimierung erfolgt verlustfrei, erzeugt aber entsprechend größere Dateien. Es findet in der Praxis vor allem für den Upload von Bildern auf Facebook Verwendung, da PNG-Dateien im Gegensatz zu JPEG-Bildern von Facebook beim Upload nicht erneut komprimiert werden und dadurch eine bessere Präsentation der Bilder ermöglichen. Die erneute Komprimierung von JPEG-Bildern durch Facebook ist meist so stark, dass die Bildqualität sichtbar darunter leidet.

3.3 Austausch zwischen Lightroom und Photoshop

Der bislang beschriebene, allgemeine Weg zum Öffnen und Speichern von Bildern ging von einer alleinigen Nutzung von Photoshop aus. Darüber hinaus besteht auch die Möglichkeit, Photoshop in Kombination mit Adobe Bridge zu verwenden. Da sich dieses Buch aber gezielt an Lightroom-Anwender richtet, wollen wir an dieser Stelle den in der Praxis wichtigsten Weg zum Arbeiten mit Photoshop ausführlicher beleuchten. Und das ist das Laden von Fotos aus Lightroom heraus nach Photoshop und das Speichern der Bearbeitungen aus Photoshop zurück nach Lightroom.

Damit der Austausch von Bildern zwischen Lightroom und Photoshop reibungslos funktioniert, müssen zum einen die richtigen Einstellungen in Lightroom vorgenommen werden und zum anderen gewisse Voraussetzungen bezüglich der verwendeten Software-Versionen erfüllt sein. Wichtig: In erster Linie wird in diesem Kapitel davon ausgegangen, dass Sie RAW-Dateien aus Ihrer Kamera mit Lightroom verwalten sowie bearbeiten und, wo nötig, zur intensiveren Bearbeitung an Photoshop übergeben. Beim Speichern Ihrer Bearbeitungen in Photoshop entsteht eine sogenannte *Master-Datei*, welche in Pixel-Form (oft auch *Bitmap-Form* genannt) und damit im TIFF- oder PSD-Format abgespeichert wird (mit dem entsprechenden Platzbedarf). Diese Master-Datei wird dann automatisch von Lightroom reimportiert (und neben der RAW-Datei einsortiert). Den Weg für die Übergabe von Bildern, die bereits als Bitmap- oder Pixeldaten (also z.B. JPEG- oder PSD-Dateien) vorliegen, behandeln wir gegen Ende des Kapitels gesondert.

Die Voraussetzung für das reibungslose Zusammenspiel zwischen Photoshop und Lightroom ist, dass Lightroom und Adobe Camera RAW (im Folgenden ACR genannt) auf dem gleichen Stand sind, d.h., die Versionen der beiden Programme müssen die gleiche Zahl nach dem Punkt aufweisen. Lightroom CC 2015.12 (oder 6.12 bei der Kaufversion) benötigt also die ACR-Version 9.12.

Als Abonnent der Creative-Cloud-Version von Photoshop und Lightroom müssen Sie sich um die Kompatibilität der beiden Programme keine Sorgen machen, solange Sie beide immer auf dem gleichen (aktuellen) Stand halten. Für alle Anwender der herkömmlichen Kaufversionen, die zwar z.B. im Besitz einer aktuellen Lightroom-Version 6.x sind, aber eben noch Photoshop CS6 nutzen, erklären wir am Ende dieses Kapitels, worauf Sie bei der Zusammenarbeit unterschiedlicher Versionen achten müssen.

Zuallererst müssen Sie aber die nötigen Voreinstellungen in Lightroom vornehmen. Über den Menüpunkt *Bearbeiten → Voreinstellungen…* (bzw. *Lightroom → Voreinstellungen…* auf dem Mac) gelangen Sie in den entsprechenden Dialog. Im Reiter *Externe Bearbeitung* finden Sie alle Einstellungsmöglichkeiten, welche die Zusammenarbeit mit Photoshop beeinflussen.

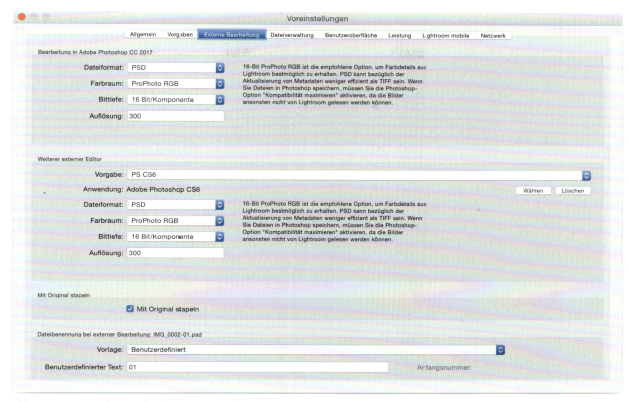

Abb. 3.12 Voreinstellungen für die Zusammenarbeit zwischen Lightroom und Photoshop

Vergewissern Sie sich als Erstes, dass die auf Ihrem Rechner installierte Version von Photoshop im oberen Teil korrekt angezeigt wird. Lightroom wählt hier selbstständig die neueste auf Ihrem Rechner gefundene Version aus. Dies funktioniert in der Praxis recht zuverlässig. Sollte bei Ihnen nicht die passende Version angezeigt werden, so können Sie am schnellsten durch eine Neuinstallation von Photoshop und/oder Lightroom Abhilfe schaffen. In der Praxis ist uns dieses Problem in all den Jahren aber erst ein einziges Mal untergekommen.

Mit den folgenden vier Optionen haben Sie nun die Möglichkeit, das Dateiformat sowie weitere wichtige Einstellungen für die entstehenden Dateien festzulegen. Beim Dateiformat haben Sie die Wahl zwischen TIFF und PSD. Die jeweiligen Vor- und Nachteile haben wir im vorherigen Abschnitt näher besprochen. Unsere Empfehlung lautet, hier das PSD-Format zu verwenden.

Mit dem Farbraum legen Sie vereinfacht gesagt fest, wie viele der sichtbaren und von Ihrer Kamera aufgezeichneten Farben bei der Bearbeitung in Photoshop erhalten bleiben sollen. Zur Verfügung stehen die drei Standardfarbräume sRGB, AdobeRGB und ProPhoto RGB, die Sie noch im Kapitel »Ein kurzer Exkurs in die Welt des Farbmanagements« ab Seite 47 kennenlernen. Wenn Sie die sicherste Variante wählen und auf keinen Fall Sättigung in Ihren Fotos verlieren wollen, wählen Sie wie im Screenshot *ProPhoto RGB* und *16 Bit/Komponente* aus. Falls Sie lieber Speicherplatz sparen wollen (16-Bit-Dateien belegen ca. den doppelten Speicherplatz) und beim

Farbmanagement den einfachsten Weg gehen möchten, dann entscheiden Sie sich am besten für *sRGB* und *8 Bit*. Wir raten Ihnen für Ihre wertvollsten Bilder aber unbedingt zur ersten Variante.

Der Punkt *Auflösung* sorgt immer wieder für eine gewisse Verwirrung, da viele Lightroom-Anwender befürchten, dass sie hiermit die Pixelzahl der mit Photoshop bearbeiteten Bilder beeinflussen. Doch egal, was Sie an dieser Stelle angeben, es werden immer alle Pixel Ihrer RAW-Datei an Photoshop übergeben. Die Angabe in diesem Feld ist lediglich eine Metainformation, die mit Ihrer finalen Photoshop-Datei gespeichert wird und die es Photoshop und anderen Programmen ermöglicht, aus den gegebenen Pixelmaßen eine reale Größe in Zentimeter zu errechnen. In der Praxis wird dabei meistens von 300 ppi ausgegangen, weshalb dieser Wert hier am sinnvollsten ist.

Im unteren Bereich des Dialogs finden Sie weitere wichtige Einstellungen für den Austausch mit Photoshop. Mit dem Häkchen *Mit Original stapeln* können Sie festlegen, ob die von Photoshop geschriebene Datei mit Ihrer Original-RAW-Datei zu einem Lightroom-Stapel zusammengefasst wird oder nicht. Dies ist eine durchaus sinnvolle Erleichterung für Ihren Workflow, da nach der Bearbeitung in Photoshop die Originaldatei eigentlich nur noch selten benötigt wird und damit in einem Stapel hinter der Master-Datei gut aufgehoben ist.

Im untersten Abschnitt können Sie zum Abschluss noch festlegen, unter welchem Dateinamen die Master-Datei abgespeichert wird. Der Speicherort ist stets der gleiche Ordner, in dem auch die originale RAW-Datei liegt. Für die Definition des Dateinamens kommt eine sogenannte Dateinamenvorlage zum Einsatz, die Sie evtl. auch schon von anderen Stellen wie dem Import von Lightroom kennen.

✓ Benutzerdefiniert

Bearbeiten...

Abb. 3.13   Aufrufen des Dateinamenvorlagen-Editors

Durch einen Klick in die entsprechende Dropdownliste und die Option *Bearbeiten*... gelangen Sie in den Editor für die Dateinamenvorlage. Ziel ist es an dieser Stelle, eine Vorlage zu erstellen, die einen beliebigen, von Ihnen später noch zu bestimmenden Text (z. B. das Kürzel *bearbeitet* aus obigem Abschnitt »Laden und Speichern in Photoshop« ab Seite 28) zusammen mit einem Bindestrich als Trennelement an den ursprünglichen Dateinamen anhängt.

Hierzu löschen Sie im Editor zuerst sämtlichen eventuell vorhandenen Text heraus und klicken dann auf *Einfügen* für das Element *Dateiname* (oberste Zeile im Bereich *Bildname*). Sollten Sie nun keinen blinkenden Cursor hinter dem soeben eingefügten Element sehen, so klicken Sie bitte einmal mit der Maus genau hinter dieses Element, sodass der Cursor erscheint. Anschließend tippen Sie auf der Tastatur einen Bindestrich als Trennzeichen ein und schließen die Dateinamenvorlage mit einem Klick auf *Einfügen* für das Element *Benutzerdefinierter Text* im Bereich ganz unten ab. Ihre Vorlage sollte nun so wie im folgenden Screenshot aussehen.

Abb. 3.14 Die fertige Dateinamenvorlage

Durch einen Klick auf die Dropdownliste *Vorgabe* ganz oben im Editor und Aufrufen der Funktion *Aktuelle Einstellungen als neue Vorgabe speichern...* können Sie Ihrer Vorlage im darauffolgenden Dialog einen aussagekräftigen Namen geben und sie dauerhaft abspeichern.

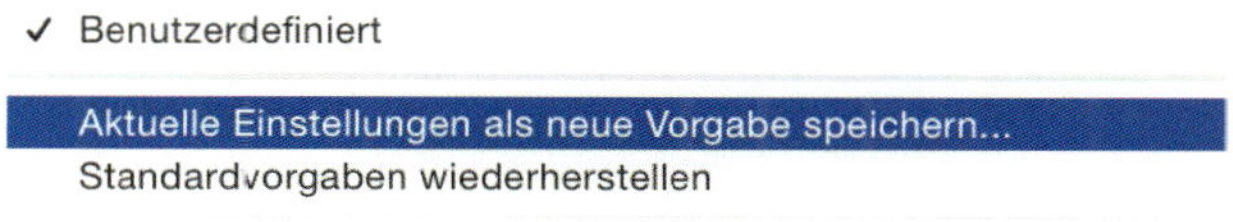

Abb. 3.15 Aufrufen der Funktion zum Speichern der Vorlage

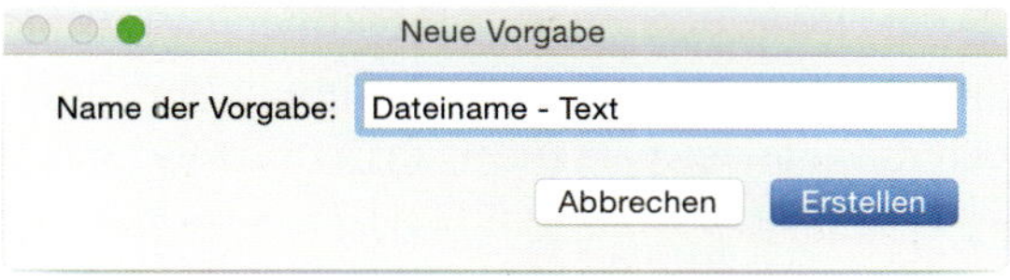

Abb. 3.16 Wählen Sie einen möglichst aussagekräftigen Namen für Ihre Vorlage

Nach einem Klick auf *Erstellen* erscheint der gewählte Name auch im Editor und Sie können diesen mit einem Klick auf *Fertig* verlassen. Nun sollten Ihre Voreinstellungen so wie im folgenden Screenshot aussehen und Sie müssen nur noch das von Ihnen gewünschte Kürzel zum Anhängen an die Dateinamen in das Feld *Benutzerdefinierter Text* eintragen. In unserem Fall wäre dies das Kürzel *01*.

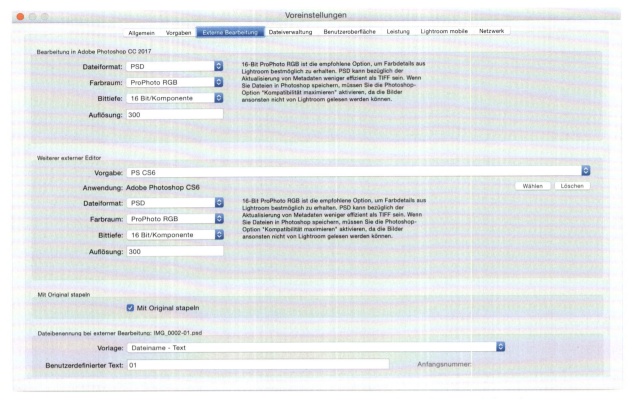

Abb. 3.17 Die finalen Voreinstellungen für den Austausch zwischen Lightroom und Photoshop

Damit wären die Voreinstellungen abgeschlossen und nach dem Schließen des Dialogs sind wir nun dazu bereit, das erste Foto an Photoshop zu übergeben.

Ab hier ist der ganze Vorgang eigentlich sehr einfach (mit Ausnahme der beiden bereits angekündigten und am Ende dieses Kapitels beschriebenen Fälle).

Wählen Sie eines Ihrer RAW-Bilder aus und rufen Sie den Menüpunkt *Foto → Bearbeiten in → In Adobe Photoshop CC 2017 bearbeiten…* auf. Der Versionstext des Menüpunkts hängt natürlich von der bei Ihnen installierten Photoshop-Version ab und kann sich deshalb unterscheiden. Die gleiche Funktion finden Sie auch im zugehörigen Kontextmenü, wenn Sie mit der rechten Maustaste das gewünschte Bild im Filmstreifen oder im Leuchtpult (der Rasteransicht) anklicken. Am schnellsten geht es jedoch mithilfe des passenden Tastenkürzels [Strg]-[E] ([CMD]+[E] auf dem Mac).

Lightroom übergibt nun Ihre RAW-Datei inklusive aller von Ihnen in Lightroom vorgenommenen Bearbeitungen an Photoshop und dieses rendert dann mithilfe von ACR das Bild so, wie es zuvor auch in Lightroom ausgesehen hat. Aus diesem Grund ist es auch, wie bereits weiter vorne beschrieben, so wichtig, dass die installierte ACR-Version zu Ihrer Lightroom-Version passt.

Der Begriff »Rendern« bedeutet hier, dass Photoshop mithilfe von ACR Ihre Lightroom-Bearbeitungen auf die (unbearbeitete) Original-RAW-Datei anwendet und daraus die Version zur Weiterbearbeitung in Photoshop erstellt. Im Prinzip ist dies der gleiche Vorgang, den Lightroom im Entwickeln-Modul zur Anzeige des Bearbeitungsergebnisses oder beim Exportieren von Bildern durchführt.

Nach einer kurzen Wartezeit steht das Ergebnis dann zur Bearbeitung in Photoshop zur Verfügung und Sie können das Bild genauso bearbeiten, wie wenn Sie es auf dem herkömmlichen Weg über *Datei → Öffnen...* geladen hätten.

Wenn Sie Ihren Stand der Bearbeitung sichern wollen, müssen Sie lediglich den Menüpunkt *Datei → Speichern* (`Strg`-`S` bzw. `CMD`-`S` auf dem Mac) aufrufen. Daraufhin speichert Photoshop ohne weiteres Zutun und gemäß den zuvor in Lightroom getätigten Einstellungen Ihr bearbeitetes Bild in einer neuen Datei (Originaldateiname plus Kürzel, wenn Sie das so wie oben beschrieben eingestellt haben) und übergibt diese zum Reimport an Lightroom, wo das Bild nach kurzer Zeit im Filmstreifen neben der Original-RAW-Datei erscheint. In Lightroom können Sie dieses anschließend wie jedes andere Foto behandeln. Die Metadaten wie EXIF-Daten, IPTC-Metadaten, Stichwörter und auch Farbmarkierungen werden dabei von der Original-RAW-Datei übernommen.

Falls sich die Photoshop-Datei nicht direkt neben der Original-RAW-Datei wiederfindet, müssen Sie lediglich die Sortierreihenfolge über den Menüpunkt *Ansicht → Sortieren → Aufnahmezeit* anpassen.

Der soeben beschriebene Ablauf trifft in dieser vollautomatischen Variante nur auf den Austausch von RAW-Bildern zu. Wenn Sie in Lightroom den oben beschriebenen Menüpunkt zum Bearbeiten von Bildern in Photoshop für ein JPEG-, TIFF- oder PSD-Bild aufrufen, werden Sie vor der Übergabe des Bilds an Photoshop mit dem folgenden Dialog zur Auswahl einer von drei möglichen Optionen aufgefordert:

Abb. 3.18 Die entscheidende Frage: Kopie oder Original bearbeiten?

Die wichtigste Entscheidung, die Sie hier treffen müssen, ist die Antwort auf die Frage, ob Sie Ihre Originaldatei oder eine Kopie davon an Photoshop senden wollen. Wenn Sie eine Kopie an Photoshop senden (Optionen 1 und 2), bleibt Ihre Ausgangsdatei unberührt und das Ergebnis der Photoshop-Bearbeitung wird in einer neuen Datei abgespeichert. Bei Option 1 läuft dabei alles genau wie oben für RAW-Dateien beschrieben ab. Alle Lightroom-Bearbeitungen (im Dialog *Lightroom-Korrekturen* oder *Lightroom-Anpassungen* genannt) sowie die Metadaten fließen in diese Kopie mit ein. Bei Option 2 fallen sie hingegen weg.

Option 1 ist u. a. für Ihre Original-JPEGs aus der Kamera oder Ihrem Smartphone die richtige Wahl, da Sie so Ihre Originale nicht überschreiben. Option 2 spielt in der Praxis selten eine Rolle.

Die dritte Option wird vor allem dazu verwendet, um Dateien, die bereits aus Photoshop stammen, weiterzubearbeiten oder Arbeitsschritte (wie Einstellungsebenen, Smartfilter u. Ä.) in einer Photoshop-Datei nachträglich zu verändern oder aufzuheben. Beim Speichern in Photoshop wird dann Ihre ursprüngliche Photoshop-Datei überschrieben. Sollten Sie für diese Datei zuvor in Lightroom irgendwelche Korrekturen, wie z. B. eine leichte Aufhellung mit dem Belichtungsregler, durchgeführt haben, so sehen Sie die Auswirkungen davon während der Bearbeitung in Photoshop *nicht*. Erst nach dem Speichern in Photoshop werden die Lightroom-Korrekturen auf die aktualisierte Photoshop-Datei angewendet und Lightroom aktualisiert die Anzeige des Bilds entsprechend.

In einem optimalen Workflow sollten Sie zwar alle nötigen Lightroom-Korrekturen vor der Übergabe einer RAW-Datei (als Smartobjekt, mehr dazu im Abschnitt »Smartobjekte« ab Seite 158) an Photoshop durchgeführt haben und die entstandene Photoshop-Datei anschließend nicht mehr mit Lightroom weiterbearbeiten, aber in der Praxis kommt es eben manchmal vor, dass man nachträglich noch etwas Korrekturbedarf feststellt. Solange Sie dabei 16 Bit Farbtiefe für Ihre Photoshop-Dateien (siehe Seite 53) eingestellt haben, wirkt sich dies auch nicht negativ auf die Bildqualität aus. Bei 8 Bit Farbtiefe sollten Sie für eine optimale Bildqualität keine zu starken Änderungen (z. B. der Tonwerte) mehr vornehmen.

3.4 Unterschiedliche ACR-Versionen in Lightroom und Photoshop

Zum Abschluss des Kapitels wollen wir noch die Vorgehensweise für den Fall, dass Lightroom und ACR nicht auf dem gleichen Stand sind, erläutern. Sobald Lightroom diesen Zustand bei der Übergabe von Bildern an Photoshop erkennt, meldet es sich mit dem folgenden Dialog:

Abb. 3.19   Ihr ACR-Plug-in in Photoshop ist älter als Ihre Lightroom-Version

Wenn Sie ein CC-Abo besitzen und diesen Dialog sehen, müssen Sie lediglich *Abbrechen* wählen und Ihr ACR-Plug-in über die Adobe-CC-App auf den aktuellen Stand bringen. Haben Sie dagegen kein CC-Abo, also noch eine Kauf-Version von Photoshop wie z.B. CS6, so können Sie hierfür leider keine aktuelle und mit der aktuellsten Lightroom-6-Version kompatible ACR-Version mehr bekommen. Sie müssen sich deshalb für eine der beiden Optionen entscheiden. Für die Praxis wäre *Mit Lightroom rendern* die sinnvollere Option. Dabei wird nicht wie oben beschrieben Ihre RAW-Datei zusammen mit Ihren Bearbeitungsparametern an Photoshop übergeben und von einer älteren ACR-Version gerendert, sondern Lightroom übernimmt das Rendern. Das Ergebnis des Renderns speichert es dann in dem für den Austausch mit Photoshop konfigurierten Format, reimportiert diese Datei dann sofort in Lightroom und übergibt sie anschließend an Photoshop.

Wenn Sie die Option *Trotzdem öffnen* auswählen, versucht Photoshop, die RAW-Datei mit der älteren ACR-Version zu rendern. Haben Sie aber in Lightroom Bearbeitungsfunktionen benutzt, die es in der älteren ACR-Version noch nicht gab (z.B. *Dunst entfernen*), so gehen diese Änderungen in Photoshop verloren. Sollte das RAW-Format Ihrer Kamera zwar von Ihrer aktuellen Lightroom-Version, aber nicht von der älteren ACR-Version unterstützt werden, so müssen Sie auf jeden Fall den Weg über *Mit Lightroom rendern* gehen.

4

Ein kurzer Exkurs in die Welt des Farbmanagements

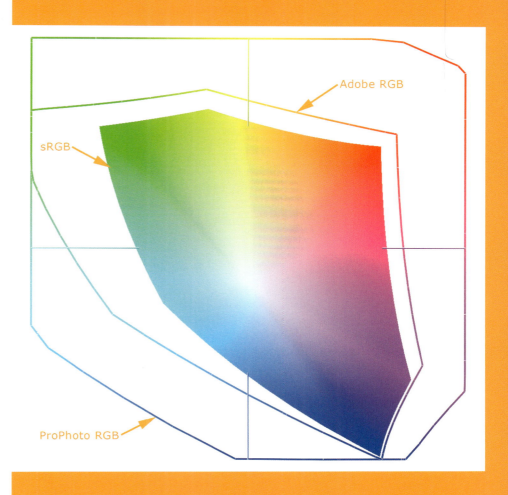

Falls sich Ihre Bildbearbeitung bislang in erster Linie in Lightroom abgespielt hat, stehen die Chancen recht gut, dass Sie noch relativ wenig mit dem Thema »Farbmanagement« in Berührung gekommen sind. Lightroom verfolgt bei diesem wichtigen, aber zu oft missachteten Thema einen sehr strikten Ansatz, indem es dem Nutzer nur dort Eingriffe oder Mitspracherecht einräumt, wo es absolut nötig und sinnvoll ist: bei der Ausgabe der Bilder.

Das Druckmodul (inkl. der Softproof-Funktion im *Entwickeln*-Modul) und der Export-Dialog sind die beiden offensichtlicheren Stellen, an denen Ihnen Farbmanagement begegnet. Für den Druck haben Sie die Möglichkeit, ein entsprechendes Profil für die verwendete Drucker-Papier-Kombination einzustellen, und beim Export gilt es, den gewünschten Arbeitsfarbraum zu wählen. Bei Letzterem bleibt es für viele beim standardmäßig schon ausgewählten sRGB und böse Überraschungen werden damit bei minimalstem Aufwand umschifft.

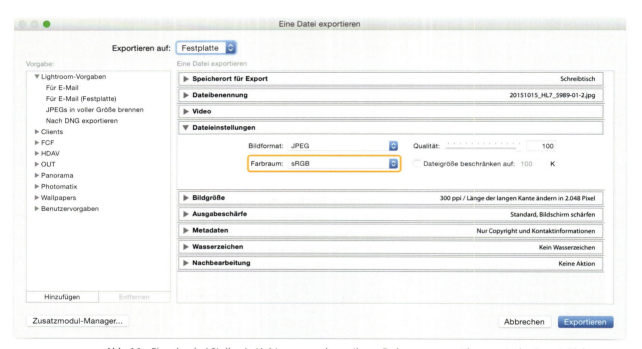

Abb. 4.1 Eine der drei Stellen in Lightroom, an denen Ihnen Farbmanagement begegnet: der Export-Dialog

Darüber hinaus haben Sie noch im Bereich *Kamerakalibrierung* des *Entwickeln*-Moduls die Möglichkeit, ein Farbprofil für Ihre Kamera zu wählen. Doch wie die Erfahrung zeigt, ist dies eine Funktion, der die meisten Lightroom-Benutzer keine Beachtung schenken. Da für die meisten Kameras die von Haus aus verwendeten *Adobe-Standard*-Profile gute Dienste leisten, bleibt diese Nichtbeachtung in der Regel ohne negative Folgen.

Sollten Sie sich gerade fragen, was denn eigentlich Profile und Arbeitsfarbräume sind, müssen wir Sie an dieser Stelle noch um einen Moment Geduld bitten. Wir kommen gleich zu diesem Thema. Doch zuvor müssen wir noch etwas ausholen, um Sie von der Notwendigkeit von Farbmanagement zu überzeugen und Sie für ein paar wichtige Einstellungen und Stolperstellen in

Photoshop vorzubereiten. Denn wie bei vielen Aspekten lässt Ihnen Photoshop auch beim Thema »Farbmanagement« absolut freie Hand. Im Gegensatz zu Lightroom, bei dem Sie das Farbmanagement an keiner Stelle umgehen können und Ihnen nahezu alle Entscheidungen abgenommen werden, haben Sie in Photoshop die Möglichkeit, das Farbmanagement praktisch komplett abzustellen und an allen nur denkbaren Schrauben zu drehen. Beides ist per se weder gut noch schlecht, sondern schlichtweg der jeweiligen ursprünglichen Zielgruppe der beiden Anwendungen geschuldet.

Während Lightroom fast ausschließlich von reinen Fotografen genutzt wird, deren Anforderungen bzgl. Farbmanagement sehr klar umrissen sind und sich deshalb auch sehr stringent umsetzen lassen, deckt Photoshop die gesamte Bandbreite von Anwendern (vom Hobby-Fotografen über den Profi-Retuscheur bis hin zum Druckvorstufen- oder Repro-Spezialisten) ab, deren Wünsche und Anforderungen nicht vielfältiger sein könnten.

Doch mit den richtigen Voreinstellungen sowie dem Wissen über die entscheidenden Begriffe ist das alles viel einfacher, als es auf den ersten Blick erscheinen mag. Beides möchten wir Ihnen in den folgenden Unterkapiteln näherbringen. Selbstverständlich lässt sich ein umfangreiches Thema wie Farbmanagement nicht in einem einzigen Kapitel in vollem Umfang abhandeln, denn hiermit ließe sich leicht ein eigenes Buch füllen. Wir beschränken uns deshalb an dieser Stelle ganz bewusst auf die wichtigsten Grundlagen, um Ihnen den Einstieg in Photoshop und dessen Farbmanagementmöglichkeiten so leicht wie möglich zu machen.

4.1 Wozu brauchen wir Farbmanagement?

Zuerst wollen wir uns einmal veranschaulichen, wozu Farbmanagement überhaupt nötig ist und welche Aufgabe es beim Arbeiten mit Fotos eigentlich hat. Wie Sie vermutlich wissen, besteht jedes digitale Foto aus einer großen Anzahl einzelner Pixel und diese Pixel bestehen wiederum aus den drei Farbkomponenten Rot, Grün und Blau (abgekürzt mit R, G und B), welche jeweils mit Zahlen zwischen 0 und 255 angegeben werden. Die Mischung dieser drei Komponenten miteinander ermöglicht die Darstellung der für uns sichtbaren Farben. Die Crux dabei ist allerdings, dass diese drei Komponenten keine eindeutigen Farben definieren. Doch weshalb ist das so?

Um dies zu verstehen, wollen wir uns einmal ein ganz simples Beispiel näher anschauen. Stellen Sie sich ein (zugegeben nicht sonderlich anspruchsvolles) Foto vor, das komplett aus roten Pixeln besteht. Das heißt, dass jedes Pixel von den RGB-Tripeln 255,0,0 repräsentiert wird. Mehr Information über die Farbe existiert ohne die Anwesenheit von Farbmanagement bei der Arbeit mit digitalen Fotos in einem Computer nicht. Lassen wir dieses Bild nun auf einem Monitor oder Beamer anzeigen oder auf einem Drucker ausgeben, so bedeuten die Angaben 255,0,0 der vielen gleichen RGB-Tripel im Foto für das jeweilige Ausgabegerät nur, dass die Ausgabe mit 100% roter Farbe stattfindet. Beim Beamer oder Monitor werden somit die roten Teilpixel zu 100% aktiviert, während die grünen und blauen Teilpixel dunkel geschaltet werden. Der Drucker, der ja in der Regel nicht mit roten, grünen und blauen Farben ausgestattet ist, mischt sich aus seinen üblichen Grundfarben Cyan, Magenta, Gelb und Schwarz (CMYK) das intensivste Rot zusammen, welches technisch mit den verwendeten Grundfarben möglich ist, und gibt dieses Rot auf dem Papier aus.

Und genau hier fangen die Probleme an. Denn Rot ist nicht gleich Rot. Während der Billig-Monitor vom Discounter nur mit billigen und damit recht blassen Farbfiltern ausgestattet ist, hat ein High-End-Druckvorstufen-Monitor sehr hochwertige Farbfilter und ist damit in der Lage, ein sehr kräftiges, intensives Rot darzustellen. Der billige Monitor zeigt hingegen nur ein blasses Rot. Beide zeigen aber die gleiche Datei mit den gleichen RGB-Tripeln an. Analog verhält es sich mit allen anderen Ausgabegeräten bis hin zu verschiedenen Druckern. Ein Tintenstrahldrucker wird von Haus aus niemals dasselbe Rot aufs Papier bringen wie z.B. ein Farblaserdrucker, der statt Tinte mit verschiedenen Toner-Farben druckt. Jedes Gerät versucht in unserem Beispiel, einfach nur das intensivste Rot darzustellen, zu dem es in der Lage ist.

Doch wie lösen wir nun dieses Problem? Die Antwort darauf ist erst mal ganz einfach: Wir müssen die Farben *managen*. Hierzu müssen wir ihnen zuerst eine Bedeutung geben. Dies ist eine der wichtigsten Aufgaben des Farbmanagements. Darauf aufbauend ist es die zentrale Funktion des Farbmanagements, dafür zu sorgen, dass Farben beim Übergang von einem Gerät zum anderen (i.d.R. von der Kamera über den Monitor zum Drucker) so konstant wie technisch möglich gehalten werden.

4.2 Wie funktioniert Farbmanagement?

Wie gerade beschrieben, repräsentieren die RGB-Tripel unserer digitalen Fotos für sich alleine keine definierten Farben, da die resultierenden Farben vom jeweiligen Gerät abhängen, auf dem sie ausgegeben werden. Man nennt sie deshalb auch geräteabhängig. Ein Farbmanagementsystem hat nun die Aufgabe, mit diesen *geräteabhängigen* Farben eine *geräteunabhängige* Darstellung zu erreichen.

Von entscheidender Wichtigkeit ist dabei eine geräteunabhängige Definition von Farben. Zu diesem Zweck wurde der L*a*b*-Farbraum (verkürzt auch »Lab-Farbraum« geschrieben) definiert. Durch ihn werden alle von uns Menschen wahrnehmbaren Farben unabhängig von ihrer Erzeugung auf bestimmten Geräten (also geräteunabhängig) repräsentiert. Auch hier werden die Farben durch drei Zahlen (in diesem Fall eben Lab-Tripel) repräsentiert. Entscheidender Unterschied ist aber, das jedes Tripel genau eine eindeutige Farbe beschreibt und es hier keine Mehrdeutigkeiten mehr gibt.

Wenn wir nun für jedes Gerät von der Kamera bis zum Drucker einen spezifischen Übersetzer von RGB nach Lab hätten, dann könnten wir für jedes RGB-Tripel das zugehörige Lab-Tripel und damit die exakte Farbe des jeweiligen Geräts ermitteln. Mit den sogenannten ICC- oder Farbprofilen haben wir genau solch einen Übersetzer. Für das RAW-Bild aus Ihrer Kamera verwendet Lightroom die von Adobe erstellten Kameraprofile. Für gewöhnlich ist dies das oben schon erwähnte *Adobe-Standard*-Profil.

> **Hinweis**
> Versuchen Sie aber unbedingt auch mal bei einem noch unbearbeiteten RAW-Bild das Profil *Camera Standard*. Zumindest für alle von mir über die Jahre eingesetzten Canon-Kameras führt dies fast immer zu einer stimmigeren Farbdarstellung.

Mithilfe dieser Profile ermittelt Lightroom nun, welche echten Farben Ihre Kamera in Form der geräteabhängigen RGB-Tripel aufgezeichnet hat. Der Vollständigkeit halber sei noch kurz erwähnt, dass die Kamera bei RAW-Dateien natürlich keine direkten RGB-Tripel aufzeichnet. Diese entstehen erst, während Ihre Fotos im RAW-Konverter von Lightroom in echte Pixel-Daten umgewandelt werden.

Wenn Sie Ihren Monitor mit einem *Kolorimeter* (so nennt man die Messgeräte zur Kalibrierung und Profilierung von Monitoren) ordentlich eingestellt und vermessen haben – und für jede Art von Bildbearbeitung ist dies eine wichtige Grundvoraussetzung –, dann entsteht dabei ein soge-nanntes Monitor-Profil, das in Ihrem Betriebssystem an einer definierten Stelle abgelegt wird. Dort wird es von allen Programmen, die mit Farbmanagement umzugehen wissen (was bei Lightroom und Photoshop zum Glück der Fall ist), gefunden und für die Darstellung von Bildern auf dem Monitor verwendet. Dies läuft folgendermaßen ab: Durch das Kamera-Profil kennt das Farbmanagementsystem die echte Lab-Farbe eines jeden Pixels in Ihrem Bild. Für jedes darzu-stellende Pixel schaut es nun im Monitor-Profil nach, welches RGB-Tripel an den Monitor zu sen-den ist, um die Lab-Farbe dieses Pixels auf dem Monitor anzuzeigen.

Das heißt, es werden nicht mehr – wie im Beispiel im vorherigen Abschnitt beschrieben – die ursprünglichen RGB-Tripel des Bilds an den Monitor gesendet, sondern diese werden mithilfe von Kamera- und Monitor-Profilen so angepasst, dass der Monitor das gleiche Rot darstellt, das die Kamera zuvor aufgenommen hat. Aus dem RGB-Tripel des Beispiels mit 255,0,0 wird dann z.B. das RGB-Tripel 238,16,1. Dieses führt auf diesem spezifischen Monitor zur Darstellung des glei-chen Rottons, den die Kamera zuvor aufgenommen und mit 255,0,0 abgespeichert hat. Wird das gleiche Bild an einen Drucker gesendet, für den ebenfalls ein Farbprofil existiert, so wird aus 255,0,0 für das gleiche Pixel des Bilds z.B. das RGB-Tripel 240,13,9.

Mit anderen Worten ausgedrückt: Farbmanagement hält die Farben konstant, aber nicht die Zahlen!

Darüber hinaus hat Farbmanagement noch eine zweite wichtige Aufgabe: Es muss Farben, die in einem Bild zwar vorhanden, aber z.B. auf dem verwendeten (günstigen) Monitor nicht dar-stellbar sind, so umwandeln, dass sie auf dem Monitor darstellbar sind und das gesamte Bild nach wie vor stimmig wiedergegeben wird. Diesen Aspekt wollen wir in diesem Buch aber nicht weiter vertiefen, da er vor allem für das Thema *Softproofing* und die Druckausgabe relevant ist und beides nicht zum gesteckten Rahmen dieses Buchs gehört.

4.3 Was müssen Sie über Arbeitsfarbräume wissen?

Ähnlich wie die soeben beschriebenen Farbprofile hat ein Arbeitsfarbraum (z.B. sRGB oder Pro-Photo RGB) die Aufgabe, jedem RGB-Tripel eine Bedeutung in Form einer konkreten, definierten Farbe zu geben. Ein Arbeitsfarbraum ist letztlich ein spezielles Farbprofil, das nicht ein spezifi-sches Gerät wie eine Kamera oder einen Monitor beschreibt, sondern für das Bearbeiten und Speichern von Bildern dient.

Im Normalfall werden Ihre RAW-Daten von Ihrem RAW-Konverter mithilfe des schon erwähn-ten Kamera-Profils in einen Arbeitsfarbraum überführt. Wie oben schon beschrieben, werden dabei sämtliche RGB-Tripel aller Pixel so verändert, dass sie den gleichen Farben innerhalb des verwendeten Arbeitsfarbraums entsprechen. Wird das Bild anschließend abgespeichert, so werden in die Datei nicht mehr die ursprünglichen RGB-Tripel, sondern die an den Arbeitsfarbraum angepassten Tripel geschrieben und der Datei wird als Metainformation der verwendete Arbeitsfarbraum mitgegeben. In Photoshop ist es deshalb so wichtig, dass Sie beim Speichern – wie im Abschnitt »Laden und Speichern in Photoshop« auf Seite 33 beschrieben – den Haken zum Einbetten des Farbprofils *immer* setzen! Fehlt er, geht Ihren RGB-Tripeln die Bedeutung verloren und das Bild kann von da an nur noch *auf gut Glück* dargestellt oder gedruckt werden.

In Lightroom wird dieses Problem dadurch umgangen, dass im Export-Dialog (wie am Anfang dieses Kapitels schon erwähnt) immer ein Farbraum ausgewählt ist. Sie können aus Lightroom einfach kein Bild ohne eingebettetes Profil exportieren.

Da wir nun eine Vorstellung davon haben, was ein Arbeitsfarbraum ist, wollen wir uns als Nächstes damit beschäftigen, warum es davon verschiedene gibt und welcher wofür am besten geeignet ist.

Da in Lightroom sowohl beim Export als auch für die Übergabe zu Photoshop (siehe Seite 38) nur die drei weitverbreiteten Arbeitsfarbräume ProPhoto RGB, AdobeRGB und sRGB zur Verfügung stehen, müssen wir uns mit den weniger weit verbreiteten an dieser Stelle nicht weiter auseinandersetzen. Im Wesentlichen unterscheiden sich Arbeitsfarbräume – und so auch die drei oben erwähnten – in der Anzahl der jeweils darstellbaren Farben. Für die Praxis bedeutet dies im Wesentlichen, dass ein größerer Farbraum mehr und vor allem stärker gesättigte Farben darstellen kann. Das folgende Schaubild, ein sogenannter Gamut-Plot, zeigt die Unterschiede für die drei beschriebenen Farbräume.

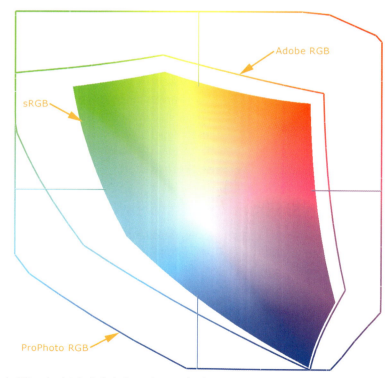

Abb. 4.2 Die drei Standard-Arbeitsfarbräume im Vergleich

Wie unschwer zu erkennen sein dürfte, ist ProPhoto RGB der größte und sRGB der kleinste der drei Farbräume. sRGB stellt lediglich den kleinsten gemeinsamen Nenner dar, auf den sich die beteiligten Unternehmen (u.a. Adobe, Apple, Microsoft) vor vielen Jahren geeinigt haben und dessen Farben von allen mit Ausnahme der schlechtesten Monitore dargestellt werden können. Leider hat sich fast die gesamte Fotobranche auf diesen Farbraum »eingeschossen« und viele Dienstleister wie Ausbelichter oder Fotobuchhersteller akzeptieren nur Dateien im sRGB-Farbraum. Dadurch gehen aber oft Farben, die in Ihren Bildern enthalten sind und von den jeweiligen Maschinen auch zu Papier gebracht werden könnten, verloren. Wenn Sie aber Bilder haben, deren Farben deutlich über sRGB hinausgehen, dann können Sie z.B. bei einem Fine-Art-Printing-Dienstleister, der auch Adobe-RGB-Daten akzeptiert, deutlich bessere Ergebnisse in punkto Farbdarstellung erzielen. Insbesondere die seit einigen Jahren verfügbaren hochwertigen Tintenstrahldrucker sind in der Lage, solche Farben zu Papier zu bringen.

In jedem Fall wäre für die Bearbeitung solcher Bilder aber auch ein Monitor, der Adobe RGB möglichst gut abdeckt, hilfreich. Adobe RGB stellt momentan auch ungefähr die Grenze dessen dar, was von einem »bezahlbaren« Monitor angezeigt werden kann. Da die herkömmlichen Druckprozesse ebenfalls deutlich mehr als sRGB zu Papier bringen können, wird Adobe RGB auch gerne für Bilder in Druckerzeugnissen verwendet.

ProPhoto RGB hingegen übertrifft die am Monitor oder im Druck darstellbaren Farben bei weitem. Dieser Farbraum ist so groß, dass er zum einen fast alle für uns sichtbaren (und aus zwingenden technischen Gründen auch einige nicht mehr sichtbaren) Farben aufnehmen kann. Zum anderen sind die Distanzen zwischen weit auseinanderliegenden Farben aber so groß, dass die 256 Abstufungen einer Datei mit 8 Bit Farbtiefe pro Kanal nicht mehr genügen, um einen Farbverlauf zwischen diesen Farben ohne Sprünge (Tonwertabrisse) abzubilden. Aus diesem Grund gebietet die Verwendung von ProPhoto RGB *zwingend* das Arbeiten und Speichern mit *16 Bit Farbtiefe* und damit ca. 65.000 Abstufungen, die für jeden Verlauf zwischen zwei Farben ausreichen sollten.

ProPhoto RGB ist ein idealer Farbraum für einen RAW-Konverter, da so auf keinen Fall evtl. aufgenommene Farben verloren gehen. Lightroom und Adobe Camera RAW arbeiten deshalb intern mit einem Farbraum, dessen Farbumfang genau ProPhoto RGB entspricht. Wollen Sie auf keinen Fall Farben in Ihren Bildern einbüßen, des Öfteren Bilder auf hochwertigen Tintenstrahldruckern ausgeben (lassen) oder einfach für alle in Zukunft evtl. möglichen Ausgabeverfahren optimal vorbereitet sein, so wählen Sie im folgenden Kapitel sowie im Abschnitt »Austausch zwischen Lightroom und Photoshop« ab Seite 38 am besten ProPhoto RGB als Farbraum aus.

Um hingegen Speicherplatz zu sparen, nehmen Sie lieber Adobe RGB, den Sie auch mit 8-Bit-Dateien gut nutzen können. Und nur, wenn Sie sich auf keinen Fall weiter mit dem Thema »Farbmanagement« auseinandersetzen und auf Nummer sicher gehen wollen oder Ihre Bilder in erster Linie auf Monitoren, Fernsehern oder im Internet gezeigt werden, entscheiden Sie sich für sRGB.

Besser wäre es aber in jedem Fall, sich für Adobe RGB oder ProPhoto RGB zu entscheiden und für die Ausgabe Ihrer Bilder für alle Zwecke, bei denen kein funktionierendes Farbmanagement erwartet werden kann, konsequent den Export von Lightroom mit der Angabe von sRGB für den Farbraum zu nutzen. So stellen Sie sicher, dass in Fällen wie z.B. der Darstellung im Internet oder auf einem HD-Fernseher sowie bei Weitergabe der Bilder an andere keine allzu bösen Überraschungen auftreten werden, da sRGB-Bilder bei nicht vorhandenem Farbmanagement in aller Regel mit den stimmigsten Farben dargestellt werden.

Zum Abschluss möchten wir Ihnen anhand eines praktischen Beispiels die eben genannten Zusammenhänge bezüglich der Wahl eines Farbraums noch einmal verdeutlichen.

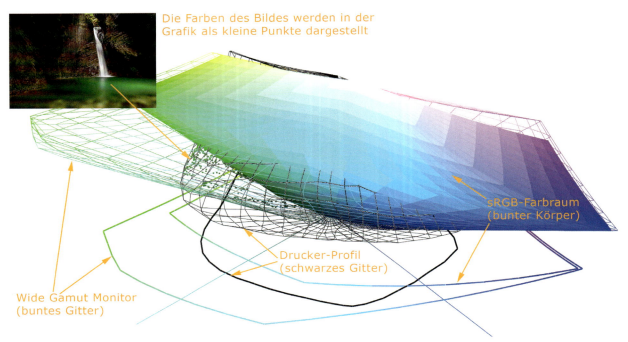

Abb. 4.3 Farbräume in Relation zu einem realen Foto und dessen Farben

In der obigen Grafik werden die Farben eines Fotos mit sehr kräftigen Gelb- und Grüntönen innerhalb des Lab-Farbraums dargestellt. Diese liegen zu einem großen Teil (der große, bunte Körper) deutlich außerhalb der von sRGB darstellbaren Farben. Dass dies dennoch Farben sind, die für die Praxis eine Rolle spielen, zeigt zum einen der Vergleich mit dem Profil eines hochwertigen Fine-Art-Druckers in Kombination mit dem entsprechenden Papier, welches in der Grafik als schwarzes Gitter dargestellt wird. Fast alle der o.g. Farben liegen noch innerhalb des Drucker-Gamuts und lassen sich somit auch zu Papier bringen. Zum anderen ist auch ein hochwertiger Monitor mit einem großen Farbraum, welcher z.B. Adobe RGB zu 100% abdeckt (auch *Wide Gamut Monitor* genannt und in der Grafik als buntes Gitter dargestellt), durchaus in der Lage, diese Farben auch anzuzeigen und somit deren gezielte Bearbeitung zu ermöglichen. In der folgenden Grafik wird derselbe Sachverhalt noch einmal etwas größer, aber zur besseren Erkennbarkeit ohne das Monitor-Profil dargestellt.

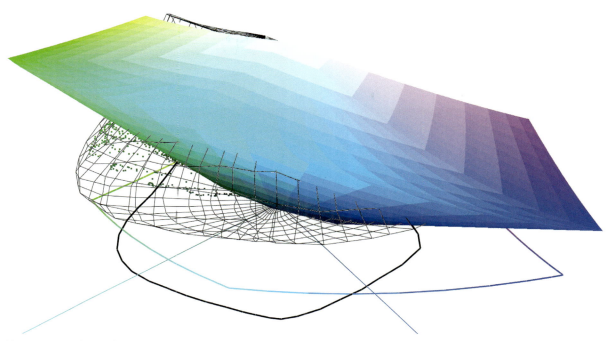

Abb. 4.4 Die Farben außerhalb von sRGB in vergrößerter Darstellung

Würde man dieses Foto in sRGB, anstatt wie hier in ProPhoto RGB, speichern, würden die Pixel außerhalb von sRGB durch weniger gesättigte Farben innerhalb von sRGB ersetzt werden und das Bild würde deutlich blasser und lebloser erscheinen.

> **Wichtig**
> Eine nachträgliche Umwandlung nach ProPhoto RGB bringt die Farben nicht automatisch wieder zurück. Was einmal abgeschnitten wurde, ist erst mal verloren und kann durch nachträgliche Bearbeitung nicht zwingend eins zu eins wiederhergestellt werden.

Möchte man die Auswirkungen eines kleineren Farbraums vor der Umwandlung visualisieren, so kann dies per Softproof geschehen. Dabei werden mittels Software (daher auch der Name *Softproof*) die Auswirkungen einer Farbraumumwandlung oder auch der Ausgabe auf einer bestimmten Drucker-Papier-Kombination simuliert. In Lightroom stellt sich das beispielsweise so dar wie im folgenden Screenshot. Achten Sie beim Betrachten vor allem auf die satten Farbtöne des Wassers. Bitte bedenken Sie dabei aber auch, dass der Offsetdruck dieses Buchs den Unterschied nur prinzipiell und nicht 100 % exakt wiedergeben kann. Sie können dies aber ganz einfach bei sich selber nachstellen, wenn Sie über einen kalibrierten und profilierten Monitor mit einem größeren Farbraum als sRGB verfügen. Schalten Sie dazu ein Bild mit sehr intensiven Farben in den Softproof-Modus und wählen Sie als Simulationsprofil sRGB aus.

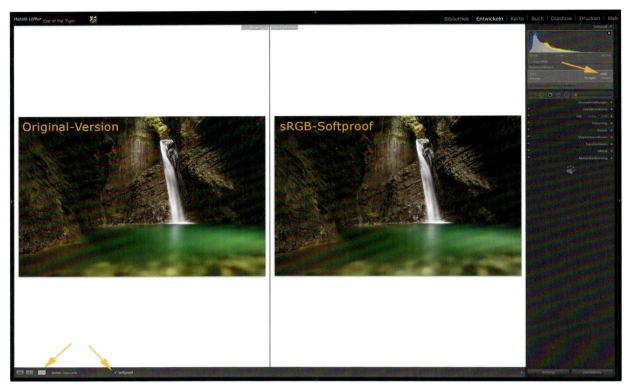

Abb. 4.5 Der Softproof des Beispielfotos in Lightroom

4.4 Wie muss ich die Farbeinstellungen in Photoshop konfigurieren?

Zum Abschluss des Themas zeigen wir Ihnen mithilfe des folgenden Screenshots, wie Sie die Farbeinstellungen in Photoshop ideal konfigurieren können. Aufgerufen werden diese über den Menüpunkt *Bearbeiten → Farbeinstellungen…* und die für uns als Fotografen relevanten Einstellungen finden Sie durch Pfeile und den Rahmen hervorgehoben. Für den RGB-Arbeitsfarbraum gelten die am Ende des letzten Kapitels gemachten Aussagen. Alle anderen Optionen können Sie eins zu eins übernehmen. Speichern Sie die getätigten Einstellungen am besten erst über den Button *Speichern…*, bevor Sie den Dialog verlassen. So können Sie diese jederzeit einfach wiederherstellen.

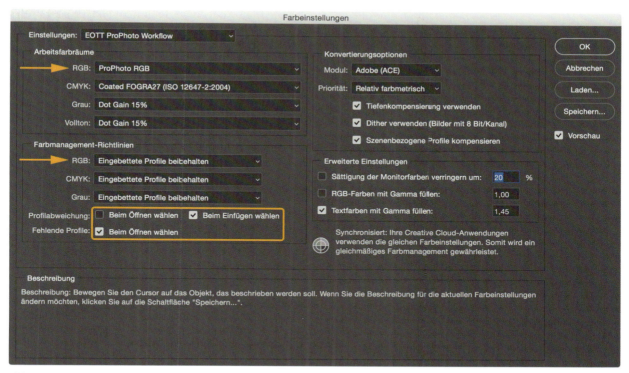

Abb. 4.6   Die Farbeinstellungen von Photoshop

Die beiden aktivierten Optionen innerhalb des farblich markierten Bereichs sorgen dafür, dass Sie eine Warnung angezeigt bekommen, wenn Sie entweder ein Bild ohne eingebettetes Farbprofil öffnen oder wenn Sie Bilddaten aus der Zwischenablage bzw. aus einem anderen Bild in das gerade bearbeitete Bild einfügen. In letzterem Fall sollten Sie wie im folgenden Screenshot gezeigt die Option zum *Konvertieren* der Farben in den Zielfarbraum wählen.

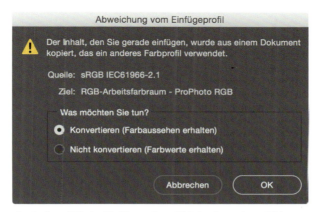

Abb. 4.7   Ein abweichendes Farbprofil beim Einfügen eines Bilds in ein anderes Bild

Falls Ihnen beim Öffnen eines Bilds der folgende Dialog begegnet, fehlt dem Bild das Farbprofil. Vermutlich wird es sich dabei um ein älteres Bild oder ein Bild handeln, das Sie von jemand anderem bekommen haben, denn Sie selbst setzen ja spätestens seit der Lektüre des letzten Abschnitts konsequent immer den Haken zum Einbetten des Farbprofils (siehe auch Seite 32), wenn Sie Bilder aus Photoshop speichern.

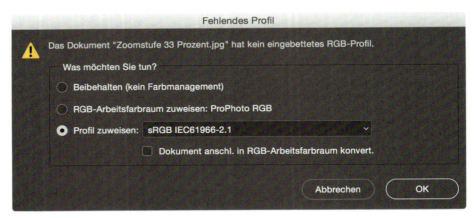

Abb. 4.8 Alarmstufe rot: Das Farbprofil fehlt!

Doch was können Sie in so einem Fall tun? Es bleibt Ihnen nur der Weg des gekonnten Ratens. Probieren Sie über die Option *Profil zuweisen* verschiedene Profile aus und schauen Sie sich die Farben im Ergebnis an. Sieht das angezeigte Bild stimmig aus, haben Sie vermutlich das passende Profil gefunden. Wenn nicht, dann rufen Sie am besten die Menüfunktion *Bearbeiten → Profil zuweisen...* und versuchen Sie es mit anderen Profilen. Über die Option *Vorschau* sehen Sie schon vor Beenden des Dialogs die Auswirkungen des gerade ausgewählten Profils.

Abb. 4.9 Zuweisen eines Farbprofils

Gehen Sie beim Probieren am besten nach folgender Reihenfolge vor: erst sRGB, dann Adobe RGB gefolgt von ProPhoto RGB. Danach wird es exotisch und Sie können nur noch alle auf Ihrem Rechner befindlichen Profile durchprobieren. Zum Glück kommt Letzteres in der Praxis nur selten vor. Die ersten beiden Fälle sind mit Abstand die wahrscheinlichsten.

5

Basis-Werkzeuge und -Funktionen

Nachdem wir nun alle wichtigen Grundkenntnisse für den Umgang mit Photoshop gesammelt haben, schauen wir uns im Folgenden die wichtigsten Basis-Werkzeuge genauer an.

5.1   Navigieren in einem Bild

Als Erstes wollen wir lernen, wie man sich innerhalb der Arbeitsfläche »bewegen« kann. Das heißt, welche Möglichkeiten es gibt, in ein Bild hineinzuzoomen, den Ausschnitt zu verschieben und wie man wieder zu einer Darstellung des kompletten Bilds kommt. Dabei raten wir Ihnen unbedingt dazu, die hierfür wichtigen Tastenkürzel zu lernen, da nur so ein flüssiges Arbeiten möglich ist und der Spaß beim Bearbeiten – im gleichen Maße wie die Effizienz – merklich zunimmt. Alle in diesem Abschnitt vorgestellten Tastenkürzel lassen sich jederzeit aufrufen und funktionieren unabhängig davon, welches Werkzeug gerade aktiv ist.

Laden Sie hierzu als Erstes ein beliebiges Bild. Es spielt keine Rolle, ob Sie es aus Lightroom heraus an Photoshop übergeben oder es direkt in Photoshop öffnen. Nach dem Öffnen sollten Sie Ihr Bild in der Arbeitsfläche wiederfinden. Photoshop zoomt Ihr Bild dazu bei Bedarf soweit heraus (verkleinert die Darstellung), dass es komplett sichtbar ist und reichlich freien Rand drumherum bekommt. Links unten am Fensterrand sowie oben im Reiter des Bilds und in der Palette *Navigator* können Sie jeweils die aktuelle Zoomstufe ablesen. Diese hängt zum einen von Ihrer Monitorauflösung und zum anderen auch von der Pixelzahl im geöffneten Bild ab.

Abb. 5.1   Das Bild direkt nach dem Öffnen mit Zoomstufe 33 % ##Lupen auf Pfeile##

Im obigen Beispiel wird das Bild mit der Zoomstufe 33 % angezeigt. Das bedeutet, dass im geladenen Bild sowohl in der Breite als auch in der Höhe dreimal so viele Pixel vorhanden sind, als aktuell angezeigt werden. Das Bild könnte also eine dreimal so breite Fläche auf dem Monitor füllen. Um nun in das Bild hineinzuzoomen, also die Darstellung zu vergrößern, drücken Sie einfach das Tastenkürzel [Strg]+[+] (Mac: [CMD]+[+]). Ihr Bild wird größer dargestellt und die Zoomstufe wird auf 50 % springen. Spätestens, wenn Sie das gleiche Kürzel noch einmal drücken, werden Teile Ihres Bilds aus dem sichtbaren Bereich der Arbeitsfläche verschwinden.

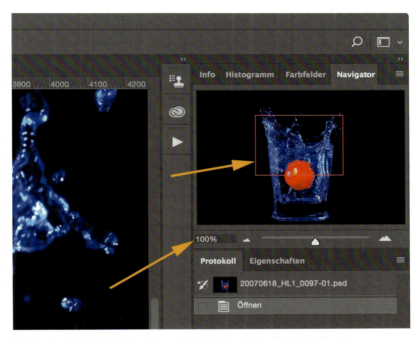

Abb. 5.2 Der Navigator gibt Auskunft darüber, welcher Teil des Bilds aktuell sichtbar ist

Im Navigator wird der aktuell sichtbare Bereich durch einen roten Rahmen gekennzeichnet. Sollten Sie einen bestimmten Teil des Bilds sehen oder bearbeiten wollen, der gerade nicht sichtbar ist, können Sie den sichtbaren Teil auf drei verschiedene Arten verschieben. Die offensichtlichste ist sicher über die Scrollbalken am rechten und unteren Rand der Arbeitsfläche. Zugleich ist es aber auch die umständlichste, da immer zwei Aktionen nötig sind, wenn der Ausschnitt nicht nur in eine Richtung verschoben werden soll. Einfacher und komfortabler geht es, indem man den roten Marker im Navigator verschiebt. Doch hierzu muss stets der Mauszeiger von der Position innerhalb der Arbeitsfläche, an der man gerade arbeitet, zum Navigator und danach wieder zurückbewegt werden.

Aus diesem Grund kann zu jeder Zeit durch Gedrückthalten der [Leertaste] das Hand-Werkzeug aktiviert werden. Der Mauszeiger verwandelt sich zu einem Hand-Symbol und der sichtbare Ausschnitt des Bilds kann mithilfe der linken Maustaste verschoben werden. Sobald man die Leertaste wieder loslässt, wird sofort dasjenige Werkzeug aktiviert, mit dem zuvor gearbeitet wurde. Unter anderem aus diesem Grund befindet sich die linke Hand bei intensiver Photoshop-Nutzung selten weit von der Leertaste entfernt.

Möchten Sie aus einem Bild herauszoomen, so betätigen Sie dazu die Tastenkombination `Strg`+`-` (Mac: `CMD`+`-`). Analog zu diesen beiden Tastenkürzeln können Sie auch über das Mausrad oder die üblicherweise zum Scrollen verwendete Geste auf Ihrem Touchpad zoomen. Diese Funktion lässt sich in den Voreinstellungen im Bereich *Werkzeuge* mit der Option *Mit Bildlaufrad zoomen* auch deaktivieren.

Wollen Sie gezielt an eine bestimmte Stelle im Bild zoomen, so halten Sie die `Leertaste` zusammen mit der `Strg`-Taste (Mac: `Leertaste`+`CMD`-Taste) gedrückt und ziehen Sie dann mit gedrückter linker Maustaste und dem Mauszeiger in Form einer Plus-Lupe ein Rechteck genau über dem Bereich auf, den Sie größer darstellen wollen. Sobald Sie die Maustaste loslassen, wird auf den markierten Bereich gezoomt und das zuvor aktivierte Werkzeug steht wieder zur Verfügung. Analog dazu können Sie mit der `Leertaste`+`Alt`-Taste eine Minus-Lupe aktivieren, mit der Sie durch Klicken ins Bild herauszoomen können. Auch hier beendet das Loslassen der Tastenkombination den Zoom-Modus und es wird zum vorherigen Werkzeug zurückgekehrt.

Zu guter Letzt gibt es noch zwei wichtige Tastenkürzel, die Sie direkt zu den beiden wichtigsten Zoomstufen bringen. Mit `Strg`+`0` (Mac: `CMD`+`0`) wird Ihr Bild so weit gezoomt, dass es komplett sichtbar ist und dabei so groß wie möglich dargestellt wird, sprich, es füllt die Arbeitsfläche so groß wie möglich aus. Dabei kommt es meist zu sehr krummen Zoomstufen (siehe Screenshot) und eine qualifizierte Beurteilung von Schärfe oder wichtigen Details im Bild ist dadurch nicht möglich.

Abb. 5.3   Die gesamte Arbeitsfläche wird ausgefüllt

Dies geht in der Regel am besten bei einer Zoomstufe von 100%, d.h. wenn ein Pixel des Bilds mit genau einem Pixel des Bildschirms dargestellt wird. Mit `Strg`+`Alt`+`0` (Mac: `CMD`+`Alt`+`0`) kommen Sie deshalb direkt zur 100%-Ansicht.

Wie Sie vielleicht schon selbst entdeckt haben, befinden sich in der Werkzeugleiste auch ein Hand- und ein Zoom-Werkzeug (in Form einer Hand bzw. einer Lupe). Beide können in der Werkzeugleiste durch Anklicken aktiviert und dann benutzt werden. Das Hand-Werkzeug funktioniert auch hier wie oben beschrieben. Für das Zoom-Werkzeug können Sie in der Optionenleiste festlegen, ob es zum Ein- oder Auszoomen dienen soll, was auch durch den entsprechenden Mauszeiger (Lupe mit Plus- oder Minus-Symbol) visualisiert wird. Durch Drücken der Alt -Taste wechseln Sie schnell zwischen den beiden Modi hin und her. In der Praxis werden Sie aber selten eine dieser beiden Optionen über die Werkzeugleiste aktivieren, da die oben gezeigten Tastenkürzel leicht zu merken und deutlich praktischer in der Handhabung sind.

5.2 Tonwertkorrektur

Eines der wichtigsten Grundwerkzeuge bei der Bildbearbeitung ist die Tonwertkorrektur. Mit ihr werden in erster Linie der Schwarz- und der Weißpunkt gesetzt und damit wird festgelegt, ab welchem Tonwert alle Pixel im Bild schwarz bzw. weiß dargestellt werden. Alle Tonwerte dazwischen werden dementsprechend auseinandergezogen. Alle Tonwerte, die heller als mittleres Grau waren, werden dabei noch etwas heller gemacht und alle dunkleren entsprechend noch etwas dunkler. Dadurch findet automatisch eine Kontrastverstärkung statt. In Lightroom kennen Sie dieses Vorgehen von den Weiß- und Schwarz-Reglern im Bereich *Grundeinstellungen*. Eine solche Tonwertkorrektur ist vor allem für kontrastarme Fotos, die z.B. bei bewölktem Himmel und damit sehr weichem Licht aufgenommen wurden, sinnvoll.

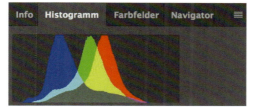

Abb. 5.4 Ein kontrastarmes, unbearbeitetes Bild und das zugehörige Histogramm

Öffnen Sie hierzu das JPEG aus dem Ordner mit den Beispielbildern und schauen Sie sich das zugehörige Histogramm in der Histogrammpalette an. Es erstreckt sich nur über einen Teil des Tonwertspektrums: Das Bild verfügt weder über ganz weiße noch über richtig schwarze Pixel.

Über das Histogramm

Sollten Sie noch nicht so vertraut sein mit dem Histogramm, hier eine kurze Erklärung: Das Histogramm visualisiert die Helligkeitsverteilung im Bild, auf einer Kurve von absolutem Schwarz (linker Rand) zu absolutem Weiß (rechter Rand). Liegt der Schwerpunkt der Kurve in der linken Hälfte, wird es sich um ein dunkles Bild handeln, liegt er im rechten Teil des Histogramms, wird das Bild heller sein. Für die meisten Fotos mit einer ausgewogenen Helligkeitsverteilung im Motiv verläuft die Kurve über das gesamte Histogramm – mit einem Schwerpunkt um die mittleren Tonwerte (in der Mitte). Endet die Kurve jedoch schon vor dem linken bzw. rechten Rand auf der Grundlinie, gibt es im Bild kein absolutes Schwarz bzw. absolutes Weiß und damit auch keinen vollen Kontrastumfang. Das Ergebnis: Das Bild wirkt flau. Dies lässt sich mittels einer Tonwertkorrektur (siehe unten) korrigieren. Dabei wird die Kurve durch Setzen eines neuen Schwarz- bzw. Weißpunkts bis an die Enden des Histogramms gestreckt, weshalb man hier auch von einer *Tonwertspreizung* spricht. Oder die Kurve verläuft hoch über den linken bzw. rechten Rand hinaus – dann gibt es in diesen Bereichen des Bilds keine Tonwertinformationen (etwa durch Unter- oder Überbelichtung), was nur begrenzt bis gar nicht mehr korrigiert werden kann. Das RAW-Format hat am rechten (hellen) Rand zwar mehr Reserven, weil Kamerasensoren mehr helle Informationen aufzeichnen als dunkle. Ist aber die Grenze überschritten, dann können Sie auch in einem hellen Bereich keine Differenzierungen mehr zurückholen und es bleibt eine weiße Fläche, die sich nur noch in eine dunklere Fläche verändern lässt, aber niemals mehr Zeichnung zurückbekommen kann.

Natürlich entscheidet ein Histogramm nicht darüber, ob ein Bild gut oder schlecht ist. Auf dem Display Ihrer Kamera hilft es Ihnen zu beurteilen, ob die eingesetzte Belichtung zur von Ihnen angestrebten Bildaussage passt. In der Nachbearbeitung zeigt es Ihnen, welche Reserven zur Bearbeitung in Ihrem Bild stecken.

Übrigens: Im obigen Otterbild sehen Sie statt einer einzelnen Helligkeitskurve die Verteilung der Helligkeit von Rot, Grün und Blau im Bild – die Aussage ist hier die gleiche, nur aufgebrochen in die einzelnen Farben des Bilds.

Abb. 5.5 Das Histogram zeigt die Helligkeitsverteilung in einem Bild

In unserem Beispiel sollte das Bild aufgrund der Reflexe im Wasser und der Nase sowie den Augen des Otters aber eigentlich weiße und schwarze Pixel enthalten. Um dies zu beheben, rufen wir über den Menüpunkt *Bild → Korrekturen → Tonwertkorrektur...* oder die Tastenkombination [Strg]+[L] (Mac: [CMD]+[L]) die entsprechende Funktion von Photoshop auf. Es öffnet sich der Tonwertkorrektur-Dialog, in dem die beiden markierten Regler an den Enden des Histogramms die Hauptarbeit erledigen. Mit dem linken steuern Sie den Schwarzpunkt, mit dem rechten den Weißpunkt. Wenn Sie diese Regler in Richtung Histogramm-Mitte schieben, entspricht das einem positiven Weiß- und einem negativen Schwarz-Regler in Lightroom. Die jeweils entgegengesetzte Richtung der Lightroom-Regler erreichen Sie, indem Sie statt der beiden markierten Regler die beiden Regler weiter unten im Bereich *Tonwertumfang* verändern. Sie bewirken das genaue Gegenteil einer Tonwertspreizung und kommen in der Praxis nur in Ausnahmefällen zum Einsatz.

Der mittlere Regler im Bereich *Tonwertspreizung* verschiebt den Mittelton des Bilds. Mit ihm können Sie ein Bild aufhellen bzw. abdunkeln. Da es dafür aber noch eine bessere Möglichkeit gibt, welche wir im nächsten Kapitel vorstellen, gehen wir darauf hier nicht tiefer ein.

Bewegen Sie nun, wie in Abbildung 5.6 zu sehen, die beiden Regler auf die Kurve Ihres Histogramms zu, bis sie jeweils an der Stelle angelangt sind, an der die Kurve anzusteigen beginnt. Mit diesen Einstellungen sorgen Sie dafür, dass die bislang hellsten bzw. dunkelsten Pixel im Bild nun wirklich weiß bzw. schwarz sind und alle andere Tonwerte im Bild wie oben schon beschrieben entsprechend gespreizt werden. Bei aktivierter Vorschau sehen Sie die Auswirkungen Ihrer Einstellungen entsprechend gleich im Bild.

Abb. 5.6 Eine Tonwertspreizung in Photoshop

Oberhalb der Vorschau-Option finden Sie (v.l.n.r.) eine Schwarzpunkt-, Mittelton- und Weißpunkt-Pipette. Wenn Sie diese aktivieren, können Sie durch einen Klick ins Bild z.B. den Weißpunkt auf den Tonwert der im Bild angeklickten Stelle setzen. Es wird aber nicht nur die Helligkeit des angeklickten Punkts analysiert und in die Tonwertspreizung einbezogen, sondern auch die Farbe. Photoshop nimmt dabei die Tonwertspreizung getrennt für die drei Grundfarben Rot, Grün und Blau vor und versucht dabei, die Farbe am Klickpunkt in neutrales Grau zu wandeln. Aus diesem Grund ist vor allem die Mittelton-Pipette in der Praxis ein wichtiges Hilfsmittel. Wenn Sie diese aktivieren und damit auf eine Stelle mittlerer Helligkeit im Bild klicken, die eigentlich neutralgrau sein sollte, so korrigiert Photoshop das Bild, ähnlich wie bei der Weißabgleichspipette in Lightroom, so weit, dass die angeklickte Stelle neutralgrau wird.

Sofern Sie mit dem Ergebnis zufrieden sind, können Sie den Dialog über *OK* beenden und Ihre Einstellungen werden auf das Foto angewandt.

5.3 Gradationskurven

In unserem Beispiel mit dem Otter ist die Verteilung der Tonwerte jetzt zwar schon deutlich besser als vor der Tonwertkorrektur, aber es fehlt dem Bild noch immer an Kontrast. Zwar besitzt Photoshop ähnlich wie Lightroom auch einen reinen Kontrast-Regler (Menüpunkt *Bild → Korrekturen → Helligkeit → Kontrast...*), doch wir möchten Ihnen an dieser Stelle ein sehr viel universelleres Werkzeug vorstellen, mit dem Sie neben feinfühligen Steuerungen des Kontrasts ein Bild auch ganz gezielt für einzelne Tonwertbereiche aufhellen können. Das Werkzeug nennt sich *Gradationskurve* und findet sich in ähnlicher Form auch in Lightroom wieder.

Aufgerufen wird das Werkzeug über den Menüpunkt *Bild → Korrekturen → Gradationskurve...* oder das Tastenkürzel Strg+M (Mac: CMD+M).

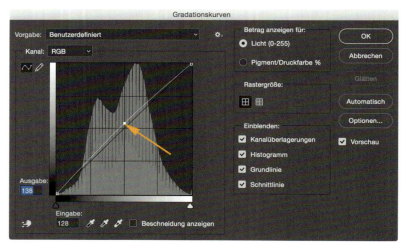

Abb. 5.7 Eine Gradationskurve zum Aufhellen eines Bilds

Die eigentliche Gradationskurve ist nach dem Öffnen des Dialogs erst einmal eine Gerade. Am unteren und am linken Rand finden Sie jeweils einen Grauverlauf. Die Gerade bewirkt, dass in Ihrem Bild jeder Tonwert des Tonwertspektrums von Schwarz bis Weiß auf genau den gleichen

Tonwert abgebildet wird. Schwarz bleibt Schwarz, Weiß bleibt Weiß und auch alle anderen Tonwerte ändern sich nicht. Ihr Bild bleibt dadurch unverändert. Erst wenn Sie mit der Maus auf eine Stelle der Kurve klicken, dadurch einen neuen Kontrollpunkt (siehe Pfeil) erzeugen und diesen danach verschieben, finden Änderungen im Bild statt.

Im obigen Beispiel wurde der Punkt aus der Mitte nach oben verschoben. Die daraus resultierende Gradationskurve bewirkt nun, dass jeder Tonwert im Bild in einen etwas helleren Tonwert umgewandelt wird. Mittlere Tonwerte werden dabei am stärksten aufgehellt, da die neue Kurve hier am weitesten von der ursprünglichen Geraden entfernt liegt. Schwarz- und Weißpunkt werden dagegen nicht verändert, da die Enden der Gradationskurve nicht verändert wurden. Analog dazu bewirkt die Gradationskurve im folgenden Beispiel eine Abdunkelung des Bilds, da hier der Kontrollpunkt nach unten verschoben wurde. Je weiter er von der Geraden nach unten wegbewegt wird, desto dunkler wird das Bild.

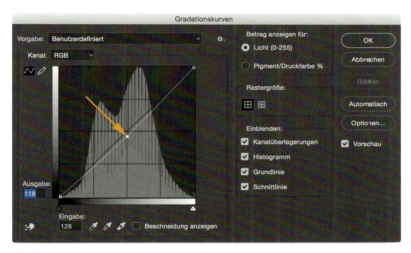

Abb. 5.8 Eine Gradationskurve zum Abdunkeln eines Bilds

Das Gradationskurven-Werkzeug wäre aber nicht so mächtig und beliebt, wenn es nur einen einzigen Kontrollpunkt zuließe. Wie Sie im nächsten Beispiel sehen, können Sie auch mehrere Kontrollpunkte (im Prinzip beliebig viele) setzen und so ganz gezielt einzelne Tonwertbereiche heller oder dunkler machen. Neue Kontrollpunkte setzen Sie durch weitere Klickpunkte auf der Kurve. Die Werte für Ein- und Ausgabe, die unten links im Dialog die Auswirkungen eines Kontrollpunkts in Zahlen darstellen, beziehen sich dabei immer auf den gerade aktiven Kontrollpunkt, der als ausgefülltes Quadrat dargestellt wird. Um einen anderen Kontrollpunkt zu aktivieren, genügt ein erneuter Mausklick auf den gewünschten Kontrollpunkt.

Wollen Sie einen Kontrollpunkt wieder loswerden, müssen Sie ihn erst aktivieren und dann die ←-Taste betätigen. Um die gesamte Gradationskurve zurückzusetzen, halten Sie die Alt-Taste gedrückt und klicken dann auf den *Zurücksetzen*-Button unterhalb von *OK*. Dies funktioniert so übrigens in fast jedem Dialog von Photoshop.

Erstellen Sie nun für Ihr gerade geladenes Bild eine ähnliche Gradationskurve wie in unserem Beispiel. Die Kurve sollte dabei eine leichte S-Form einnehmen. Durch diese Form werden die dunkleren Teile des Bilds abgedunkelt und die helleren aufgehellt, was somit zu einer Kontrastverstärkung im Bild führt. Damit einher geht übrigens immer auch eine verstärkte Sättigung der Farben im Bild. Je steiler die Kurve in der Mitte ist, desto mehr wird der Kontrast verstärkt. In Lightroom hat der Kontrastregler in den Grundeinstellungen genau dieselbe Funktion. Je größer der eingestellte Wert ist, desto steiler wird die S-Kurve »hinter den Kulissen«. Und auch die negative Richtung des Kontrastreglers können Sie in Photoshop mittels der Gradationskurve erreichen. Dazu müssen Sie die S-Kurve abflachen, indem Sie den oberen, rechten Kontrollpunkt unter die Gerade und den unteren, linken Kontrollpunkt über die Gerade ziehen.

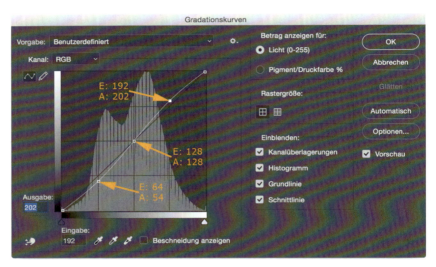

Abb. 5.9 Eine kontrastverstärkende Gradationskurve

Natürlich können Sie eine der obigen Korrekturen zum Aufhellen oder Abdunkeln mit einer S-Kurve kombinieren. So können Sie ein Bild z. B. gleichzeitig aufhellen und den Kontrast verstärken.

Abb. 5.10 Der Otter nach der Kontrastverstärkung

5.4 Freistellen/Beschneiden und Drehen

Unser Otter hat nun in Bezug auf Tonwertumfang, Kontrast und Sättigung einen guten Stand erreicht. Zum Abschluss wollen wir noch einen etwas engeren Bildausschnitt erzeugen. Dazu haben wir in Photoshop das nahezu gleiche Werkzeug wie in Lightroom zur Verfügung. Sie finden es, wie im folgenden Screenshot zu sehen, fast ganz oben in der Werkzeug-Leiste. Auch über die Taste C (wie das englische *Crop*) können Sie es aufrufen.

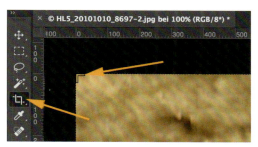

Abb. 5.11   Das Freistellen-Werkzeug zum Beschneiden von Bildern

Die Funktionalität des Freistellungswerkzeugs dürfte Ihnen als Lightroom-Anwender sehr vertraut sein, da sich beide Programme hier nicht unterscheiden. Sie haben nun rund um das Bild einen Rahmen, den Sie über die Anfasser in den Ecken (siehe obiger Screenshot) und an den Rändern vergrößern und verkleinern können. Halten Sie dabei die ⇧-Taste gedrückt, so bleibt das Seitenverhältnis des Rahmens erhalten (in der Optionsleiste können Sie andere Seitenverhältnisse festlegen). Bei gedrückter Alt-Taste wird der Rahmen symmetrisch an allen Seiten geändert – das Bild bleibt dabei zentriert.

Halten Sie den Mauszeiger innerhalb des Rahmens gedrückt, können Sie Ihr Bild hinter dem Rahmen wie ein Foto hinter einem Passepartout bewegen und somit den Rahmen verschieben.

Abb. 5.12   Das aktive Freistellungswerkzeug

Möchten Sie ein festes Seitenverhältnis für den Bildausschnitt einhalten, so können Sie dies rechts oben in der Optionenleiste festlegen (siehe linker Pfeil im Screenshot).

Wenn Sie bei der Wahl des besten Bildausschnitts noch nicht ganz sicher sind, können Sie die Option *Außerh. lieg. Pixel löschen* in der Optionenleiste (siehe rechter Pfeil im Screenshot) deaktivieren. Dadurch bleiben die Pixel um den Rahmen erhalten und werden so wie in Lightroom auch nur ausgeblendet. Sie können also jederzeit wieder zu einem größeren Ausschnitt zurückkehren. Beim Speichern müssen Sie hierzu aber darauf achten, dass Sie Ihre Datei im TIFF- oder PSD-Format und mit der Option *Ebenen* abspeichern. Sobald in einem anderen Format ohne Erhalt der Ebenen abgespeichert wird, werden die Pixel gelöscht. Sollten Sie Ihre Master-Dateien schon in Photoshop zuschneiden wollen (siehe hierzu auch den letzten Abschnitt im Kapitel »Lightroom oder Photoshop?« ab Seite 15), so raten wir Ihnen unbedingt dazu, diese Option zu deaktivieren. Dadurch haben Sie jederzeit wieder Zugriff auf alle Pixel Ihrer mühsam bearbeiteten Master-Datei.

Photoshop hat die in der Regel sehr praktische Angewohnheit, unter anderem beim Freistellungswerkzeug, aber auch bei vielen anderen Werkzeugen, sich automatisch an bestimmten (unsichtbaren) Linien, wie zum Beispiel der Bildmitte oder den Bildrändern, auszurichten. Möchten Sie nun bei einem Bild nur wenige Pixel vom Rand beschneiden, kann diese Eigenschaft aber etwas lästig werden, da die Beschnittkante dadurch immer an den Rand des Bilds springt, sobald Sie in dessen Nähe kommen. So müssen Sie also enger beschneiden als gewünscht. Über den Menüpunkt *Ansicht → Ausrichten* können Sie dieses Verhalten ein- und ausschalten. Noch leichter geht es aber, wenn Sie beim Bewegen der Beschneidungsränder die [Strg]- bzw. [Ctrl]-Taste gedrückt halten.

Auch in Photoshop können Sie das Freistellungswerkzeug zum Drehen Ihres Fotos nutzen. Dazu müssen Sie den Mauszeiger nur aus dem Rahmen hinausbewegen. Der Mauszeiger wird zu einem gebogenen Doppelpfeil, dem Symbol für die Drehfunktion, und Sie können nun mit gedrückter Maustaste das Bild drehen.

Abb. 5.13   Eine leichte Drehung des Bilds während des Freistellens

Wenn Sie mit dem Ergebnis des Freistellens und Drehens zufrieden sind, können Sie den Arbeitsschritt durch einen Klick auf das Bestätigen-Symbol (siehe Pfeil im Screenshot) abschließen. Die Symbole links daneben dienen zum Abbrechen bzw. Zurücksetzen des Ausschnitts und der Drehung.

Photoshop bietet darüber hinaus noch einen weiteren Weg zum Drehen von Bildern, insbesondere für Drehungen um feste Winkel, um z.B. ein Bild vom Quer- ins Hochformat zu drehen. Sie finden diese Funktionen zusammen mit Funktionen zum Spiegeln im Menü Bild → Bilddrehung.

5.5 Das Protokoll

Nachdem wir nun mehrere Bearbeitungsschritte mit unserem Bild durchgeführt haben, ist Ihnen vielleicht schon aufgefallen, dass sich in der Protokoll-Palette am rechten Rand einige Einträge angesammelt haben. Jeder der drei Arbeitsschritte (*Tonwertkorrektur*, *Gradationskurve* und *Freistellen*) findet sich unterhalb des Schritts *Öffnen* als einzelner Eintrag im Protokoll wieder. Der aktuell gültige Schritt oder Zustand wird dabei in einem helleren Grau unterlegt.

Abb. 5.14   Das Protokoll mit drei Bearbeitungsschritten

Durch einen Mausklick auf einen der zurückliegenden Schritte markieren Sie diesen im Protokoll, wodurch Ihr Bild auf den entsprechenden Bearbeitungsstand zurückgesetzt wird. So können Sie Ihre Arbeitsschritte noch einmal der Reihe nach nachvollziehen und gezielt Schritte zurücknehmen. Sie können dabei aber immer nur in der Abfolge der gemachten Bearbeitungsschritte vorgehen, also nur direkt aufeinanderfolgende Schritte entfernen.

Wie auch in allen anderen Anwendungen, die eine *Undo*-Funktion bieten, können Sie in Photoshop mittels Tastenkürzeln im Protokoll zurückspringen. Dabei gibt es aber einen wichtigen Unterschied gegenüber dem aus anderen Anwendungen (inkl. Lightroom) gewohnten Verhalten.

Das übliche Tastenkürzel [Ctrl]+[Z] (Mac: [CMD]+[Z]) nimmt nur beim ersten Drücken einen Schritt zurück (*Undo*). Drückt man das Tastenkürzel erneut, wird nicht etwa ein weiterer Schritt rückgängig gemacht, sondern der gerade zurückgenommene Schritt wird wiederhergestellt (sog. *Redo*). Durch wiederholtes Drücken des Tastenkürzels können Sie also recht einfach die Veränderungen des letzten Arbeitsschritts kontrollieren. Wollen Sie hingegen weitere Schritte rückgängig machen, müssen Sie dafür das Tastenkürzel [Strg]+[⇧]+[Z] (Mac: [CMD]+[⇧]+[Z]) drücken. Das Tastenkürzel für ein mehrstufiges *Redo* lautet [Strg]+[Alt]+[Z] (Mac: [CMD]+[Alt]+[Z]).

Wenn Sie über die Protokoll-Palette oder das soeben genannte Tastenkürzel einen oder mehrere Schritte zurückgenommen haben und dann einen neuen Bearbeitungsschritt durchführen, wird in Photoshop, ebenso wie in Lightroom, das Protokoll bis zum zurückgenommenen Schritt gelöscht und der neue Arbeitsschritt anstatt des gelöschten unten angehängt. Sollte dies ein Versehen gewesen sein und Sie wollten eigentlich nach dem letzten Arbeitsschritt weiterarbeiten, so können Sie dies zwar nicht über die Protokoll-Palette rückgängig machen, aber über das Tastenkürzel Strg+Alt+Z bzw. CMD+Alt+Z geht es in jedem Fall.

5.6 Bildgröße verändern

Im Normalfall wird man als Lightroom-User eher selten auf die Bildgröße-Funktion von Photoshop zurückgreifen, da die Export-Funktion von Lightroom mit ihrem integrierten Ausgabe-Schärfungsmodul (dahinter verbirgt sich Photokit-Sharpener von PixelGenius) meist den besten Weg bietet, um Bilder für eine gewünschte (Druck-)Größe oder Pixelzahl zu skalieren.

Doch auch in Photoshop muss mal ein Bild verkleinert oder vergrößert werden und man sollte deshalb den entsprechenden Weg dafür kennen und anwenden können. Startpunkt ist die Menüfunktion *Bild → Bildgröße...* (Alternativ Strg+Alt+I bzw. CMD+Alt+I auf dem Mac).

Abb. 5.15   Der Bildgröße-Dialog

Sie können den Dialog in erster Linie für drei häufige Anwendungsfälle nutzen:

1. Kontrolle, wie viele Pixel Ihr Bild enthält und wie groß Sie es bei einer bestimmten Auflösung ohne Skalieren (Hochrechnen, Neu berechnen) drucken können
2. Setzen von Metainformation bezüglich der Ausgabegröße (z. B. in cm oder mm) oder der Auflösung (in Pixel/Zoll, abgekürzt mit ppi), ohne die tatsächliche Pixelzahl zu ändern
3. Skalieren eines Bilds auf eine bestimmte Pixelzahl oder eine bestimmte Ausgabegröße und Zielauflösung

Wichtig: Das im Screenshot durch den Pfeil markierte Kettensymbol sollten Sie bei allen Skalierarbeiten immer geschlossen halten, d.h., es sollte so wie im Screenshot aussehen. Dadurch bleibt das Seitenverhältnis intakt und Ihr Bild wird nicht verzerrt. Im anderen Fall können Sie Höhe und Breite getrennt festlegen.

Für den ersten Fall entfernen Sie zuerst den Haken der Option *Neu berechnen*, stellen die Einheit für *Breite* oder *Höhe* z.B. auf cm und geben dann bei *Auflösung* die gewünschte Zielauflösung ein. Im Beispiel 1 ließe sich das Bild bei 300 ppi ca. 70 cm breit und 46 cm hoch drucken. Die Anzahl der Pixel können Sie direkt unter *Maße* ablesen.

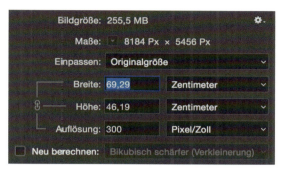

Abb. 5.16   Beispiel 1: Druckgröße bei einer Auflösung von 300 ppi

Für den zweiten Fall müssen Sie ebenfalls zuerst den Haken bei *Neu berechnen* entfernen. Danach wählen Sie die gewünschte Einheit für Breite und Größe und geben einen der beiden Werte vor. Im Beispiel 2 soll das Bild 30 cm breit sein. Sie können dann ablesen, dass es bei dieser Breite 20 cm hoch wird und mit einer Auflösung von knapp 700 ppi gedruckt werden könnte. Wenn Sie nun den Dialog mit OK beenden und anschließend das Bild abspeichern, hat das Bild als Metainformationen die Breite 30 cm und die Höhe 20 cm erhalten. Platzieren Sie das Bild danach z.B. in InDesign oder einem anderen Desktop-Publishing-Programm in einem Layout, so nimmt es dort automatisch die Größe von 30 x 20 cm an.

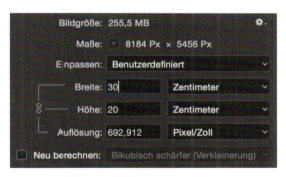

Abb. 5.17   Beispiel 2: Festlegen einer bestimmten Größe in cm

Im dritten Fall werden nicht nur Metadaten, sondern die konkreten Pixelmaße eines Bilds durch Interpolation verändert. Dafür gibt es zwei Möglichkeiten: Beim Vergrößern eines Bilds wie in Beispiel 3a geht es in der Regel darum, ein Bild in einer bestimmten Zielauflösung größer drucken zu können, als es die ursprünglichen Pixelmaße erlauben würden. Das Bild in allen Beispielen hat die nativen Pixelmaße von 8.184 x 5.456, was wie oben gesehen bei 300 ppi eine Druckgröße von 70 x 46 cm ergeben würde. Soll das Bild mit der gleichen Zielauflösung aber 120 cm breit gedruckt werden, so muss es hochskaliert werden. Hierzu muss der Haken bei *Neu berechnen* dieses Mal gesetzt werden und anschließend muss die Zielauflösung und -breite eingegeben werden. In der Zeile *Maße* werden nun die daraus resultierenden Pixelmaße von 14.173 x 9.449 angezeigt. Das heißt, dass Photoshop aus den ursprünglich 8.184 Pixeln in der Breite nun 14.173 »generieren« muss. Selbstverständlich wird das Bild dadurch nicht um mehr Details ergänzt, sondern lediglich künstlich »vermehrt«. Dabei spielt es eine wichtige Rolle für die resultierende Qualität des hochskalierten Bilds, welche Interpolationsmethode dabei zum Einsatz kam. Für das Hochskalieren empfiehlt Adobe die Methode *Bikubisch glatter*. Je nach Bildinhalt kann aber auch die Methode *Details erhalten* die bessere Wahl sein. Damit Sie schon vorab einen Eindruck des Ergebnisses bekommen, sehen Sie links im Dialog eine Vorschau der Interpolation.

Abb. 5.18   Beispiel 3a: Hochskalieren auf eine bestimmte Breite und Zielauflösung

Wollen Sie jedoch ein Bild verkleinern, um es z. B. auf bestimmte Pixelmaße für den Upload im Web zu reduzieren, dann können Sie dabei genau gleich vorgehen. Mit einer Ausnahme: Sie sollten zum Verkleinern besser die Methode *Bikubisch schärfer* verwenden.

Im Beispiel 3b soll das Bild für ein Webportal auf eine Breite von 1.200 Pixel gebracht werden, da dies die maximale Pixelzahl des Portals darstellt. Hierzu müssen Sie neben dem Haken bei *Neu berechnen* sowie der o.g. Interpolationsmethode auch die Einheit für die Breite auf Pixel setzen und anschließend die gewünschten 1.200 Pixel für die Breite eingeben. Auch hier erhalten Sie links im Dialog die Vorschau des bereits verkleinerten Bilds. Nach Beenden des Dialogs mit *OK* wird die Verkleinerung oder Vergrößerung durchgeführt. Achten Sie danach unbedingt darauf, dass Sie die Datei nun unter einem neuen Namen abspeichern, um Ihre eigentliche Master-Datei mit den originalen Pixelmaßen nicht zu überschreiben. Sie sollten diese Master-Version stets als Ausgangsbasis für neue Interpolationen zur Verfügung haben.

Abb. 5.19   Beispiel 3b: Verkleinern auf eine bestimmte Pixelbreite

6
Weitere Werkzeuge und Funktionen

Die im vorherigen Kapitel beschriebenen Werkzeuge und Funktionen stehen alle in ähnlicher Form auch in Lightroom zur Verfügung und für Bilder, die keine weitergehende Bearbeitung benötigen, ist es wie bereits zuvor beschrieben nicht unbedingt sinnvoll, diese in Photoshop anzuwenden. Sie werden aber oft als Grundelemente von komplexeren Bearbeitungen eingesetzt, die Sie in den nachfolgenden Workshop-Kapiteln wiederfinden, und sollten deshalb zum Grundrepertoire eines Photoshop-Anwenders gehören.

In den folgenden Abschnitten werden wir uns nun mit Werkzeugen und Funktionen beschäftigen, die so in Lightroom nicht oder nur in sehr einfacher Form zur Verfügung stehen und die ebenfalls wichtig für das Verständnis der Workshops im weiteren Verlauf des Buchs sind.

6.1 Das Pinselwerkzeug

Beginnen wollen wir mit dem *Pinselwerkzeug*. Wie der Name unschwer erkennen lässt, handelt es sich dabei um ein Werkzeug zum Malen oder genauer gesagt: zum Auftragen von Farbe. Wie Sie im weiteren Verlauf des Buchs, insbesondere in den Workshops, noch sehen werden, wird der Pinsel in der Bildbearbeitung relativ selten zum wirklichen Malen oder Zeichnen genutzt. Er wird in der Regel zum Bearbeiten von Masken verwendet. Um dieses wichtige Thema leichter verstehen zu können und die hierfür wichtigsten Eigenschaften des Pinsels kennenzulernen, wollen wir uns dennoch zuerst mit dessen »normaler« Nutzung beschäftigen.

Öffnen Sie hierzu am besten ein Bild mit viel einfarbigem Himmel oder einer anderweitigen größeren, homogenen Fläche. Anschließend aktivieren Sie, wie im folgenden Screenshot zu sehen, das Pinselwerkzeug. Alternativ können Sie auch die Taste ⌊B⌋ (»brush«) drücken.

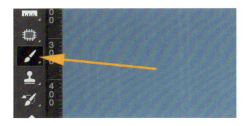

Abb. 6.1 Das Pinselwerkzeug

Der Mauszeiger sollte sich nun in einen Kreis verwandeln, dessen Durchmesser die Größe des Pinsels repräsentiert. Die *Größe* ist eine der drei wichtigen Eigenschaften (*Größe*, *Härte*, *Deckkraft*) des Pinsels, um die es im Folgenden gehen wird.

Abb. 6.2 Wichtige Pinseloptionen: Größe (Pfeil) und Deckkraft

Um die *Größe* zu verändern, klicken Sie auf das kleine Dreieck in der Optionenleiste des Pinselwerkzeugs (siehe Pfeil im vorigen Screenshot). Es öffnet sich ein Eigenschaften-Dialog, in dem Sie neben der *Größe* auch die *Härte* des Pinsels einstellen können.

Abb. 6.3 Zwei der drei wichtigsten Pinseleigenschaften

Stellen Sie für die erste »Übung« eine *Größe* von 100 Pixel und eine *Härte* vor 100 % ein. Um den Pinsel einsetzen zu können, fehlt uns aber noch eine ganz wichtige Komponente: die Farbe. Dazu wollen wir uns mit dem Farbwähler ein weiteres wichtiges Element der Photoshop-Benutzeroberfläche näher ansehen.

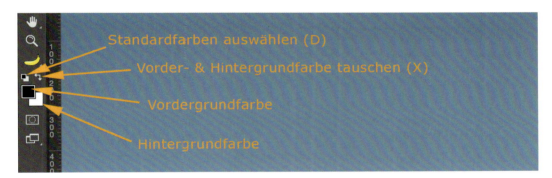

Abb. 6.4 Festlegen von Vorder- und Hintergrundfarbe

Am unteren Ende der Werkzeugleiste befinden sich die Elemente zum Festlegen der Vorder- und der Hintergrundfarbe. Mit der Vordergrundfarbe legen Sie zugleich die Malfarbe des Pinsels fest. Auf die Bedeutung der Hintergrundfarbe gehen wir beim Maskieren und in den Workshops noch näher ein. Im obigen Screenshot steht die Vordergrundfarbe im Moment auf Schwarz. Diese wollen wir nun in ein schönes kräftiges Rot ändern. Dazu öffnen wir durch einen Klick auf das Feld der Vordergrundfarbe den Farbwähler von Photoshop.

Im sich öffnenden Dialog können Sie nun jede beliebige Farbe auswählen. Sie haben dazu grundsätzlich zwei verschiedene Möglichkeiten. Entweder über Eingabe der Zahlen in einem der vier abgebildeten Farbsysteme (HSB, RGB, LAB, CMYK) oder visuell über die Elemente in der linken Hälfte des Dialogs. Stellen Sie hierzu zuerst den Farbton-Regler ganz nach oben oder unten (das ist das gleiche Rot).

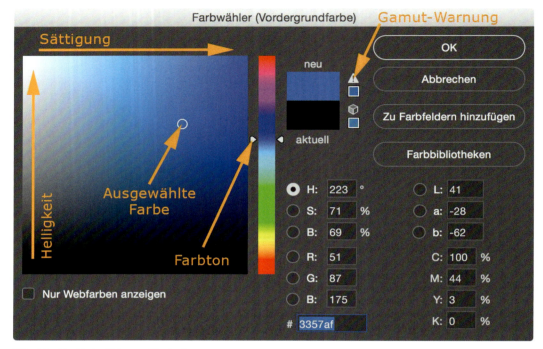

Abb. 6.5 Der Farbwähler von Photoshop

Die Pfeile im Screenshot weisen dabei auf die Eigenschaften dieses Quadrats hin. Nach oben hin nimmt die Helligkeit der Farbe zu und nach rechts die Sättigung. Der untere Rand ist deshalb komplett schwarz und der linke Rand spiegelt einen Grauverlauf von Schwarz (unten) bis Weiß (oben) wieder. Das rechte obere Eck ist damit immer die hellste und am stärksten gesättigte Variante des im Farbton-Wählers festgelegten Farbtons.

Schieben Sie nun den kleinen Kreis innerhalb des Quadrats ganz nach rechts oben, um ein kräftiges Rot zu erhalten. Spätestens jetzt sollten Sie neben dem *Abbrechen*-Knopf ein kleines Warnsymbol, die Gamut-Warnung, sehen. Sie zeigt an, dass die ausgewählte Farbe außerhalb des aktuellen Arbeitsfarbraums (in unserem Fall und vermutlich auch in Ihrem ist das ProPhoto RGB) liegt.

Für unsere kleinen »Übungen« mit dem Pinsel ist das nicht weiter schlimm, sodass wir das Rot über den *OK*-Knopf als Vordergrundfarbe festlegen. Sollten Sie aber in der Praxis eine Farbe zum Malen o.Ä. auswählen, achten Sie unbedingt auf dieses Symbol.

Malen Sie nun mit gedrückter linker Maustaste (und den Einstellungen Größe: 100, Härte: 100, Deckkraft: 100) eine erste Linie in Ihr Bild. Ändern Sie dann die *Härte* auf 0 und malen Sie eine weitere Linie. Zum Abschluss ändern Sie die Deckkraft über die Optionenleiste auf 30 und malen eine dritte Linie. Die unterschiedlichen Auswirkungen haben wir im folgenden Bild noch einmal zusammengefasst.

Weitere Werkzeuge und Funktionen 79

Abb. 6.6   Die Auswirkung von Härte und Deckkraft auf den Farbauftrag des Pinsels

Experimentieren Sie anschließend selbst noch ein wenig mit den drei verschiedenen Eigenschaften des Pinsels, sodass Ihnen der Umgang damit vertrauter wird.

Bei der praktischen Arbeit mit dem Pinsel wird es irgendwann umständlich erscheinen, zum Ändern dieser Eigenschaften ständig die Arbeitsfläche verlassen zu müssen. Photoshop hält daher entsprechende Abkürzungen bereit. Die Deckkraft ändern Sie am schnellsten, indem Sie bei aktiviertem Pinselwerkzeug eine der Ziffern von 1 bis 0 auf der Tastatur drücken. Die 1 ändert die Deckkraft auf 10%, 9 sorgt für 90% und die 0 stellt die Deckkraft auf 100% (eine Deckkraft von 0% lässt sich nicht einstellen, denn wer nicht malen möchte, braucht vermutlich auch keinen Pinsel).

Wollen Sie auch Werte zwischen den Zehnerstufen einstellen, so drücken Sie einfach die beiden entsprechenden Ziffern-Tasten in kurzer Folge. Wenn Sie z.B. schnell hintereinander eine 4 und dann eine 2 drücken, wird die Deckkraft auf 42% eingestellt.

Die Härte und die Größe eines Pinsels können Sie am komfortabelsten mit dem sog. Head Up Display (HUD) einstellen. Halten Sie die Alt -Taste (auf dem Mac: Crtl - und Alt -Taste) gedrückt, dann können Sie bei gedrückter rechter (Mac: linker) Maustaste und durch Bewegen der Maus die beiden Werte via HUD anpassen. Die horizontale Richtung stellt die Größe und die vertikale Richtung die Härte ein. Am Anfang wird Ihnen das noch etwas schwerer »von der Hand« gehen, aber nach etwas Eingewöhnung ist es eine sehr praktische Hilfe.

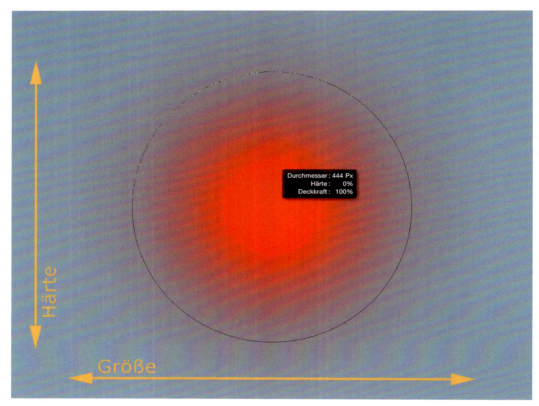

Abb. 6.7 Das Pinsel-Head-Up-Display

6.2 Retuschewerkzeuge

Eines der mächtigsten Hilfsmittel der digitalen Bildbearbeitung ist ohne Zweifel die Möglichkeit, störende Elemente aus Bildern zu entfernen. Zwar war das mit genügend Wissen und handwerklichem Geschick auch schon in der analogen Dunkelkammer möglich, doch diese Fähigkeit blieb aufgrund des hohen Schwierigkeitsgrads nur einigen Wenigen vorbehalten. Im digitalen Zeitalter hat sich das dramatisch verändert und mit etwas Übung gelingt es heute jedem, aus einem Bild nahezu alles verschwinden zu lassen, was unerwünscht ist.

> **Hinweis**
> Wir wollen an dieser Stelle allerdings nicht in die Ethik-Debatte um manipulierte Bilder einsteigen. Sicher gibt es Bereiche der Fotografie – allen voran der Fotojournalismus und die Naturfotografie –, in denen sich eine Manipulation unter allen Umständen verbietet. Doch die Grenzen sind teils fließend und in vielen anderen Bereichen der Fotografie wird es heute schlichtweg erwartet, dass störende Elemente aus dem Bild entfernt werden. Wir zeigen Ihnen an dieser Stelle deshalb die wichtigsten Werkzeuge und Techniken und überlassen die Entscheidung über deren Anwendung jedem einzelnen.

Zwei der vier Werkzeuge, die wir Ihnen in diesem Kapitel vorstellen wollen, kennen Sie unter ähnlichem Namen wahrscheinlich schon aus Lightroom. Es handelt sich dabei um den Kopierstempel sowie den Reparatur-Pinsel. Falls Sie sich damit in Lightroom jemals über das Entfernen von Sensorflecken und kleinen, isolierten störenden Elementen hinaus an komplexere Retuschearbeiten gewagt haben, werden Sie ohne Zweifel festgestellt haben, dass Bildretusche sicher keine der Stärken von Lightroom darstellt. Doch eigentlich wurden die beiden Werkzeuge in Lightroom auch nur für kleinere Korrekturen vorgesehen. Für alles andere kommt man (bis jetzt) an Photoshop nicht vorbei.

Beginnen wollen wir mit dem am einfachsten zu bedienenden der vier Werkzeuge, dem Bereichsreparatur-Pinsel (im Folgenden mit BRP abgekürzt). Sie finden das Werkzeug an folgender Stelle in der Werkzeugleiste:

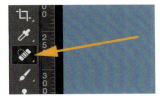

Abb. 6.8   Der Bereichsreparatur-Pinsel

Auch über das Tastenkürzel [J] können Sie den BRP aufrufen. Sollte an dieser Stelle kein Pflaster-Symbol wie im Screenshot erscheinen, halten Sie die Maustaste so lange auf dem anderen Symbol gedrückt, bis das folgende Flyout-Menü erscheint:

Abb. 6.9   Das Retusche-Flyout

Dort können Sie das Werkzeug dann auswählen. Jedes Werkzeug in der Werkzeugleiste, das in der rechten unteren Ecke ein kleines Dreieck aufweist, verfügt über ein solches Flyout-Menü, in dem sich zusätzliche, ähnliche Werkzeuge befinden und die alle auf das gleiche Tastenkürzel hören. Durch mehrfaches Drücken des Tastenkürzels wechseln Sie der Reihe nach durch alle Werkzeuge des Flyouts hindurch.

Der BRP hat die beiden selben Eigenschaften (Größe und Härte), die Sie zuvor schon beim Pinsel kennengelernt haben und die auf dieselbe Art und Weise eingestellt bzw. verändert werden können.

Eine wichtige Option in der Optionenleiste des BRP ist *Inhaltsbasiert*. Diese sollten Sie standardmäßig aktiviert haben, da sie nahezu immer das beste Ergebnis liefert. Nur wenn Sie auf diesem Weg zu keinem befriedigenden Ergebnis gelangen, sollten Sie die beiden anderen Varianten versuchen.

Abb. 6.10 Die wichtigste Option des Bereichsreparatur-Pinsels

Eingesetzt wird der BRP so ähnlich wie sein Pendant in Lightroom. Stellen Sie eine Pinselgröße ein, die etwas größer als das zu retuschierende Element hoch bzw. breit ist und fahren Sie mit gedrückter Maustaste über dieses Element. Im folgenden Bild sollte der störende Ast entfernt werden. Das ist natürlich ein sehr einfacher Anwendungsfall, aber als erste Übung und zum Erklären genau richtig.

Abb. 6.11 Der Bereichsreparatur-Pinsel in Aktion

Sobald der zu retuschierende Bereich mit dem BRP »übermalt« und die Maustaste losgelassen wurde, versucht Photoshop diesen Bereich in Bezug auf Farbe und Struktur an die Umgebung anzupassen. In einfacheren Fällen wie dem hier gezeigten funktioniert dies sehr gut. Auch Bereiche mit komplexeren Strukturen lassen sich so oft gut retuschieren. Kritisch wird es meist vor allem dann, wenn direkt an einer Kante retuschiert wird. Im folgenden Beispiel wird dies leicht erkennbar. Ein kleines Stück Ast soll an der Flügelkante des Adlers entfernt werden.

Abb. 6.12 Retusche mit dem Bereichsreparatur-Pinsel an einer Kante

Leider liefert der BRP maximal auf den ersten Blick ein zufriedenstellendes Ergebnis. Spätestens beim genaueren Hinsehen wird klar, dass der Adler nun etwas unförmig geworden ist.

Abb. 6.13 Eine unschöne Beule als Resultat des Bereichsreparatur-Pinsels

Wann immer der BRP auf Anhieb nicht das gewünschte Ergebnis liefert, nehmen Sie einfach den letzten Schritt per Protokoll zurück und versuchen Sie es erneut, aber beginnen Sie mit der Retusche aus einer anderen Richtung oder versuchen Sie es mit einer anderen Größe des Pinsels.

Jedoch wird der BRP nicht in allen Fällen zu einem guten Ergebnis führen und vor allem für Stellen an solch klaren Kanten wie in diesem Beispiel erzielen Sie im Normalfall bessere Ergebnisse mit dem Kopierstempel, den wir uns als Nächstes näher anschauen wollen.

Sie finden den Kopierstempel zwei Positionen unterhalb des BRP. Gegebenenfalls müssen Sie auch hier das Flyout-Menü bemühen, falls Sie zuvor ein anderes Werkzeug aus dieser Gruppe verwendet haben.

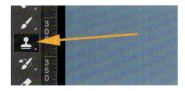

Abb. 6.14   Der Kopierstempel ...

Abb. 6.15   ... und seine Optionen

Der Kopierstempel verfügt über die gleichen drei wichtigen Optionen wie der Pinsel aus dem vorherigen Abschnitt: *Größe*, *Härte* und *Deckkraft*. Auch die Einstellung dieser Optionen erfolgt auf die gleiche Weise wie beim Pinselwerkzeug. Für das folgende Beispiel wurde als Größe 30 Pixel, für die Härte 25 % und für die Deckkraft 100 % eingestellt. Die Deckkraft wird in der Praxis fast immer bei 100 % stehen, während die Härte von der Umgebung der retuschierenden Stelle abhängt. Zu große Werte für die Härte führen schnell dazu, dass die Übergangstellen zwischen Retusche und Umgebung sichtbar werden. Zu kleine Werte bewirken dagegen oft, dass feine Strukturen (u. a. auch Rauschen) an den retuschierten Stellen fehlen und dadurch die Retusche preisgeben.

Während der gerade kennengelernte BRP sich den Inhalt des zu retuschierenden Bereichs ohne jede Möglichkeit zur Einflussnahme komplett selbstständig wählt (und dabei auch mal falsch liegt), sind Sie beim Kopierstempel (und auch beim anschließend vorgestellten Reparatur-Pinsel) für die Auswahl der Kopierquelle und damit für die Überlagerung des zu retuschierenden Bereichs verantwortlich. Das Prinzip steht hier auch im Gegensatz zum Kopierstempel von Lightroom, der sich zunächst stets selbst eine Kopierquelle sucht, welche anschließend von Ihnen angepasst werden kann.

In Photoshop müssen Sie zuerst die Quelle wählen und beginnen dann mit dem Retuschieren des unerwünschten Elements. Die folgenden Screenshots sollen diesen Vorgang näher erläutern.

Abb. 6.16   Schritt 1: Quelle auswähler

Durch Drücken der Alt -Taste verwandelt sich der Mauszeiger in ein Fadenkreuz, mit dem Sie die Quelle für die folgenden Kopieraktionen festlegen. Klicken Sie dazu bei gedrückter Alt -Taste in einen Bereich, welcher der Umgebung des zu retuschierenden Elements entspricht. In unserem Beispiel ist dies der umgebende Himmel. Entfernen Sie sich mit der Quelle vor allem bei Retuschen im Himmel niemals zu weit von der zu retuschierenden Stelle, da sonst evtl. die Helligkeit oder Sättigung der Quelle nicht mehr zur Umgebung des Ziels passt und dadurch die Retusche sichtbar wird.

Abb. 6.17   Schritt 2: Retusche beginnen

Haben Sie die Quelle definiert, können Sie die Alt -Taste loslassen und mit dem Mauszeiger (jetzt wieder in Kreisform) über den zu retuschierenden Bereich fahren. Dabei erhalten Sie bereits eine Vorschau darauf, wie sich die Quelle auswirken wird. Sobald Sie nun durch einen Klick auf den Zielbereich mit der Retusche beginnen, werden der Abstanc und der Winkel zwischen Quelle und Ziel festgelegt. Bis Sie eine neue Quelle festlegen, bleibt beides erhalten und dem Mauszeiger folgt ein kleines Plus im immer gleichen Abstand und Winkel, welches die sich nun mitbewegende Quelle symbolisiert.

Abb. 6.18   Schritt 3: Der Ast wurde fast komplett »weggestempelt«

Durch wiederholtes »Übermalen« oder »Stempeln« des Asts verschwindet dieser nun mehr und mehr. Dabei sollten Sie beachten, dass Sie die Maustaste immer wieder loslassen und keine zu großen Bereiche am Stück stempeln. Kommt nämlich das kleine Plus (die Quelle) dabei in einen Bereich, der zuvor noch nicht retuschiert wurde, nimmt der Kopierstempel den »alten« Inhalt und überträgt ihn an das Ziel, was dann zu kleinen »Geisterbildern« führt.

Abb. 6.19   Schritt 4: Die Quelle für die Retusche der Kante festlegen

Sobald nur noch ein kleiner Stummel übrig bleibt, beginnt die eigentliche Feinarbeit. Dazu benötigen wir eine neue Quelle. Und um die Kante möglichst exakt zu erhalten, legen wir die neue Quelle so fest, dass die Kante in der Mitte des Fadenkreuzes liegt.

Abb. 6.20   Schritt 5: Exaktes »Stempeln« entlang der Kante

Anschließend bewegen wir der Mauszeiger so über den zu retuschierenden Bereich, dass die Vorschau der Retusche eine exakte Kante anzeigt. Dann drücken wir wieder die Maustaste, legen damit Abstand und Winkel zur Quelle fest und können nun ganz leicht den restlichen Bereich retuschieren, bis der Ast komplett verschwunden ist.

Abb. 6.21   Schritt 6: Das fertige Ergebnis lässt keine Retusche mehr erahnen

Falls dabei mal etwas schiefgeht, gibt es ja immer die Undo-Funktion (am einfachsten über das Protokoll-Fenster). Auch kann es bei komplexeren Retuschen nötig sein, die Quelle relativ häufig neu zu definieren. Lassen Sie deshalb beim Stempeln die linke Hand immer in der Nähe der Alt-Taste. Der Rest ist Übungssache.

Mit dem so ähnlich auch in Lightroom zu findenden Reparatur-Pinsel steht in Photoshop im selben Flyout-Menü, in dem auch der Bereichsreparatur-Pinsel zu finden ist, ein Zwischending zwischen den beiden soeben vorgestellten Werkzeugen zur Verfügung. Wie beim Kopierstempel müssen Sie auch hier die Quelle für die Retusche selbst auswählen. Dies funktioniert ebenso wie das Einstellen der schon bekannten Optionen Größe, Härte und Deckkraft exakt gleich wie beim

Kopierstempel. Im Gegensatz zu diesem werden beim Reparatur-Pinsel nicht die Struktur, Farbe und Helligkeit von der Quelle zum Ziel übertragen, sondern lediglich die Struktur. Farbe und Helligkeit werden aus der Umgebung des Zielbereichs ermittelt. Dieser Unterschied, der in identischer Form auch in Lightroom zwischen Kopier- und Reparatur-Pinsel besteht, hat sowohl Vor- als auch Nachteile. Da Helligkeit und exakte Farbe keine Rolle mehr spielen, müssen Sie z. B. beim Retuschieren im Himmel und anderen Verläufen nicht mehr darauf achten, dass Ihre Quelle nah genug am Ziel liegt. Da nur die Struktur übertragen wird und Helligkeit und Farbe aus der direkten Umgebung entnommen werden, passen diese automatisch zur Umgebung und es kann nicht mehr zu Auffälligkeiten kommen.

In Situationen, die eine Retusche in der Nähe anderer Elemente, wie z.B. dem zuvor schon gezeigten »Adlerrücken«, erfordern, kehrt sich dieser Vorteil allerdings sehr oft in einen Nachteil um, wie am folgenden Screenshot zu sehen ist:

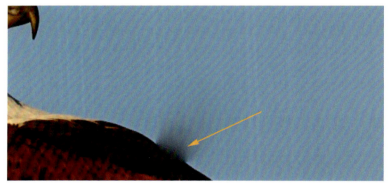

Abb. 6.22 Der Reparatur-Pinsel ist hier leider das falsche Werkzeug

Hier strahlen Farbe und Helligkeit des Gefieders in den retuschierten Bereich aus und machen das Ergebnis unbrauchbar. Da helfen nur die Undo-Funktion und der Wechsel zum Kopierstempel.

Da sich isolierte Elemente fast immer schon mit dem Bereichsreparatur-Pinsel perfekt entfernen lassen und für Elemente in der Nähe von Kanten oder anderen Elementen der Kopierstempel als erste Wahl gilt, kommt der Reparatur-Pinsel in der Praxis deutlich seltener zum Einsatz. Für Situationen, in denen evtl. mehrere Versuche nötig sind oder das zu retuschierende Element nicht gut zur Kreisform der bisher vorgestellten Werkzeuge passt, stellt Photoshop das Ausbessern-Werkzeug zur Verfügung. Es findet sich ebenfalls im Flyout-Menü des Bereichsreparatur-Pinsels.

Abb. 6.23 Das Ausbessern-Werkzeug

Bevor wir das Werkzeug verwenden können, müssen wir kurz dafür sorgen, dass die wichtigen Optionen passend eingestellt werden. Aktivieren Sie, wie im folgenden Screenshot zu sehen, das durch den Pfeil gekennzeichnete Symbol sowie die Option *Inhaltsbasiert*. Letztere führt dazu, dass der retuschierte Bereich mithilfe einer »intelligenten« Funktion – ähnlich wie beim Bereichsreparatur-Pinsel – ausgefüllt wird. Die Erklärung der vier vorderen Symbole wollen wir für den Moment überspringen, da wir im nächsten Abschnitt zum Thema »Auswahlen« ausführlich darauf eingehen werden.

Abb. 6.24 Die wichtigen Optionen des Ausbessern-Werkzeugs

Der erste Schritt bei der Anwendung dieses Werkzeugs ist das Auswählen des Zielbereichs, also des Bereichs, der retuschiert werden soll. Zur Veranschaulichung wählen wir hierzu nochmals den Ast aus dem Abschnitt über den Bereichsreparatur-Pinsel. Mit gedrückter Maustaste umfahren wir nun den zu retuschierenden Ast. Dabei versuchen wir einen möglichst geringen Abstand einzuhalten, da wir möglichst wenig Himmel um den Ast herum verändern wollen. Nachdem der Ast sich am Rand des Fotos befindet, müssen wir an dieser Stelle mit der Maus einfach nur über den Bildrand hinausfahren. Das Ausbessern-Werkzeug beschränkt sich selbstständig auf den eigentlichen Bildbereich.

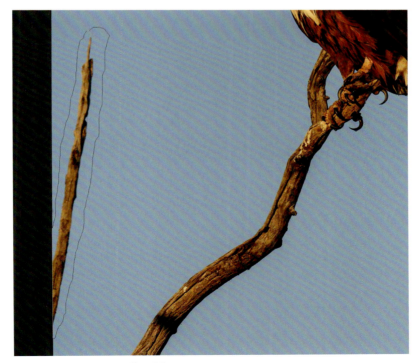

Abb. 6.25 Schritt 1: Einrahmen des Zielbereichs

Wenn wir den Ast umrundet haben und sich der Mauszeiger in der Nähe des Anfangspunkts befindet, können wir die Maustaste einfach loslassen. Photoshop schließt dann die Verbindung zum Anfangspunkt automatisch. Als Ergebnis erhalten wir eine sogenannte *Auswahl*, die durch ein spezielles Muster gekennzeichnet wird. In Ermangelung einer besseren Bezeichnung verwenden wir hierfür den Begriff »Ameisenstraße« (im Englischen auch »marching ants« genannt). Mehr dazu erfahren Sie wie bereits angekündigt im nächsten Abschnitt.

Abb. 6.26   Schritt 2: Die Ameisenstraße

Im nächsten Schritt ziehen wir den umrandeten Zielbereich mit gedrückter Maustaste an eine Stelle im Bild, die wir als geeigneten Quellbereich ansehen. Im hier gewählten Beispiel kann dazu fast jede beliebige Stelle des Himmels dienen. In anderen Situation, wie z. B. bei der Hautretusche, für die dieses Werkzeug gerne eingesetzt wird, ist die Auswahl an geeigneten Quellbereichen natürlicher kleiner. Beim Verschieben des Quellbereichs zeigt uns Photoshop im Zielbereich permanent eine Vorschau des aktuellen Quellbereichs an. Sobald wir mit der Auswahl zufrieden sind, können wir die Maustaste loslassen und die eigentliche Retuschearbeit wird vom Werkzeug ausgeführt.

Weitere Werkzeuge und Funktionen   91

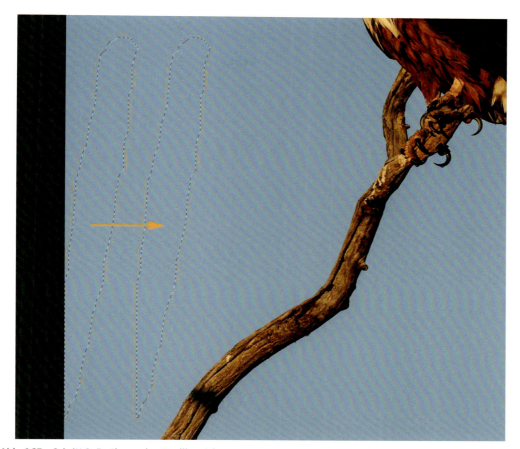

Abb. 6.27   Schritt 3: Festlegen des Quellbereichs

Sobald die inhaltsbasierte Ersetzung beendet ist, sehen wir das fertige Ergebnis innerhalb des Auswahlbereichs. Falls Sie mit dem Ergebnis nicht zufrieden sind, wiederholen Sie einfach den dritten Schritt. Ist das Ergebnis in Ordnung, so bleibt zum Abschluss nur noch das Entfernen der Ameisenstraße. Rufen Sie dazu den Menüpunkt *Auswahl → Auswahl aufheben* auf.

Damit hätten Sie für den Moment alle wichtigen Retusche-Werkzeuge kennengelernt. Wie Sie bei eigenen Experimenten schnell feststellen werden, ist Übung der wichtigste Faktor bei der Verwendung dieser Werkzeuge. Suchen Sie sich also am besten einige Fotos mit Telegrafenleitungen, störenden Personen und anderen potenziellen Retuscheobjekten und üben Sie die Anwendung dieser Werkzeuge so viel wie möglich an Ihren eigenen Bildern. Aber lesen Sie sich davor unbedingt noch die Kapitel 7 und 8 zu den Themen »Ebenen« und »Nicht-destruktive Bildbearbeitung« durch. In den Workshop-Kapiteln zeigen wir Ihnen noch einige weitere Beispiele aus der Praxis.

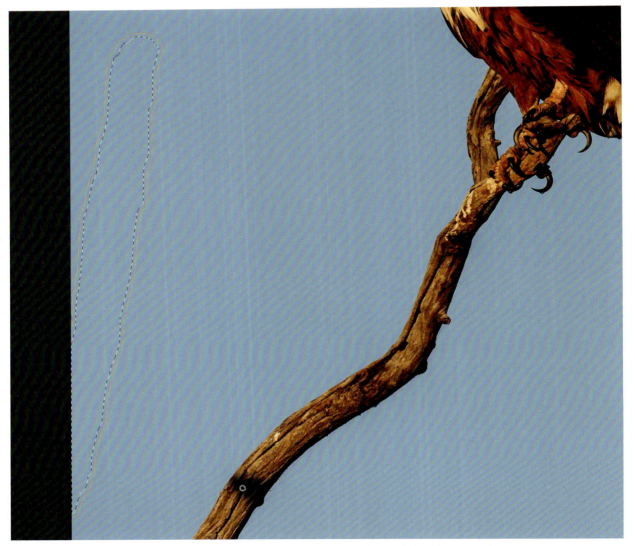

Abb. 6.28   Schritt 4: Das fertig retuschierte Ergebnis vor dem Aufheben der Auswahl

6.3 Auswahlen

Im vorherigen Kapitel hatten wir indirekt schon Kontakt mit einem der wichtigsten Themen der Bildbearbeitung, der Auswahl. Wie wichtig dieses Thema für die Bildbearbeitung ist, können Sie schon allein daran erkennen, dass Photoshop über ein komplettes Menü mit Funktionen rund um das Thema »Auswahl« verfügt.

Wann immer Bearbeitungsschritte nicht auf das ganze Bild wirken sollen, lassen sich die nicht zu bearbeitenden Bereiche mithilfe einer Auswahl schützen. Dabei werden Teile des Bilds mit einer Vielzahl an verschiedenen Werkzeugen markiert. Eine Auswahl teilt dabei das Bild immer in einen Teil innerhalb der Auswahl und einen Teil, der nicht Bestandteil der Auswahl ist. Sobald eine Auswahl in Ihrem Bild existiert, wirken sämtliche Bearbeitungsfunktionen vom Pinsel bis zur Tonwertkorrektur nur noch innerhalb der Auswahl. Alle Bildteile außerhalb der Auswahl bleiben unverändert. Dabei muss die Auswahl nicht über eine harte Grenze verfügen. Der Übergang zwischen ausgewähltem und nicht ausgewähltem Bereich kann fließend sein, wenn Sie die Auswahl mit einer weichen Kante versehen.

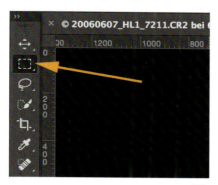

Abb. 6.29 Das Auswahlrechteck-Werkzeug können Sie auch mit der Taste M aktivieren

Um das Erstellen von Auswahlen inklusive der verschiedenen dafür vorhandenen Werkzeuge und Modi kennenzulernen, schauen wir uns als Erstes das einfachste Auswahl-Werkzeug an. Es nennt sich *Auswahlrechteck-Werkzeug* und Sie finden es als zweites Werkzeug von oben bzw. im dazugehörigen Flyout-Menü. Wie der Name vermuten lässt, können damit Auswahlen in Rechteckform erstellt werden.

Abb. 6.30 Die Optionen des Auswahlrechteck-Werkzeugs, die Sie so bei fast allen Auswahl-Werkzeugen finden

Ein Blick in die Optionenleiste offenbart am rechten Rand die gleichen vier Symbole, die wir im vorherigen Abschnitt beim Ausbessern-Werkzeug schon entdeckt, aber noch übergangen haben. An dieser Stelle wollen wir Ihnen die vier verschiedenen Modi, die wir in Abbildung 6.30 der Einfachheit halber mit 1–4 durchnummeriert haben, nun näher vorstellen.

Aktivieren Sie zuerst den Modus 1 und stellen Sie die weiche Kante auf 0 Px. Nun können Sie mit gedrückter Maustaste ein Rechteck innerhalb des Bilds aufziehen. Sobald Sie die Maustaste loslassen, erscheint die schon bekannte »Ameisenstraße« in Rechteckform. Solange Sie den Modus 1 aktiviert haben, können Sie auch bei bestehender Auswahl wieder mit einer neuen Auswahl beginnen, indem Sie erneut ein Rechteck im Bild aufziehen.

Probieren Sie nun ein paar verschiedene, schon bekannte Werkzeuge an diesem Foto aus. Sie werden dabei z.B. feststellen, dass Sie mit dem Pinsel nur noch innerhalb der Auswahl malen können. Auch eine Bearbeitung mittels der Gradationskurve wirkt nur noch innerhalb des Rechtecks.

Abb. 6.31   Eine rechteckige Auswahl

Gehen Sie nun im Protokoll wieder bis zu dem Schritt zurück, der die rechteckige Auswahl erstellt hat, und aktivieren Sie den Modus 2. Mit diesem können Sie neue Bereiche zu einer bestehenden Auswahl hinzufügen. Wie in den beiden folgenden Screenshots zu sehen, addiert sich das neue Rechteck zur bestehenden Auswahl (orange Linien nur zur Hervorhebung).

Abb. 6.32   Der Modus 2: Hinzufügen

Im Subtrahieren-Modus, Modus 3 in unserer Zählweise, wird hingegen dem Namen entsprechend das neue Rechteck von der bestehenden Auswahl abgezogen. Dazu müssen sich beide natürlich überlappen. Tun sie das nicht, bleibt die ursprüngliche Auswahl unverändert. Die folgenden beiden Screenshots demonstrieren dieses Verhalten:

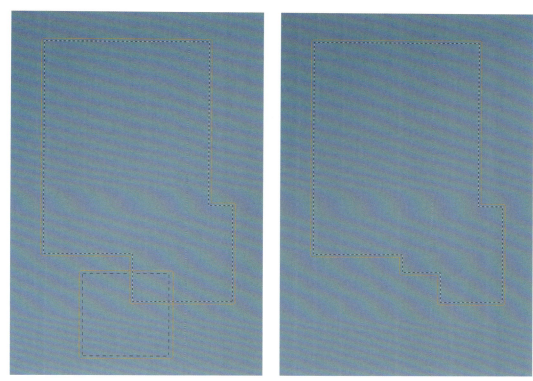

Abb. 6.33   Der Modus 3: Subtrahierer-Modus

Um schnell zwischen diesen beiden oft verwendeten Modi hin- und herwechseln zu können, aktivieren Sie einfach Modus 1 und drücken dann die ⌂-Taste für das Hinzufügen bzw. die Alt-Taste für den Subtrahieren-Modus. Beide Modi bleiben nur so lange aktiviert, wie Sie die jeweilige Taste drücken.

Der verbleibende Modus 4 zum Bilden von Schnittmengen kommt in der Praxis eher selten zum Einsatz. Durch gleichzeitiges Drücken von Alt- und ⌂-Taste können Sie ihn kurzzeitig aktivieren. Seine Wirkung können Sie den beiden nächsten Screenshots entnehmen. Findet in diesem Modus keine Überlappung statt, entspricht dies einem Löschen der Auswahl.

Abb. 6.34   Der Modus 4: Schnittmenge

In der Praxis werden Sie das Auswahlrechteck-Werkzeug, genauso wie das mit ihm verwandte Auswahlellipse-Werkzeug, eher selten einsetzen, da zu bearbeitende Bildelemente selten exakte Rechtecke oder Ellipsen sind. Wir stellen es hier vor allem deshalb vor, weil sich mit ihm sowohl die vier gerade beschriebenen Modi besser erklären lassen, als auch der Effekt einer weichen Kante leicht veranschaulichen lässt.

Zu diesem Zweck erstellen wir zunächst eine rechteckige Auswahl mit einer weichen Kante von 0 Px, sprich einer harten Kante. Mit dem Hinzufügen-Modus erweitern wir anschließend die Auswahl um ein weiteres Rechteck mit einer weichen Kante von 10 Px. Wenn wir nun mit einem Pinsel über beide Auswahlbereiche malen und anschließend die »Ameisenstraße« mit der Tastenkombination [Strg]+[D] (Mac: [CMD]+[D]) *unsichtbar* (bzw. *sichtbar*) machen, sehen Sie den Effekt der weichen Kante in den folgenden beiden Screenshots recht deutlich:

 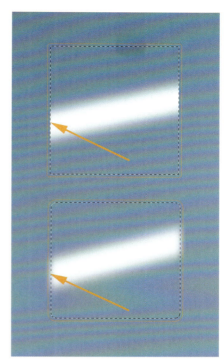

Abb. 6.35   Auswahlen mit harter (oben) und weicher Kante (unten)

Leider können Sie einer bestehenden Auswahl nicht wirklich ansehen, ob sie eine harte oder weiche Kante besitzt. Die »Ameisenstraße« kennzeichnet bei einer weichen Kante die Mitte des (weichen) Grenzbereichs und bei einer harten Kante deren exakte Grenze. Lediglich bei einer Rechteckauswahl wie in diesem Beispiel können Sie an den abgerundeten Ecken das Vorhandensein und die Breite der weichen Kante erkennen. Wollen Sie eine Auswahl komplett wieder aufheben, so geht dies über das Tastenkürzel [Strg]+[D] (Mac: [CMD]+[D]) oder über den schon bekannten Menüpunkt *Auswahl → Auswahl aufheben*.

Für schnelle Auswahlen, deren Grenzen nicht so wichtig sind bzw. die später noch verfeinert werden sollen, bietet sich vor allem das Lasso-Werkzeug an, welches wir als nächstes Auswahlwerkzeug kennenlernen wollen. Hierzu muss ein weiteres Mal der arme Fischadler herhalten. Suchen Sie sich zum Üben am besten auch ein Bild mit möglichst unstrukturiertem und einfarbigem Hintergrund. Aktivieren Sie als Nächstes das Lasso-Werkzeug, welches Sie direkt unter dem Auswahlrechteck-Werkzeug finden.

Abb. 6.36   Das Lasso-Werkzeug

Die Optionen zu diesem Werkzeug dürften Ihnen schon bekannt vorkommen. Und auch seine Anwendung haben Sie im vorherigen Abschnitt indirekt schon beim Ausbessern-Werkzeug kennengelernt, weshalb wir an dieser Stelle nicht viel näher darauf eingehen wollen. Die beiden folgenden Screenshots zeigen eine grobe Auswahl des Adlers, die mithilfe des Lassos erstellt wurde. In der Praxis wird dies vor allem zum schnellen Ausschneiden oder Klonen von Elementen verwendet, die anschließend zum Beispiel mittels *Ebenenmasken* (dazu mehr im Abschnitt »Arbeiten mit Ebenenmasken« ab Seite 137) verfeinert werden. Auch beim Lasso finden Sie die bereits bekannten Auswahlmodi wieder, die sich hier genau wie beim Auswahlrechteck-Werkzeug verhalten.

Abb. 6.37   Eine grobe Auswahl mithilfe des Lasso-Werkzeugs

Deutlich exaktere Auswahlen sind entweder mit einiger Fleißarbeit oder mit dem häufig verwendeten Schnellauswahlwerkzeug möglich. Mit seiner Hilfe können wir den Adler mit wenig Aufwand recht exakt auswählen. Sie finden das Werkzeug direkt unterhalb des Lasso-Werkzeugs.

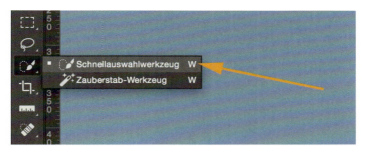

Abb. 6.38   Das Schnellauswahlwerkzeug

Von den möglichen Optionen in der Optionenleiste erscheint dieses Werkzeug als eine Mischung aus Pinsel und Auswahlwerkzeug. Die beiden per Pfeil gekennzeichneten Optionen sollte Sie standardmäßig aktiviert haben. Bei sehr großen Bildern oder einem betagten Computer kann es sinnvoll sein, die Option *Automatisch verbessern* zunächst zu deaktivieren und erst für den letzten Schritt beim Erstellen der Auswahl zu aktivieren, da es sonst immer wieder zu Wartezeiten beim Erstellen einer Auswahl kommen kann. Die ersten drei Optionen entsprechen den schon gezeigten Modi 1, 2 und 3 der vorherigen Werkzeuge. Beginnen Sie am besten gleich mit Modus 2 (siehe Pfeil) und halten Sie zum kurzzeitigen Wechsel in den Modus 3 wiederum die [Alt]-Taste gedrückt. So können Sie Ihre Auswahl Schritt um Schritt erweitern und wenn nötig zu viel ausgewählte Bildteile im Modus 3 wieder aus der Auswahl entfernen.

Abb. 6.39   Die Optionen des Schnellauswahlwerkzeugs

Dazwischen finden Sie das bereits aus dem Abschnitt »Das Pinselwerkzeug« auf Seite 76 bekannte Symbol zum Einstellen der typischen Pinsel-Optionen *Größe* und *Härte*. Die Größe bestimmt hier, wie grob bzw. schnell Sie Ihre Auswahl erstellen können. Die Härte hat einen bedingten Einfluss auf die weiche Kante der Auswahl. Stellen Sie die Härte aber besser auf 100 und sorgen Sie wenn nötig nachträglich mit der weiter unten noch vorgestellten Funktion für eine weiche Kante. Beginnen Sie Ihre Auswahl mit einer Pinselgröße von ca. 80–100 Px und malen Sie mit gedrückter Maustaste langsam über den auszuwählenden Hintergrund (hier der Himmel). Sie sehen sofort anhand der erscheinenden »Ameisenstraße« einen ersten kleinen ausgewählten Bereich (Schritt 1). Sobald Sie mit der Maus weiterfahren, wird dieser Bereich schnell größer (Schritt 2) und nimmt bald große Teile des Hintergrunds ein (Schritt 3).

Abb. 6.40 Schnellauswahlwerkzeug: Schritt 1

Abb. 6.41 Schnellauswahlwerkzeug: Schritt 2

Wie durch den Pfeil gekennzeichnet, kann es dabei auch dazu kommen, dass Teile des Bilds, die eigentlich unerwünscht sind (hier das weiße Gefieder), mit ausgewählt werden. Schalten Sie in so einem Fall durch Gedrückthalten der Alt -Taste auf den Subtrahieren-Modus und fahren Sie mit gedrückter Maustaste über den unerwünschten Teil der Auswahl. Nun wird dieser Teil wieder aus der Auswahl entfernt.

Abb. 6.42 Schnellauswahlwerkzeug: Schritt 3

Abb. 6.43 Schnellauswahlwerkzeug: Schritt 4

Verfahren Sie entsprechend weiter, bis alle gewünschten Bildteile ausgewählt sind. Achten Sie dabei unbedingt auf evtl. im Motiv vorhandene »Löcher« (siehe Pfeile in Schritt 4) und wählen Sie diese entsprechend mit aus. Dazu müssen Sie jeweils die Größe des Schnellauswahlwerkzeugs verkleinern und natürlich an die entsprechenden Stellen zoomen, sodass Sie die recht kleinen Hintergrundteile entsprechend auswählen können.

Sind Sie mit Ihrer Auswahl zufrieden, können Sie diese ausblenden (Strg+H bzw. CMD+H auf dem Mac) und dann wie im folgenden Beispiel mittels der Gradationskurve den Hintergrund unabhängig vom eigentlichen Motiv abdunkeln.

Abb. 6.44   Der abgedunkelte Hintergrund bei ausgeblendeter Auswahl

Möchten Sie nun zusätzlich dem Adler noch etwas kräftigere Farben geben, ohne dabei die Sättigung des Himmels zu verstärken, müssen Sie hierfür nicht etwa eine neue Auswahl für den Adler erstellen. Sie können ganz einfach die vorhandene Auswahl invertieren. Machen Sie sie hierzu zuerst wieder sichtbar und rufen Sie anschließend den Menüpunkt *Auswahl → Auswahl umkehren* auf bzw. drücken Sie das entsprechende Tastenkürzel Strg+⇧+I (Mac: CMD+⇧+I). Sie erkennen die invertierte Auswahl daran, dass den Bildrand nun keine Ameisenstraße mehr umgibt. Vergleichen Sie hierzu den folgenden Screenshot mit dem Screenshot aus Schritt 4. Anschließend können Sie über den Menüpunkt *Bild → Korrekturen → Farbton → Sättigung...* die Farbsättigung des Adlers erhöhen.

Abb. 6.45 Die invertierte Auswahl enthält nun den Adler und nicht mehr den Himmel

Sollten Sie nachträglich den Rand einer Auswahl verändern wollen, stehen Ihnen hierzu insbesondere die drei folgenden, im Menü *Auswahl → Auswahl verändern* zu findenden Funktionen zur Verfügung. Haben Sie mit dem Schnellauswahlwerkzeug z.B. eine Auswahl erstellt, die aufgrund von Schärfe-Halos oder ähnlichen Rändern um das Element nicht bis an das eigentliche Bildelement heranreicht, dann können Sie die Auswahl mit den Funktionen *Erweitern ...* bzw. *Verkleinern ...* (je nachdem, von welcher Seite Sie Ihre Auswahl aufbauen) um eine bestimmte Pixelzahl erweitern bzw. verkleinern. Und mit der Funktion *Weiche Kante...* können Sie, wie schon zuvor beschrieben, Ihrer Auswahl nachträglich eine weiche Kante hinzufügen. Dazu geben Sie im zugehörigen Dialog einfach die Breite der weichen Kante in Pixel an.

> **Hinweis**
> Was tun, wenn Sie mehrere Auswahlen anlegen möchten? Sie speichern eine getroffene Auswahl, legen die nächste an und laden diese Auswahlen dann nach Bedarf. Dazu gehen Sie nach Setzen der Auswahl auf *Auswahl → Auswahl speichern ...* und vergeben einen aussagekräftigen Namen. Um die Auswahl wieder zu laden, gehen Sie im gleichen Menü auf *Auswahl laden ....* Die Auswahlen werden in der Bilddatei, im sogenannten »Alpha-Kanal«, abgelegt.
>
> Das Speichern und Laden von Auswahlen wird Ihnen in diesem Buch noch oft begegnen, etwa im Abschnitt »HDR oder Handwerk?« ab Seite 193 oder in Anna Laudans »Workshop Architekturfotografie« ab Seite 257.

Damit haben Sie alle wichtigen Grundlagen zum Thema »Auswahlen« kennengelernt. Wir werden in den weiteren Kapiteln sowie in den Workshops noch häufig darauf zurückgreifen und auch noch einige weitere Aspekte dazu kennenlernen.

6.4 Inhaltsbasiertes Skalieren & Füllen

In diesem Abschnitt möchten wir Ihnen zwei mächtige Funktionen aus der jüngeren Photoshop-Geschichte näherbringen, das inhaltsbasierte Füllen und Skalieren. Darüber hinaus werden wir sowohl neue als auch schon zuvor gezeigte Funktionen mit diesen kombinieren und Ihnen somit einen kleinen Vorgeschmack auf die folgenden Workshop-Kapitel vermitteln.

Im ersten Beispiel haben wir es mit einem Bild zu tun, das wir nachträglich um einige Grad drehen möchten, ohne dass wir das Bild anschließend wie üblich enger als das ursprüngliche Bild beschneiden müssen. Bei der Aufnahme dieses Wasserhahns drehte der Fotograf die Kamera etwas in der Stativschelle, um dadurch die Diagonale des Wasserhahns zu verstärken und das Bild etwas dynamischer wirken zu lassen. Was sich bei der Aufnahme und auf dem Kamera-Display noch wie eine gute Idee darstellte, entpuppte sich am Rechner schnell als wenig schlau, da nun auch die Wassertropfen schräg herunterfielen und dies dem Betrachter schnell ins Auge fällt.

Abb. 6.46   Wieder einmal vergessen, die Schwerkraftsteuer zu bezahlen ;-)

Dank des inhaltsbasierten Füllens in Photoshop können wir nun die durch das Drehen entstehenden leeren Flächen recht einfach mit Inhalt füllen. Doch zuerst wollen wir uns einmal anschauen, wie wir das Foto möglichst exakt wieder »ins Wasser« bekommen. Dazu aktivieren wir als Erstes das Linealwerkzeug, welches eine ähnliche Funktion erfüllt wie die Wasserwaage im Freistellungswerkzeug von Lightroom.

Abb. 6.47 Das Linealwerkzeug

Sie finden es direkt unterhalb des schon bekannten Freistellungswerkzeugs. Wir nutzen es nun, um die eigentlich senkrechten Wassertropfen zu markieren. Dazu klicken wir in die Mitte des obersten Wassertropfens und ziehen die Maus mit gedrückter Maustaste so weit nach unten, dass wir eine Linie erhalten, die exakt durch die Mitte aller Wassertropfen verläuft. Je länger die Linie dabei wird, desto exakter ermitteln Sie dadurch den nötigen Drehwinkel.

Abb. 6.48 Das Linienwerkzeug in Aktion

Bevor wir das Bild nun um den entsprechenden Winkel drehen, setzen wir noch schnell die Hintergrundfarbe so, dass sie sich möglichst gut vom blauen Hintergrund des Bilds abhebt. Dazu klicken wir auf das Farbfeld für den Hintergrund und wählen im schon bekannten Farbwähler ein reines Weiß als Hintergrundfarbe aus.

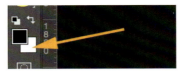

Abb. 6.49 Weiße Hintergrundfarbe auswählen

Im nächsten Schritt rufen wir den Menüpunkt *Bild → Bilddrehung → Per Eingabe...* auf. Der dazugehörige Dialog enthält nun bereits den Winkel, der vom Linealwerkzeug zuvor ermittelt wurde, sodass wir den Wert nur noch mit *OK* bestätigen müssen.

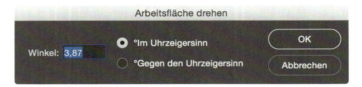

Abb. 6.50 Der nötige Winkel für eine senkrechte Schwerkraft

Im Anschluss sehen wir das Ergebnis der Drehung. Die Wassertropfen fallen nun wieder senkrecht, aber unser Bild wird von vier weißen Dreiecken umgeben, die es gleich zu füllen gilt, denn ein direkter Beschnitt würde das Motiv nun leider zu eng beschneiden. Wie Sie sicher schon vermutet haben, resultiert die weiße Farbe der Dreiecke aus unserer Wahl der Hintergrundfarbe vor dem Drehen.

Abb. 6.51 Der gedrehte Wasserhahn mit engem Beschnitt

Um die Dreiecke inhaltsbasiert füllen zu können und damit einen großzügigeren Beschnitt zu ermöglichen, müssen wir zuvor eine Auswahl aus ihnen erstellen. Dies könnten wir direkt mit dem Schnellauswahlwerkzeug versuchen und würden damit auch ein passables Ergebnis erzielen. Ein Problem sind dabei die sehr dünnen Ecken der Dreiecke, die sich nur mühsam und mit sehr kleiner Werkzeug-Spitze auswählen lassen. Um dies zu umgehen, erweitern wir die Arbeitsfläche um einige Pixel, sodass sich ein komplett umlaufender weißer Rand ergibt. Dazu rufen wir den Menüpunkt *Bild → Arbeitsfläche...* auf.

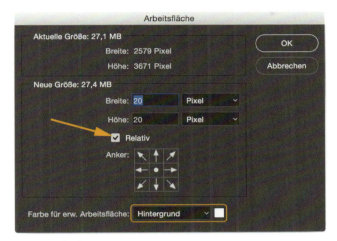

Abb. 6.52 Erweitern der Arbeitsfläche

Im zugehörigen Dialog setzen wir die Farbe für die Erweiterung auf unsere weiße Hintergrundfarbe und aktivieren den Haken bei *Relativ*. Dadurch werden die nun einzugebenden Werte von 20 Pixeln für *Breite* und *Höhe* zu den bestehenden Pixelmaßen des Bilds hinzuaddiert. Dadurch erhalten wir an allen vier Seiten einen zusätzlichen weißen Rand mit einer Breite von 10 Pixeln. Alternativ könnten wir ohne die Option *Relativ* auch 20 Pixel zu den bestehenden Maßen hinzuzählen und das Resultat in die beiden Felder eintragen, aber wir wollen ja effiziente Bildbearbeitung betreiben und keine Kopfrechenübungen.

Abb. 6.53 Umlaufender weißer Rand

Nach Bestätigen der Werte mit *OK* erhalten wir das oben abgebildete Ergebnis und können nun mit dem Schnellauswahlwerkzeug sehr leicht den Rand auswählen. Dabei verwenden wir eine harte Werkzeugspitze in einer Größe, die den Rand an seinen breitesten Stellen ca. zur Hälfte ausfüllt, sowie den Hinzufügen-Modus. Dadurch können wir mit vier kurzen Pinselstrichen an den vier Seiten schnell eine Auswahl wie im nächsten Screenshot erzielen.

Abb. 6.54   Der ausgewählte weiße Rand

Da sich durch die Drehung keine gleichmäßig harten Ränder am ursprünglichen Bild ergeben haben, sondern diese mittels des sogenannten Aliasing einen eher weichen Charakter bekommen haben, können diese durch die Schnellauswahl nicht zu 100 % erfasst werden. Würden wir nun bereits die weißen Dreiecke auffüllen, hätten wir anschließend einen unschönen, dünnen Rand rund um das ursprüngliche Bild. Dies umgehen wir, indem wir unsere Auswahl um 2 Pixel erweitern und somit den gesamten unscharfen Rand mit in die Auswahl einschließen. Wir rufen hierzu den Menüpunkt *Auswahl* → *Auswahl verändern* → *Erweitern...* auf und geben in den zugehörigen Dialog die gewünschten 2 Pixel ein. Die Erweiterung soll sich nur auf den inneren Rand der Auswahl auswirken und nicht auf den äußeren, der zugleich auch der Rand des Bilds ist. Aus diesem Grund deaktivieren wir die entsprechende Option im Dialog und verlassen ihn mit *OK*.

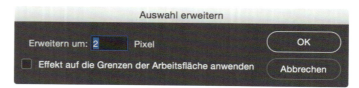

Abb. 6.55   Erweitern der Auswahl um 2 Pixel

In der Arbeitsfläche werden Sie den Unterschied anschließend nur erkennen können, wenn Sie sehr stark auf den inneren Rand der Auswahl hineinzoomen. Nach dieser Erweiterung der Auswahl sind wir nun so weit, dass wir die Ecken von Photoshop füllen lassen können. Dies starten wir ganz unspektakulär mit der ⌫ - oder De1 -Taste. Daraufhin öffnet sich der folgende Dialog zum Füllen unserer Auswah :

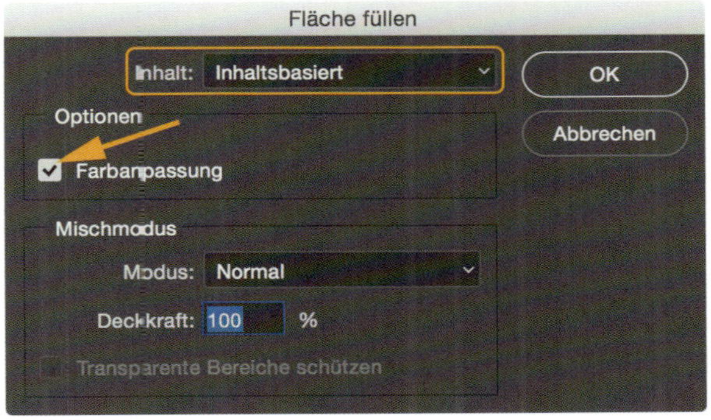

Abb. 6.56   Inhaltsbasiertes Füllen

Wir aktivieren den Modus *Inhaltsbasiert* sowie die Option *Farbanpassung* und bestätigen ihn wieder mit *OK*. Nach einer kurzen Sanduhr-Phase sehen Sie das Bild nun mit gefülltem Rand.

Abb. 6.57   Fast fertig, aber ein paar Retuschen sind noch nötig

Um es besser beurteilen zu können, entfernen wir unsere Auswahl (Menüpunkt *Auswahl* → *Auswahl aufheben*) und können feststellen, dass die Ränder zum größten Teil sehr ansehnlich gefüllt wurden. Lediglich ein paar Flecken (siehe Pfeile im Screenshot) gilt es nun noch mit dem

Bereichsreparatur-Pinsel auszubessern. Sollte dieser das Ergebnis an der einen oder anderen Stelle noch verschlimmern, kommt ihm wie immer das Stempel-Werkzeug zur Hilfe, bis das Ergebnis stimmt.

Abb. 6.58 Die Welt ist wieder in Ordnung

Im zweiten Beispiel haben wir es mit einem sehr ähnlichen Problem zu tun, das wir aber mit einer anderen Technik lösen werden. Das folgende Bild im Seitenverhältnis 3:2 soll für ein Layout im Format 2:1 verwendet werden und der leere Hintergrund rechts neben dem Motiv soll für einen breiteren Text Verwendung finden.

Abb. 6.59 Zu knapp fotografiert für ein 2:1-Bild

Da das Bild keinen 2:1-Beschnitt zulässt, ohne dass oben bzw. unten wichtige Bildteile abgeschnitten würden, bleibt uns nur noch das Ansetzen von Hintergrund am rechten und linken Bildrand. Bevor Photoshop die Funktion zum inhaltsbasierten Skalieren zur Verfügung stellte, hätte dieses Ansetzen von Hand über das Stempel-Werkzeug oder ähnliche Methoden erfolgen müssen. Wie Sie gleich sehen werden, sind diese Zeiten für Bilder mit einer guten Trennung zwischen Motiv und einem möglichst unscharfem Hintergrund zum Glück vorbei.

Im ersten Schritt wollen wir das Bild in der Höhe so weit beschneiden, wie es das Motiv zulässt. Dadurch müssen wir das Bild nicht mehr ganz so weit in die Breite ziehen, da wir durch diesen Beschnitt näher an das Zielseitenverhältnis von 2:1 kommen.

Abb. 6.60   So viel Platz muss sein

Wir deaktivieren beim Freistellen (Beschneiden) in der Optionenleiste die Option *Außerh. lieg. Pixel löschen*. Dadurch wird der Bildhintergrund in eine eigenständige, freie Ebene umgewandelt. In der Ebenenpalette können Sie dies, wie in den folgenden Screenshots, am fehlenden Schloss sowie am geänderten Namen und der Ebenenminiatur erkennen. Das inhaltsbasierte Skalieren funktioniert nur mit einer freien Ebene und nicht mit der Hintergrundebene. Aus diesem Grund ist dieser Umstand für das weitere Vorgehen unabdingbar (zwar wird das Thema »Ebenen« erst im nächsten Kapitel behandelt, doch an dieser Stelle kommen wir nicht ohne einen kleinen Hinweis darauf aus).

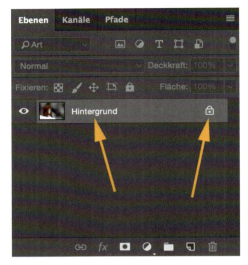 

Abb. 6.61   Die Ebenenpalette: Vorher/Nachher

Um uns das Erweitern auf das Seitenverhältnis 2:1 so leicht wie möglich zu machen, geben wir dem Bild nun eine feste Höhe in Zentimetern. Dazu rufen wir den schon bekannten Bildgröße-Dialog auf und legen eine Höhe von 20 cm fest. Wichtig dabei ist, dass die Option *Neu berechnen* nicht aktiviert wird, denn wir wollen nicht die Pixelmaße des Bilds ändern, sondern nur festlegen, dass die Höhe 20 cm entspricht.

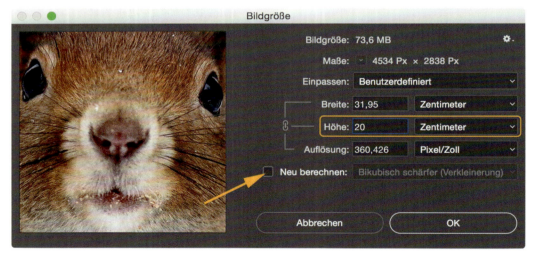

Abb. 6.62   Bildhöhe auf 20 cm festlegen

Nun können wir als Nächstes den nötigen Platz für das finale 2:1-Bild anlegen. Dazu kommt wieder der Menüpunkt *Bild → Arbeitsfläche…* aus dem vorherigen Beispiel zum Einsatz.

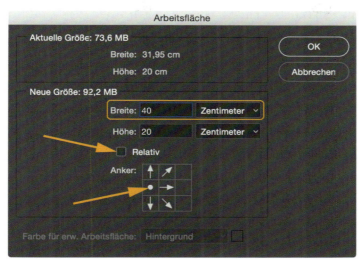

Abb. 6.63 Verbreitern der Arbeitsfläche auf 40 cm

Dieses Mal deaktivieren wir allerdings die Option *Relativ* und stellen als Maßeinheit für die *Breite* Zentimeter ein. Den *Anker* setzen wir in das Feld links von der Mitte, wodurch die Vergrößerung der Arbeitsfläche nur nach rechts erfolgt. Wenn wir nun also für die Breite 40 cm eingeben (bei einer Höhe von 20 cm kommen wir somit auf das gewünschte Seitenverhältnis von 2:1), dann werden die zusätzlichen 8,05 cm nur rechts angehängt und nicht wie im vorherigen Beispiel auf beiden Seiten (alle Größenangaben sind in diesem Beispiel nicht als absolute Größen zu sehen – es geht lediglich darum, ein bestimmtes Seitenverhältnis zu erzielen).

Abb. 6.64 Die erweiterte Arbeitsfläche im Seitenverhältnis 2:1

Die 20 cm und 40 cm wurden nur gewählt, weil sie zum einen recht realistische Größenangaben sind und zum anderen vor allem leichtes Rechnen erlauben. Da unser Bild keine Hintergrundebene mehr enthält, können wir auch keine Farbe mehr für die Erweiterung angeben, wie wir dies im vorherigen Beispiel noch mit Weiß getan haben.

Das Ergebnis dieses Schritts ist nun eine Arbeitsfläche im Seitenverhältnis 2:1, die auf der rechten Seite ein seltsames Muster aufweist. Dieses Muster sehen Sie in Photoshop immer dort, wo Ihr Bild keinerlei Pixel aufweist. In unserem Fall liegt es daran, dass die Ebene mit dem Bild noch nicht die ganze Arbeitsfläche ausfüllt. Dies wollen wir nun aber schnellstmöglich ändern und rufen dazu den Menüpunkt *Bearbeiten → Inhaltsbasiert skalieren* auf.

Abb. 6.65 Die Bildebene kann nun skaliert werden

Die Ebene mit dem Bild bekommt dadurch die typischen »Anfasser«, die Sie evtl. aus anderen Programmen schon kennen und mit denen Sie ein Objekt in seiner Größe verändern können. Da wir das Bild lediglich verbreitern wollen, benutzen wir hierzu den Anfasser in der Mitte des rechten Bildrands und ziehen ihn, wie durch den Pfeil angedeutet, bis zum rechten Rand der Arbeitsfläche. Achten Sie beim Skalieren unbedingt darauf, was mit dem Bild passiert. Solange es eine gute Trennung zwischen Motiv (Eichhörnchen) und einem unscharfen Hintergrund gibt, bleibt das Motiv bei der Streckung auf »magische« Weise außen vor und lediglich der Hintergrund wird gestreckt. Photoshop versucht beim inhaltsbasierten Skalieren, selbstständig wichtige Elemente zu erkennen und diese nicht zu strecken. Vorrang haben dabei vor allem Menschen (wenn sie von Photoshop als solche erkannt werden) und alle detailreichen Elemente, die sich von einem detaillosen Hintergrund abheben.

Abb. 6.66 Das unversehrte Eichhörnchen

Das fertige Ergebnis muss nun nur noch über den bereits bekannten Haken in der Optionenleiste bestätigt werden und schon haben wir ein Bild im 2:1-Format mit ungestrecktem Hauptmotiv.

7
Ebenen

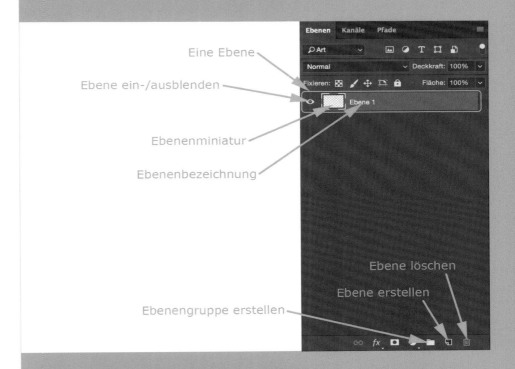

7.1 Was sind Ebenen und wozu dienen sie?

Als Lightroom-Anwender hört man evtl. immer mal wieder, dass nur Photoshop mit Ebenen arbeiten könne, Lightroom aber nicht und dass man aus diesem Grund nicht um Photoshop herumkomme. Für einige Bereiche der Fotografie, in denen intensive Bildbearbeitung ein integraler Bestandteil des kreativen Prozesses ist (siehe hierzu auch später im Buch unsere Workshops zu den Bereichen Architektur- und Porträtfotografie), trifft diese Aussage sicher voll zu.

In diesem Kapitel möchten wir Ihnen deshalb dieses wohl wichtigste Element bei der Arbeit mit Photoshop vorstellen. Ebenen stellen ein zentrales Element bei der Arbeit mit Photoshop dar, weshalb wir ihnen hiermit auch ein komplettes, eigenes Kapitel widmen möchten. Man könnte es auch so ausdrücken: »Photoshop, das sind vor allem Ebenen.«

Doch was sind Ebenen überhaupt? Vereinfacht gesagt sind Ebenen nichts anderes als unsere Fotos selbst, also eine Sammlung von Pixeln, die auf einer zweidimensionalen Fläche in Zeilen und Spalten angeordnet sind. Aber auch Texte und Vektorgrafiken werden von einzelnen Ebenen repräsentiert.

Abb. 7.1 Der Ebenenstapel einer Photoshop-Datei (Rechteck ist teiltransparent)

Anders ausgedrückt können Sie sich Ebenen auch wie einen Stapel teilweise transparenter Folien vorstellen, die exakt aufeinander ausgerichtet auf einem Leuchtpult liegen. Wenn Sie von oben draufschauen, sehen Sie in erster Linie das Bild bzw. den Inhalt der obersten Folie. Dort, wo diese evtl. durchsichtig (transparent) ist, sehen Sie die darunterliegenden Inhalte durchscheinen. In Photoshop werden die Ebenen ebenfalls in einem Stapel arrangiert, der von der Ebenenpalette repräsentiert wird. Die oberste Ebene wird auf jeden Fall komplett angezeigt. Lediglich an ihren transparenten Stellen sehen Sie die Inhalte der jeweils darunterliegenden Ebenen.

Mit der Hilfe von Ebenen können Sie u.a. mehrere Bilder (jedes als eigene Ebene) zu einer Collage zusammenstellen. Indem Sie Ebenen an bestimmten Stellen transparent machen, können Sie nur bestimmte Teile eines Bilds in einem anderen erscheinen lassen. Darüber hinaus können Sie z.B. Ihre Retuschearbeit nicht auf der Ebene Ihres Bilds selbst durchführen, sondern auf einer zunächst leeren, darüberliegenden Ebene (siehe auch den Abschnitt »Retusche auf eigener Ebene« ab Seite 154). Dadurch bleibt Ihr eigentliches Bild unverändert und Sie können die retuschierten Stellen jederzeit erneut verändern oder auch rückgängig machen, denn Ihr Bild auf seiner eigenen Ebene bleibt von der Retusche unberührt. Darüber hinaus gibt es durch die von Ihnen beeinflussbare Verrechnung einer Ebene mit der darunterliegenden schier unendliche Möglichkeiten der kreativen Bildbearbeitung. In den folgenden Abschnitten werden wir Ihnen diese Möglichkeiten Schritt für Schritt näherbringen.

7.2 Arbeiten mit Ebenen

Um uns den soeben beschriebenen Ebenenstapel zu veranschaulichen und dabei gleich den Umgang mit Ebenen (Erstellen, Verschieben, Entfernen etc.) zu erlernen, wollen wir nun gemeinsam ein Bild aus mehreren Ebenen, wie im letzten Abschnitt gezeigt, erstellen.

In diesem Beispiel beginnen wir zur Abwechslung mal mit einer leeren Datei. Wir rufen dazu den Menüpunkt *Datei → Neu...* auf, wodurch sich der entsprechende Dialog zum Anlegen eines leeren Photoshop-Dokuments öffnet.

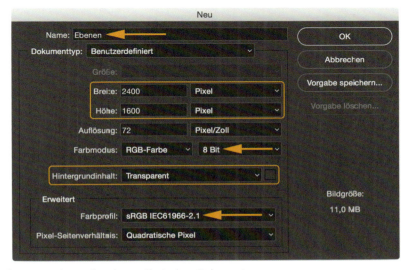

Abb. 7.2 Dialog zum Anlegen eines leeren Photoshop-Dokuments

Als Grundeinstellung geben wir dem Dokument den Namen »Ebenen«. Für den Arbeitsfarbraum sollen uns in diesem Beispiel *sRGB* und damit auch *8 Bit* pro RGB-Kanal ausreichen. Als Größe wählen Sie am besten Pixelmaße im selben Bereich wie im Screenshot. Das Seitenverhältnis richten Sie am besten nach dem Bild, das Sie in einem der nächsten Schritte einfügen werden. Für welche Art von Motiv Sie sich dabei entscheiden, ist völlig egal. Es sollte nur dem hier gewählten Seitenverhältnis entsprechen. Ich habe mich für ein 3:2-Bild entschieden und gebe deshalb an dieser Stelle 2400 x 1600 Pixel ein. Den *Hintergrundinhalt* setzen wir auf *Transparent*, um eine wirklich leere Datei zu erhalten, und bestätigen anschließend mit *OK* unsere Angaben. Als Ergebnis erhalten wir folgende Ansicht:

Abb. 7.3 Eine leere Ebene

Die Arbeitsfläche ziert das bereits bekannte Karo-Muster, welches in Photoshop auf einen fehlenden Hintergrund hinweist. Der Grund dafür ist, dass wir im vorherigen Schritt den *Hintergrundinhalt* auf *Transparent* gesetzt haben. Schauen wir uns nun einmal die Ebenenpalette etwas genauer an.

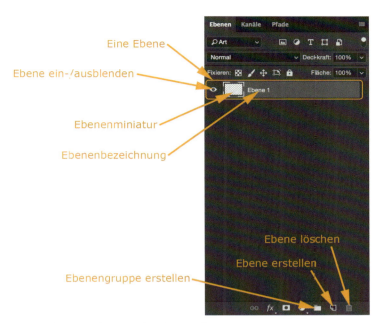

Abb. 7.4 Übersicht über die wichtigsten Elemente der Ebenenpalette

Jede Ebene in einem Bild wird durch eine Zeile (orangefarbener Kasten in Abbildung 7.4) in der Ebenenpalette dargestellt. Diese Zeile besteht stets mindestens aus den folgenden drei Elementen (bei manchen Ebenen können es auch mehr Elemente sein): der Ebenenminiatur, einer Bezeichnung und einem Augen-Symbol zum Ein- bzw. Ausblenden (Unsichtbarmachen) der Ebene. Alle drei Elemente werden Sie im Laufe dieses Kapitels noch näher kennenlernen. Existiert mehr als eine Ebene, sehen Sie die oberste Ebene des Ebenenstapels auch an oberster Stelle in der Ebenenpalette. Durch Drag & Drop (man greift die Ebene dazu an ihrer Bezeichnung) können Sie den Ebenenstapel in seiner Reihenfolge auch umorganisieren, wie Sie im weiteren Verlauf dieses Kapitels ebenfalls noch sehen werden.

Am unteren Rand der Ebenenpalette finden Sie einige Symbole, mit denen Sie u.a. Ebenen erstellen und löschen sowie mehrere Ebenen gruppieren können. Klicken Sie dazu einfach mal auf das *Ebene erstellen*-Symbol. Daraufhin erscheint eine zweite Ebene in der Liste. Da eine neue Ebene noch keine Pixel erhält, also komplett durchsichtig ist, sehen Sie auf der Arbeitsfläche noch immer das besagte Karo-Muster. Um diese im Moment nicht benötigte Ebene wieder zu löschen, ziehen Sie sie einfach (per Drag & Drop über die Ebenenbezeichnung) mit der Maus auf den kleinen Mülleimer.

Nun wird es aber Zeit, dass es in unserem Experiment auch etwas zu sehen gibt. Aktivieren Sie das Pinselwerkzeug (siehe Abschnitt 6.1) und stellen Sie einen weichen Pinsel der Größe 150 mit 100 % Deckkraft ein. Wählen Sie dann eine kräftige Farbe für die Vordergrundfarbe aus (in unserem Beispiel ist es Grün) und malen Sie mit dem Pinsel ein mehr oder weniger (wie in meinem Fall) schönes Muster auf die Arbeitsfläche.

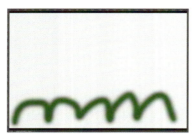

Abb. 7.5 Nicht schön, aber selten: die grüne Linie

Achten Sie nun auf die Ebenenminiatur. Diese hat sich geändert und zeigt, wie der Name auch nicht anders vermuten lässt, eine Miniaturversion der gerade bearbeiteten Ebene.

Nun wollen wir als Nächstes ein Bild als neue Ebene einfügen. Dazu rufen wir über den Menüpunkt *Datei → Platzieren und einbetten...* den bereits bekannten Datei-Dialog auf und wählen ein Bild zum Einfügen aus. Das Bild erscheint nun als kleine Ansicht in der Mitte der Arbeitsfläche und hat an den Rändern und Ecken die typischen Anfasser, mit denen sich das Bild vergrößern und verkleinern lässt. Bringen Sie das Bild nun auf die Größe der Arbeitsfläche, so wie im folgenden Screenshot zu sehen. Wenn Sie beim Vergrößern die ⇧-Taste gedrückt halten, bleibt Ihnen das Seitenverhältnis des Bilds erhalten. Mithilfe der Alt-Taste können Sie für eine symmetrische Vergrößerung sorgen, d. h., wenn Sie mit gedrückter Alt-Taste den rechten unteren Anfasser nach rechts unten ziehen, vergrößert sich das Bild symmetrisch auch nach links oben.

Abb. 7.6 Die Arbeitsfläche mit dem vergrößerten Bild nach dem Einfügen

Sobald Ihr Bild die gesamte Arbeitsfläche füllt, können Sie das Platzieren des Bilds wie schon bei anderen Funktionen über den Haken in der Optionen-Leiste beenden. Die Ebenenpalette ist nun um eine Ebene reicher und die grüne Linie ist hinter bzw. unter dem eingefügten Bild verschwunden. Um dies zu ändern, ziehen Sie einfach in der Ebenenpalette die Bild-Ebene unter die Ebene 1 mit der grünen Linie. Wie zu erwarten, erscheint die grüne Linie jetzt auch wieder auf der Arbeitsfläche. Da diese Ebene außer der grünen Linie keine Pixel enthält – oder anders ausgedrückt überall sonst transparent ist – erscheint an den transparenten Stellen das darunterliegende Bild.

Sobald Sie in Photoshop mehr als eine Ebene in einer Datei haben, sollten Sie sich unbedingt angewöhnen, den Ebenen aussagekräftige Namen zu geben, sodass Sie auch später noch nachvollziehen können, wozu welche Ebene in der Bearbeitung dient. Als Beispiel können Ihnen dafür z. B. die Screenshots in Abbildung 7.7 sowie die Beispiele in den Workshop-Kapiteln dienen.

Um die Benennung einer Ebene ändern zu können, genügt ein Doppelklick auf die Benennung. Der Text wird dadurch editierbar. Mit der [Enter]- oder [↵]-Taste wird die Änderung dann abgeschlossen. Geben Sie nun auf diese Weise den beiden Ebenen einen neuen Namen.

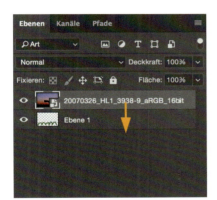 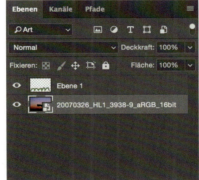 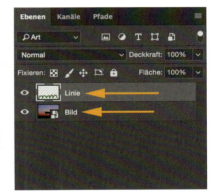

Abb. 7.7 Ändern der Ebenenreihenfolge und anschließendes Umbenennen der beiden Ebenen

Als Nächstes wollen wir das Rechteck als weitere Ebene in das Bild einfügen. Dazu aktivieren wir mit dem Rechteck-Werkzeug das entsprechende Hilfsmittel. Wir finden es direkt über dem Hand-Werkzeug im unteren Teil der Werkzeugleiste.

Abb. 7.8 Das Rechteck-Werkzeug

Über einen Klick auf das entsprechende Farbsymbol in der Optionen-Leiste des Rechteck-Werkzeugs legen wir als Erstes die Farbe (je nach Geschmack) für die Fläche des Rechtecks fest.

Abb. 7.9   Die Optionen des Rechteck-Werkzeugs

Für die Kontur wählen wir keine Farbe aus. Dafür dient das weiße Feld mit der roten Diagonalen. Die anderen Optionen lassen wir an dieser Stelle außen vor. Mit diesen Voreinstellungen können Sie nun mit gedrückter Maustaste in der Arbeitsfläche ein Rechteck aufziehen. Wenn Sie beim Aufziehen die ⇧-Taste gedrückt halten, erstellen Sie automatisch ein Quadrat statt eines gewöhnlichen Rechtecks. Nun sollte Ihre Arbeitsfläche in etwa so aussehen wie im folgenden Screenshot:

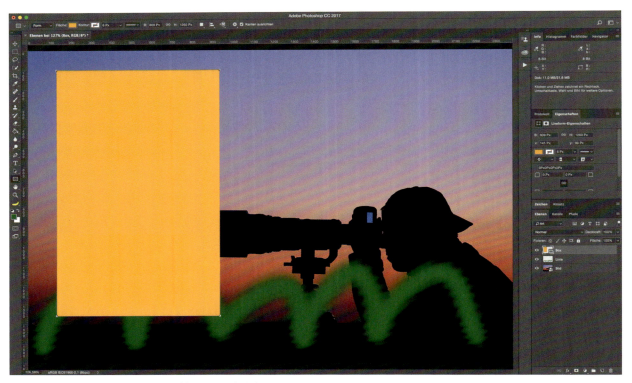

Abb. 7.10   Das Bild mit nun drei Ebenen

Der Ebenenstapel enthält nun eine dritte Ebene. Bitte benennen Sie auch die neue Ebene sogleich mit einem aussagekräftigen Namen. Sollte sich die Rechteck-Ebene nicht an oberster Stelle im Ebenenstapel befinden, so ziehen Sie diese bitte ganz nach oben.

Vergleichen Sie nun einmal die Abbildung des Ebenenbilds im vorherigen Abschnitt mit dem momentanen Zustand unserer drei Ebenen. Ihnen wird vermutlich auffallen, dass das Rechteck im vorherigen Abschnitt die darunterliegenden Ebenen nicht zu 100% überdeckt. Das liegt daran, dass die Ebene des Rechtecks teil-transparent angelegt wurde. Dies können wir in unserem Bild ebenfalls ganz leicht erreichen.

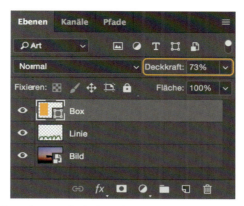

Abb. 7.11 Die Deckkraft jeder Ebene kann verändert werden

Aktivieren Sie als Erstes die Ebene mit dem Rechteck und ändern Sie dann in der Ebenenpalette im Feld *Deckkraft* den Wert beispielsweise auf 73%. Je niedriger der Wert, desto weniger ist das Rechteck sichtbar und umso mehr erscheint der Inhalt aus den darunterliegenden Ebenen. Die Deckkraft ist eine Eigenschaft jeder Art von Ebene in Photoshop und Sie können damit schnell deren Einfluss auf den Gesamteindruck des Bilds anpassen. Im Laufe der Workshop-Kapitel wird hierauf noch an zahlreichen Stellen genauer eingegangen.

Das Ergebnis der Änderung sehen Sie im nächsten Screenshot, wo nun sowohl das Hintergrundbild als auch die grüne Linie durch das Rechteck durchscheinen.

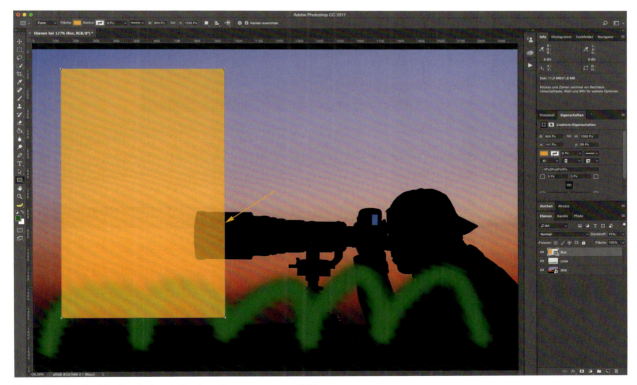

Abb. 7.12 Das Rechteck mit einer teilweisen Transparenz von 73%

Jetzt bleibt uns nur noch ein weiterer Schritt, das Anlegen der Ellipse. Wenn Sie beim Anlegen des Rechtecks genau hingeschaut haben, werden Sie das Ellipse-Werkzeug schon entdeckt haben. Es befindet sich im selben Flyout-Menü wie das Rechteck-Werkzeug.

Abb. 7.13   Das Ellipse-Werkzeug

Von der Bedienung und den Optionen her verhält es sich eins zu eins wie das Rechteck-Werkzeug. Suchen Sie sich nun eine weitere Farbe für die Fläche der Ellipse heraus und legen Sie eine neue Ebene mit einer Ellipse an. Denken Sie daran, die Ebene sogleich mit einem passenden Namen zu versehen.

Falls Ihre Ellipse nicht an der Stelle im Bild sitzen sollte (was mir beim Anlegen von Ellipsen eigentlich immer so passiert), an der Sie das Element eigentlich sehen wollen, dann aktivieren Sie hierfür das Verschieben-Werkzeug.

Abb. 7.14   Das Verschieben-Werkzeug

Es befindet sich ganz oben in der Werkzeugleiste und verfügt über zwei wichtige Optionen, die wir uns näher ansehen sollten.

Abb. 7.15   Die Optionen des Verschieben-Werkzeugs

Die wichtigste Option wurde in Abbildung 7.15 orange eingerahmt. Ist sie aktiviert und *Ebene* als Zusatzoption ausgewählt, können Sie durch einen Klick auf die Arbeitsfläche die einzelnen Ebenen auswählen. Dabei ist es entscheidend, wo Sie in die Arbeitsfläche klicken. Um z. B. die Ebene mit der grünen Linie auszuwählen, müssen Sie auf eine Stelle klicken, an der die grüne Linie auch sichtbar ist. Probieren Sie dies einfach mal mit den drei aktuellen Ebenen aus und achten Sie darauf, welche Ebene in der Ebenenpalette jeweils ausgewählt bzw. hervorgehoben wird. Falls Sie eine Ebene auswählen wollen, die komplett von anderen Ebenen verdeckt wird, so können Sie diese immer noch durch Anklicken direkt in der Ebenenpalette auswählen. Wann immer Sie etwas an einer Ebene verändern möchten, und sei es nur die Position wie jetzt mit dem Verschieben-Werkzeug, so müssen Sie diese Ebene zuvor erst einmal ausgewählt haben.

Die zweite wichtige Option des Verschieben-Werkzeugs befindet sich mit der *Transformationsstrg.* direkt rechts daneben. Wenn diese aktiviert ist, wird jede ausgewählte Ebene von den schon vorgestellten Anfassern umgeben und kann damit auch in der Größe verändert werden. Beim Platzieren des Hintergrundbilds sind Sie mit dieser Funktionalität schon in Berührung gekommen. Meistens wird man diese Option nach einer solchen Größenänderung aber wieder abschalten, da die Anfasser im Bild ansonsten eher stören können.

Nun können Sie das Verschieben-Werkzeug einsetzen, um die Ebenen im Bild zu verschieben oder deren Größe zu ändern. Wenn eine der anderen Ebenen Sie dabei stören sollte und Sie sie deshalb gerne ausblenden möchten, dann können Sie dies über das kleine Auge-Symbol links neben der Ebenenminiatur erreichen. Einmal angeklickt, verschwindet das Auge und die Ebene ist in der Arbeitsfläche nicht mehr sichtbar und kann mit dem Verschieben-Werkzeug auch nicht mehr ausgewählt werden. Ein Klick auf das fehlende Auge-Symbol blendet die Ebene wieder ein.

Möchten Sie in einer Photoshop-Datei mit vielen Ebenen auf die Schnelle alle Ebenen bis auf eine ausblenden, müssen Sie dazu nicht alle Auge-Symbole der Ebenen nacheinander anklicken. Klicken Sie einfach mit gedrückter (Alt)-Taste auf das Auge der Ebene, die sie alleine anzeigen wollen, und alle übrigen Ebenen werden ausgeblendet. Zum Einblenden klicken Sie ebenfalls mit gedrückter (Alt)-Taste auf das Auge-Symbol der sichtbaren Ebene.

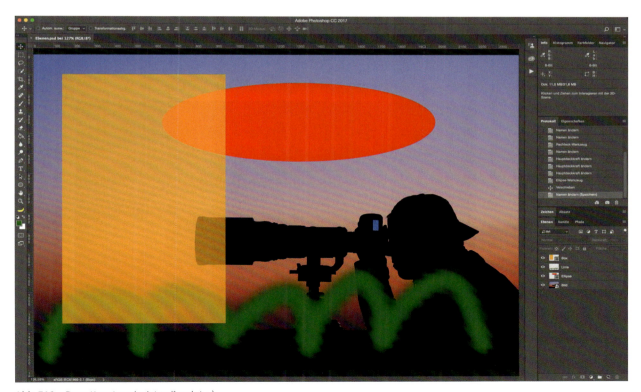

Abb. 7.16 Das »Kunstwerk« ist vollendet :-)

Wenn Sie möchten, speichern Sie die gerade erstellte Datei jeweils einmal als PSD-Datei mit und einmal ohne Ebenen sowie ein weiteres Mal als JPEG-Datei, notgedrungen ohne Ebenen, aber mit höchster Qualitätsstufe (12). Schließen Sie dann die Datei und vergleichen Sie anschließend die Dateigrößen. Öffnen Sie nun alle drei Dateien in Photoshop und schauen Sie sich die Unterschiede in der Ebenenpalette an. Wie zu erwarten sind nur bei der Photoshop-Datei, welche mit Ebenen gespeichert wurde, die Ebenen auch nachträglich noch sichtbar und änderbar. Dafür ist diese Datei auch deutlich größer als die anderen beiden.

Wenn alles geklappt hat, dann sollte das Ergebnis nun so ähnlich in Abbildung 7.16 aussehen und der grundsätzliche Umgang beim Erstellen, Anordnen, Verschieben und Löschen von Ebenen sollte nun kein Problem mehr für Sie darstellen. Damit wären wir gerüstet für einige weitere, wichtige Funktionen und Möglichkeiten der Ebenen in Photoshop, die wir Ihnen im weiteren Verlauf vorstellen wollen.

7.3 Mischen von Ebenen

Nachdem wir im letzten Abschnitt die Basisfunktionen für das Arbeiten mit Ebenen kennengelernt haben, möchten wir Ihnen nun eine Funktion vorstellen, die sich ganz unscheinbar hinter einer einzelnen Dropdown-Liste in der Ebenenpalette verbirgt. Doch lassen Sie sich davon nicht täuschen. Der *Mischmodus*, oft auch als *Füllmethode* bezeichnet, ist vor allem in Kombination mit dem Reduzieren der Ebenendeckkraft ein sehr vielseitiges und leistungsfähiges Werkzeug, das sie vor allem in den Porträt-Workshops noch intensiver kennenlernen werden. An dieser Stelle wollen wir Ihnen aber vor allem die grundlegende Funktionalität dieses »Werkzeugs« vermitteln. Da es dabei aber in erster Linie um Mathematik geht und wir Sie nicht über Gebühr mit abstrakten Berechnungen langweilen wollen, schauen wir uns erst mal zwei praktische Anwendungsbeispiele an.

Abb. 7.17 Hier fehlt Kontrast

Abbildung 7.17 dürfte Ihnen noch aus dem Kapitel »Basis-Werkzeuge und -Funktionen« von Seite 63 in Erinnerung sein. Der Otter ist leider immer noch etwas blass um die Nase und benötigt mehr Kontrast. Mit den Ebenenfüllmethoden bzw. Mischmodi haben wir nun eine weitere Technik zur Hand, mit der wir dies bewerkstelligen können. Wenn Sie das Beispiel selber nachvollziehen wollen, verwenden Sie wieder das Bild aus dem Beispielordner.

Im ersten Schritt müssen wir dazu die Hintergrundebene des Bilds duplizieren. Dazu können wir entweder das Tastenkürzel [Strg]+[J] (Mac: [CMD]+[J]) verwenden oder in der Ebenenpalette die Hintergrundebene auf das Symbol zum Anlegen neuer Ebenen ziehen. Welchen Weg Sie wählen, bleibt Ihrem persönlichen Geschmack überlassen und oft hängt es auch einfach davon ab, ob man mit der Maus sowieso gerade in der Ebenenpalette beschäftigt ist.

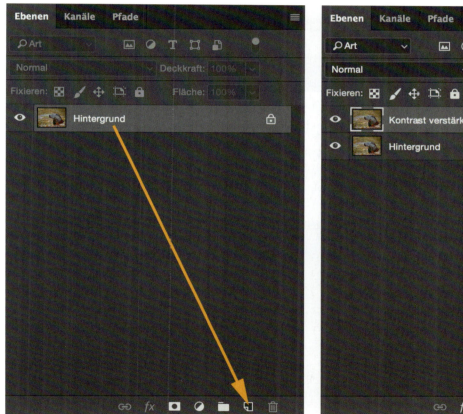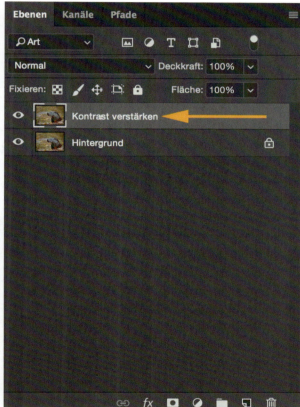

Abb. 7.18   Duplizieren der Hintergrundebene inkl. Umbenennung

Wir geben der Ebene wie immer gleich einen sinnvollen Namen, um zu kennzeichnen, welchen Zweck wir damit verfolgen. Als Nächstes stellen wir den Mischmodus auf *Weiches Licht* und schauen uns an, was mit dem Otter passiert. Schalten Sie nun die obere der beiden Ebenen über das Auge kurzzeitig unsichtbar und vergleichen Sie die beiden verschiedenen Versionen.

Abb. 7.19   Etwas weiches Licht und der Otter bekommt Kontrast

Für den Moment wollen wir uns noch nicht genauer damit beschäftigen, was hier hinter den Kulissen passiert. Dazu kommen wir später noch ausführlicher. An dieser Stelle wollen wir uns stattdessen lieber damit befassen, wie wir diese Kontrastverstärkung nachträglich noch steuern können. Die Antwort hierauf ist ganz einfach: Wir können die Deckkraft der Ebene reduzieren.

Abb. 7.20   Abminderung der Deckkraft auf 60 %

Versuchen Sie dazu einfach verschiedene Einstellungen der Deckkraft, bis Ihnen das Ergebnis zusagt. Wenn Sie zuvor das Verschieben-Werkzeug aktivieren, können Sie durch Drücken der Tasten [1] bis [0] ganz einfach eine Deckkraft zwischen 10 % (Taste [1]) und 100 % (Taste [0]) in Zehnerschritten einstellen. Benötigen Sie eine genauere Einstellung, dann drücken Sie z.B. für 42% die Tasten 4 und 2 kurz hintereinander. Benötigen Sie hingegen eine stärkere Kontrastverstärkung, so versuchen Sie eine der anderen Füllmethoden aus dem gleichen Abschnitt wie *Weiches Licht*. Die Stärke nimmt von *Weiches Licht* bis zu *Lineares Licht* immer weiter zu.

Neben Kontrastverstärkungen können Sie über den Mischmodus Bilder u.a. auch aufhellen bzw. abdunkeln. Für Ersteres dient in erster Linie *Negativ multiplizieren* und für Letzteres *Multiplizieren*. Schauen wir uns in einem weiteren Beispiel an, wie sich dies auswirkt. Die folgende Gegenlichtaufnahme lässt den Grizzly (zugunsten eines schmaleren und richtig belichteten Lichtkranzes) etwas dunkel aussehen. Wir führen deshalb zunächst einmal dieselben Schritte wie gerade eben durch, indem wir die Ebene duplizieren und umbenennen. Anschließend setzen wir den Mischmodus auf *Negativ multiplizieren*. Da jetzt sowohl der Bär als auch die Landschaft sehr hell geraten sind, reduzieren wir auch hier die Deckkraft. Bei 42% hat der Bär nun deutlich mehr Details. Allerdings ist der Hintergrund für meinen Geschmack noch immer zu hell.

Bevor wir uns im nächsten Abschnitt damit beschäftigen, wie wir den Effekt solcher Bearbeitungsfunktionen nur auf bestimmte Teile des Bilds anwenden und dieses Dilemma damit lösen können, wollen wir nun noch etwas tiefer in die Welt der Füllmethoden eintauchen. Wenn Sie also neugierig sind und ein besseres Verständnis dafür bekommen möchten, was hier unter der Haube eigentlich passiert ist, dann sind Sie herzlich eingeladen, uns auch für den Rest dieses Abschnitts weiter zu begleiten. Wir werden unser Bestes versuchen, es nicht zu theoretisch werden zu lassen. Dieser Abschnitt ist aber für das Anwenden und Nachvollziehen der füllmethodenbasierten Techniken in den weiterführenden Workshops keine zwingende Voraussetzung und niemand ist Ihnen böse, wenn Sie ihn einfach überspringen.

Abb. 7.21   Dunkler Bär

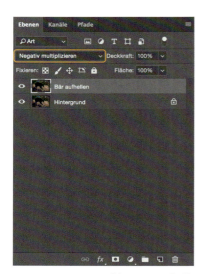

Abb. 7.22 Aufhellen durch Negativ multiplizieren

Abb. 7.23 Reduzierte Deckkraft zum Abmindern des Effekts

Grundsätzlich geht es bei allen Füllmethoden darum, die Pixel der oberen Ebene mit den direkt darunterliegenden Pixeln zu vergleichen und auf Basis dieses Vergleichs zu entscheiden, ob die Pixel der oberen Ebene verändert werden oder nicht. Schauen wir uns hierzu ein einfaches Beispiel aus zwei Ebenen an:

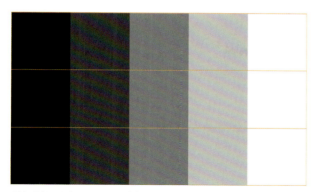 

Abb. 7.24   Die untere und die obere Ebene

Die untenliegende Ebene besteht aus einem breiten Graukeil mit fünf verschiedenen Tonwerten (Schwarz, Dreiviertelton, Mittelton, Viertelton und Weiß). Darüber liegt eine Ebene mit zwei schmaleren Graukeilen, von denen einer invertiert wurde. Solange die obere Ebene den Mischmodus *Normal* behält, sieht das Ganze wie folgt aus:

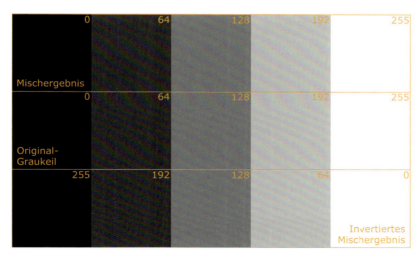

Abb. 7.25   Beide oberen Graukeile bleiben mit der Füllmethode »Normal« unverändert

Zum besseren Verständnis wurden die einzelnen Tonwertfelder mit den entsprechenden Zahlen versehen. Der mittlere Graukeil ist immer der durchscheinende Graukeil der unteren Ebene. Die beiden anderen repräsentieren das Ergebnis der Mischung von oberer und unterer Ebene.

> **Probieren Sie es selbst aus**
> Damit Sie die folgenden Beispiele nachvollziehen können, stellen wir Ihnen die entsprechende PSD-Datei zum Download zur Verfügung:
> *http://download.eye-of-the-tiger.com/PS4LR/Graukeil.psd*

Wenn Sie diese in Photoshop laden, müssen Sie anschließend nur die Ebenengruppe »Mischmodus« auswählen und können dann den Mischmodus von *Normal* auf den zu untersuchenden Modus setzen. Um unbeabsichtigtes Verschieben oder Verändern der einzelnen Ebenen zu vermeiden, wurden alle anderen Ebenen und Ebenengruppen gesperrt (zu erkennen an den Schloss-Symbolen).

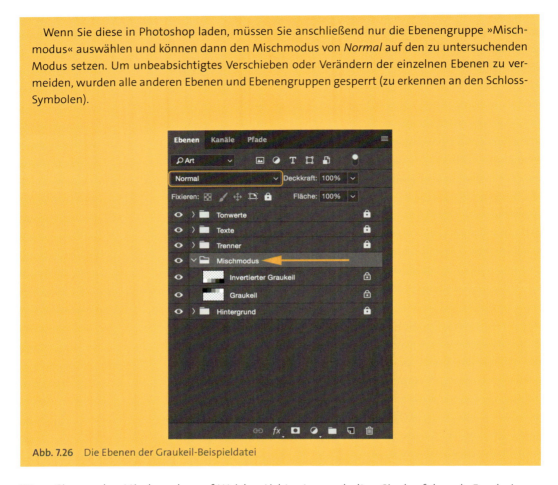

Abb. 7.26 Die Ebenen der Graukeil-Beispieldatei

Wenn Sie nun den Mischmodus auf *Weiches Licht* setzen, erhalten Sie das folgende Ergebnis:

Abb. 7.27 Graukeile mit der Füllmethode »Weiches Licht«

Im oberen Graukeil können wir sehr schön die Kontrastverstärkung wiedererkennen, die wir weiter oben schon bei dem Otter-Foto erzielt haben. Der Mittelton sowie Schwarz und Weiß bleiben unverändert. Der Dreiviertelton wurde von 64 auf 40 abgesenkt und der Viertelton von 192 auf 207 angehoben. Anders ausgedrückt werden alle Tonwerte, die heller als der Mittelton sind, aufgehellt und alle Tonwerte, die dunkler als der Mittelton sind, abgedunkelt. Nichts anderes macht auch unsere S-förmige Gradationskurve aus dem Abschnitt »Gradationskurven« ab Seite 66. Der invertierte Graukeil hat hier genau die entgegengesetzte Wirkung. Er flacht den Kontrast ab, indem er dunkle Töne anhebt und helle Töne abdunkelt. Sie können also zur Kontrastminderung in einem Bild auch die Hintergrundebene duplizieren, die kopierte Ebene invertieren (Menüpunkt *Bild → Korrekturen → Umkehren*) und dann *Weiches Licht* als Füllmethode auswählen.

Die Füllmethoden, die sich im selben Block mit *Weiches Licht* befinden, wirken alle kontrastverstärkend (kontrastmindernd bei Invertierung) und werden deshalb auch *Kontrastgruppe* genannt. Sie unterscheiden sich lediglich in der Stärke der Wirkung.

Schauen wir uns nun noch an, was bei unserem zweiten Beispiel von weiter oben mit den Graukeilen passiert, wenn wir die Füllmethode auf *Negativ multiplizieren* setzen. Wie nach der Wirkung auf das Bären-Foto nicht anders zu erwarten, werden alle Tonwerte mit Ausnahme von Schwarz aufgehellt. Schwarz ist bei allen Füllmethoden aus der *Aufhellen*-Gruppe die neutrale Farbe. Für die Kontrast-Gruppe (*Weiches Licht*, etc.) ist dies der Mittelton. Das heißt, dass alle Stellen, an denen die obere Ebene schwarze Pixel aufweist, nicht verändert werden. Alle anderen, nicht schwarzen Stellen, werden dagegen abhängig vom Tonwert der oberen Ebene mehr oder weniger stark aufgehellt.

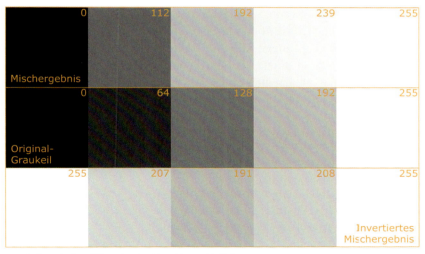

Abb. 7.28   Graukeile mit der Füllmethode »Negativ multiplizieren«

Das invertierte Ergebnis hingegen mag vielleicht für Mathematiker interessant sein, in der Bildbearbeitungspraxis spielt es selten eine Rolle.

Als letztes Beispiel wollen wir uns noch einen Mischmodus aus der dritten wichtigen Füllmethoden-Gruppe ansehen. Diese Abdunkeln-Gruppe wirkt genau umgekehrt zur Aufhellen-Gruppe. Im folgenden Screenshot wurde die Füllmethode *Multiplizieren* angewendet:

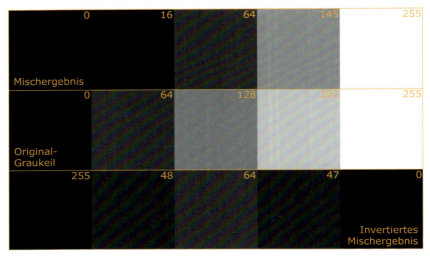

Abb. 7.29   Graukeile mit der Füllmethode »Multiplizieren«

Sie können den Zahlen der Graukeile leicht ansehen, dass es sich hier um das exakte Gegenteil des vorherigen Beispiels handelt. Mathematisch gesehen werden hier die Tonwerte der oberen und unteren Ebene miteinander multipliziert (daher der Name der Füllmethode) und anschließend durch 255 geteilt (wenn Sie möchten, können Sie das gerne nachrechnen). Zu beachten wäre lediglich noch, dass Abweichungen um 1 aufgrund von Rundungsfehlern entstehen können. Wenn eine Zahl zuerst mit einer weiteren Zahl zwischen 0 und maximal 255 multipliziert und anschließend durch 255 geteilt wird, kann das Ergebnis nur kleiner oder gleich der ursprünglichen Zahl ausfallen und somit führt diese Füllmethode überall zum Abdunkeln des Fotos.

> Wenn Sie jetzt noch immer nicht genug von abstrakten Beispielen haben und gerne einmal alle Füllmethoden auch in Farbe ausprobieren wollen, dann haben wir Ihnen unter dem folgenden Link noch eine weitere Photoshop-Datei abgelegt:
> *http://download.eye-of-the-tiger.com/PS4LR/Fuellmethoden.psd*
> Laden Sie sich die Datei in Photoshop und verfahren Sie ebenso wie zuvor mit der Graukeil-Datei, um die verschiedenen Füllmethoden zu vergleichen.
> Bitte haben Sie aber Verständnis dafür, dass wir Sie dabei nicht begleiten, sondern uns im Anschluss gleich mit einem der mit Abstand wichtigsten Werkzeuge in unserem Photoshop-Werkzeugkoffer beschäftigen werden.

Abb. 7.30 Füllmethodenexperimente in Farbe

Vielleicht fragen Sie sich spätestens seit diesem Kapitel, warum es eigentlich in Photoshop oft so viele verschiedene Wege zu einem bestimmten Ziel gibt. Zum Abschluss dieses Abschnitts wollen wir Ihnen deshalb noch eine kurze Einordnung geben, wie Sie mit dieser Vielfalt umgehen können.

Der wichtigste Rat dabei ist auf jeden Fall, dass Sie sich im Normalfall für die Methode entscheiden sollen, mit der Sie am schnellsten bzw. einfachsten zum Ziel kommen. Wenn Sie dann feststellen, dass Sie z.B. mit der hier vorgestellten Methode zur Kontraständerung nicht zum gewünschten Ergebnis kommen, dann greifen Sie stattdessen einfach wieder auf die Gradationskurve zurück, die Ihnen eine gezieltere Steuerung für die einzelnen Tonwertbereiche ermöglicht. Der Vorteil der Methode über den Mischmodus *Weiches Licht* ist dagegen, dass Sie die Einstellung später jederzeit noch anpassen oder gar rückgängig machen können, da Sie ja das eigentliche Bild in der Hintergrundebene nie verändert haben.

Und dann wäre da noch die Sache mit dem Speicherbedarf. Selbstverständlich benötigt die Methode in diesem Kapitel durch die duplizierte Ebene immer mindestens den doppelten Speicherplatz. Doch hierfür werden wir im Abschnitt »Arbeiten mit Einstellungsebenen« ab Seite 148 eine Lösung vorstellen, die sicher nicht nur den Schwaben unter uns gefallen dürfte.

7.4 Arbeiten mit Ebenenmasken

An dieser Stelle müsste eigentlich ein Trommelwirbel erklingen, denn mit den Ebenenmasken sind wir nun bei *dem* Thema schlechthin angelangt, um das man bei der Bildbearbeitung mit Photoshop bei fast keinem Bild herumkommt. Ebenenmasken ermöglichen es, die Transparenz einer Ebene (mit Ausnahme vor festen Hintergrundebenen) nicht nur global für die ganze Ebene zu steuern, wie wir es im Abschnitt »Arbeiten mit Ebenen« auf Seite 119 mit der Transparenzsteuerung der Ebenenpalette kennengelernt haben, sondern ganz gezielt für einzelne Bereiche des Bilds. Mit anderen Worten ausgedrückt: Wir können für jede Stelle (genauer gesagt für jedes Pixel) einer Ebene festlegen, ob sie transparent ist oder nicht und wie stark die Transparenz angelegt wird. Und das Sahnehäubchen ist dabei, dass diese Transparenzsteuerung sich auch später noch korrigieren lässt, da wir hier nichts an den eigentlichen Pixeln der Ebene verändern.

Aber schauen wir uns das Ganze doch gleich einmal an einem Beispiel näher an. Dazu setzen wir die Arbeit an dem Bärenbild aus dem vorherigen Abschnitt wie versprochen fort. Wir hatten das Bild mit einer Ebenenduplizierung und der Füllmethode *Negativ multiplizieren* aufgehellt, um das Fell des Bären im Gegenlicht etwas besser herauszuarbeiten. Doch was für das Fell des Bären einen positiven Effekt hatte, war für den Rest des Bilds eigentlich gar nicht nötig, da die Landschaft und auch der Lichtsaum um den Bären von der Helligkeit her nicht verändert werden mussten. Mit einer Ebenenmaske können wir dieses Problem nun recht einfach lösen, indem wir die obere, aufhellende Ebene an allen Stellen außer für den Bären transparent machen.

Abb. 7.31   Eine grobe Auswahl um den Bären mithilfe des Lasso-Werkzeugs

Wir beginnen, indem wir mit dem Lasso-Werkzeug eine grobe Auswahl um den Bären herumlegen. Es ist dazu nicht notwendig, dass Sie den Bären möglichst sauber auswählen, denn das werden wir später in der Ebenenmaske weit einfacher und eleganter erledigen. Um die Auswahl gleich noch etwas zu verfeinern, legen wir über *Auswahl* → *Auswahl verändern* → *Weiche Kante...* eine weiche Kante mit 20 Pixeln an.

Abb. 7.32 Die bereits bekannte »Weiche Auswahlkante«

In unserem Beispielbild ist durch den Hintergrund die Auswahl leider nicht überall gut zu sehen. Mit einem weiteren Werkzeug von Photoshop können wir uns die Auswahl in einer anderen Ansicht anzeigen lassen. Dazu dient der Maskierungsmodus, welcher über das Symbol direkt unterhalb der Vorder- und Hintergrundfarbe in der Werkzeugleiste aktiviert wird.

Abb. 7.33 Hier aktivieren Sie den Maskierungsmodus

Nun sollte sich Ihr Bild wie im folgenden Screenshot präsentieren:

Abb. 7.34 Der »rote« Bär

Falls Ihre Ansicht genau umgekehrt aussieht, klicken Sie bitte doppelt auf das Symbol für den Maskierungsmodus und übernehmen Sie die Optionen wie im nächsten Screenshot:

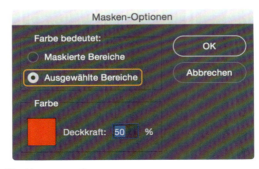

Abb. 7.35 Die Optionen des Maskierungsmodus

Im Maskierungsmodus können Sie eine Auswahl oder Maske nach Belieben anpassen, indem Sie mit dem Pinselwerkzeug schwarze Farbe auftragen, um die Maske zu erweitern, oder mit weißer Farbe etwas von der Maske entfernen.

Wenn Sie mit Ihrer Maske zufrieden sind, können Sie den Maskierungsmodus wieder deaktivieren und wir legen als Nächstes die Ebenenmaske für die obere der beiden Ebenen an. Dazu muss diese Ebene in der Ebenenpalette ausgewählt werden und dann das mit dem Pfeil markierte Symbol in der untersten Zeile der Ebenenpalette gedrückt werden.

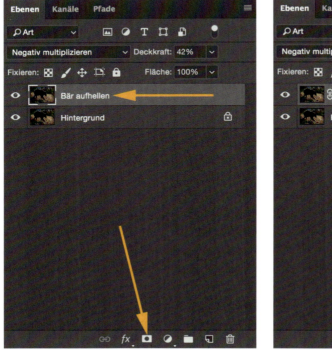
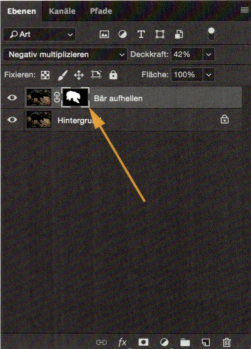

Abb. 7.36 Das Symbol zum Erstellen einer Ebenenmaske und die entstandene Ebenenmaskenminiatur

In der Ebenenpalette erscheint nun ein weiteres Symbol rechts neben der Ebenenminiatur, die sogenannte *Ebenenmaskenminiatur*. Dabei handelt es sich um eine verkleinerte Version der soeben erstellten Ebenenmaske. Da eine Ebenenmaske nichts anderes ist als ein Graustufenbild in derselben Größe wie die zugehörige Ebene, sehen wir in der Miniatur nur Grautöne. In erster Linie sind dies Schwarz und Weiß. Bevor wir uns damit beschäftigen, wie so eine Ebenenmaske im Detail funktioniert, werfen wir aber noch schnell einen Blick auf das eigentliche Bild. Sie werden dabei feststellen, dass der Hintergrund nun wieder seine ursprüngliche Helligkeit (oder besser gesagt: Dunkelheit) besitzt und außer dem Bären nichts mehr aufgehellt ist.

Abb. 7.37   Die »Welt« ist (fast) wieder in Ordnung

Um sich schnell den Unterschied zwischen dem Bild mit und ohne Ebenenmaske anzuzeigen, können Sie die Ebenenmaske jederzeit deaktivieren. Klicken Sie dazu (und auch zum Reaktivieren) einfach mit gedrückter ⇧-Taste auf die Ebenenmaskenminiatur.

Möchten Sie sich stattdessen nur die Ebenenmaske, also das besagte Graustufenbild, anzeigen lassen, so müssen Sie dazu die Ebenenmaskenminiatur mit gedrückter Alt-Taste anklicken (diese Kombination fungiert ebenfalls als Ein-/Ausschalter für die Ansicht). Das Ergebnis sieht dann in etwa so aus:

Abb. 7.38 Die Ebenenmaske in ihrer reinen Form

Anhand dieser Ansicht können wir uns nun auch damit beschäftigen, wie eine Ebenenmaske funktioniert. Wie bereits erwähnt, handelt es sich dabei letztlich um ein Graustufenbild. Und wo immer dieses Graustufenbild schwarz ist, wird der Inhalt (oder Effekt) der zugehörigen Ebene *nicht* angezeigt und die darunterliegende Ebene scheint durch. Umgekehrt: Wo die Ebenenmaske weiß ist, wird der Inhalt (oder Effekt) der zugehörigen Ebene angezeigt (und sinnvollerweise sind Ebenenmasken standardmäßig weiß). Graustufen zwischen schwarz und weiß sorgen für eine Mischung aus beidem. Das heißt, je dunkler der Grauton an einer Stelle in der Ebenenmaske, desto »durchsichtiger« wird die zugehörige Ebene.

> **Hinweis**
> Das gehört mit zum Wichtigsten, was Sie beim Arbeiten mit Ebenenmasken in Photoshop wissen müssen: *Schwarz hebt auf, Weiß wendet an* (und zwar den Inhalt bzw. Effekt der zugehörigen Ebene). Am besten, Sie drucken sich diesen Satz aus und heften ihn an Ihren Bildschirm.

Wenn Sie genau hinschauen, werden Sie erkennen, dass in unserer aktuellen Ebenenmaske der Übergang zwischen dem schwarzen, transparenten Hintergrund und dem weißen, undurchsichtigen Bären weich und fließend ist, da hier ein Verlauf von Schwarz nach Weiß stattfindet und dadurch der aufgehellte Bär im eigentlichen Bild nicht wie aus dem dunklen Hintergrund ausgestanzt wirkt.

Sie ahnen es wahrscheinlich sowieso schon, aber der Vollständigkeit halber müssen wir natürlich noch ergänzen, wie diese Ebenenmaske in dieser Form entstanden ist. Durch das Erstellen der Auswahl vor dem Anlegen der Ebenenmaske haben wir Photoshop angewiesen, wo unsere

Ebenenmaske schwarz und wo sie weiß werden soll. Hätten wir dabei auf die weiche Kante verzichtet, so würde die Ebenenmaske nun nur aus komplett schwarzen oder weißen Stellen bestehen und der Übergang dazwischen wäre eben nicht weich, sondern eine harte Kante.

Deaktivieren Sie diese Schwarz-Weiß-Ansicht nun wieder durch erneutes Klicken mit gedrückter Alt -Taste auf die Ebenenmaskenminiatur. Wenn Sie sich den Effekt der Ebenenmaske noch auf eine weitere Weise veranschaulichen wollen, so schalten Sie einfach die Hintergrundebenen über das Auge-Symbol unsichtbar. Nun sehen Sie nur noch die aufgehellte Ebene und auch nur dort, wo sie durch die Ebenenmaske nicht transparent gemacht wird. Da die Ebene durch die Transparenzsteuerung der Ebenenpalette sowieso nur zu 42 % sichtbar ist, erscheint der Bär in diesem Moment etwas blass.

Abb. 7.39   Die teilweise transparente Aufhellungsebene ohne die Hintergrundebene

Wenn wir nun wieder beide Ebenen aktivieren, sieht das resultierende Bild eigentlich schon ganz gut aus. Schauen wir aber genauer hin, dann fällt auf, dass der Hintergrund, der sich direkt um den Bären herum befindet, noch immer zu hell ist und sich dadurch wie ein heller Kranz um den Bären legt. Der Grund dafür ist natürlich, dass unsere ursprüngliche Auswahl mit dem Lasso-Werkzeug nur recht grob angelegt war. Die weiche Kante hat dies zwar abgemildert, aber damit wollen wir uns natürlich noch nicht zufriedengeben. Außerdem lernen wir dabei gleich noch die größte Stärke der Ebenenmasken kennen.

Da es sich bei Ebenenmasken letztlich um normale Graustufenbilder handelt, können wir mit einer Ebenenmaske alles das tun, was wir auch sonst mit einem Bild tun können. Zum Beispiel mit einem Pinsel darin herum malen. Wie Sie sich vielleicht noch erinnern können, haben wir im Abschnitt »Das Pinselwerkzeug« auf Seite 76 bei der Beschreibung des Pinselwerkzeugs schon erwähnt, dass der Pinsel bei Fotos nur selten zum wirklichen Malen mit verschiedenen Farben genutzt wird. Sein Haupteinsatzgebiet ist das Verfeinern von Ebenenmasken.

Abb. 7.40 Ein leichter heller Saum ist im Hintergrund (z. B. unter dem Kinn) noch zu erkennen.

Dafür müssen wir als Erstes unbedingt sicherstellen, dass wir auch wirklich auf der Ebenenmaske und nicht in der Ebene selber malen. Die Miniaturen in der Ebenenpalette verraten uns anhand der kleinen weißen Ecken (siehe Screenshot), ob im Moment die Ebene selbst oder die Ebenenmaske ausgewählt ist. Für die Arbeit mit dem Pinsel sollte also die Ebenenmaske ausgewählt sein.

Abb. 7.41 Die Ebenenmaske ist ausgewählt

Falls dies nicht der Fall ist, klicken Sie bitte auf die Ebenenmaskenminiatur und aktivieren Sie sie dadurch für die nächsten Schritte. Als Nächstes aktivieren wir das Pinselwerkzeug und setzen die *Härte* auf 0 und die *Deckkraft* auf 100 %. Die Größe hängt davon ab, wie fein gearbeitet werden soll und wie hoch die Auflösung des Bilds ist. Beginnen Sie zuerst am besten mit einem größeren und sehr weichen Pinsel (ich wähle hier die Größe 200) und verringern Sie die Größe, sobald feinere Arbeiten anstehen. Die Härte müssen Sie nur heraufsetzen, wenn Sie harte Kanten ganz exakt maskieren möchten. Die Deckkraft variieren Sie je nachdem, wie stark Sie an einer bestimmten Stelle maskieren wollen. In unserem Beispiel möchten wir die Transparenz um den Bären herum komplett entfernen, weshalb eine Deckkraft von 100 % hier sinnvoll ist. Möchten Sie eine Maske aber eher graduell auftragen, so können Sie die Deckkraft auch weiter heruntersetzen und so mit einem Pinselstrich immer nur wenig Maskierung auftragen. An Stellen, an denen Sie eine stärkere Maskierung wünschen, tragen Sie einfach mehrere Pinselstriche auf, die sich dann zu einer stärkeren Maske addieren.

Als Nächstes müssen wir noch die Malfarbe für den Pinsel festlegen. Grundsätzlich benötigen wir nur die beiden Farben Schwarz und Weiß, denn es handelt sich bei der Ebenenmaske ja um ein Graustufenbild (das erwähnte ich ja bereits und die Grautöne dazwischen steuern wir wie gerade beschrieben über die Deckkraft. Falls sich Ihre Vorder- und Hintergrundfarbe nicht schon automatisch auf Schwarz und Weiß umgestellt haben, drücken Sie einfach die Taste [D]. Nun sollte Schwarz als Vorder- und Weiß als Hintergrundfarbe ausgewählt sein. Wenn nicht, tauscht die Taste [X] die beiden Farben.

Nach dieser Vorbereitung können wir nun damit beginnen, auf der Ebenenmaske zu malen. Dabei müssen Sie immer daran denken, dass Sie mit Schwarz den Inhalt (oder Effekt) der Ebene aufheben und mit Weiß wieder hervorholen. Da wir die Aufhellungsebene rund um den Bären herum nicht benötigen, malen wir also mit Schwarz vorsichtig am noch zu hellen Rand des Bären, bis wir diesen komplett bis einschließlich zum Lichtsaum, der dadurch auch noch etwas abgedunkelt wird, ausmaskiert haben.

Falls Sie dabei einmal über das Ziel hinausschießen und auch den Bären selbst wieder ausmaskieren, ist das zum Glück kein Problem. Denn genau hier liegt ja eine der Stärken der Ebenenmasken. Schalten Sie Ihre Farbe einfach auf Weiß um (Taste [X]) und malen Sie damit über die betroffene Stelle. Damit ist der Fehler schnell und einfach korrigiert.

Das Ergebnis des Feintunings der Ebenenmaske sieht dann in etwa so aus:

Abb. 7.42 Feintuning abgeschlossen

Insgesamt hat der Bär jetzt trotz Aufhellung wieder seinen schönen Lichtsaum und der Hintergrund ist auch überall gleichmäßig dunkel.

Abb. 7.43   Jetzt ist die »Welt« wirklich wieder in Ordnung

Da es sich bei den Ebenenmasken wie eingangs erwähnt um eines der wichtigsten Themen der Bildbearbeitung mit Photoshop handelt, sollten Sie die soeben beschriebenen Techniken so viel wie möglich üben und sie somit möglichst gut verinnerlichen. Um Sie dabei zu unterstützen und natürlich auch um die soeben getätigte Aussage zu bekräftigen, werden Ihnen Ebenenmasken noch das ganze Buch über und in großer Zahl begegnen.

8

Nicht-destruktive Bildbearbeitung

Bereits zu Beginn hatten wir ja angesprochen, dass die nicht-destruktive Bildbearbeitung schon lange keine reine Domäne von Lightroom, Capture One & Co. mehr ist und auch in Photoshop viele Möglichkeiten dazu bereitstehen. Mit der Vorstellung der Füllmethoden im vorangegangenen Kapitel haben wir dafür auch schon ein Beispiel angeführt. Alle anderen bislang vorgestellten Bearbeitungsfunktionen und -techniken arbeiten in der jeweils gezeigten Variante noch rein destruktiv, das heißt, sie verändern die Pixel des eigentlichen Bilds und sind anschließend nicht mehr direkt abänderbar oder rückgängig zu machen. Solange Ihr Foto in Photoshop noch nicht geschlossen wurde, lassen sich Bearbeitungsschritte zwar über das Protokoll rückgängig machen. Aber dabei können Sie immer nur den jeweils letzten Schritt rückgängig machen, sind also an die Abfolge der Bearbeitungsschritte gebunden. Möchten Sie eine Änderung, die zu Beginn der Bearbeitung stattgefunden hat, rückgängig machen oder abändern, so gehen dabei stets alle nachfolgenden Schritte auch verloren. Aus Lightroom sind Sie das natürlich ganz anders gewohnt, weshalb wir Ihnen in den folgenden Abschnitten nun die Grundlagen für die nicht-destruktive Arbeit in Photoshop vorstellen wollen.

Eines gleich vorab: Die bisherigen Kapitel waren deshalb mitnichten umsonst, denn die bislang vorgestellten Techniken und Werkzeuge sind zum einen die nötige Basis für die nicht-destruktive Arbeitsweise und zum anderen muss auch nicht jedes Bild zwingend auf nicht-destruktive Weise bearbeitet werden. Deshalb haben wir uns für diese Reihenfolge im Buch entschieden, auch um Ihnen das Arbeiten mit Photoshop in möglichst sinnvollen Einheiten zu vermitteln und nicht gleich fünf Schritte auf einmal gehen zu müssen. Auch haben die nicht-destruktiven Methoden zum Teil einen erheblichen zusätzlichen Speicherplatzbedarf, sodass sie eben nicht für jedes x-beliebige Bild von Nöten sind. Einer unästhetischen Hochspannungsleitung in einem normalen Urlaubsfoto wird man eher nicht mit non-destruktiver Photoshop-Retusche zu Leibe rücken müssen, wenn Lightroom bei der Aufgabe mal wieder nicht das gewünschte Ergebnis liefert. In so einem Fall ist es sicher ausreichend, das Ergebnis ganz herkömmlich als einzelne Ebene und damit mit minimalem Platzbedarf abzuspeichern.

Aber es gibt natürlich auch die anderen Bilder. Die Bilder, bei denen es sich unbedingt lohnt, alle vorhandenen Register bei der Bearbeitung zu ziehen und sie dann auch entsprechend abzulegen, sodass jederzeit noch ein Fine-Tuning des Ergebnisses möglich ist. Genau darum soll es also in den folgenden Abschnitten gehen.

8.1 Arbeiten mit Einstellungsebenen

Mit den Einstellungsebenen ermöglicht Photoshop seit einigen Jahren eine ähnlich effiziente Art der nicht-destruktiven Bildbearbeitung, die Sie als Lightroom-Anwender aus Ihrem Alltag bereits gewohnt sind. Einige Werkzeuge, wie u.a. die im Abschnitt »Tonwertkorrektur« ab Seite 63 bereits vorgestellte Tonwertkorrektur oder die Gradationskurve, bieten durch Einstellungsebenen die Möglichkeit, Ihre Änderungen nicht final auf die Bildpixel anzuwenden, sondern als eigene Ebene darüberzulegen. Die Eigenschaften dieser Ebene, also z.B. die Parameter wie Weiß- und Schwarzpunkt bei einer Tonwertkorrektur, lassen sich nachträglich jederzeit wieder anpassen. Darüber hinaus speichert Photoshop bei Einstellungsebenen genau wie Lightroom nur die nötigen Parameter, um das Ergebnis zu reproduzieren, und diese fallen vom Speicherplatzbedarf her, abgesehen von der oben erwähnten Kompatibilitätsebene, absolut nicht ins Gewicht. Diese

Kompatibilitätsebene ist immer dann nötig, wenn eine Photoshop-Datei aus mehr als nur der Hintergrundebene besteht und auch von anderen Programmen, die keine Ebenen, Füllmethoden, Ebenenmasken usw. verstehen, gelesen werden soll. Da Lightroom zu dieser Kategorie von Programmen gehört, kommen Sie deshalb nicht um den Kompatibilitätsmodus herum, bei dem Photoshop das Ergebnis aller Ebenen, Masken etc. (sprich genau das, was Sie am Bildschirm sehen) zu einer einzelnen Ebene zusammenfasst und zusammen mit der Photoshop-Datei abspeichert. Programme wie Lightroom picken sich zum Anzeigen dann genau diese spezielle Ebene heraus und können somit die Photoshop-Datei anzeigen, ohne selbst die eigentlichen Ebenen, Masken etc. verstehen zu müssen.

Somit benötigt lediglich die erste Einstellungsebene zusätzlichen Speicherplatz (für die Kompatibilitätsebene), alle weiteren sind vernachlässigbar.

Doch wie legt man nun eine solche Einstellungsebene an? Dazu benötigen wir erst einmal wieder ein Bild. Um die Parallelen zum Beispiel zu den Abschnitten über Tonwertkorrektur und die Gradationskurve aufzeigen zu können, verwenden wir das schon bekannte, kontrastarme Otterbild.

Abb. 8.1   Hairy Otter ist zurück, aber immer noch zu blass

Einstellungsebenen werden über das runde Symbol im unteren Bereich der Ebenenpalette angelegt (siehe Abbildung 8.2). Beim Klick auf das Symbol öffnet sich eine Liste mit allen möglichen Einstellungsebenen. Wir wählen für dieses Beispiel zuerst wieder die Tonwertkorrektur. Im Gegensatz zur bereits bekannten destruktiven Variante aus dem Abschnitt über Tonwertkorrektur öffnet sich nun kein Dialog, sondern es wird eine neue Zeile im Ebenenstapel eingefügt – die Einstellungsebene, die wir wie immer gleich mit einem Namen versehen. Deren Parameter bzw. Eigenschaften können nun in der Eigenschaftenpalette verändert werden. Die folgenden Screenshots verdeutlichen dies:

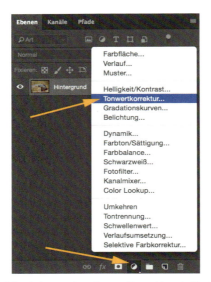 

Abb. 8.2 Anlegen einer Tonwertkorrektur als Einstellungsebene und Umbenennen der neuen Ebene

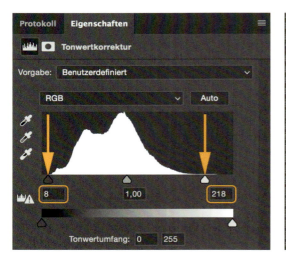 

Abb. 8.3 Die Parameter der Tonwertspreizung (analog zu Abschnitt 5.2) und ihr Ergebnis

Das Ergebnis der Tonwertkorrektur sehen wir während der Parametereingabe live in der Arbeitsfläche. Wenn Sie den Unterschied zwischen vorher und nachher betrachten wollen, können Sie die Einstellungsebene wie jede andere Ebene über das Auge-Symbol aus- und wieder einblenden.

Nachdem die Tonwerte nun das gesamte Tonwertspektrum ausnutzen, möchten wir noch eine zweite Einstellungsebene mit einer Gradationskurve anlegen. Dazu rufen wir wieder das Menü für neue Einstellungsebenen auf und wählen die Option *Gradationskurve*. Es entsteht, wie nicht anders zu erwarten, eine weitere Ebene im Ebenenstapel (die wir sogleich umbenennen). Wir können mit ihrer Hilfe eine S-förmige Kurve in der Eigenschaftenpalette definieren, um den Kontrast des Bilds anzuheben.

Abb. 8.4   Kontrastverstärkung durch eine S-Kurve und das Ergebnis dazu

Sie können eine Einstellungsebene im Übrigen in allen Aspekten wie eine normale Pixelebene behandeln. So können Sie z.B. auch die Transparenzsteuerung nutzen, wenn Sie den Effekt der Einstellungsebene abmildern möchten.

Genauso gut können Sie auch die automatisch mit jeder Einstellungsebene angelegte Ebenenmaske nutzen, um den Effekt an bestimmten Stellen des Fotos zu entfernen oder abzuschwächen. Vielleicht haben Sie es auch schon selbst entdeckt: rechts neben dem Symbol für die Einstellungsebene (der in zwei Hälften getrennte Kreis) befindet sich die gleiche Ebenenmaskenminiatur, die wir oben schon im Abschnitt »Arbeiten mit Ebenenmasken« kennengelernt haben. Standardmäßig ist sie komplett weiß, was bedeutet, dass die Einstellungsebene auf das komplette Bild wirkt. Durch einen Klick auf die Ebenenmaskenminiatur können wir diese nun auswählen und anschließend mit einem weichen Pinsel und schwarzer Malfarbe (wir erinnern uns: Schwarz hebt den Effekt der zugehörigen Ebene auf) z.B. das Wasser um den Otter herum von der Kontrastverstärkung ausnehmen.

Die folgenden Screenshots zeigen Ihnen das Ergebnis sowohl in Form der Ebenenmaskenminiatur, der Ebenenmaske selbst sowie des daraus resultierenden Fotos. Nun wird nur noch der Otter im Kontrast verstärkt, das Wasser bleibt außen vor.

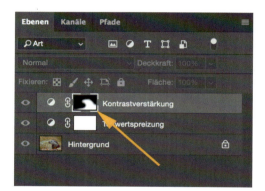

Abb. 8.5   Kombination aus Einstellungsebene und Ebenenmaske

Doch nicht nur Ebenenmasken können mit den Einstellungsebenen kombiniert, sondern auch Füllmethoden können auf sie angewandt werden. Dadurch ergibt sich eine Möglichkeit, die oben im Abschnitt über das »Mischen von Ebenen« gezeigte Bearbeitung statt über eine duplizierte Hintergrundebene nun in einer Speicherplatz sparenden Variante mittels Einstellungsebene zu realisieren.

Dazu entfernen oder deaktivieren wir unsere letzte Einstellungsebene mit der Kontrastverstärkung und legen oberhalb der Tonwertspreizung eine neue Einstellungsebene mit Gradationskurve an. Doch anstatt wie zuvor die Kurve in S-Form zu bringen, ändern wir nun die Füllmethode auf *Weiches Licht* und reduzieren die Deckkraft zum Abschwächen der Wirkung wieder auf 42 %. Dadurch erzielen wir das gleiche Ergebnis wie beim Mischen von Ebenen, jedoch mit reduziertem Speicherplatzbedarf, da hier keine duplizierte Ebene mehr benötigt und gespeichert wird.

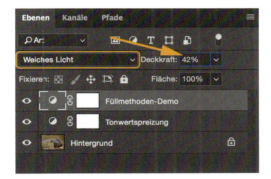

Abb. 8.6 Füllmethoden mit Einstellungsebenen kombinieren – der schwäbische Weg

Wie Sie dem Umfang des Menüs am Anfang des Kapitels schon entnehmen konnten, sind die Möglichkeiten der Einstellungsebenen sehr weitreichend und jede Bearbeitungsfunktion, die als Einstellungsebene existiert, sollten Sie bei wichtigen Bearbeitungen auch als solche nutzen.

8.2 Retusche auf eigener Ebene

Der Titel dieses Abschnitts verrät eigentlich schon recht gut, worum es im Folgenden gehen könnte. Bislang haben wir sämtliche Retuschemethoden stets auf der Hintergrundebene – also unseren Bildpixeln – direkt ausgeführt und diese damit dauerhaft verändert. Doch auch hierfür gibt es, wie das folgende Beispiel gleich zeigen wird, zum Glück eine nicht-destruktive Alternative, indem die Retusche auf einer eigenen Ebene durchgeführt wird.

Obwohl ich über das Bild im nächsten Screenshot eigentlich sehr glücklich war, störte mich dennoch der viel zu deutliche und helle Grashalm rechts vom Tiger, der leider exakt in der Schärfeebene lag. Ich bemerkte ihn zwar schon vor der Aufnahme und hätte ihn nur zu gerne direkt vor Ort entfernt, beschloss jedoch spontan, dass zwei bis drei Minuten »Postproduction« in Photoshop in dieser Situation selbst bei einem halbzahmen Tiger wohl die vernünftigere Alternative wäre.

Abb. 8.7 Amurtiger vor Photoshop

Um den Grashalm zu entfernen, legen wir über das kleine Papier-Symbol in der Ebenenpalette eine neue Ebene an und benennen Sie z.B. in *Retusche* um. Für den nächsten Schritt ist es nun wichtig, dass nicht die Hintergrundebene, sondern diese Retuscheebene im Ebenenstapel ausgewählt ist, da wir ansonsten natürlich wieder direkt auf der Hintergrundebene retuschieren.

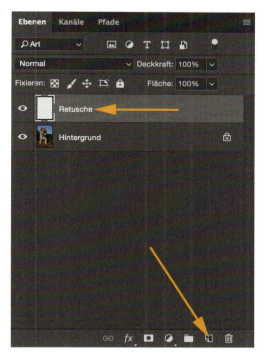

Abb. 8.8 Neue Ebene für die Retusche anlegen und umbenennen

Für die Retusche wählen wir als Erstes den Bereichsreparatur-Pinsel. Standardmäßig sucht dieser allerdings nur auf der aktiven Ebene nach zu retuschierenden Elementen und Inhalten, um diese auszufüllen. Da dies aber die noch leere Retuscheebene ist, wird er dort keine Pixel finden und deshalb ohne Effekt bleiben. Um dieses Verhalten zu ändern, müssen wir in der Optionenleiste zuerst die Option *Alle Ebenen aufnehmen* aktivieren:

Abb. 8.9 Entscheidende Option für die Retusche auf einer eigenen Ebene

Nun können wir wie gewohnt damit beginnen, den Grashalm zu retuschieren. Im ersten Schritt wird der obere Teil bis zu dem kleinen, waagerecht kreuzenden Halm retuschiert.

Abb. 8.10 Großzügige Bereichsreparatur rund um den oberen Teil des Grashalms

Als Nächstes zoomen wir noch weiter in das Bild und versuchen den nächsten Teil des Halms mit dem Bereichsreparatur-Pinsel zu entfernen.

Abb. 8.11 Teil 2 der Retusche

Hier überzeugt das Ergebnis noch nicht so ganz, was wegen des waagerechten Halms auch nicht zu erwarten war. Um die Retusche zu verbessern, kommt jetzt der Stempel zum Einsatz, mit dem wir den Halm aufnehmen und die entstandene Lücke schließen können.

Auch beim Stempel müssen wir zuvor aber erst dafür sorgen, dass er seine Quelle nicht nur in der aktuellen Ebene, sondern auch in den darunterliegenden Ebenen sucht. Die folgende Option in der Optionenleiste stellt dies sicher:

Abb. 8.12 Die Option »Akt. u. darunter« erzielt den gewünschten Effekt

Für den Stempel wählen wir hier eine weiche Kante und zunächst 100% Deckkraft. Damit ist der waagerechte Halm schnell korrigiert. Nun können wir mit auf 50% reduzierter Deckkraft noch die restlichen Spuren des Bereichsreparatur-Pinsels ausbessern. Die Reduzierung der Deckkraft verhindert, dass das minimal vorhandene Rauschen im unscharfen Hintergrund durch den weichen Stempel zu sehr geglättet wird und dadurch allzu kritischen Augen die Retusche verraten würde.

Abb. 8.13 Die Spuren sind verwischt und der Halm sieht aus wie von mutiger Hand abgeknickt

Werfen wir zum Abschluss des Abschnitts noch schnell einen Blick auf unsere Ebenenpalette (Abbildung 8.14). Wenn Sie ganz genau hinschauen, sehen Sie nun in der Ebenenminiatur der Retuscheebene die Spuren unserer Bearbeitung. Alle retuschierten Pixel sind auf dieser separaten Ebene gelandet (und deshalb nun auch in der Miniatur sichtbar) und unser Ausgangsbild befindet sich unverändert in der Hintergrundebene. So lässt sich die Retusche nachträglich jederzeit noch korrigieren, abmildern oder gar rückgängig machen. Der Mehrbedarf an Speicherplatz ist bei wichtigen Bildern sicherlich leicht zu verschmerzen.

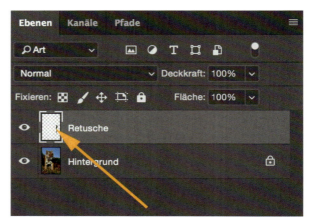

Abb. 8.14 Die retuschierten Pixel in der Ebenenminiatur

8.3 Smartobjekte

Bislang haben wir sämtliche nicht-destruktiven Bearbeitungen über zusätzliche Ebenen realisiert. Doch wie können wir unser Originalfoto bzw. die Originalpixel einer Ebene bei Arbeitsschritten erhalten, die nicht durch die bislang vorgestellten, nicht-destruktiven Techniken möglich sind?

Wenn wir zum Beispiel bei der Verkleinerung einer Ebene die übrigen Pixel nicht dauerhaft verwerfen, sondern die Verkleinerung später evtl. wieder rückgängig machen oder verändern wollen?

Die Antwort darauf heißt *Smartobjekte*. Vereinfacht ausgedrückt lässt sich jede Ebene in ein Smartobjekt umwandeln und damit gegen endgültige (destruktive) Bearbeitungsschritte schützen. Wird eine Ebene in ein Smartobjekt umgewandelt, so speichert Photoshop diese Ebene versteckt im Hintergrund und zeigt über das Smartobjekt nur noch eine bearbeitete Kopie des Originals an. Bei allen möglichen Änderungen an einem Smartobjekt wird stets wieder das versteckte Original herangezogen und die nötigen Änderungen werden an einer neuen Kopie davon vorgenommen. Vom Prinzip her funktioniert dies ähnlich wie der Mechanismus in Lightroom, bei dem stets die Original-RAW-Datei anhand des Bearbeitungsprotokolls bearbeitet und daraus eine neue Vorschaudatei (Preview) erstellt wird.

Mithilfe der beiden folgenden Beispiele wollen wir uns das Erstellen und Bearbeiten von Smartobjekten genauer ansehen. Für das erste Beispiel nehmen wir den schon aus dem Retusche-Kapitel bekannten Adler. Über das Schnellauswahl-Werkzeug wurde eine Auswahl erstellt, die den Adler vom umgebenden Himmel trennt.

Nicht-destruktive Bildbearbeitung 159

Abb. 8.15 Ausgewählter Adler

Um den Adler in einem anderen Bild oder dem gleichen Bild nochmals einzufügen, können wir aus dieser Auswahl eine neue Ebene erstellen. Durch die Auswahl wird nur der Adler auf die neue Ebene kopiert, der Himmel wird nicht übernommen und die neue Ebene bleibt an diesen Stellen transparent.

Zum Kopieren rufen wir den Menüpunkt *Ebene → Neu → Ebene durch kopieren* auf. Die Ebenenpalette enthält nun eine neue Ebene und in der Miniatur können Sie den Adler grob erkennen. Wir könnten diese Ebene nun in ein anderes Foto einfügen, zum leichteren Verständnis führen wir das Beispiel aber komplett in einer Datei aus. Damit wir einen Vergleich zwischen einer normalen Ebene und einem Smartobjekt haben, kopieren wir die neue Ebene noch einmal. Dazu muss die neue Ebene in der Ebenenpalette ausgewählt sein, bevor wir den gleichen Menüpunkt ein weiteres Mal aufrufen. Alternativ geht dies auch über das Tastenkürzel Strg + J (Mac: CMD + J). Wie immer benennen wir die entstandenen Ebenen so um, dass wir für jede Ebene nachvollziehen können, wozu sie dient.

Im Gegensatz zur Arbeitsfläche, auf der Sie von der Kopieraktion noch nichts sehen können, zeigt der folgende Screenshot das Ergebnis in der Ebenenpalette:

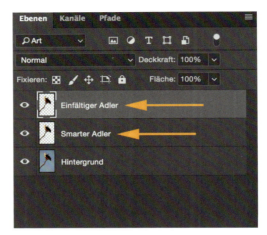

Abb. 8.16   Der dreifache Fischadler

Als Nächstes wählen wir die Ebene *Smarter Adler* aus, um Sie über den Menüpunkt *Ebene → Smartobjekte → In Smartobjekt konvertieren* in ein solches Smartobjekt umzuwandeln. Dadurch ändert sich ebenfalls nichts an der Bildanzeige. Lediglich die Ebenenminiatur dieser Ebene hat ein kleines Zusatzsymbol bekommen, welches die Ebene als Smartobjekt auszeichnet.

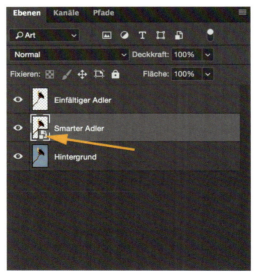

Abb. 8.17   Die mittlere Ebene als Smartobjekt

Um die beiden Ebenen nun zu verkleinern, aktivieren wir das Verschieben-Werkzeug und wählen in der Optionenleiste die Option zur Anzeige der *Transformationssteuerung* aus:

Nicht-destruktive Bildbearbeitung   161

Abb. 8.18   Die verwendeten Optionen für das Verschieben-Werkzeug

Als Nächstes verkleinern und verschieben wir beide Ebenen nacheinander so wie im Folgenden zu sehen. Vergessen Sie dabei nicht, die Transformation jeweils über das entsprechende Symbol in der Optionenleiste zu bestätigen:

Abb. 8.19   Adler 1 und 2 werden verkleinert und platziert

Im Hintergrund passiert dabei Folgendes: Für die normale Ebene werden die anfangs vorhandenen Pixel auf die Zielgröße herunterskaliert und die überflüssigen Pixel verworfen (gelöscht). Beim Smartobjekt dagegen wird die versteckte Originalebene dupliziert, ebenfalls herunterskaliert und das Ergebnis auf der Arbeitsfläche angezeigt. Die Originalebene bleibt weiter unverändert im Hintergrund. Solange Sie eine Ebene nur einmal auf die finale Größe verkleinern, haben Sie noch keinen Vorteil durch die Arbeit mit einem Smartobjekt. Wenn Sie aber, was in der Praxis ganz normal ist, nicht von Anfang an wissen, wie groß die Ebene in Ihrem Composing oder Layout verwendet werden soll, dann werden Sie diese mit hoher Wahrscheinlichkeit später in der Größe erneut und evtl. sogar mehrfach ändern müssen. Was in einem Layoutprogramm wie z. B.

InDesign kein Problem darstellt, führt in Photoshop ohne die Verwendung von Smartobjekten auf direktem Weg zur Pixel-Katastrophe.

Bevor wir Ihnen dies direkt am Beispiel demonstrieren, wollen wir bei dem »smarten Adler« noch den kleinen Ast am Rücken herausretuschieren, sodass er sich leicht vom anderen unterscheiden lässt und wir nebenbei noch einen weiteren wichtigen Aspekt für die Arbeit mit Smartobjekten kennenlernen. Diese unterscheiden sich nämlich noch in einem weiteren entscheidenden Punkt von herkömmlichen Ebenen: Sie können nicht direkt mit den Standardwerkzeugen wie Stempel, Pinsel, usw. bearbeitet werden. Rufen Sie beispielsweise das Stempel-Werkzeug auf, während ein Smartobjekt in der Ebenenpalette aktiviert ist, so symbolisiert Ihnen der Mauszeiger in Form eines Verbotsschilds, dass auf diesem Weg keine Bearbeitung möglich ist. Sie könnten in diesem Fall natürlich die im vorherigen Abschnitt gezeigte Technik mit der Retusche auf einer eigenen Ebene anwenden. Müssen Sie Ihr Smartobjekt allerdings danach wieder vergrößern, so haben Sie die Retusche trotzdem nur in der verkleinerten Variante zur Verfügung und müssten sie erneut durchführen.

Aus diesem Grund gibt es bei Smartobjekten die Möglichkeit, Änderungen direkt an der versteckten Originalebene durchzuführen. Starten können Sie diesen Vorgang ganz einfach über einen Doppelklick auf das Ebenenminiatur-Symbol des Smartobjekts. Dadurch öffnet sich der Inhalt des Smartobjekts in einem neuen Reiter. Diesen können Sie nun genauso mit allen Werkzeugen bearbeiten, wie Sie es von normalen Ebenen kennen. Speichern und schließen Sie den Inhalt danach, wird das Smartobjekt im ersten Reiter mit Ihren Bearbeitungen aktualisiert. Der folgende Screenshot zeigt das frisch in einem zweiten Reiter geöffnete Smartobjekt:

Abb. 8.20 Bearbeitung eines Smartobjekts

Um den Ast nicht-destruktiv zu retuschieren, könnten wir nun eine neue Ebene erstellen und dort die Retusche durchführen. Da wir dies innerhalb des Smartobjekts und damit auch in der Originalauflösung durchführen würden, wäre das soeben beschriebene Problem beim mehrfachen Skalieren umgangen. Weil wir es hier aber sowieso schon mit einem tei weise transparenten Smartobjekt zu tun haben, können wir die Retusche besser mithilfe einer Ebenenmaske durchführen.

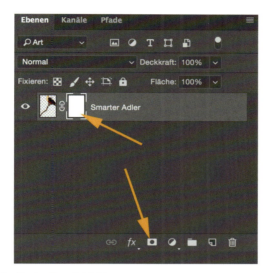

Abb. 8.21   Eine Ebenenmaske für das Smartobjekt

Nach Erstellen der Ebenenmaske zoomen wir auf den zu retuschierenden Teil des Bilds und aktivieren das Pinselwerkzeug. Mit schwarzer Farbe, Pinselgröße 150px und einer Härte von 100% können wir nun den Ast aus der Maske »herausmalen«.

Abb. 8.22   Vor und nach der Retusche

Falls dabei in den Adler hineingemalt wird, wechseln wir mit X einfach zu weißer Farbe und können so den Adler wieder zurückholen. Wenn das Ergebnis in Ordnung ist, können wir das Smartobjekt über *Datei → Speichern* bzw. das Tastenkürzel Strg+S (Mac: CMD+S) in unsere ursprüngliche Photoshop-Datei zurückspeichern und den Reiter mit dem Smartobjekt schließen.

Abb. 8.23 Finden Sie die sieben Unterschiede ;-)

Nun sollten sich beide Adler leicht unterscheiden lassen und wir bringen mithilfe des Verschieben-Werkzeugs und der Transformationssteuerung abwechselnd beide Adler wieder auf ungefähr die ursprüngliche Größe. Die folgenden Screenshots zeigen zur besseren Erkennbarkeit nur Ausschnitte aus den Bildern und demonstrieren den Unterschied sehr deutlich:

Nicht-destruktive Bildbearbeitung   165

Abb. 8.24   Normale Ebene (links) und Smartobjekt (rechts) im direkten Vergleich

Achten Sie beim Betrachten vor allem auf die Kopfregion und die Krallen. Die rechte Version ist deutlich detailreicher und vermittelt dadurch folglich auch den schärferen Eindruck. In der linken Variante sind die Pixel beim Verkleinern für immer verworfen worden und lassen sich deshalb natürlich auch nicht mehr zurückholen. Verwenden Sie deshalb bei Composings oder Layouts zunächst immer Smartobjekte, auch wenn diese vom Speicherplatz durch die mitgespeicherte, versteckte Originalebene immer umfangreicher sind als normale Ebenen.

Falls Sie sich dann sicher sind, dass Sie keine Transformationen oder anderen Änderungen an einem Smartobjekt mehr durchführen müssen und den Mehrbedarf an Speicherplatz wieder zurückgewinnen möchten, können Sie das Smartobjekt wieder in eine normale Ebene zurückverwandeln. Tun Sie dies aber nur, wenn Sie sich ganz sicher sind. Man spricht bei diesem Vorgang auch von *Rastern*. Dazu genügt ein Rechtsklick auf das Smartobjekt in der Ebenenpalette und der Aufruf der Funktion *Ebene rastern*.

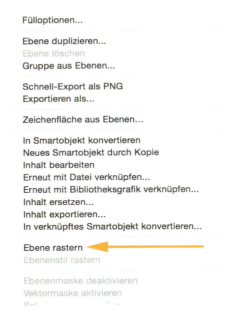

Abb. 8.25 Das Kontextmenü der Ebenenpalette

Da zu Beginn dieses Abschnitts von zwei Beispielen die Rede war, möchten wir Ihnen nun im zweiten Teil noch eine spezielle Variante der Smartobjekte vorstellen, bevor im folgenden Abschnitt mit den Smartfiltern eine weitere Art der Bearbeitung oder Verwendung von Smartobjekten angesprochen wird.

Bislang haben wir Ihnen für den Weg von Lightroom zu Photoshop (siehe Seite 38) die normale Variante über die Menüfunktion *Foto → Bearbeiten in → In Adobe Photoshop CC 2017 bearbeiten...* vorgestellt. Dieser Weg hat bei der Anwendung auf RAW-Dateien leider oftmals einen entscheidenden Nachteil: Sobald die RAW-Datei in Photoshop angekommen ist, wird sie dort mithilfe von Camera Raw und gemäß ihren Bearbeitungsschritten aus Lightroom gerendert und endet dadurch als gewöhnliche Ebene. Wollen Sie nachträglich einen oder mehrere der Lightroom-Bearbeitungsschritte verändern, so können Sie das zwar bei Ihrer Original-RAW-Datei in Lightroom tun, die Änderungen werden sich aber nur dort und nicht in der mit Photoshop weiterbearbeiteten Datei auswirken. Wenn Sie die Änderungen auch in der Photoshop-Datei sehen möchten, bleibt Ihnen nur übrig, ausgehend von der geänderten RAW-Datei eine neue Photoshop-Datei zu erstellen und die Photoshop-Arbeiten erneut durchzuführen oder die Änderungen mittels Lightroom an der fertigen Photoshop-Datei durchzuführen.

Beide Möglichkeiten sind wenig befriedigend und der bessere – wenn auch nicht ganz perfekte – Weg sieht wie folgt aus: Übergeben Sie Ihre RAW-Datei am besten über die Menüfunktion *Foto → Bearbeiten in → In Photoshop als Smart Objekt öffnen...* an Photoshop und lassen Sie sich dabei nicht von den unterschiedlichen Schreibweisen irritieren (LR: *Smart Objekt*/PS: *Smartobjekt*).

Nicht-destruktive Bildbearbeitung   167

Abb. 8.26   Auch das Kontextmenü im Filmstreifen und im Leuchtpult stellt diese Funktion zur Verfügung

Nun finden Sie Ihr Bild in Photoshop als spezielles Smartobjekt wieder. Dieses unterscheidet sich in Gänze von einem Smartobjekt, das Sie nachträglich in Photoshop aus Ihrer Hintergrundebene erstellen könnten, nachdem Sie die RAW-Datei auf dem oben beschriebenen Standardweg an Photoshop übergeben haben. Wird das Smartobjekt direkt aus Lightroom generiert, so verbirgt sich dahinter als Originalebene Ihre RAW-Datei zusammen mit den Bearbeitungsparametern aus Lightroom und nicht die bereits fertig gerenderte Bitmap-/Pixelebene, die Sie bei der herkömmlichen Übergabe an Photoshop erhalten. Dass sich diese beiden Wege nicht nur im Speicherplatzbedarf massiv unterscheiden, zeigt nun unser zweites Beispiel. Das Bild im folgenden Screenshot wurde in Lightroom bearbeitet (siehe Regler im rechten Panel) und anschließend auf besagtem Weg als Smartobjekt an Photoshop übergeben.

Abb. 8.27   Bearbeitung in Lightroom

In Photoshop sehen wir dem Smartobjekt noch nicht an, dass sich dahinter eine RAW-Datei inklusive der Bearbeitungsparameter aus Lightroom verbirgt, denn das Symbol in der Ebenenminiatur ist das gleiche wie bei einem »normalen« Smartobjekt.

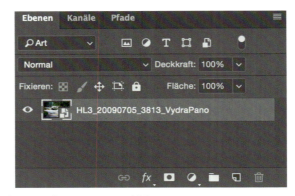

Abb. 8.28 Die Ebenenpalette mit dem RAW-Smartobjekt

Ein Doppelklick auf die Ebenenminiatur zum Start der Bearbeitung bringt in diesem Fall allerdings den Dialog von Camera Raw hervor, wo wir die Bearbeitungsparameter aus Lightroom 1:1 wiederfinden und verändern können.

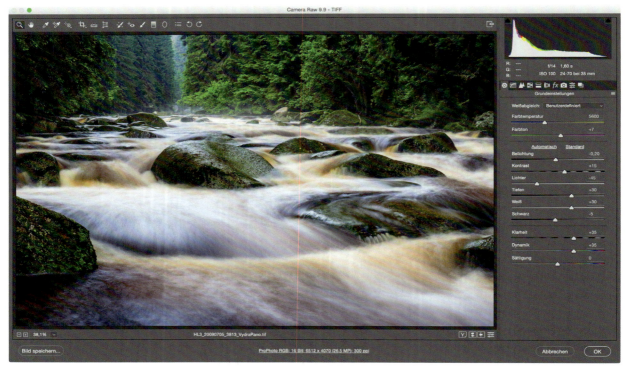

Abb. 8.29 Camera Raw zeigt die gleichen Bearbeitungsparameter wie in Lightroom

Hinweis

Bitte beachten Sie aber, dass die hier gemachten Änderungen *nicht* zurück nach Lightroom wandern und auch nachträglich in Lightroom geänderte Werte sich *nicht* mehr auf das Smartobjekt in Photoshop auswirken. Sobald die RAW-Datei an Photoshop übergeben wurde, gibt es keinen Bezug mehr zwischen den beiden Dateien und Änderungen finden nur noch getrennt statt. So »smart« ist der Austausch leider noch nicht.

Darüber hinaus gibt es generell für alle Smartobjekte noch eine weitere Einschränkung. Retuschieren Sie ein Smartobjekt z. B. über eine separate Ebene mit dem Stempel oder einem anderen Retusche-Werkzeug und ändern Sie nachträglich an diesem Smartobjekt entweder über den gerade vorgestellten Weg mittels Camera Raw oder auf dem zuvor gezeigten Standardweg für normale Smartobjekte die Helligkeit o.ä., dann passt die Retusche auf der Extra-Ebene hinterher evtl. nicht mehr zum Inhalt des geänderten Smartobjekts und Sie müssen die Retusche entweder wiederholen oder passend zum Smartobjekt ebenfalls in der Helligkeit ändern. Die nicht-destruktive Arbeitsweise lässt sich in manchen Punkten leider nicht ganz so durchgängig verwenden, wie Sie das von Lightroom gewöhnt sind. Von diesen Tücken einmal abgesehen, sind Smartobjekte aber ein wichtiges Hilfsmittel für nicht-destruktives Arbeiten.

Doch wie immer im Leben geht mit einem großen Vorteil auch ein gewisser Nachteil einher. Im Fall der Smartobjekte heißt dieser ganz eindeutig Speicherplatz. Die folgende Tabelle stellt am Beispiel des hier verwendeten Bilds einer 16-Megapixel-Kamera die unterschiedlichen Dateigrößen der verschiedenen Varianten von Dateien einmal wertungsfrei gegenüber. Speicherplatz sollte bei wichtigen Bildern sicher nie im Vordergrund stehen. Für qualifizierte Entscheidungen bei der Bearbeitung ist es aber durchaus wichtig, die verschiedenen Auswirkungen auf den Speicherbedarf zu kennen:

Variante	Dateigröße
Original RAW-Datei (16MP)	15 MB
Ohne Smartobjekt als PSD-Datei (normale Hintergrundebene)	95 MB
RAW-Smartobjekt aus Lightroom als PSD-Datei	185 MB
→ gleiche Datei nach dem Rastern des Smartobjekts zu normaler Ebene	170 MB
Normales Smartobjekt aus Hintergrundebene als PSD-Datei	340 MB
→ gleiche Datei nach Rastern des Smartobjekts zu normaler Ebene	170 MB

Abb. 8.30 Speicherbedarf im Vergleich (alle PSD-Dateien jeweils mit 16 Bit Farbtiefe)

In jedem Fall lässt sich feststellen, dass ein RAW-Smartobjekt direkt aus Lightroom dem fast doppelt so großen, herkömmlichen Smartobjekt nicht nur wegen der komfortablen Bearbeitung über Camera Raw, sondern auch aus Speicherplatzgründen vorzuziehen ist.

8.4 Smartfilter

Wie zuvor bereits erwähnt, besteht für das Bearbeiten der im vorigen Abschnitt vorgestellten Smartobjekte mit den Smartfiltern noch eine weitere komfortable Möglichkeit der nicht-destruktiven Bearbeitung. Dabei bezieht sich der Begriff »Smartfilter« nicht nur auf die verschiedenen

Filter des gleichnamigen Menüs (von denen wir Ihnen in den Workshops noch einige vorstellen werden). Auch andere, altbekannte Bearbeitungsfunktionen können bei Smartobjekten zu Smartfiltern werden.

Im Folgenden werden wir Ihnen dies an zwei Smartfiltern exemplarisch vorführen. Für dieses Beispiel muss wieder unser alter Bekannter, der Fischadler, herhalten. Wir haben die nichtsmarte Variante der beiden Klone in den wohlverdienten Adlerhimmel (rechts unten in der Ebenenpalette) geschickt und die Smartobjekt-Variante etwas verkleinert unterhalb des originalen Adlers platziert.

Abb. 8.31 Geklonte Adler

Durch das Verkleinern entsteht bereits ein minimaler Tiefeneffekt. Natürlich wird jedem aufmerksamen Betrachter sowieso auffallen, dass es sich jeweils um denselben Adler handelt, aber mit etwas Wahrnehmungspsychologie und zwei passenden Smartfiltern können wir dennoch zumindest etwas Tiefenwirkung in das Bild bekommen. Demnach wirken Elemente im Bild weiter entfernt vom Betrachter, wenn sie kleiner, dunkler und unschärfer erscheinen als ein näheres

Element. Teil eins haben wir bereits erledigt. Zum Abdunkeln wählen wir in der Ebenenpalette zuerst das Smartobjekt aus und rufen dann wieder einmal die Gradationskurve über den Menüpunkt *Bild → Korrekturen → Gradationskurven...* auf. Da wir es hier mit einem Smartobjekt zu tun haben, benötigen wir keine Einstellungsebene, um nicht-destruktiv zu arbeiten. Direkt mit dem Gradationskurven-Dialog erscheint unter dem Smartobjekt in der Ebenenpalette ein zugehöriger Smartfilter. Wir erstellen wie gewohnt eine abdunkelnde Gradationskurve und schließen den Dialog über *OK*.

Abb. 8.32 Abdunkeln durch eine Gradationskurve als Smartfilter

Mit einem Klick auf das Auge vor dem Filter können Sie diesen – wie eine Ebene – ein- und ausblenden.

Für den dritten Punkt legen wir nun noch einen leichten Weichzeichner über das Smartobjekt, indem wir den Menüpunkt *Filter → Weichzeichnungsfilter → Gaußscher Weichzeichner...* aufrufen. Im zugehörigen Dialog wählen wir einen Radius von 2,2 und bestätigen wieder mit *OK*.

Abb. 8.33 Gaußscher Weichzeichner als Smartfilter

Als Ergebnis erhalten wir in unserer Ebenenpalette nun zwei Smartfilter, die zusammen mit einer Ebenenmaske (die Ebene inkl. Miniatur direkt darüber) gruppiert an unserem Smartobjekt hängen. Der Vorteil hierbei ist, dass Sie jeden einzelnen Filter zum einen rückstandslos wieder entfernen können (Drag & Drop auf den bekannten Papierkorb rechts unten), zum anderen aber durch einen Doppelklick auf den jeweiligen Filternamen diesen noch verändern können. Zusätzlich lassen sich über einen Doppelklick auf die kleinen Reglersymbole rechts jeweils noch Mischmodus und Deckkraft des Filters verändern.

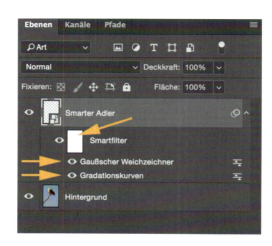

Nicht-destruktive Bildbearbeitung 173

Abb. 8.34 Die Ebenenpalette mit den Smartfiltern und das daraus resultierende Bild

8.5 Bevor Sie weiterblättern …

Auch wenn Sie endlich mit den Workshops loslegen möchten: Blättern Sie immer mal wieder hier rein, wenn Ihnen etwas unklar ist. Nutzen Sie den Index hinten im Buch, um einzelne Begriffe gezielt anzusteuern.

Und jetzt auf in die Praxis!

Teil II

Die Photoshop CC-Workshops

Hinweis

Die Übungsbilder zu den Workshops finden Sie auf unserer Website, unter dem URL *www.dpunkt.de/ps4lr* in der Rubrik »Downloads«.

Bitte beachten Sie, dass Sie die Bilder nur für private Übungszwecke verwenden und nicht online stellen dürfen.

9
Workshops
Landschaftsfotografie
von Harald Löffler

Landschaftsfotografie bedeutet für mich vor allem eines: draußen sein — mit meiner Frau, mit Freunden oder auch alleine — und die Natur zu genießen, während ich mich fotografisch mit der endlosen Formen- und Farbenvielfalt der Landschaften, dem Wechselspiel des Wetters und des Lichts auseinandersetze. Die Ausrüstung sollte dabei nicht im Weg stehen, Spaß beim Benutzen machen und vor allem mein Streben nach der bestmöglichen Bildqualität (und dabei schließe ich die künstlerische Qualität ausdrücklich mit ein) unterstützen. Gute Objektive, ein stabiles Stativ mit Getriebeneiger, hochwertige Filter sowie eine Kamera mit L-Winkel für Hochformataufnahmen sind dabei meine ständigen Begleiter. Im Vordergrund steht aber die Suche nach dem spannendsten Bildausschnitt oder -winkel, der besonderen Lichtstimmung oder den interessantesten Details einer Landschaft.

In erster Linie möchte ich mit meinen Bildern dabei die Schönheit unberührter Natur und meine Begeisterung für diese zum Ausdruck bringen. Dafür versuche ich in der Regel jeglichen menschlichen Einfluss in den Bildern zu vermeiden, was in unseren Breitengraden nicht immer ganz einfach ist und hin und wieder auch Bearbeitungen bzw. Retuschen erfordert, die über die klassische Naturfotografie hinausgehen. Auch die Bearbeitung von Kontrast, Tonwertverteilung, Farbsättigung oder des Weißabgleichs hat für mich nicht die dokumentarisch exakte Wiedergabe des Motivs zum Ziel. Nach meiner Auffassung würde sich sonst schon die Verwendung von Weitwinkel- oder Teleobjektiven verbieten, da diese allein schon eine verzerrte Darstellung der Realität liefern. Die Bearbeitung soll vielmehr dazu genutzt werden, meine Stimmung vor Ort so gut wie möglich im Bild widerzuspiegeln, dabei aber auf keinen Fall ins übermäßig bunte und plakative übergehen. Anders ausgedrückt geht es mir vor allem darum, meine Sicht auf eine bestimmte Landschaft zum Ausdruck zu bringen, ohne diese dabei inhaltlich zu verändern.

Insofern gehören auch Techniken wie das Austauschen des Himmels oder anderer Bildelemente nicht zu meinem Verständnis von Landschaftsfotografie. Die Grenzen sind hier aber fließend und können aus meiner Sicht weder exakt noch allgemeingültig gezogen werden. Jeder sollte für sich entscheiden, was er für richtig und akzeptabel hält. Für mich als Naturfotograf ist einzig der ehrliche Umgang mit den gemachten Änderungen am Bild entscheidend.

In den folgenden Workshops möchte ich Ihnen nun anhand einiger Beispiele meine grundlegenden Photoshop-Techniken für die Landschaftsfotografie detailliert vorstellen.

9.1 Kontrastumfang meistern

Beginnen möchte ich mit dem wohl wichtigsten Thema in der Landschafts- und Naturfotografie, dem Meistern der häufig recht großen Kontrastumfänge. Wann immer man es in der Landschafts- und Naturfotografie mit besonderen Lichtstimmungen zu tun hat, besteht die Gefahr, dass der Unterschied zwischen hellen und dunklen Stellen im Bild den Sensor der Kamera überfordert. Besonders wenn die Kamera dabei in Richtung der auf- oder untergehenden Sonne zeigt, ist es oft unmöglich, sowohl die dunklen Bereiche der Landschaft als auch den Himmel und andere helle Stellen mit ausreichend Zeichnung abzubilden. Im Wesentlichen bestehen dafür vier mehr oder weniger geeignete Lösungsansätze:

1. Man entscheidet sich dafür, entweder die Lichter oder die Schatten aufzugeben und entsprechend nur als weiße oder schwarze Fläche abzubilden. Das ist ein sowohl einfacher wie auch günstiger Weg, mit dem Problem des zu großen Kontrastumfangs umzugehen.

2. Sofern die Verteilung von hellen und dunklen Stellen im Bild es zulassen, kann das Problem auch mithilfe von sogenannten Verlaufsfiltern gelöst werden. Diese sind zur einen Hälfte abgedunkelt und je nach Typ mit einem weichen oder harten Verlauf zur anderen, nicht abgedunkelten Hälfte versehen. Damit lässt sich vor allem entlang eines möglichst geraden Horizonts der Himmel so weit abdunkeln, dass heller Himmel und dunkle Landschaft in einem Bild gemeinsam mit Zeichnung eingefangen werden können. Doch z. B. schon die Form einer Bergkette führt bei diesem Weg zu Problemen, wie die Schatten auf der Felswand im folgenden Bild deutlich machen. Dazu kommen der nicht unerhebliche Preis und evtl. auch das Gewicht der Filter, die diese Lösung nicht für jedermann sinnvoll erscheinen lassen werden. Nichtsdestotrotz haben diese Filter durchaus ihre Berechtigung, verhelfen sie dem Fotografen doch direkt vor Ort schon zum fertigen Bild, ohne dass nachträglich eine der beiden folgenden Methoden zum Einsatz kommen muss.

Abb. 9.1 Der gerade Verlaufsfilter dunkelt leider auch die Bäume ab und passt nicht zur Form der Berge

3. In vielen Situationen lässt sich das Problem statt mit dem Einsatz eines Verlaufsfilters auch ganz einfach durch zwei getrennte Belichtungen und das anschließende Zusammensetzen in Photoshop lösen. Dabei wird die erste Belichtung so gewählt, dass die hellen Bereiche des Motivs über die gewünschte Zeichnung und Details verfügen. Die zweite Belichtung orientiert sich entsprechend an den dunklen Bereichen des Motivs. Das anschließende Zusammensetzen mithilfe von Photoshop wird der Inhalt der ersten beider Workshops dieses Kapitels sein. Vom Nachteil des mehr oder weniger (meistens weniger) aufwendigen Nachbearbeitens einmal abgesehen, bietet dieser Weg die Möglichkeit, auch komplexere Formen des Trennbereichs zwischen hellen und dunklen Stellen im Motiv abzudecken, und ist damit einem Verlaufsfilter mit stets geradem Verlauf natürlich überlegen. Dafür kann es bei bewegten Motiven (Stichwort Wind, Wasser u. Ä.) leicht passieren, dass die beiden Belichtungen sich nicht ohne Weiteres mehr zusammensetzen lassen, da die Bewegung an einer oder mehreren Stellen in den beiden Bildern zu unterschiedlichen Inhalten geführt hat.

4. Die vierte Möglichkeit ist im Prinzip nur eine Steigerung von Variante drei, die vor allem für sehr große Kontrastumfänge zum Einsatz kommt, bei denen zwei Belichtungen alleine nicht mehr ausreichen. Solche Situation findet man in der Landschaftsfotografie z.B. in tiefen Schluchten, bei Fotos von bzw. in Höhleneingängen oder wenn direkt in Richtung der Sonne fotografiert wird. In solchen Fällen werden Belichtungsreihen mit mehr als nur zwei Fotos nötig und das Zusammensetzen erfordert entweder sehr viel Handarbeit in Photoshop oder den Einsatz von HDR-Software bzw. -Funktionen. Seit Lightroom 6 ist die HDR-Funktion von Lightroom für mich dabei stets die erste Wahl für die HDR-Synthese (also das Zusammensetzen der einzelnen Belichtungen) und auch das Tonemapping (das Reduzieren des Kontrastumfangs auf ein am Bildschirm und im Druck darstellbares Maß) gelingt aus meiner Sicht und nach meinem Geschmack in Lightroom mit Abstand am besten, da die Ergebnisse sehr natürlich ausfallen. Klassische HDR-Programme wie Photomatix & Co. kommen seitdem bei mir nicht mehr zum Einsatz, zumal die Ergebnisse leider meist künstlich wirkten und ich selten damit wirklich zufrieden war.

9.1.1 Ersatz für einen Grauverlaufsfilter

Die folgenden beiden Bilder wurden zum Sonnenaufgang aufgenommen und die Belichtungszeit wurde dabei so variiert, dass einmal der Himmel und einmal die Landschaft korrekt belichtet wurden. Es versteht sich von selbst, dass für beste Ergebnisse beim Zusammensetzen die Aufnahme von einem stabilen Stativ erfolgen sollte. Zwar lassen sich zwei aus der Hand aufgenommene Aufnahmen auch später in Photoshop noch entsprechend überlagern, doch sind weder die dafür nötige Zeit noch die dadurch zu opfernden Pixel am Rand des Bilds erstrebenswert.

Abb. 9.2 Zwei unterschiedliche Belichtungen zum späteren Kombinieren in Photoshop

Dieser Workshop soll Ihnen nun Schritt für Schritt meinen Workflow bei der Arbeit mit Lightroom und Photoshop näherbringen.

Zum besseren Überblick habe ich beide Bilder in die Schnellsammlung von Lightroom eingefügt. Die Bilder wurden ausführlich verschlagwortet, bewertet und mit der blauen Farbmarkierung versehen. Diese steht in meinem Workflow für Bilder, die als Einzelbilder keine Bedeutung haben. Das trifft neben den Einzelbildern einer Belichtungsreihe (egal, ob wie hier zwei Belichtungen oder mehrere für eine HDR-Synthese) auch auf die Einzelteile eines Panoramabilds oder die Komponenten eines gezielten Composings aus verschiedenen Bildelementen zu. Alle diese Bilder haben eines gemeinsam: Wenn sie zum eigentlichen Ergebnis zusammengesetzt wurden, sind die Einzelbilder im Bildarchiv eigentlich nicht mehr relevant und haben keine weitere Verwendung mehr. Selbstverständlich werden sie trotzdem nicht gelöscht, denn es besteht immer die Möglichkeit, dass zukünftig noch bessere Software zur Verfügung stehen könnte und sich damit ein besseres Ergebnis erzielen lässt. Auch in der Praxis ergab sich dieser Fall für mich schon einige Male durch verbesserte RAW-Engines von Lightroom.

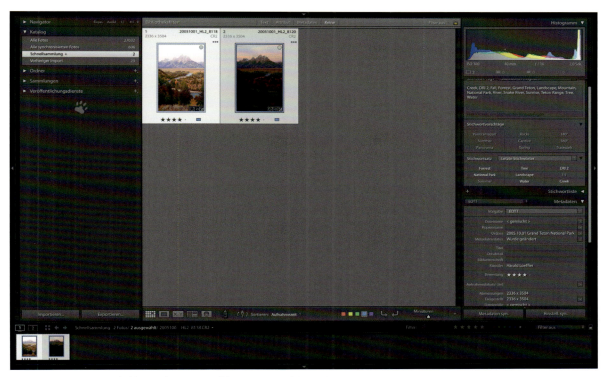

Abb. 9.3 Die Ausgangsbilder nach dem Verschlagworten und Bewerten

Durch die einheitliche Markierung solcher Bilder mit blauer Farbe lassen sich diese aber bei der Arbeit mit dem Bildarchiv stets schnell erkennen bzw. ausblenden.

Zum Beginn des Bearbeitungsprozesses werden im Entwickeln-Modul beide Bilder ausgewählt und der Modus für *Automatisches Synchronisieren* über den kleinen Schalter aktiviert (siehe Pfeil in Abbildung 9.4). Nun können die ersten grundlegenden Bearbeitungsschritte gleichzeitig für beide Bilder vorgenommen werden.

Abb. 9.4 Automatisches Synchronisieren wird aktiviert

Als Erstes stelle ich die Regler für das Eingabeschärfen ein. Da es sich um Bilder mit vielen feinen Details handelt, bleibt der *Radius* kleiner 1. Beim *Maskieren* wird die Alt-Taste gedrückt gehalten und ein Wert eingestellt, der den Himmel vom Schärfen komplett ausspart (schwarze Darstellung), dabei die wesentlichen Teile der Landschaft aber noch schärft (weiße Darstellung).

Abb. 9.5 Maskieren mit gedrückter Alt-Taste – weiße Teile werden geschärft, schwarze nicht

Anschließend stelle ich noch einen moderaten Wert für die *Klarheit* ein, um den lokalen Kontrast im Bild zu steigern, und ich regle den *Weißabgleich* in Richtung einer wärmeren Darstellung.

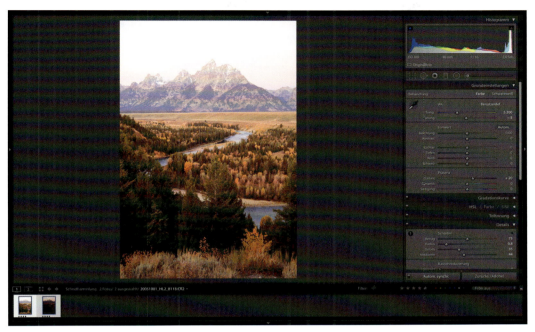

Abb. 9.6 Die synchronen Schritte bei der Bearbeitung der beiden Einzelbilder

Die restliche Bearbeitung wird für jedes Bild getrennt vorgenommen und deshalb wird zuerst nur noch das hellere der beiden Bilder im Filmstreifen ausgewählt.

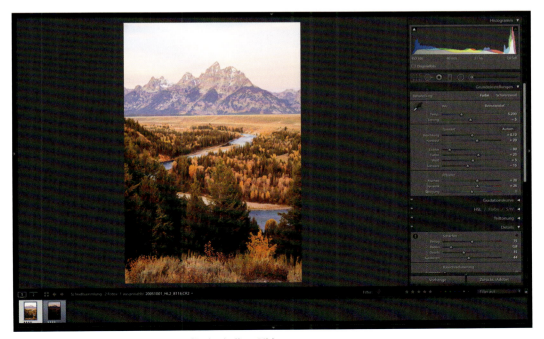

Abb. 9.7 Die Bearbeitungsparameter für das hellere Bild

Als Erstes wird die Landschaft über den *Belichtungsregler* minimal aufgehellt und der Kontrast ein wenig verstärkt. Über die verschiedenen Tonwert-Regler wird der Kontrast anschließend weiter verfeinert und dabei mittels *Lichterreduktion* der Fluss in den hellen Stellen ein wenig abgedunkelt. Ein positiver Wert für die *Tiefen* und ein negativer für den *Schwarzpunkt* sorgen für eine Kontrastverstärkung in den dunklen Bildteilen. Den Abschluss bildet eine moderate Verstärkung der Farbsättigung durch den Dynamik-Regler, den ich aufgrund seiner speziellen Arbeitsweise dem Sättigungsregler nahezu immer vorziehe. Er wirkt in erster Linie auf ungesättigte Farben und lässt gesättigte Farben weitestgehend außen vor. Dadurch kommt es weniger schnell zu unnatürlichen Farben und Zeichnungsverlusten in einfarbigen Bereichen mit starker Farbsättigung.

Abb. 9.8 Die Bearbeitungsparameter für das dunklere Bild

Bei der Bearbeitung des dunkleren Bilds achte ich nur noch auf die Berge und vor allem auf den Himmel. Durch Anheben des *Kontrasts* und der *Klarheit* bekommt der Himmel mehr Dramatik. Dies verstärke ich anschließend noch ein wenig durch gegenläufige Einstellungen von *Lichtern* und *Weißpunkt* bzw. *Tiefen* und *Schwarzpunkt*. Dies verstärkt den Kontrast in den Viertel- und Dreivierteltönen. Die Lichter werden dabei noch etwas stärker reduziert, um die Wolken etwas mehr abzudunkeln.

Zuletzt wird die *Maskierung* noch weiter angehoben, um den Himmel komplett von der Schärfung auszunehmen. Zum einen können Wolken sowieso nicht scharfgezeichnet werden, da sie keine scharfen Kanten besitzen und zum anderen verstärkt das Schärfen nur das im blauen Teil des Himmels minimal vorhandene Rauschen, welches vor allem aus der Farbverteilung (Blau ist unterrepräsentiert) des klassischen Bayer-Pattern-Sensors in der verwendeten Kamera resultiert.

Letzteres gilt auch für Sensorstaub, der durch das Schärfen des Himmels noch deutlicher sichtbar wird. Dennoch ist dieser an manchen Stellen auch ohne Schärfung sichtbar und sollte nun noch entfernt werden. Beim Bereichsreparatur-Werkzeug (Taste Q) aktiviere ich dazu mit der Taste A zuerst die Funktion *Bereiche anzeigen*, um vorhandene Sensorflecken in einer speziellen Anzeige hervorzuheben. Abbildung 9.9 zeigt die Funktion und ihre Einstellung in der Toolbar sowie die hierdurch sichtbar werdenden Flecken im Himmel.

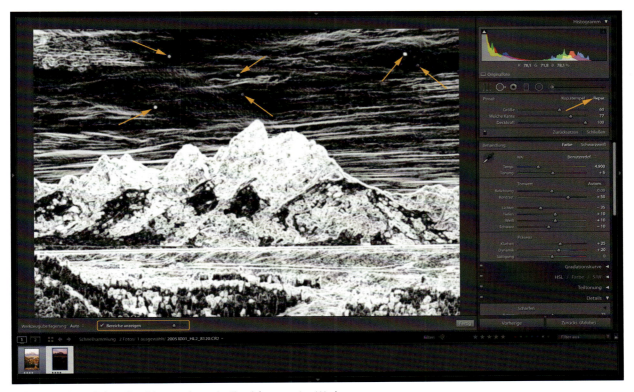

Abb. 9.9   Die Funktion »Bereiche anzeigen« im Bereichsreparatur-Werkzeug

Zum Stempeln wähle ich eine *Pinselgröße*, die etwas größer als die Flecken ist, sowie eine *Weiche Kante* von ca. 75 und setze die *Deckkraft* auf 100. Für diese Art von Retusche von Sensorstaub in freien Flächen ist der *Reparatur-Pinsel* (siehe Pfeil) dem Kopierstempel immer vorzuziehen. Im folgenden Screenshot sind die sechs entstandenen Retuschepunkte zu sehen.
Nun sind beide Bilder so weit vorbereitet, dass sie an Photoshop übergeben werden können.

Da die in Photoshop durchzuführenden Schritte recht simpel und leicht zu wiederholen sind, verzichte ich an dieser Stelle darauf, die Bilder als Smartobjekte an Photoshop zu übergeben. In solchen Fällen spare ich mir den dafür nötigen Speicherplatz und muss im eher unwahrscheinlichen Fall, dass ich die beiden Ausgangsbilder später doch anders bearbeiten möchte, die Arbeiten in Photoshop erneut durchführen. Stattdessen verwende ich eine bislang noch nicht vorgestellte Variante für die Übergabe an Photoshop, die in Abbildung 9.11 zu sehen ist: die Funktion *Bearbeiten in …* → *In Photoshop als Ebenen öffnen …*

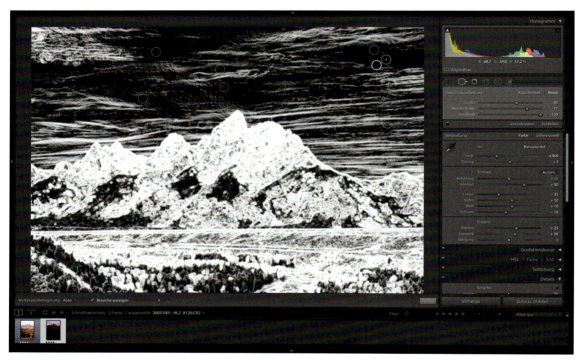

Abb. 9.10 Alle Staubflecken im Himmel wurden entfernt

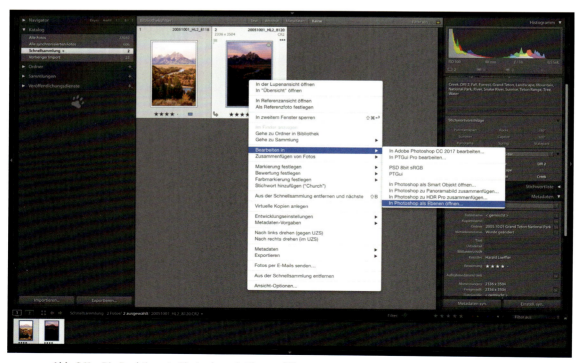

Abb. 9.11 Die Funktion »In Photoshop als Ebenen öffnen...«

Um die Funktion aufrufen zu können, müssen mindestens zwei Bilder ausgewählt sein. Der Vorteil dieses Wegs ist, dass man beide Bilder direkt als freie Ebenen in einer einzelnen Photoshop-Datei vorfindet.

Abb. 9.12   Die automatisch von LR und PS durchgeführten Schritte, um beide RAWs als Ebenen zu öffnen

Für den nächsten Schritt gilt es nun auf dem schon bekannten Weg eine Ebenenmaske für die obere der beiden Ebenen anzulegen und mit schwarzer Farbe in der Ebenenmaske die darunterliegende Ebene durchscheinen zu lassen. Dabei lohnt es sich, kurz über die Anordnung der beiden Ebenen nachzudenken. Natürlich gibt es dabei kein Richtig oder Falsch, aber ich habe mir angewöhnt, immer diejenige Ebene nach oben zu nehmen, von der mehr sichtbar sein soll. Dadurch muss nur der kleinere Teil in der Maske durchsichtig gemacht werden und es klingt für mich logischer, den größeren Teil des sichtbaren Bilds aus der oberen Ebene zu »nehmen«.

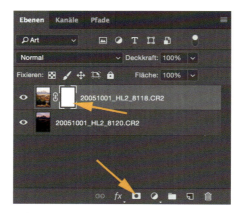

Abb. 9.13 Erstellen der Ebenenmaske

Für die Bearbeitung der Ebenenmaske wähle ich nun eine Pinselgröße (siehe Abbildung 9.14), die ungefähr so groß wie der Himmel ist, den ich damit sichtbar machen möchte. Die Deckkraft setze ich auf 100 % und die Härte auf 0, da ich einen möglichst weichen Übergang im Bereich des Gebirges erzielen und somit einen weichen Verlaufsfilter simulieren möchte.

Abb. 9.14 Klickpunkt Nummer 1

Den ersten Klickpunkt mit dem Pinsel und schwarzer Farbe setze ich nun am linken Rand des Bilds. Dadurch wird rechts nun schon etwas vom darunterliegenden Himmel sichtbar.

Mit gedrückter ⇧-Taste setze ich möglichst auf exakt gleicher Höhe einen zweiten Pinselpunkt am rechten Rand des Bilds. Durch die gedrückte ⇧-Taste verbindet Photoshop die beiden Pinselpunkte durch einen geraden Pinselstrich, genauso als hätte ich selbst mit dem Pinsel vom linken zum rechten Rand gemalt. Diese Hilfsfunktion lässt sich bei allen pinselartigen Werkzeugen (Stempel, Reparatur, Bereichsreparatur) dazu verwenden, um möglichst gerade Linien zu erhalten oder wie in diesem Fall, um möglichst schnell und einfach eine größere Fläche auszumalen.

Abb. 9.15   Klickpunkt Nummer 2 mit gedrückter ⇧-Taste

Nun ist schon ein großer Teil des Himmels sichtbar. Die resultierende Ebenenmaske zeigt der folgende Screenshot, nachdem die Ebenenmaskenminiatur mit gedrückter Alt-Taste angeklickt wurde:

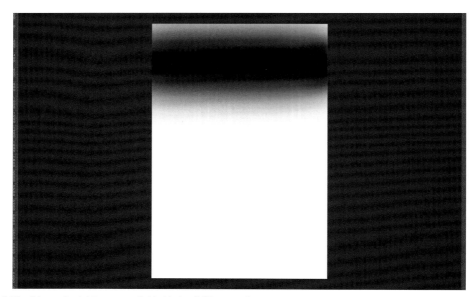

Abb. 9.16 Die noch nicht ganz perfekte Verlaufsfilter-Maske

Deutlich zu sehen ist, dass durch die Pinselhärte von 0 zwar ein schöner Übergang nach unten entstanden ist, aber der obere Rand dadurch ebenfalls einen Übergang aufweist, der eigentlich nicht gewünscht ist. Um dies zu beheben, behalte ich die Maskenansicht sowie den Pinsel bei und male mit zwei bis drei Pinselstrichen die oberen Ränder und Ecken weiter mit schwarzer Farbe aus, bis sich das folgende Bild ergibt:

Abb. 9.17 Ein simulierter Verlaufsfilter mit weichem Übergang

Selbstverständlich lässt sich eine ähnliche Maske auch mit dem Verlaufswerkzeug erzeugen, dies wird aber in anderen Workshops noch ausführlich besprochen. Ich selbst bevorzuge (reine Geschmackssache) den Weg über den weichen Pinsel, da ich so mehr Kontrolle behalte, auch wenn es dafür etwas aufwendiger ist.

Zur Kontrolle des Bilds wird nun die Maskenansicht durch einen Klick auf die Miniatur mit gedrückter [Alt]-Taste wieder verlassen. Da das Gebirge mir noch etwas zu hell ist, ich aber bei voller Deckkraft zu viel des dunklen Gebirges aus der darunterliegenden Ebene sichtbar machen würde, verringere ich nun die Deckkraft auf 15% (den Wert ermittelt man am besten durch Probieren und geht wenn nötig im Protokoll einfach wieder zurück) und verkleinere zusätzlich die Pinselspitze, sodass sie ein wenig kleiner als das Gebirge ist. Die Härte bleibt weiter bei 0, da ich auf keinen Fall sichtbare harte Ränder erzeugen möchte. Nun male ich weiter mit schwarzer Farbe und mit der reduzierten Deckkraft – wenn nötig aber eben mehrmals – überall da über das Gebirge, wo es mir noch zu hell ist. Falls ich dabei über das Ziel hinausschieße, ist mit der [X]-Taste schnell die Malfarbe von Schwarz auf Weiß gewechselt und ich kann das Problem durch Auftragen von Weiß (ebenfalls mit Deckkraft 15%) beheben. Dadurch entsteht die folgende finale Ebenenmaske:

Abb. 9.18 Die finale Ebenenmaske: Zu beachten sind die unterschiedlichen, helleren Bereiche im Übergang

Das resultierende Bild wird nun mit [Strg]-[S] (Mac: [CMD]-[S]) zurück zu Lightroom geschickt und in Photoshop geschlossen.

Abb. 9.19 Die finale Version des Fotos

In Lightroom füge ich dem fertigen Foto über das Metadaten-Panel als Erstes noch Titel, Ort und eine Bildunterschrift hinzu (siehe rechts unten im folgenden Screenshot) und setze dann die Farbmarkierung auf Grün (Taste 8), um es in meinem Workflow als fertig bearbeitetes Bild zu kennzeichnen. Im Anschluss füge ich das Photoshop-Foto und die beiden Ausgangs-RAW-Bilder über die Menüfunktion Foto → Stapeln → In Stapel gruppieren bzw. das Tastenkürzel Strg+G (Mac: CMD+G) noch zu einem Stapel zusammen und schließe die Arbeit damit ab.

Abb. 9.20 Der finale Zustand in Lightroom

9.1.2 HDR oder Handwerk?

Im nächsten Beispiel geht es um das komplette Gegenteil des vorherigen. Bei diesem Motiv hilft leider kein Verlaufsfilter der Welt und es ist nötig, über zwei verschiedene Belichtungen zu arbeiten und die Einzelbilder anschließend per HDR-Synthese oder von Hand zusammenzusetzen.

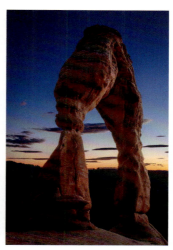

Abb. 9.21 Die beiden Einzelbelichtungen (links) und das finale Ergebnis (rechts)

Bevor die Entscheidung für einen der zwei Wege fallen kann, bearbeite ich zuerst die beiden Einzelbilder in Lightroom. Bei dem hellen Bild achte ich dabei natürlich in erster Linie auf den Steinbogen (Arch) und die Landschaft im Hintergrund, beim dunklen lediglich auf den Himmel.

Abb. 9.22 Die Bearbeitungsparameter des hellen Bilds

Der *Weißabgleich* wird leicht wärmer gewählt, um später in Kombination mit der leicht erhöhten *Dynamik* einen noch besseren Kontrast zwischen Arch und Himmel zu bekommen. Der *Kontrast* wird erst allgemein und dann über gegenläufige Einstellungen bei *Tiefen* und *Schwarzpunkt* angehoben und damit die Struktur im Stein herausgearbeitet. Die *Klarheit* von +20 verstärkt dies noch weiter. Beim Schärfen konzentriere ich mich ebenfalls auf die feine Struktur (*Radius* < 1) im Gestein und reduziere die *Details*, um die Schärfe-Halo-Unterdrückung damit zu verstärken. Diese ist eine Zweitfunktion des *Detail*-Reglers, die unterhalb von 50 zu wirken beginnt und ihre größte Wirkung bei 0 hat. Die Maskierung sorgt wie immer für weniger Rauschen in den dunklen, strukturlosen Bereichen.

Abb. 9.23 Das fertig bearbeitete dunklere Bild

Beim dunkleren Bild wähle ich einen kühleren *Weißabgleich*, um ebenfalls für mehr Farbkontrast zwischen Himmel und Arch zu sorgen. Die *Lichter* werden leicht reduziert, um den Himmel mehr abzudunkeln und über *Kontrast* und *Weißpunkt* wird noch etwas mehr »Dramatik« in den Himmel gebracht. Mit der erhöhten *Klarheit* war ich in diesem Fall ausnahmsweise nicht so zufrieden, weshalb ich sie wieder auf 0 gesetzt habe. Die *Dynamik* sorgt mit +25 für etwas leuchtendere Farben im Himmel. Die Halo-Unterdrückung wird hier in voller Ausprägung benötigt, um keine unschöne Trennlinie zwischen Himmel und Arch zu erhalten. Zuletzt wird über eine maximale *Maskierung* das Rauschen in den empfindlichen Blautönen verhindert.

Nun ist alles bereit für einen ersten mutigen Versuch mit der HDR-Funktion von Lightroom, die ich wie folgt aufrufe:

Abb. 9.24   Aufruf der HDR-Synthese in Lightroom über das Kontextmenü in der Raster-Ansicht

Die Vorschau in Abbildung 9.25 verheißt leider nichts Gutes und ich breche den Versuch aufgrund der starken HDR-Halos rund um den Arch gleich wieder ab.

Abb. 9.25   Kein befriedigendes Ergebnis

Es wird mir wohl nichts anderes übrigbleiben, als die beiden Bilder per Hand in Photoshop zusammenzusetzen. Aber dazu sind wir in diesem Buch eigentlich sowieso verpflichtet. Allerdings ahne ich auch noch nicht, dass die beiden Bilder noch eine kleine Überraschung parat halten werden.

Dass hier etwas mehr Arbeit als im letzten Kapitel auf mich zukommen dürfte, ist aber jetzt schon klar und ich entschließe mich deshalb, die beiden Bilder als RAW-Smartobjekte (siehe Abschnitt »Smartobjekte« auf Seite 166) an Photoshop zu übergeben, um im Notfall nachträglich noch Änderungen an den bisherigen Bearbeitungsschritten von Lightroom vornehmen zu können.

Dazu selektiere ich die beiden RAW-Dateien in der Rasteransicht von Lightroom und rufe über das Kontextmenü die folgende Funktion auf:

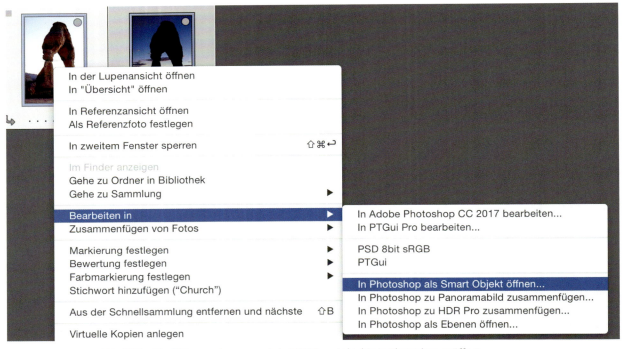

Abb. 9.26 Die Bilder werden separat als RAW-Smartobjekte in Photoshop geöffnet

In Photoshop ergeben sich dadurch leider zwei getrennte Datei-Reiter und die beiden Smartobjekte müssen selbst zu zwei Ebenen in einer einzigen Datei zusammengefasst werden, was in den folgenden Schritten sogleich näher erläutert wird (hier fehlt in der Software leider die Kombination aus ...*als Smartobjekt öffnen* und ...*als Ebenen öffnen*).

Um aus dem zweiten Datei-Reiter ein einzelnes Fenster zu machen, zieht man ihn einfach nach unten aus dem Reiter-Bereich heraus und lässt dann die Maustaste los (Abbildung 9.28).

Nun kann die Ebene des dunklen Bilds im Einzelfenster per Drag & Drop und mit gedrückter ⇧-Taste in den Arbeitsbereich gezogen werden. Durch die ⇧-Taste wird die dunkle Ebene exakt mittig und damit deckungsgleich mit der hellen Ebene im Hauptdokument platziert. Dabei ist es unerheblich, wo im Arbeitsbereich die Maustaste losgelassen wird (Abbildung 9.29).

Abb. 9.27 Ablösen eines Datei-Reiters

Abb. 9.28 Der zweite Reiter als eigenes Fenster

Abb. 9.29 Kombinieren der beiden Ebenen in einem Dokument

Als Ergebnis haben wir nun die beiden gewünschten RAW-Smartobjekte als Ebenen in einem gemeinsamen Photoshop-Dokument.

Abb. 9.30 Helle und dunkle Ebene in einem gemeinsamen Dokument

Das einzelne Fenster wird nun nicht mehr benötigt und kann ohne Speichern geschlossen werden.

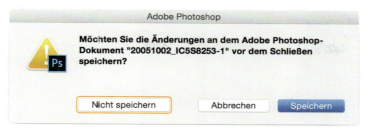

Abb. 9.31 Speichern nicht notwendig, wir haben alles Wichtige im anderen Dokument

Das Ziel der nächsten Schritte ist nun, die Ebenenmaske zur Trennung der beiden Ebenen (sprich den hellen Arch und den dunklen Himmel) so gut wie möglich durch eine möglichst exakte Auswahl vorzubereiten. Dazu wird die dunkle Ebene aktiviert und mit dem Schnellauswahl-Werkzeug wird begonnen, den Arch und die Landschaft auszuwählen. Die Pfeile im nächsten Screenshot zeigen von innen auf die Grenzen der Auswahl, die in diesem Fall sehr gut mit einer Pinselspitze von 80px gelingt.

Abb. 9.32 Die erste Auswahl mit dem Schnellauswahl-Werkzeug

Im Innenbereich des Arch lässt die Trennung von Landschaft und Himmel noch zu wünschen übrig und wird mit einer Pinselspitze von wenigen Pixeln noch weiter verbessert.

Abb. 9.33 Finetuning im Innenbereich der Auswahl

Da wir eigentlich nicht den schwarzen Arch, sondern den schönen Himmel aus der oberen, dunklen Ebene über die Ebenenmaske erhalten wollen, kehren wir nun die Auswahl über [Strg]+[⇧]+[I] (Mac: [CMD]+[⇧]+[I]) um. Die Pfeile zeigen wieder von innen auf die Ränder der Auswahl:

Abb. 9.34 Die umgekehrte Auswahl

Da wir die Auswahl später evtl. noch einmal benötigen könnten, wird diese über den Menüpunkt *Auswahl → Auswahl speichern...* gesichert.

Abb. 9.35   Speichern der Auswahl unter dem Kanalnamen »Arch«

Nun können wir auf dem bekannten Weg eine Ebenenmaske für die obere, dunkle Ebene anlegen.

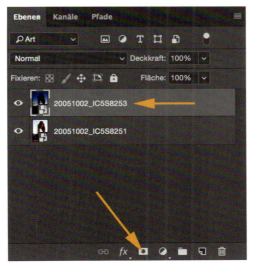

Abb. 9.36   Anlegen einer Ebenenmaske auf Basis der bestehenden Auswahl

Das Ergebnis der Ebenenmaske in Abbildung 9.37 sieht nur auf den ersten Blick befriedigend aus. Leider verläuft rund um den Arch ein deutliches weißes Halo. Was ist hier schief gelaufen? War die Auswahl doch nicht gut genug?

Abb. 9.37 Das Halo als Spielverderber

Bei Kontrolle der beiden Ebenen mittels starker Vergrößerung (1600 %) stelle ich fest, dass der Arch in der Ebene mit dem hellen Himmel ca. 1-2 Pixel kleiner bzw. schmäler ist als der Arch im dunklen Bild, und das Halo ist die Folge daraus. Wie kann das sein? Habe ich zwischen den beiden Aufnahmen etwa minimalst den Zoomring am Objektiv berührt? Bei genauerer Überlegung scheint dies unwahrscheinlich, da sonst im Inneren des Arch kein Halo erscheinen dürfte. Ein Vergleich von feinsten, im Dunklen gerade noch sichtbaren Details in der Landschaft zeigt die beiden Ebenen auch bei hoher Vergrößerung als absolut deckungsgleich. Die Aufnahmen sind also eigentlich korrekt aufgenommen.

Die Erklärung für den Effekt ist mit hoher Wahrscheinlichkeit ein Überspringen (der Ladung im Sensor der Kamera) der sehr hellen Pixel am Übergang zwischen weißem Himmel und Arch. Dieses Überspringen sorgt dafür, dass die äußerste Pixelreihe des Arch von den Pixeln des Himmels mit überschüssiger Ladung versorgt und dadurch ebenfalls weiß wurden. Es ist also ein physikalischer Effekt, der im Sensor stattfand und nachträglich nur noch in Photoshop zu korrigieren ist. Keine schöne Arbeit, aber es hilft ja nix …

Ich lade also über den Menüpunkt *Auswahl → Auswahl laden…* die in weiser Voraussicht gespeicherte Auswahl wieder aus ihrem Kanal:

Workshops Landschaftsfotografie 203

Abb. 9.38 Laden der gespeicherten Auswahl

Abbildung 9.39 zeigt das Halo in einer starken Vergrößerung. Ziel ist es nun, die hellen Pixel auf einer separaten Retuscheebene mit »Arch-ähnlichen« Pixeln zu ersetzen. Die geladene Auswahl hilft dabei, die Pixel des Himmels zu schützen und das Stempeln am Rand des Arch dadurch deutlich zu erleichtern, muss dazu aber wieder über `Strg`+`⇧`+`I` (Mac: `CMD`+`⇧`+`I`) umgekehrt werden.

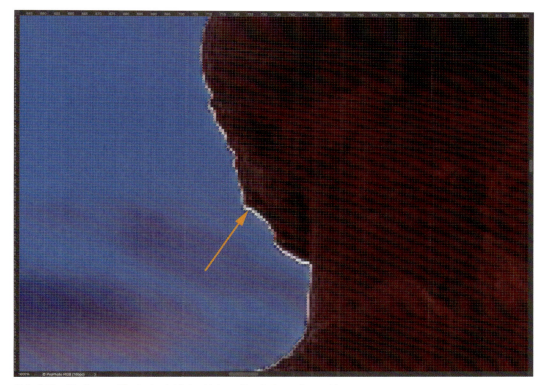

Abb. 9.39 Stark vergrößerte Ansicht des Halos mit geladener Auswahl

Zuerst lege ich für die nicht-destruktive Retusche eine neue, leere Ebene oberhalb der beiden Smartobjekte an und aktiviere und benenne diese entsprechend.

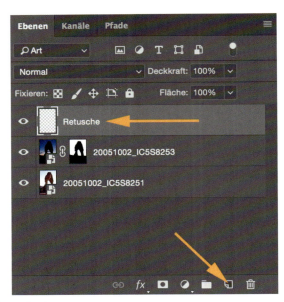

Abb. 9.40   Anlegen der Retuscheebene

Als Nächstes gilt es, das Stempel-Werkzeug mit einer geeigneten Spitze zu versehen. Über die Kombination aus `Strg`- und `Alt`-Taste sowie der rechten Maustaste (Mac: `Ctrl`+`Alt` und linke Maustaste) stelle ich die folgenden Parameter ein:

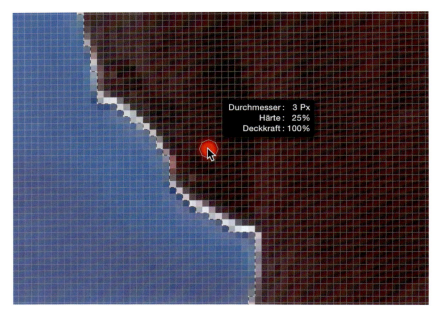

Abb. 9.41   Die Parameter für das Stempel-Werkzeug

Natürlich darf dabei die wichtigste Option in der Optionenleiste nicht fehlen:

Abb. 9.42   Der Stempel muss die darunterliegenden Ebenen aufnehmen

Nun kann die Stempel-Aktion losgehen. Als Quelle wähle ich mit der ⟨Alt⟩-Taste jeweils einen Bereich so nah wie möglich an den zu stempelnden Halo-Pixeln und von der Helligkeit so nah wie möglich an der Umgebung des Zielbereichs. Durch das Stempeln sollte sich jeweils eine homogene Erweiterung des Arch ergeben. Sollte mich die Ameisenstraße der Auswahl bei der Retusche stören, so lässt sich diese mit ⟨Strg⟩+⟨H⟩ (Mac: ⟨CMD⟩+⟨H⟩) aus- und auch wieder einblenden. Der nächste Screenshot zeigt das Ergebnis des Stempelns in diesem ersten Abschnitt:

Abb. 9.43   Der erste Abschnitt ist auf der Arch-Seite fertig gestempelt

Nun kehre ich die Auswahl erneut um und korrigiere auf dieselbe Weise die unstimmigen Pixel auf der Himmelseite. So erhalte ich eine saubere Kante ohne jegliches Halo:

Abb. 9.44 Der erste fertige Abschnitt ohne Halo

Das Ergebnis sieht vielversprechend aus, aber beim Blick auf die Zoomstufe von 1600 % wird mir ganz anders. Da fehlt noch einiges bis zur vollendeten Arch-Umrundung. In iTunes wird schnell eine flotte Playlist ausgewählt und schon geht die Strafarbeit viel leichter von der Hand.

> **Hinweis**
> An dieser Stelle möchte ich aber auch einmal auf den entscheidenden Einfluss eingehen, den eine gute Maus sowie ein hochwertiges Mauspad auf die Arbeit beim Retuschieren haben. Natürlich ist ein Grafiktablett das ideale Werkzeug, lohnt sich aber nur, wenn es wirklich regelmäßig genutzt wird. Eine Maus, die gut in der Hand liegt und über gute Gleiteigenschaften verfügt, ist ebenfalls nicht zu unterschätzen – vor allem in Kombination mit einem stabilen (steifen) Mauspad mit guten Gleiteigenschaften. Ich empfehle, sich dazu unbedingt im Bereich der Gamer-Mauspads umzusehen. Diese sind zwar auf den ersten Blick nicht gerade günstig, aber das waren die am besten investierten 30 Euro meiner Photoshop-Karriere.

Nach ungezählten Mausklicks komme ich nun endlich auf der anderen Seite des Arch wieder am Übergang zur Landschaft an und stelle mit Schrecken fest, dass das Entscheidende an solch einem Arch eben gerade die Öffnung in der Mitte ist ...

Abb. 9.45 Innen geht es weiter …

Es hilft alles nichts und ich widme mich mit ungebändigtem Tatendrang auch der Innenseite. Das Ergebnis nach einer weiteren Mausklick-Arie kann sich dafür sehen lassen:

Abb. 9.46 So sieht der Arch nun rundherum aus

Die Landschaft im Hintergrund ist für meinen Geschmack noch etwas zu hell.

Abb. 9.47 Der halo-freie Arch

Um diese abzudunkeln, möchte ich die Ebenenmaske an diesen Stellen etwas weniger durchsichtig, also heller, machen. Dadurch wird die dunklere, obere Ebene, die im Moment zu 100% sichtbare untere, hellere Ebene etwas überlagern und dunkler machen. Da ich dabei aber auf keinen Fall auch den Arch abdunkeln möchte, wird die bestehende Auswahl, die im Moment nur den Himmel einschließt, auf die abzudunkelnde Landschaft ausgeweitet. Dazu setze ich wieder das Schnellauswahl-Werkzeug ein.

Abb. 9.48 Schritt 1 der Auswahlerweiterung

Abb. 9.49   Schritt 2 der Auswahlerweiterung

Alle Bereiche, die jetzt noch nicht korrekt ausgewählt wurden, korrigiere ich im Maskierungsmodus (siehe Abschnitt 7.4) nun über einen Pinsel mit einer Härte von 75% und einer Deckkraft von 100%. Die Größe passe ich jeweils an die Kantenform des Arch an, um die Umrisse möglichst exakt zu maskieren. Im Maskierungsmodus kann genau wie bei einer Ebenenmaske durch Malen mit schwarzer und weißer Malfarbe festgelegt werden, welche Bereiche zu einer Auswahl gehören und welche nicht. Das Ergebnis der Auswahl zeigt der folgende Screenshot im Maskierungsmodus. Alle ausgewählten Bereiche sind rot eingefärbt.

Abb. 9.50   Die abgeschlossene Auswahlerweiterung im Maskierungsmodus

Auch diese Auswahl wird zur Sicherheit wieder abgespeichert.

Abb. 9.51   Sichern der zweiten Auswahl

Als Nächstes wird wieder die Ebenenmaske der mittleren Ebene mit dem dunklen Ausgangsbild aktiviert und mit einem großen (800px), weichen (Härte 0%) Pinsel und weißer Farbe bei einer Deckkraft von 15% über die abzudunkelnde Landschaft gemalt. Die Auswahl schützt dabei den Arch und die bislang an diesen Stellen komplett schwarze Ebenenmaske wird durch die weiße Farbe und die geringe Deckkraft ganz langsam aufgehellt. Beachten Sie: Es wird hier die Ebenenmaske aufgehellt. Dadurch wird diese an den aufgehellten Stellen weniger transparent und das obere, dunklere Bild sichtbarer. Daraus resultiert eine dunklere Landschaft. Das Ergebnis des Abdunkelns wird im nächsten Screenshot dargestellt:

Abb. 9.52   Die Landschaft un der Himmel werden abgedunkelt

Da mir der Vordergrund unterhalb des Sockels des Arch noch etwas zu hell ist, hebe ich die Auswahl auf und bearbeite die Ebenenmaske an dieser Stelle noch etwas weiter mit dem gerade beschriebenen Pinsel, bis die Helligkeit meinen Vorstellungen entspricht. Die resultierende Ebenenmaske sowie das finale Bild sehen Sie in den nächsten beiden Screenshots. Die abgedunkelte Landschaft liegt nun unter den hellgrauen Bereichen der Ebenenmaske und das Abdunkeln des Vordergrunds ist am unteren Rand ebenfalls zu erkennen.

Abb. 9.53 Die finale Ebenenmaske

Abb. 9.54 Das finale Bild in Photoshop

Ein entspanntes `CMD`+`S` (Windows: `Ctrl`+`S`) sichert das Ergebnis zurück nach Lightroom. Photoshop ist zwar nach all der Jahren eine recht ausgereifte und stabile Anwendung, aber selbstverständlich wurde bereits zwischendurch in regelmäßigen Abständen mit dem magischen Griff auf das soeben genannte Tastenkürzel der aktuelle Stand gesichert (das habe ich nicht mehr eigens erwähnt).

Abb. 9.55 Das Ergebnis zusammen mit den Ausgangsbildern in Lightroom

In Lightroom werden zum Abschluss noch schnell ein paar Metadaten aufgefüllt, die Bewertung wird festgelegt und das PSD-Bild wird mit grüner Farbe als final markiert. Beim Betrachten im Vollbildmodus (Taste F) kommt mir noch eine abschließende Idee und ich versehe das Bild mit einer diskreten Vignette.

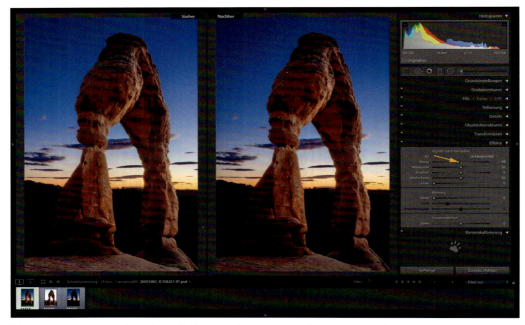

Abb. 9.56 Geschmacksache – das endgültige Ergebnis mit (rechts) und ohne (links) Vignette

9.2   Entfernen von störenden Elementen

Nicht erst seit dem Aufkommen der digitalen Fotografie gibt es Diskussionen darüber, ob ein Foto echt ist, ob es verändert werden darf und wie man damit umzugehen hat. Die Naturfotografie ist dabei ein Genre der Fotografie, in dem diese Themen eine ganz spezielle Rolle spielen. Ein Naturfoto kann aus meiner Sicht nur ein Naturfoto sein, solange daran nichts Wesentliches verändert wurde. Doch wo ist hier die Grenze zu ziehen?

Wie ich in der Einleitung zu diesem Kapitel bereits geschrieben habe, gehören für mich z. B. das Austauschen des Himmels oder anderer zentraler Elemente eines Fotos sowie ähnliche großflächige Retuschen nicht zu der Art von Landschaftsfotografie, wie ich sie betreiben möchte. Doch wie geht man mit den kleineren störenden Elementen in einer Szene um? Dem einen kleinen Ast, der einem den besten Winkel und Bildausschnitt auf das grandiose Bergpanorama versperrt? Der Coladose mitten in der traumhaften Moorlandschaft, die ob ihrer knalligen Farbe das ganze Motiv zunichte macht und die ohne Schaden am empfindlichen Ökosystem des Moores nicht so einfach zu entfernen ist? Bei Diskussionen unter Fotografen wird man auf die verschiedensten Meinungen treffen. Von »einfach abknicken« bis »mit fotografieren, die Natur ist an der Stelle eben so« wird dabei das ganze Spektrum zur Sprache kommen. Doch auch das Herausretuschieren sollte dabei aus meiner Sicht nicht tabuisiert werden. Während sich das Trampeln durch eine sensible Moorlandschaft sowieso verbietet und auch das Abbrechen von Ästen nicht zum Alltag eines Naturfotografen gehören kann, halte ich die Retusche von unwesentlichen oder gar deplatzierten Bildelementen wie der Coladose durchaus für in Ordnung. Vor allem dann, wenn es aus meiner Sicht keinen besseren Bildausschnitt gibt, als eben jenen mit der Dose. Ein Bild mit der Dose ist für mich persönlich keine Option, denn meine Intention ist nicht die Verschandelung, sondern die Schönheit der Natur zu zeigen.

Aus diesen Überlegungen heraus halte ich es durchaus für legitim, auch in der Landschaftsfotografie gegebenenfalls zu Photoshop zu greifen. Entscheidend ist lediglich der ehrliche Umgang mit jeder Art von »Manipulation«.

Im folgenden Workshop soll es nun genau um das Thema »Retusche« eines störenden Elements gehen. Das Bild auf der folgenden Seite habe ich während eines Sonnenuntergangs in den slowenischen Alpen aufgenommen und ich war begeistert von der tollen Lichtstimmung, dem grünlichen Wasser und der altertümlichen Brücke. Durch das Hochformat konnte ich das Motiv am besten zur Geltung bringen und – was nicht minder wichtig war – ein langes Stück Seil, das die Felsen außerhalb des linken Bildrands hinunter hing, außerhalb des Bildausschnitts platzieren. Doch erstens versuche ich eigentlich von jedem interessanten Motiv, sofern möglich, ein Hoch- und ein Querformat-Foto aufzunehmen. Und zweitens wusste ich, dass ich von diesem Ort unbedingt auch ein Querformat-Foto für einen Kalender benötigen würde. Die aus meiner Sicht einzig sinnvolle Komposition im Querformat enthielt aber leider das unästhetische Seil und so entschied ich mich schon vor Ort, dass ich hierfür an einer Photoshop-Retusche nicht vorbeikommen würde.

Da es sich bei dem Seil, wie im Beispiel gleich zu sehen, um ein recht langes Exemplar handelte, stand mir hier eine etwas längere Strafarbeit bevor. Im Folgenden möchte ich Ihnen nun zeigen, wie sich der Aufwand dafür dennoch in Grenzen halten lässt.

Abb. 9.57   Teufelsbrücke am Wocheiner See, Slowenien

Doch zunächst beginnt unser Workflow ein weiteres Mal bei der Vorarbeit innerhalb von Lightroom. Da ich die Hochformat-Version schon zuvor bearbeitet hatte, wählte ich die Abkürzung über das Synchronisieren der Bearbeitungseinstellungen.

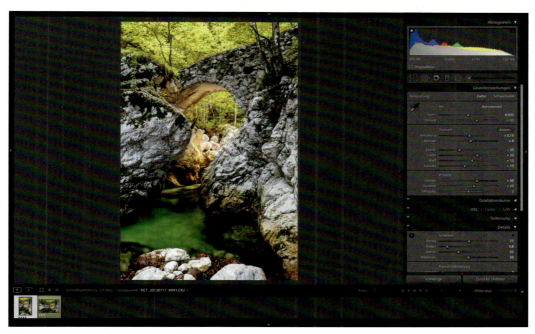

Abb. 9.58 Die Einstellungen der Hochformat-Version

Dazu wähle ich beide Bilder aus und achte darauf, dass die schon bearbeitete Variante die Hauptauswahl darstellt, d.h., dass sie im Leuchtpult bzw. im Filmstreifen die hellere Umrandung erhält.

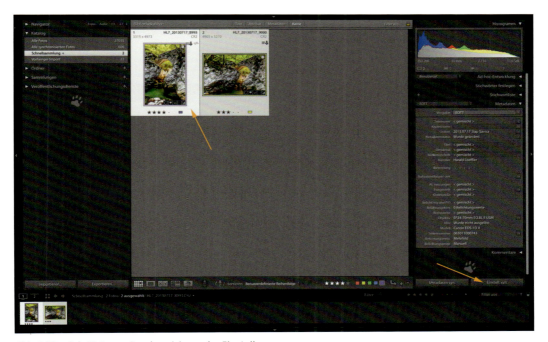

Abb. 9.59 Schritt 1 zum Synchronisieren der Einstellungen

Anschließend klicke ich auf den Knopf zum Synchronisieren der Einstellungen rechts unten in der Bibliothek (der Knopf ist ebenso im *Entwickeln*-Modul zu finden). Daraufhin öffnet sich der folgende Dialog, in dem ich diejenigen Einstellungen aktiviere, die ich übertragen möchte.

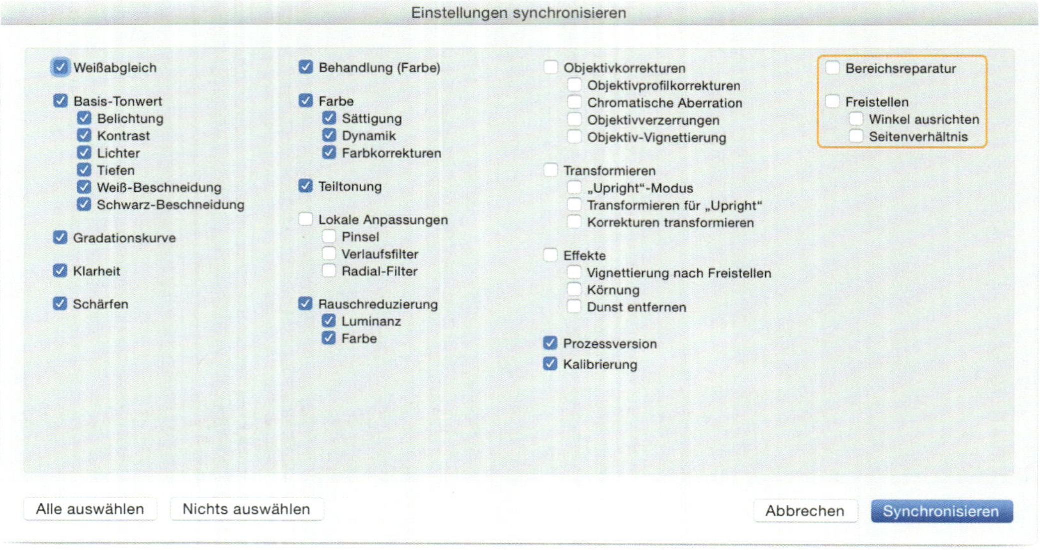

Abb. 9.60   Schritt 1 zum Synchronisieren der Einstellungen

Hier wähle ich lediglich diejenigen Parameter, die ich für das Quellbild auch bearbeitet habe – und insbesondere die farblich hervorgehobenen Einstellungen sollten nur bei identischen Motiven und Ausschnitten übertragen werden. Da ich den Bildausschnitt aber unverändert belassen habe und ausnahmsweise auch mal keine Staubflecken zu entfernen waren, kann ich in diesem Fall gut darauf verzichten. Abbildung 9.61 zeigt das fertige Ergebnis.

Abb. 9.61   Leider bemerkte ich erst nach Sonnenuntergang, dass ich das Seil auch nach oben hätte ziehen können, da es unten nirgends befestigt war

Nach der Synchronisierung geht das Bild direkt weiter nach Photoshop:

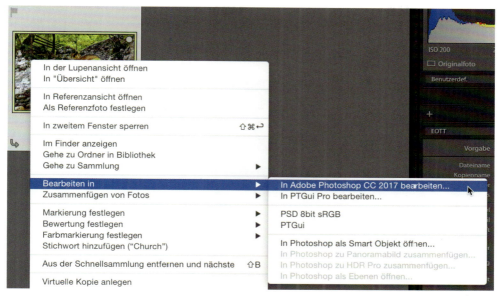

Abb. 9.62 Auf ein Smartobjekt wird hier wieder einmal verzichtet

Da in diesem Bild einzig die Retusche des Seils vorgenommen wird und fast jede nachträgliche Änderung am Ausgangsbild auch eine Anpassung der Retusche nach sich ziehen würde, verzichte ich hier auf die Verwendung eines Smartobjekts und übergebe das Bild direkt an Photoshop.

In Photoshop lege ich sogleich eine neue Ebene für die Retusche an, gebe ihr den zugehörigen Namen und aktiviere das Stempel-Werkzeug.

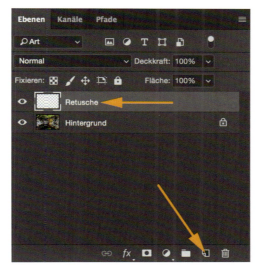

Abb. 9.63 Anlegen der Retusche-Ebene

Da ich wenig Motivation verspüre, das Seil sozusagen Pixel für Pixel verschwinden zu lassen, entscheide ich mich, wie im folgenden Screenshot zu sehen, für einen recht großen Stempel. Die *Härte* setze ich auf 0%, um einen möglichst weichen Übergang zwischen retuschierten und nicht retuschierten Bereichen zu erhalten. Dies verhindert, dass die Retusche leicht zu erkennen ist.

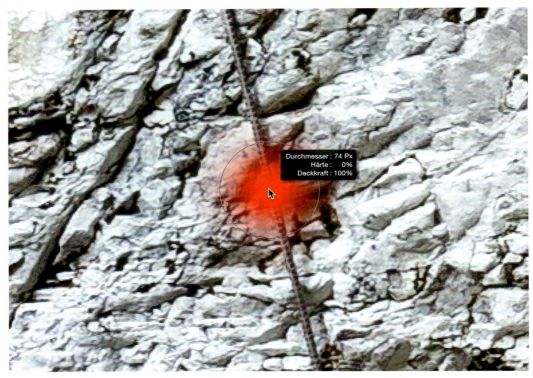

Abb. 9.64 Die Pinsel-Spitze des verwendeten Stempels

Wie immer bei der Retusche über eine eigene Ebene, müssen die Optionen des Stempels so gewählt werden, dass auch die darunterliegenden Ebenen mit in die Stempel-Aufnahme einbezogen werden:

Abb. 9.65 Die wichtige Option für den erfolgreichen Einsatz des Stempels auf einer eigenen Ebene

Nun kann es losgehen. Da ich dieses Buch aber nicht mit jedem einzelnen Mausklick dieses Stempel-Marathons füllen kann, beschränke ich mich im Folgenden auf den Vergleich eines unretuschierten Ausschnitts und dessen Ergebnis:

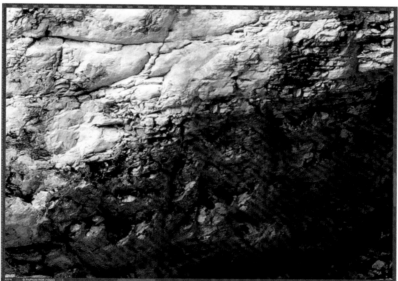

Abb. 9.66 Vorher/Nachher: Die Retuschespuren sind im direkten Vergleich noch ein wenig zu erkennen

Eine wichtige Empfehlung für die Retusche solch kerzengerader Elemente ist, dass man versuchen sollte, die Quelle des Stempels so oft wie möglich zu wechseln. Dabei sollte die Quelle möglichst weit vom Ziel entfernt sein, sodass es keine offensichtlichen Musterwiederholungen zu entdecken gibt. Selbstredend sollten die Struktur, Farbe und Helligkeit der Quelle möglichst gut zur Umgebung des Ziels passen. Ebenfalls wichtig für ein gutes Ergebnis ist es, dass man die Stempel-Bewegungen nicht nur entlang des störenden Elements ausführt, sondern so oft wie möglich auch quer zu dessen Ausdehnung, sodass der retuschierte Bereich nicht wie eine Schneise durch das Bild verläuft.

Durch den sehr weichen Rand und den großen Durchmesser des Stempels (beides spart wie erwähnt enorm Zeit bei dieser Retusche) in diesem Beispiel, ist das Retuscheergebnis so noch nicht vollends überzeugend, da der weiche Rand für einen weichen und etwas dunkleren Eindruck im retuschierten Bildteil sorgt. Dem wollen wir nun mit einer Kontrastverstärkung und einer leichten Aufhellung für die Retuscheebene entgegenwirken. Dazu erstelle ich eine Gradationskurven-Einstellungsebene und stelle die Gradation wie im folgenden Screenshot zu sehen ein:

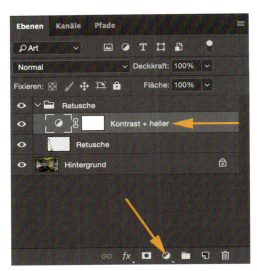 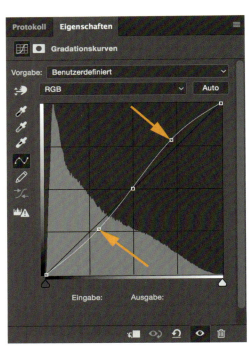

Abb. 9.67 Erstellen, Benennen und Einstellen der Gradationskurven-Einstellungsebene

Guter Photoshop-Stil verlangt natürlich, dass ich beide Retuscheebenen zu einer Ebenengruppe zusammenfasse (*Ebene* → *Gruppe aus Ebenen* oder Rechtsklick → *Gruppe aus Ebenen*) und alles entsprechend mit nachvollziehbaren Namen versehe.

Wenn Sie bislang alle Kapitel aufmerksam gelesen haben, können Sie sich eventuell schon vorstellen, dass dies so noch nicht zum gewünschten Ergebnis führen kann.

Da die Retuscheebene nur an den retuschierten Stellen überhaupt Pixel enthält und somit sonst transparent ist (siehe die Ebenenminiatur in Abbildung 9.67), wirkt unsere Gradationskurve leider auch auf den Hintergrund und somit geht unser schlauer Plan leider nach hinten los. Doch Photoshop wäre nicht Photoshop, wenn es nicht auch hierfür eine kleine, wenn auch leicht versteckte Lösung parat hätte. Wir müssen Photoshop nur dazu bringen, dass die Einstellungsebene lediglich auf die Pixel der Retuscheebene und nicht auf tieferliegende Ebenen wirkt.

Dazu genügt es, das kleine Symbol in der Eigenschaftspalette zu aktivieren, das im nächsten Screenshot mit dem Pfeil markiert wurde. Hierdurch erstellt Photoshop eine sogenannte *Schnittmaske*, die genau den gewünschten Effekt hat. Alternativ können Sie auch mit gedrückter Alt -Taste auf die Trennlinie zwischen den beiden Ebenen in der Ebenenpalette klicken.

 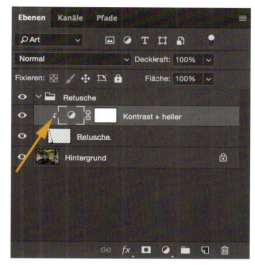

Abb. 9.68 Erstellen einer Schnittmaske und das zugehörige Symbol in der Ebenenpalette

Die folgenden Screenshots zeigen nun bei 100% Vergrößerung (dem »Wahrheitsmodus«) die Auswirkungen dieser Gradationskurve:

Abb. 9.69 Unretuschiert

Abb. 9.70 Retuschiert, aber ohne Korrektur

Abb. 9.71 Retuschiert und korrigiert

Da ich mir nicht sicher sein kann, ob der Unterschied in gedruckter Form so deutlich sichtbar sein wird, wie im direkten Vergleich am Bildschirm, habe ich Ihnen die drei Screenshots unter dem folgenden Link zum Download bereitgestellt: *http://download.eye-of-the-tiger.com/PS4LR/Retusche_Vergleich/*. Wenn Sie diese Dateien z.B. in Lightroom im Wechsel anzeigen, sind die Unterschiede deutlich zu erkennen.

Zum Abschluss bleibt eigentlich nur noch, das finale Ergebnis in Abbildung 9.72 zu zeigen, bevor es über *Speichern* wieder zurück nach Lightroom für die abschließenden Metadaten-Ergänzungen und den endgültigen Beschnitt geht.

Abb. 9.72   Das finale Ergebnis

9.3   Partielles Aufhellen (Dodge & Burn)

Schon in der analogen Dunkelkammer gehörten das Abwedeln und das Nachbelichten zu den wichtigsten Werkzeugen für das »Bearbeiten« der Bilder beim Erstellen von Papierabzügen. Neudeutsch heißt es zwar fast überall nur noch *Dodge & Burn*, gemeint ist damit aber haargenau dasselbe: nachträgliches Aufhellen (Abwedeln oder Dodging) bzw. Abdunkeln (Nachbelichten oder Burning) einzelner Stellen oder größerer Flächen im Bild unabhängig vom Rest des Bilds.

Dadurch wurden in der Dunkelkammer zu helle oder zu dunkle Stellen ausgeglichen, aber auch die Blickführung durch Betonung (Aufhellen) bestimmter Stellen gehörte damals schon zur Motivation für diese wichtige Technik. In der People-, Architektur- und Produktfotografie wird Dodge & Burn darüber hinaus auch noch dazu genutzt, die Dreidimensionalität von wichtigen Bildelementen zu verstärken oder (seltener) abzusenken.

In der Landschaftsfotografie dient der Einsatz in erster Linie dazu, den Blick auf bestimmte Elemente zu lenken bzw. von anderen abzulenken. Dabei macht man sich die wahrnehmungspsychologischen Erkenntnisse zunutze, dass unser Auge von hellen Stellen angezogen und von dunklen eher weggelenkt wird.

Das folgende Bild habe ich in Photoshop als Smartobjekt geladen und ich möchte nun die Landschaft selbst durch Abdunkeln eher in den Hintergrund versetzen und die Straße sowie den berühmten »Mile Marker 13« durch Aufhellen hervorheben.

Abb. 9.73 Mile Marker 13 am Rand des Monument Valley, Utah

Wie bei vielen Techniken in Photoshop gibt es auch für Dodge & Burn verschiedene Wege zum Ziel, von denen ich Ihnen im Folgenden die beiden wichtigsten vorstellen möchte. Der erste der beiden führt über zwei separate Einstellungsebenen mit Gradationskurven, die wie folgt angelegt werden:

Abb. 9.74 Die beiden Gradationskurven-Einstellungsebenen für Dodging (links) und Burning (rechts)

Diese lege ich auf dem bekannten Weg (siehe im vorangegangenen Workshop auf Seite 220) in einer Ebenengruppe an, gebe ihnen den entsprechenden Namen und stelle dann die Gradationskurven wie oben zu sehen ein. Dadurch verändert sich das Bild natürlich sehr stark und ich invertiere deshalb bei beiden Einstellungsebenen die Ebenenmaske, indem ich zuerst die jeweilige Ebenenmaske aktiviere und dann den Menüpunkt *Bild → Korrekturen → Umkehren* aufrufe bzw. die Tastenkombination [Strg]+[I] (Mac: [CMD]+[I]) verwende. Nun sind beide Ebenenmasken komplett mit Schwarz gefüllt und die Einstellungsebenen somit erst mal wirkungslos.

Nun kann ich mit dem Pinsel und weißer Farbe, bei geringer Deckkraft zwischen 10 % und 20 % sowie einer Härte von 0 %, auf den beiden Ebenenmasken malen und dabei das Bild an der jeweiligen Stelle aufhellen (Malen auf der Dodge-Maske) oder abdunkeln (Malen auf der Burn-

Maske). Durch die niedrige Deckkraft kann ich den Effekt jeweils recht feinfühlig auftragen. Bei Stellen, die deutlich heller oder dunkler werden sollen, kann ich die Deckkraft auch erhöhen, um so nicht zu oft über die Stelle malen zu müssen. Habe ich zu oft oder mit zu großer Deckkraft an einer Stelle gearbeitet, so kann ich durch Drücken der [X]-Taste einfach zu Schwarz wechseln und damit den Effekt wieder abschwächen. Auf diese Weise entstehen nun die beiden folgenden Masken:

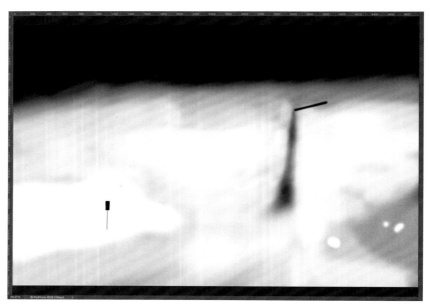

Abb. 9.75   Die Burning-Maske

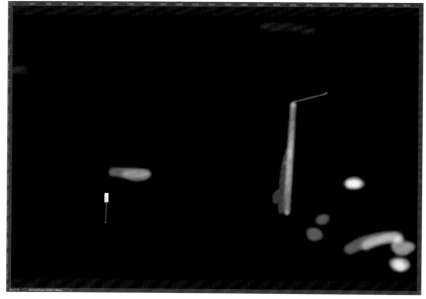

Abb. 9.76   Die Dodge-Maske

Das Ergebnis sieht folgendermaßen aus:

Abb. 9.77 Das finale Bild nach Dodge & Burn

Der Vorteil der soeben vorgestellten Methode ist, dass man nachträglich über die Gradationskurven der beiden Einstellungsebenen die Stärke des Dodge- und die des Burn-Effekts ganz fein und getrennt regeln kann. Der Nachteil ist aber, dass zum Wechseln zwischen Dodging und Burning immer erst in der Ebenenpalette die jeweils andere Ebenenmaske aktiviert werden muss. Aus diesem Grund möchte ich Ihnen auch noch den zweiten, verbreiteten Weg für denselben Effekt vorstellen. Dazu deaktiviere ich zunächst die Ebenengruppe der vorherigen Methode und lege mit gedrückter Alt-Taste durch einen Klick auf das entsprechende Symbol (siehe Abbildung 9.78) eine neue Ebene an.

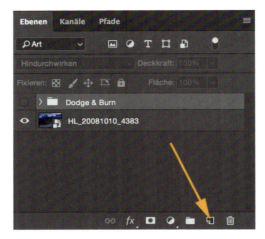

Abb. 9.78 Anlegen einer neuen Ebene

Durch die ⌥Alt-Taste öffnet sich nun ein Dialog zum Anlegen der Ebene, in dem ich zuerst den Ebenenmodus auf *Weiches Licht* stelle und dann den Haken für das Füllen der Ebene mit der neutralen Farbe für *Weiches Licht* setze. Die obligatorische Benennung der Ebene darf natürlich auch nicht fehlen.

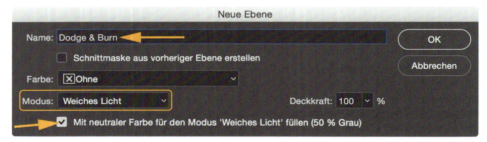

Abb. 9.79 Die Optionen für das Erstellen der neuen Ebene

Anschließend stellt sich die Ebenenpalette wie folgt dar:

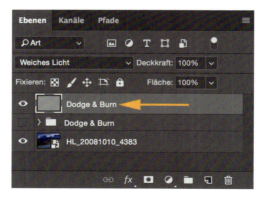

Abb. 9.80 Die »Dodge & Burn«-Ebene mit 50% Grau gefüllt

Wie weiter oben schon beschrieben, ist mittleres Grau die neutrale Farbe für den Ebenenmodus *Weiches Licht*. Folglich hat diese Ebene im Moment noch keinerlei Auswirkung. Färben wir sie über den Pinsel nun mit schwarzer Farbe und geringer Deckkraft an einer Stelle ein, so wirkt der Ebenenmodus *Weiches Licht* an dieser Stelle abdunkelnd auf die darunterliegende Bild-Ebene. Je dunkler wir die Ebene einfärben, umso stärker der Burning-Effekt auf das Bild. Malen wir mit weißer Farbe auf der Ebene, hellen wir das Bild an diesen Stellen entsprechend auf (Dodging). Dadurch können wir mit nur einer Ebene und nur durch Wechseln der Malfarbe zwischen Weiß und Schwarz (Taste [X]) ein Bild abwedeln oder nachbelichten (um auch mal wieder die deutschen Begriffe dafür ins Spiel zu bringen).

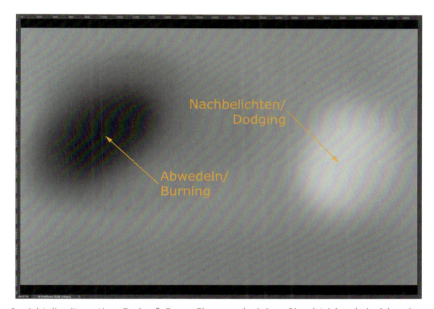

Abb. 9.81 So sieht die alternative »Dodge & Burn«-Ebene nach einigen Pinselstrichen beispielsweise aus

Durch Verändern der Deckkraft und die Anzahl der Pinselstriche an einer bestimmten Stelle steuern wir die Intensität des Effekts. Eine nachträgliche, getrennte Änderung entweder der gesamten Abdunkelung oder der gesamten Aufhellung ist hier im Gegensatz zur ersten Methode aber nicht möglich. Die Intensität lässt sich nur noch allgemein über die Transparenz der »Dodge & Burn«-Ebene abschwächen, aber nicht verstärken.

Welche Methode Sie für ein Bild einsetzen, hängt vor allem davon ab, ob Sie nachträglich noch sehr fein mit der Intensität des Effekts spielen möchten und diese Änderungen auch getrennt für das Dodging oder das Burning steuern wollen. Schneller aufgetragen ist der Effekt auf jeden Fall mit der zweiten Methode.

9.4 Doppelbelichtungen

Die Kombination aus zwei (oder mehreren) verschiedenen, überlagerten Fotos zu einem Gesamtfoto ist eine interessante, kreative Spielart, mit der ich mich in der Landschaftsfotografie sehr gerne beschäftige. Vor allem kombiniere ich dabei gerne eine normale und eine unscharfe

Version desselben Motivs, wodurch sich ein leuchtender Schein um das Motiv bildet und ein recht weicher Bildeindruck entsteht. Dabei kommt es darauf an, die Defokussierung mit dem richtigen Maß vorzunehmen. Verdreht man die Fokussierung zu wenig, fällt der Schein zu gering aus und im umgekehrten Fall eben zu groß. Letztendlich ist es aber reine Geschmackssache, wie stark man den Effekt wünscht. Zu beachten ist außerdem noch, dass viele Objektive die Fokussierung über eine Veränderung der Brennweite vornehmen. Was beim »normalen« Fotografieren nicht weiter ins Gewicht fällt, wirkt sich bei dieser Art von Doppelbelichtungen schnell störend aus. Die Defokussierung bringt so noch einen zusätzlichen Zoomeffekt mit ins Spiel, der meist eher unschön aussieht. Abhilfe schafft nur, die mit der Schärfeeinstellung einhergehende Brennweitenveränderung für das zweite, unscharfe Bild durch den Zoomring auszugleichen.

Abb. 9.82 Ein Beispiel für eine solche Doppelbelichtung

Solche Doppel- oder Mehrfachbelichtungen waren natürlich schon in der analogen Fotografie möglich und seit einigen Jahren bieten auch viele digitale Kameras die Möglichkeit, schon in der Kamera mehrere Aufnahmen zu einem finalen RAW-Bild zu kombinieren. Wo immer möglich versuche ich die Bilder im naturfotografischen Sinn schon in der Kamera »fertig« zu kombinieren, aber manchmal ermöglicht erst die Kontrolle in Photoshop die Verwirklichung meiner kreativen Vorstellung. Da meine Kamera nicht nur das Endergebnis, sondern auch die Einzel-RAW-Dateien speichert, kann ich stets auch im Nachhinein noch mein Glück über Photoshop versuchen.

Diesen Weg möchte ich Ihnen nun vorstellen. Dazu habe ich die beiden folgenden, mit weit geöffneter Blende aufgenommenen Bilder ausgesucht – ein scharfes und ein defokussiertes »Baumporträt«.

Abb. 9.83 Gleicher Bildausschnitt, unterschiedliche Fokussierung

Wie immer bearbeite ich zuerst die beiden Einzelbilder in Lightroom, wobei ich mit der scharfen Variante beginne.

Abb. 9.84   Das scharfe Bild in Lightroom

Den Weißabgleich korrigiere ich um ca. 200K ins Wärmere, um das Gelb der Blätter noch etwas zu betonen, und die leichte Erhöhung der *Dynamik* auf +20 verstärkt dies noch zusätzlich. Eine Kontrastverstärkung nehme ich nur lokal über die *Klarheit* vor, da ich dem Bild nicht nur über die Doppelbelichtung zu einer eher weichen Anmutung verhelfen möchte. Die *Lichter* müssen etwas reduziert werden, um ein paar zu helle Stellen im Bild einzufangen, und zuletzt senke ich noch den Schwarzpunkt etwas ab, da mir die dunklen Teile des Baumstamms etwas zu hell sind.

Beim Schärfen achte ich in erster Linie auf die feine Struktur (vor allem im »Auge«) der Baumstämme und einen *maskierten* Hintergrund. Da das Bild aber wie gesagt eher weich erscheinen soll, halte ich mich mit dem *Details*-Regler zurück und sorge nur für eine moderate Schärfung der Strukturen. Das unscharfe Bild schärfe ich hingegen überhaupt nicht, da es sich bei allem, was sich hier an Details herausarbeiten lässt, höchstens um Rauschen handeln kann.

Den Weißabgleich bringe ich auf den gleichen Wert wie zuvor und verstärke hier die *Dynamik* noch einen Tick weiter, um den Unschärfe-Effekt im zusammengesetzten Bild farblich noch etwas zu betonen. Darüber hinaus werden auch hier wieder die *Lichter* reduziert, um einige helle Bereiche etwas abzumildern, sowie der *Schwarzpunkt* leicht abgesenkt.

Abb. 9.85 Das unscharfe Bild in Lightroom

Beide Bilder werden anschließend auf dem schon bekannten Weg als Smartobjekt nach Photoshop gebracht und dort wie ab Seite 188 beschrieben zu einem Bild vereint.

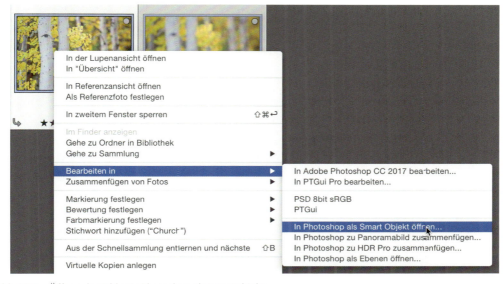

Abb. 9.86 Öffnen der Bilder in Photoshop als Smartobjekt

Das unscharfe Foto sollte dabei die obere Ebene bilden, sodass sich das folgende Bild ergibt:

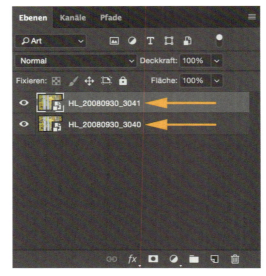

Abb. 9.87   Beide Bilder als Smartobjekte in Photoshop

Der erste Schritt ist nun, die Deckkraft der oberen Ebene so weit zu reduzieren, dass der Doppelbelichtungseffekt in der gewünschten Stärke eintritt. Diese nachträgliche Kontrolle ist einer der beiden Vorteile gegenüber der direkten Methode in der Kamera selbst. Der erste Versuch erfolgt mit einer Deckkraft von 30 %:

Abb. 9.88   Doppelbelichtung bei 30 % Transparenz: Zu schwach für meinen Geschmack

Hierbei fällt mir der Effekt noch deutlich zu schwach aus und ich versuche es als Nächstes mit 70 %:

Abb. 9.89   Doppelbelichtung bei 70 % Transparenz: Jetzt ist zu wenig vom scharfen Foto sichtbar

Nach einigen weiteren Versuchen pendle ich mich bei 55 % ein:

Abb. 9.90   Mein Favorit sind hier 55 % Transparenz

Damit liege ich in diesem Fall recht nahe an dem Ergebnis, das wohl auch bei einer Doppelbelichtung in der Kamera entstanden wäre. Doch über die Transparenzsteuerung hinaus können wir in Photoshop auch noch sehr fein steuern, wo im Bild der Effekt überhaupt auftreten soll. Dazu benötigen wir wieder einmal eine Ebenenmaske für die obere Ebene:

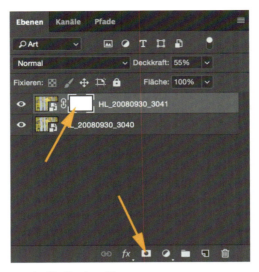

Abb. 9.91 Anlegen der Ebenenmaske für die obere Ebene

Mein Ziel ist es, die beiden scharfen Baumstämme noch stärker herauszuarbeiten, indem ich über die Ebenenmaske die Transparenz der oberen Ebene an diesen Stellen im Bild verstärke und so die untere Ebene klarer hervorkommt. Dazu wähle ich für den ersten, rechten Baumstamm einen Pinsel mit den folgenden Einstellungen:

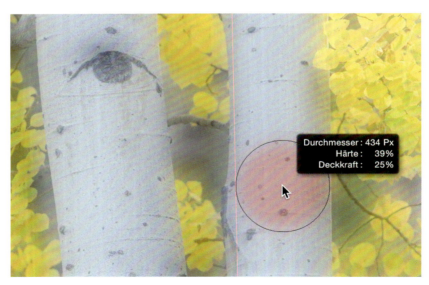

Abb. 9.92 Die Pinseleinstellungen für den rechten Baumstamm

Durch die größere *Härte* sorge ich für einen etwas härteren Übergang an den Rändern der Baumstämme. Die *Größe* richte ich jeweils an der Breite der Baumstämme aus und die reduzierte Deckkraft lässt mich den Effekt sehr kontrolliert einpinseln. Die Malfarbe setze ich natürlich auf Schwarz, achte dann darauf, dass die Ebenenmaske in der Ebenenpalette aktiviert ist, und trage nun die Maskierung entlang des Baumstamms auf.

Wichtig ist dabei, immer den kompletten Baumstamm in einem Stück abzufahren, ohne die Maustaste dabei loszulassen. Dadurch wird der Effekt gleichmäßig auf den ganzen Stamm aufgetragen. Setzt man zwischendurch ab, entstehen anschließend Stellen, welche die Maus entweder zweimal oder gar nicht erwischt hat, und der Effekt wird dadurch ungleichmäßig. Durch die reduzierte Deckkraft muss ich diesen Vorgang mehrfach wiederholen, bis die Maske so durchsichtig ist, dass der Baumstamm so klar erscheint, wie ich es mir wünsche.

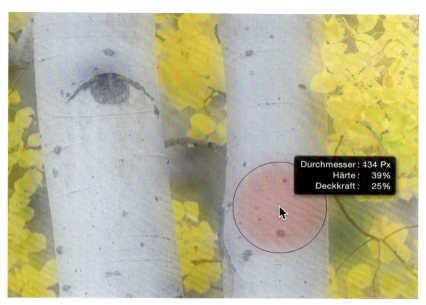

Abb. 9.93   Der rechte Stamm ist fertig

Um mir die Arbeit für den zweiten Stamm zu erleichtern, versuche ich nun die Transparenz-Stufe für den schon fertigen Stamm zu ermitteln. Diese kann ich dann direkt als Deckkraft des Pinsels beim zweiten Stamm verwenden. Mit gedrückter Alt-Taste klicke ich dazu die Ebenenmaskenminiatur an, sodass ich in der Arbeitsfläche nur noch die Ebenenmaske angezeigt bekomme.

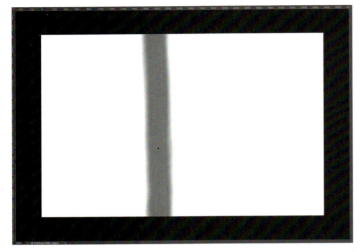
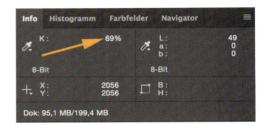

Abb. 9.94 Messen der Transparenz in der Ebenenmaske

Wenn ich nun mit dem Mauszeiger über den grauen Teil der Maske fahre, kann ich in der Info-Palette den entsprechenden Wert ablesen. Diese 69% stelle ich nun für die Deckkraft des Pinsels ein, ich erhöhe den Durchmesser der Pinselspitze auf die Breite des linken Baumstamms und maskiere diesen mit einmaligem Übermalen direkt auf 69% Transparenz.

Anschließend reduziere ich die Deckkraft des Pinsels auf 20% und trage im Bereich des »Auges« stufenweise noch etwas mehr Transparenz auf, um dieses stärker herauszuarbeiten. Das Ergebnis sehen Sie im Folgenden:

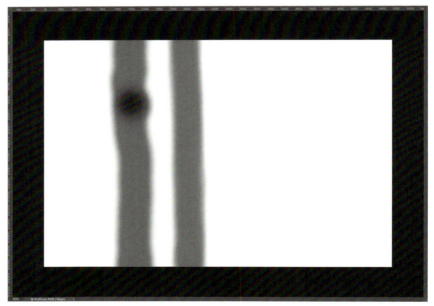

Abb. 9.95 Die finale Maske

Workshops Landschaftsfotografie   239

Abb. 9.96   Das finale Bild

Zum Abschluss möchte ich noch kurz demonstrieren, wie Sie den Effekt auch ohne eine zweite, unscharfe Aufnahme erzielen können. Dazu schalte ich die obere, unscharfe Ebene unsichtbar, dupliziere die scharfe Ebene, indem ich sie auf das entsprechende Symbol unten in der Ebenenpalette ziehe, und benenne sie um.

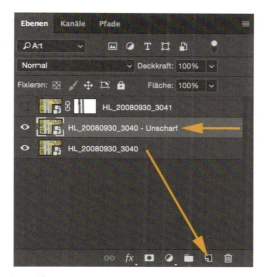

Abb. 9.97   Duplizieren der unterer Ebene

Die Ebenenmaske übertrage ich direkt auf die neue Ebene, indem ich sie mit gedrückter [Alt]-Taste auf die neue Ebene ziehe. Durch die [Alt]-Taste wird sie kopiert, anstatt nur verschoben.

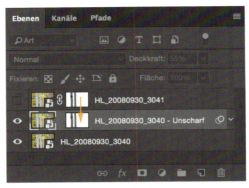

Abb. 9.98   Duplizieren der Ebenenmaske mit gedrückter [Alt]-Taste

Nun gilt es die im Moment noch scharfe Ebene über einen geeigneten Filter in die Unschärfe zu überführen. Dabei soll kein einfacher Weichzeichner zum Einsatz kommen, sondern der Effekt des Defokussierens in der Kamera simuliert werden. Dies erreiche ich durch den Einsatz der Menüfunktion unter *Filter* → *Weichzeichnergalerie* → *Feld-Weichzeichnung…*, die durch die Anwendung auf das Smartobjekt direkt einen Smartfilter (siehe Seite 169) generiert. Diese Funktion öffnet einen Dialog, in dem ich die *Weichzeichnung* durch Probieren auf 94 Pixel stelle:

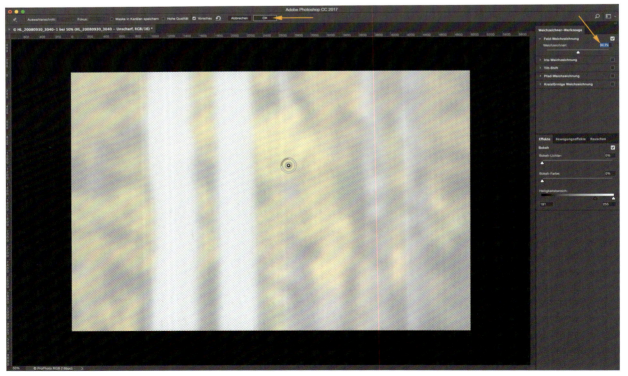

Abb. 9.99   Feld-Weichzeichnung zur Simulation der Defokussierung

Über *OK* in der Optionenleiste wird die Einstellung in den Smartfilter übernommen:

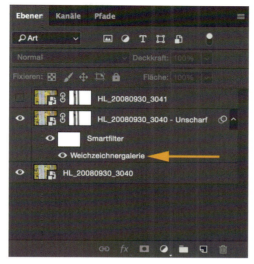

Abb. 9.100 Der Smartfilter in der Ebenenpalette

Jetzt muss lediglich noch die Transparenz für die neue Ebene angepasst werden. Das Endergebnis kommt der ursprünglichen Version recht nahe und Sie kennen nun den Weg, um solche Doppelbelichtungen selbst dann noch durchführen zu können, wenn keine unscharfe Aufnahme existiert.

Abb. 9.101 Die zweite Variante im finalen Zustand

Auch hier speichere ich das Ergebnis wieder zurück nach Lightroom und nehme die schon bekannten, organisatorischen Abschlussarbeiten vor.

9.5 Rahmen und Text hinzufügen

Für mich persönlich wird ein gelungenes Foto erst durch einen Fine-Art-Print auf einem hochwertigen Papier zu einem finalen Kunstwerk. Dabei beschränke ich mich hin und wieder nicht nur darauf, lediglich das eigentliche Bild zu Papier zu bringen, sondern kombiniere es mit Rahmen und/oder Titel-Elementen. Eine meiner favorisierten Varianten möchte ich Ihnen in diesem Workshop vorstellen. Das Ziel ist die folgende Veredelung des Fotos aus dem letzten Kapitel:

Abb. 9.102   Das Ziel dieses Workshops

Dazu wähle ich die Photoshop-Datei in Lightroom aus und sende Sie über [Strg]+[E] (Mac: [CMD]+[E]) nach Photoshop. Diese entspricht der Menüfunktion *Foto → Bearbeiten in → In Photoshop CC bearbeiten...* und es erscheint der folgende Dialog:

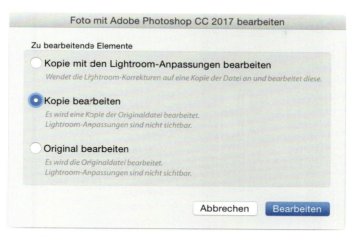

Abb. 9.103   Optionen zum Öffnen einer Photoshop-Datei

Wenn ich in diesem Dialog nun die Option 1 wählen würde, würden dadurch meine Ebenen aus der originalen Photoshop-Datei verloren gehen und ich würde in Photoshop nur noch die Kompatibilitätsebene, also das Resultat aller zuvor vorhandenen Ebenen, angezeigt bekommen (siehe Seite 148). Bei der dritten Option würde ich am Ende beim Speichern meine bisherige Photoshop-Datei überschreiben und hätte nur noch die Version mit Rahmen und Signatur. Da ich aber die Ebenen erhalten und das Ergebnis in einer neuen Datei speichern möchte, wähle ich die zweite Option.

In Photoshop muss ich nun als Erstes für einen weißen Hintergrund sorgen, da die Datei bislang nur aus Smartobjekten besteht und damit eine Erweiterung der Arbeitsfläche nur zu durchsichtigen Rändern führen würde. Dazu könnte ich eine neue Ebene anlegen und diese mit weißer Farbe füllen. Einfacher, Speicherplatz sparender und »smarter« geht dies, wie in Abbildung 9.104 zu sehen, über eine entsprechende Einstellungsebene.

Abb. 9.104 Erstellen einer Farbflächen-Einstellungsebene

Es öffnet sich der Farbwähler-Dialog, in dem ich reines Weiß auswähle:

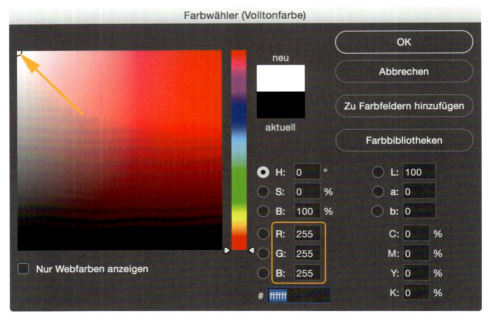

Abb. 9.105 Auswahl von weißer Farbe für den Hintergrund

Das Ergebnis ist ein komplett weißes Bild, da die neue Ebene ganz oben im Ebenenstapel eingefügt wurde. Nach dem obligatorischen Umbenennen ziehe ich sie an die unterste Position.

Abb. 9.106   Umbenennen und Arrangieren der Ebenen

Nun kann ich die Arbeitsfläche über die Menüfunktion *Bild → Arbeitsfläche...* um 800 Pixel in beide Richtungen erweitern:

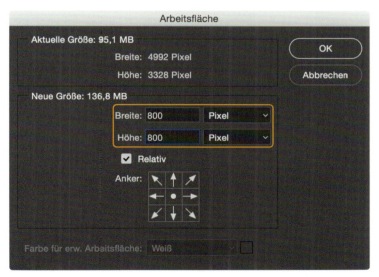

Abb. 9.107   Erweitern der Arbeitsfläche

Das Ergebnis sieht nun folgendermaßen aus:

Abb. 9.108 Die erweiterte Arbeitsfläche mit weißem Rand

Als Nächstes möchte ich das Bild vor dem virtuellen weißen Papierhintergrund mit einem leichten Schlagschatten versehen. Dazu aktiviere ich die unterste Bildebene in der Ebenenpalette und füge ihr wie im folgenden Screenshot zu sehen einen Schlagschatten-Effekt hinzu:

Abb. 9.109 Ebenenstil »Schlagschatten« hinzufügen

Daraufhin öffnet sich der Ebenenstil-Dialog, in dem ich die folgenden Werte (durch Probieren mit aktivierter Vorschau) einstelle:

Abb. 9.110 Optionen für den Ebenenstil »Schlagschatten«

Nach einem Klick auf OK werden die Einstellungen übernommen und ich erhalte das folgende Ergebnis:

Abb. 9.111 Ein dezenter Schatten lässt das Bild leicht schweben

Die Ebenenpalette ist nun um einen Ebenenstil/Effekt reicher und stellt sich jetzt wie folgt dar:

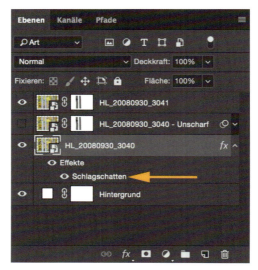

Abb. 9.112 Der Ebenenstil »Schlagschatten« in der Ebenenpalette

Im nächsten Schritt möchte ich die Arbeitsfläche nach unten erweitern, um Platz für die Signatur zu schaffen. Dazu rufe ich wieder *Bild → Arbeitsfläche...* auf, trage 400 Pixel für die Erweiterung ein und verschiebe den Anker nach oben, sodass die Erweiterung nur nach unten erfolgt.

Abb. 9.113   Erweitern der Arbeitsfläche nach unten

Um die Signatur einfügen zu können, benötige ich nun das Text-Werkzeug, welches sich links in der Werkzeugleiste befindet:

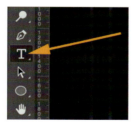

Abb. 9.114   Das Text-Werkzeug für horizontalen Text

In der zugehörigen Optionenleiste wähle ich nun die Schriftart, -stil, -größe und -farbe für den Titel des Bilds und stelle die Ausrichtung auf zentrierten Text:

Abb. 9.115   Textoptionen für den Bildtitel

Ein Klick in die leere weiße Fläche unterhalb des Bilds lässt mich nun den Text für den Titel eingeben. Zu diesem Zeitpunkt achte ich noch nicht auf eine möglichst korrekte, mittige Position des Textes. Es genügt vorerst, dass er irgendwo in der weißen Fläche positioniert wird. Um die Eingabe des Textes abzuschließen, wird wie immer ein Klick auf das Bestätigen-Symbol in der Optionsleiste erwartet. Alternativ erledigt dies auch die Tastenkombination `Strg`+↵ unter Windows bzw. `CMD`+↵ auf dem Mac.

Abb. 9.116   Das Bild mit hinzugefügtem Titel

In der Ebenenpalette befindet sich nun eine Textebene für den soeben erstellten Titel, die sich am Symbol des Textwerkzeugs (ein *T*) anstatt der sonst vorhandenen Ebenenminiatur erkennen lässt und deren Name sich automatisch aus dem auf der Ebene eingegebenen Text ergibt.

Um etwas mehr Platz in der Ebenenpalette zu schaffen, schließe ich die Auflistung der Bildstile/Effekte mit einem Klick auf das kleine Dreieck am rechten Rand.

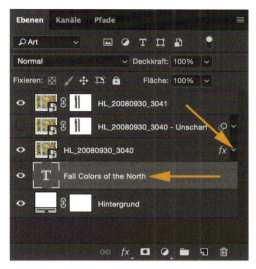

Abb. 9.117   Die Ebenenpalette mit der neuen Textebene

Durch die Ausrichtungsoption für zentrierten Text bleibt der Text auch bei Änderungen an Größe, Schriftart oder dem Eingabetext weiterhin zentriert. Für nachträgliche Änderungen an einer Textebene können Sie mit aktiviertem Text-Werkzeug auf den Text klicken. Dadurch erhalten Sie den Textcursor an der angeklickten Stelle und können den Text verändern.

Für die Signatur füge ich wie eben schon beschrieben im weißen Bereich unterhalb des Bilds eine weitere Textebene mit meinem Namen ein und ändere die Schriftart und -größe wie folgt:

Abb. 9.118   Die Textoptionen für die Signatur

Diese neue Textebene liegt nun über der Titelebene. Ich möchte diese im Bild aber hinter dem Titel haben und ziehe sie in der Ebenenpalette deshalb unter die Titelebene. Durch Verringern der *Deckkraft* auf 13 % bekommt die Signatur einen dezenten Grauton.

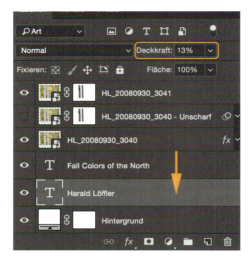

Abb. 9.119 Arrangieren der Textebenen und Reduzieren der Deckkraft

Im Bild sieht dies nun so aus:

Abb. 9.120 Das Bild mit Titel und Signatur, aber noch etwas unordentlich

Als Nächstes möchte ich die beiden Textebenen in der Mitte des Bilds zentrieren. Dazu aktiviere ich in der Ebenenpalette mit Hilfe der `Strg`-Taste (Mac: `CMD`-Taste) die beiden Textebenen sowie die darüberliegende Bildebene. Letztere bildet als breiteste der drei Ebenen dabei die Referenz, an der sich die Textebenen ausrichten sollen.

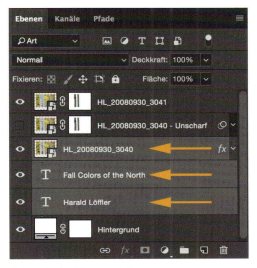

Abb. 9.121 Die ausgewählten Ebenen in der Ebenenpalette

Zum Ausrichten aktiviere ich nun das Verschieben-Werkzeug und klicke in der zugehörigen Optionenleiste auf das folgende Symbol:

Abb. 9.122 Die Funktion zum zentrierten Ausrichten von Ebenen

Nun sind beide Texte exakt in der horizontalen Mitte des Bilds, allerdings noch nicht an der gewünschten vertikalen Position.

Abb. 9.123 Die zentrierten Textebenen

Um dies zu beheben, aktiviere ich zunächst die Ebene mit der Signatur und zoome dann in den betreffenden Bereich des Bilds hinein. Mithilfe der Cursor-Tasten kann ich diese nun pixel-genau verschieben. Für größere Distanzen halte ich dabei die ⇧-Taste gedrückt. Nun führt ein Druck auf eine der Cursor-Tasten eine Bewegung um die zehnfache Distanz aus. Ist die Signatur wie gewünscht positioniert, aktiviere ich die Titelebene und verschiebe diese ebenfalls über die Cursor-Tasten, bis der Titel exakt dort über der Signatur sitzt, wo ich es mir in den Kopf gesetzt habe.

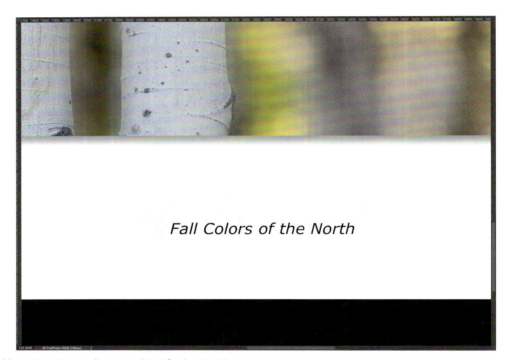

Abb. 9.124 Die Textebenen an ihren finalen Positionen

Nun bleibt nur noch das Ergebnis zurück nach Lightroom zu speichern und es dort im Druckmodul seiner eigentlichen Bestimmung zuzuführen.

Abb. 9.125 Das fertige Ergebnis

10

Workshop Architekturfotografie

von Anna Laudan

Es gibt sehr viele Möglichkeiten, die Architekturfotografie zu betreiben: in Farbe, in Schwarz-Weiß, sehr naturalistisch, auf die Funktionen der Gebäude fokussiert, fokussiert auf die Architektur in Kombination mit Menschen und noch viele mehr.

Bei meiner Art der Fine-Art-Architekturfotografie geht es mir um eine künstlerische Umsetzung meiner Vision des Gebäudes oder Gebäudekomplexes. Es geht mir also nicht um die genaue Darstellung der Realität, sondern um die Darstellung meiner Vision oder Wirklichkeit. Ich nutze dabei das ursprünglich fotografierte Bild wie eine Leinwand, auf der ich in der Nachbearbeitung gezielt Licht und Schatten setze. Die ursprüngliche Bedeutung des Begriffs »Fotografie« – Malen mit Licht – ist hier doppelt passend. Erst male ich mit Licht während des Aktes des Fotografierens und anschließend male ich mit Licht und Schatten in der Nachbearbeitung. Deswegen nutze ich auch in 99 % der Fälle Schwarz-Weiß-Bilder als Ausgangsbasis, denn ohne die Farben bleiben pures Licht bzw. eben die Schatten zurück.

Ein weiteres Stilmittel, das ich benutze, ist die Langzeitbelichtung. Mithilfe dieser Methode gelingt es mir, auf dem eigentlich statischen Bild Elemente wie Zeit oder Bewegung abzubilden. Außerdem unterstützt diese Methode den von mir gewünschten Eindruck von Abstraktion und Stilisierung.

Lightroom ist ein zunehmend mächtiges Werkzeug bei der Nachbearbeitung und es gibt auch einzelne Architekturfotos von mir, die ich nur in Lightroom bearbeitet habe, aber zum jetzigen Zeitpunkt ist die Nachbearbeitung in Photoshop für meine Bilder essenziell für das Erschaffen meiner Vision oder Wirklichkeit.

Ein Zitat von Joel Tjintjelaar, einem niederländischen Fotografen, der mich vor einigen Jahren zu dieser Art der Architekturfotografie inspiriert hat, trifft es sehr gut:

> »First you take the photograph, then you create it. The act of creating should have no limits.«

10.1 Vorüberlegungen und Voraussetzungen

Auch wenn ich meine Bilder wie beschrieben nur als eine Art Leinwand betrachte, ist es trotzdem wichtig, gutes Ausgangsmaterial zu fotografieren, um sich Arbeit bei der Nachbearbeitung zu ersparen und um ein wirklich gutes Bild erschaffen zu können.

10.1.1 Bildausschnitt

Wenn möglich sollten Sie sich für jedes Gebäude genug Zeit nehmen und es von vielen verschiedenen Blickwinkeln aus betrachten. Umrunden Sie es, soweit es geht, gehen Sie dichter heran, entfernen Sie sich weiter und schauen Sie immer wieder durch den Sucher oder auf das Display. Gehen Sie vielleicht auch mal ganz nah ran und richten Sie die Kamera senkrecht nach oben. Nehmen Sie sich Zeit, herauszufinden, welcher Bildausschnitt Ihre Vision des Gebäudes am besten wiedergibt. Objekte in der Umgebung des Gebäudes wie Laternen, Bäume, Menschen, Autos oder auch Wege und Straßen lassen sich entweder integrieren oder Sie haben schon im Kopf, dass Sie diese durch Ihre Aufnahmetechnik oder später bei der Nachbearbeitung verschwinden lassen.

In den meisten Fällen ist es günstig, die Kamera bzw. den Sensor möglichst parallel zum Gebäude auszurichten, um stürzende und kippende Linien zu vermeiden. Um dies zu erreichen, können Sie verschiedene Hilfsmittel nutzen. Viele Kameras haben z. B. eine eingebaute Wasserwaage, mit deren Hilfe Sie sich anzeigen lassen können, ob die Kamera waagerecht ausgerichtet ist. Außerdem gibt es kleine Wasserwaagen, die man in den Blitzschuh schieben kann. Manche Stative bzw. Stativköpfe haben auch eine Wasserwaage (oder Dosenlibelle), diese ist aber oft nicht sehr genau. Auch mit Hilfslinien, die Ihnen im Sucher oder im Live-View eingeblendet werden, können Sie versuchen, die Linien im Bild möglichst gerade auszurichten. Wenn Sie ein Tilt-Shift-Objektiv zur Verfügung haben, können Sie das Objektiv beispielsweise nach oben »shiften«, um höhere Gebäude bei parallelem Sensor besser aufnehmen zu können. Natürlich können Sie aber auch den entgegengesetzten Weg gehen und die stürzenden Linien bewusst nutzen, so wie ich es in Abbildung 10.1 gemacht habe.

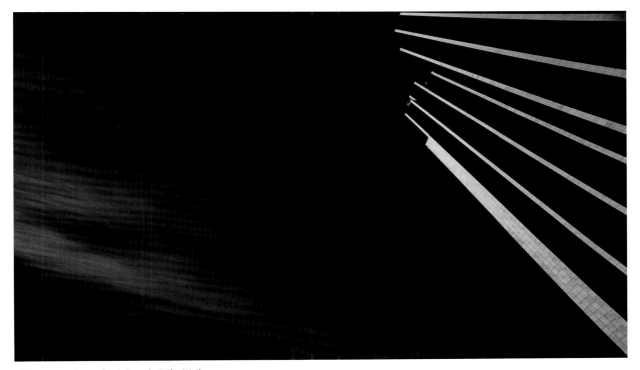

Abb. 10.1 Stürzende Linien als Stilmittel

Egal, was Sie am Ende tun: Es sollte sich um eine bewusste Entscheidung handeln.

10.1.2 Langzeitbelichtungen

In der Einleitung habe ich Ihnen kurz angedeutet, warum ich gerne Langzeitbelichtungen nutze. Eine Langzeitbelichtung ist eine Belichtung, die in der Regel mehrere Sekunden oder auch Minuten dauert und nicht wie sonst üblich nur Bruchteile einer Sekunde. Entsprechend werden mehrere Sekunden bis Minuten in einem Bild festgehalten, wodurch Bewegungen und letztlich auch Zeit auf besondere Art und Weise sichtbar gemacht werden können.

Wasser wird glatt und seidig, da die Wellenbewegungen durch die Langzeitbelichtung quasi verschwinden. Bei eher kürzerer Belichtungszeit sind noch gewisse Strukturen im Wasser zu erkennen. Je länger Sie belichten, desto glatter wird das Wasser (siehe Abbildung 10.2). Ich werde bei dem Thema *Einstellungen* noch einmal gesondert auf die Belichtungszeiten bei Langzeitbelichtungen eingehen.

Langzeitbelichtungen können aber auch dazu dienen, belebte Plätze oder Straßen leer erscheinen zu lassen. Sofern die Objekte wie Menschen oder Autos nicht völlig statisch sind, verschwimmen oder verschwinden sie durch eine ausreichend lange Belichtungszeit.

Abb. 10.2   Bei ausreichend langer Belichtung erscheint Wasser wie eine glatte Fläche

Abb. 10.3 Bei langer Belichtung verwischen sich bewegende Menschen oder verschwinden ganz

Diesen Effekt habe ich zum Beispiel in Abbildung 10.3 genutzt. Das Bild zeigt die Kirche Sacré-Cœur in Paris. Da es sich dabei um einen Touristenmagneten handelt, war der Platz davor und die Treppe voller Menschen. Ich habe eine Langzeitbelichtung mit 140 Sekunden gemacht und so sind die Menschen nur noch sehr schemenhaft zu erkennen. Bei noch längerer Belichtungszeit wären sie wahrscheinlich ganz verschwunden.

10.1.3 Ausrüstung

Für die Architekturfotografie benötigen Sie eine Kamera mit einem möglichst weitwinkligen Objektiv. Zumindest in Städten hat man meist nicht viele Möglichkeiten, nach hinten auszuweichen, und so brauchen Sie einen großen Aufnahmewinkel. Mit einer Brennweite von 18 mm an der APS-C-Kamera oder 24 mm an der Vollformatkamera erreichen Sie schon einiges, etwas mehr Weitwinkel ist aber hilfreich. Falls Sie Zugang zu einem Shift-Objektiv (meist als Tilt-Shift) mit einer Brennweite von 17 mm oder 24 mm haben, ist das natürlich noch besser, weil Sie dann das Objektiv bei hohen Gebäuden nach oben »shiften« und so mehr Höhe aufnehmen können, ohne die Kamera und somit den Sensor nach oben kippen zu müssen (was zu stürzenden Linien führt, siehe oben). Ich selbst mache meine Bilder meist mit einem Weitwinkelobjektiv zwischen 16 und 35 mm an einer Vollformatkamera.

In manchen Situationen, wenn Sie z.B. nur ein bestimmtes Detail eines Gebäudes aufnehmen möchten oder das Gebäude weiter weg ist, ist auch ein Teleobjektiv von Vorteil. Ich nutze ein solches aber nur sehr selten.

Bei Langzeitbelichtungen ist ein Stativ unbedingt nötig, aber auch sonst oft hilfreich. Selbst wenn Sie keine Langzeitbelichtung machen, kann Ihnen das Stativ helfen, in Ruhe den Bildausschnitt zu wählen und auf gerade Linien zu achten. Das Stativ sollte ausreichend stabil sein, aber auch leicht genug, um es auch auf Touren mitzunehmen.

Einen Polfilter können Sie einsetzen, um Spiegelungen zum Beispiel an den Glasflächen der Gebäude entweder zu verstärken oder zu reduzieren.

Für Langzeitbelichtungen sollte Ihre Kamera über den Bulb-Modus oder eine andere Funktion in der Lage sein, wenige Sekunden bis mehrere Minuten zu belichten.

Für Langzeitbelichtung außerdem – zumindest am Tag – notwendig sind Neutraldichtefilter, die Sie vor das Objektiv schrauben oder in einen aufgeschraubten Halter schieben, um die Belichtungszeit zu verlängern. Diese Filter gibt es in verschiedenen Stärken. Es eignen sich sowohl »Schraubfilter« als auch aus Rechteckfilter und Halter bestehende Systeme. Beim Einsatz von Schraubfiltern kann es allerdings zu Vignettierungen (Abschattungen an den Bildrändern) kommen, wenn Sie etwa auf einem Weitwinkelobjektiv mehrere Schraubfilter kombinieren oder auch noch einen Polfilter verwenden (denn dann ragen die Filterfassungen ins Bild). Die Stecksysteme mit Rechteckfiltern sind aber meist in der Anschaffung teurer.

Unerlässlich für Langzeitbelichtungen ist außerdem ein Fernauslöser. Dabei ist es egal, ob er per Funk, Kabel oder Infrarot arbeitet.

Außerdem brauchen Sie eine Möglichkeit, den Sucher, sofern vorhanden, während der Langzeitbelichtung abzudecken, damit dort kein Streulicht eindringen kann. Bei den höherpreisigen Nikon-Kameras gibt es einen eingebauten Sucherverschluss, sonst wird – wie auch bei Canon – eine kleine Kappe mitgeliefert, die man über den Sucher schieben kann.

10.1.4 Kameraeinstellungen

Natürlich gibt es keine generellen Einstellungen an Belichtungszeit und Blende, die immer passen. Es ist aber sinnvoll, ein paar Dinge zu beachten. So sollten Sie versuchen, mit niedrigem ISO-Wert zu fotografieren, um Rauschen zu vermeiden. Bei wenig Licht ist dabei ein Stativ hilfreich. Die meisten Objektive sind bei eher mittleren Blendenzahlen um f/8 herum am schärfsten (Probleme wie Beugungsunschärfe treten erst ab höheren Blendenzahlen auf). Somit ist es sinnvoll, nach Möglichkeit eine mittlere Blendenzahl zu wählen.

Sie sollten versuchen, Ihre Einstellungen insgesamt so zu wählen, dass Sie ein möglichst gleichmäßig belichtetes Bild ohne große ausgebrannte und ganz schwarze Bereiche fotografieren. Leicht unterbelichtete und überbelichtete Bereiche im Bild können Sie auch später noch in Lightroom verbessern.

Wenn Sie den Himmel später in Photoshop tauschen möchten (beschrieben im Abschnitt »Himmel tauschen« ab Seite 309), bietet es sich an, den Himmel leicht oder auch recht stark überzubelichten, denn dann lassen sich die Auswahlen leichter erstellen. Das Gebäude sollte dabei aber korrekt belichtet sein.

Möchten Sie eine Langzeitbelichtung machen, dann sollte diese Langzeitbelichtung auch lang genug sein, um den gewünschten Effekt zu erzielen, also z. B. Wolken verwischen oder Menschen verschwinden lassen. Je nach Windverhältnissen können bei Wolken schon etwa 45 bis 90 Sekunden ausreichen. Wenn die Wolken sehr langsam ziehen, können auch mehrere Minuten notwendig werden.

Wasserflächen werden oft schon mit einer Belichtungszeit von wenigen Sekunden geglättet. Je glatter und seidiger Sie das Wasser haben möchten, umso länger müssen Sie dann jeweils belichten.

Bei Menschen im Bild kommt es darauf an, ob Sie diese noch schemenhaft sichtbar haben möchten oder ob sie ganz verschwinden sollen. Je nachdem, wie zügig sich die Menschen bewegen, sind schon ab etwa 1/10 bis eine Sekunde nur noch Schemen oder Spuren zu erkennen. Wenn die Menschen ganz verschwinden sollen und eventuell auch noch in Gruppen eher stehen als sich bewegen, benötigen Sie längere Belichtungszeiten bis hin zu mehreren Minuten.

In der Regel berechnen die Kameras diese langen Belichtungszeiten nicht selbst. Es gibt aber eine Vielzahl von Apps (für Android z. B. *ND Filter Calc (DSLR)*, *ND Filter Timer*; für iOS *LongTime Exposure Calculator*, *NDCalc2*) oder Tabellen (z. B. *http://ratgeber-fotografie.de/download-center/*), die Ihnen anhand einer Aufnahme ohne Filter aufgrund der Belichtungszeit sagen können, welche Belichtungszeit mit Filter notwendig ist.

> **Tipp**
> Gerade bei stärkeren Filtern oder wenn Sie mehrere Filter kombinieren, kommen die Belichtungszeiten, die Ihnen die Apps oder Tabellen vorschlagen, oft nicht ganz hin und das Bild wird zu dunkel. Daher ist es hier günstig, die vorgeschlagene Belichtungszeit noch mal zu verdoppeln.
>
> Denken Sie auch daran, beim Fotografieren mit Neutraldichtefiltern genau zu fokussieren, *bevor* Sie den Filter aufsetzen – und anschließend den Autofokus auszuschalten, um ein versehentliches Verstellen zu vermeiden.

10.1.5 Aufnahmezeitpunkt und Wetter

Während sich bei der Landschaftsfotografie meist die Morgen- oder Abendstunden wegen der tief stehenden Sonne zum Fotografieren anbieten, können Sie bei der Architekturfotografie genauso gut auch mitten am Tag loslegen. Dies bietet sich vor allem bei eher grauem Wetter und vielen Wolken an. Ein Vorteil dieses Wetters ist auch, dass es dann auf den Gebäuden keine harten Schatten oder sehr hellen Flächen gibt und Sie sich später in der Nachbearbeitung mit der Licht- und Schattensetzung ganz frei austoben können.

Möchten Sie ziehende Wolken im Bild haben, dann bietet sich Wetter mit Sonne und einigen möglichst schnell ziehenden Wolken an. In diesem Fall hängt es sehr vom Gebäude, seinem Standort und der Tageszeit ab, ob Sie gute Ergebnisse erzielen.

10.2 Bildbearbeitung: mein kompletter Workflow

Nachdem es bis hierher um das Fotografieren ging, möchte ich Ihnen in diesem Abschnitt zeigen, wie ich meine Bilder in Lightroom, in Silver Efex und vor allem in Photoshop bearbeite. Dies zeige ich Ihnen anhand eines kompletten Workflows an einem meiner Bilder. Dabei werde ich Ihnen zeigen, wie ich vom Ausgangsbild (Abbildung 10.4) zum darunter abgebildeten Endergebnis (Abbildung 10.5) gekommen bin.

Abb. 10.4   Das Ausgangsbild vor der Bearbeitung

Beispieldaten für dieses Kapitel
Das Bildmaterial für diesen Workshop finden Sie im Downloadarchiv zu diesem Buch im gleichnamigen Ordner unterhalb von */Beispieldaten*.

Workshop Architekturfotografie 265

Abb. 10.5 Das Endergebnis nach der Bearbeitung

Ich beginne jeden meiner Workflows in Lightroom (Abbildung 10.6). Nachdem ich die Raw-Datei importiert und ein Foto ausgewählt habe, mache ich ein paar Standardeinstellungen. Ich erhöhe die Werte im Bereich *Präsenz* ein wenig, also *Klarheit*, *Dynamik* und *Sättigung*. Dieses Bild gefiel mir als Ausgangsbild hinsichtlich der Belichtung recht gut, weshalb ich die Regler im Panel *Tonwert* in Ruhe gelassen habe. Außerdem aktiviere ich standardmäßig die *Objektivkorrekturen*.

Im nächsten Schritt richte ich das Bild aus (Abbildung 10.7). Lightroom CC verfügt dafür über das leistungsfähige *Upright*-Werkzeug mit Hilfslinien. Dabei können Sie Linien im Bild mit mindestens zwei und bis zu vier Hilfslinien markieren und damit festlegen, dass diese entweder waagerecht oder senkrecht im Bild verlaufen sollen.

Wie Sie in Abbildung 10.7 sehen, fehlen senkrechte oder waagerechte Linien bisher vollständig.

Abb. 10.6

Abb. 10.7

Ich ziehe daher zunächst eine Hilfslinie an einer für mich markanten Linie im Bild (Abbildung 10.8) und probiere dann noch etwas herum, bis ich eine zweite Linie (meist im rechten Winkel zur ersten) finde, die das Bild meiner Vorstellung entsprechend ausrichtet. Das ist Übungssache – wenn Sie mit einer gezogenen Linie nicht zufrieden sind, können Sie diese mit der Maus neu ausrichten oder einfach anklicken und mit ⎡ ← ⎤ löschen. Da dieses Bild durch den steilen Blickwinkel deutlich verzerrt ist, braucht es hier etwas mehr Korrekturarbeiten als üblich.

Abb. 10.8

Wenn Sie die zweite Linie mit der Maus loslassen, *springt* das Bild automatisch in seine neue Ausrichtung. Sie werden später sehen, dass ich das Bild nach der Bearbeitung in Photoshop noch gedreht und beschnitten habe, weil mir die Ausrichtung dann doch noch nicht ganz gefiel. Generell wäre es aber sinnvoll, das Bild gleich zu Beginn richtig auszurichten.

Nachdem durch das Ausrichten an den Rändern leere Bildteile entstanden sind, beschneide ich das Bild noch etwas. Dazu klicke ich auf das Freistellungswerkzeug (Abbildung 10.9) und ziehe den Rahmen auf die gewünschte Größe. Mit der ⏎-Taste bestätige ich den Beschnitt (mehr zum Freistellungswerkzeug lesen Sie im Abschnitt »Freistellen/Beschneiden und Drehen« ab Seite 69).

Abb. 10.9

Als Nächstes folgt die Schwarz-Weiß-Konvertierung. Dafür gibt es zwar verschiedene Möglichkeiten in Lightroom und auch in Photoshop, ich bin aber immer wieder sehr begeistert von den Ergebnissen, die man mithilfe von Silver Efex 2 aus der Nik Collection erzielen kann. Dieses Plug-in können Sie kostenfrei downloaden (*http://www.google.de/intl/de/nikcollection/*). Sie können es sowohl in Lightroom als auch in Photoshop integrieren, ich nutze es aber in der Regel vor dem Bearbeiten in Photoshop.

Hinweis
Es gibt allerdings einen kleinen Haken bei der Nutzung der Nik Collection. Nachdem Google die Suite erworben hatte, ist sie seit 2016 unter der oben genannten Adresse kostenfrei herunterzuladen, im Frühsommer 2017 hat Google aber die Weiterentwicklung des Programms eingestellt. Das bedeutet, dass es in Zukunft womöglich mit neuen Betriebssystemen und/oder neueren Versionen von Lightroom bzw. Photoshop nicht mehr nutzbar ist. Zum Zeitpunkt der Drucklegung dieses Buchs (September 2017) läuft das Programm aber zuverlässig unter den jeweils aktuellen Versionen.

Um das Bild in Silver Efex zu bearbeiten, klicke ich auf *Bild* → *Bearbeiten in* → *Silver Efex 2* (Abbildung 10.10). Im nun folgenden Fenster nehme ich die in Abbildung 10.11 zu sehenden Einstellungen vor.

Hinweis
Da Silver Efex keine RAW-Dateien bearbeiten kann, wird das Bild vor dem Öffnen in Silver Efex zunächst in ein TIFF konvertiert, das sofort im Lightroom-Katalog neben dem RAW abgelegt wird – zu diesem Zeitpunkt noch in Farbe, die Konvertierung in Schwarz-Weiß erfolgt erst mit dem Speichern Ihrer Bearbeitungen in Silver Efex.

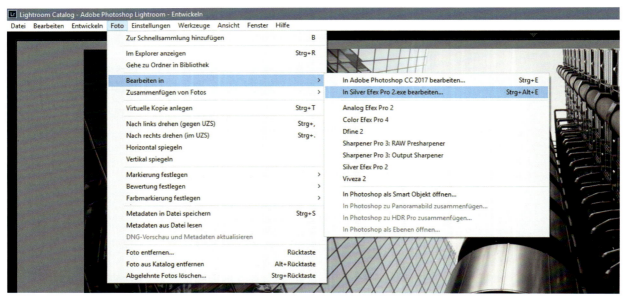

Abb. 10.10

Workshop Architekturfotografie   269

Abb. 10.11

Daraufhin öffnet sich Silver Efex. Auf der linken Seite in Abbildung 10.12 sehen Sie eine ganze Reihe von Voreinstellungen (sogenannte »Presets«), die Sie verwenden oder über die Regler rechts verändern können. Nachdem ich einige Voreinstellungen ausprobiert habe, entscheide ich mich in diesem Fall für *017 Vollständiges Spektrum*.

Abb. 10.12

Tipp
Nach Ansel Adams sollte ein gutes Schwarz-Weiß-Bild alle zehn Zonen seines Zonensystems enthalten (weitere Informationen zum Zonensystem z. B. unter *https://de.wikipedia.org/wiki/Zonensystem*). Diese zehn Zonen und ihre Verteilung im Bild können Sie sich in Silver Efex 2 unten rechts im Histogramm anzeigen lassen.

Nach einem Mausklick auf *Speichern* beendet sich Silver Efex und Sie sehen das nach Schwarz-Weiß konvertierte und bearbeitete Bild im Lightroom-Katalog. Dieses Bild lade ich nun nach Photoshop über *Bild → Bearbeiten in → Photoshop CC 2017*. Allerdings wähle ich im Pop-up-Menü die Variante *Original bearbeiten* (siehe Abbildung 10.13), denn ich will keine zusätzliche Kopie erstellen (und seit dem Abspeichern in Silver Efex habe ich auch keine Lightroom-Bearbeitungen mehr vorgenommen, die gerendert werden müssten).

Abb. 10.13

In Photoshop beginne ich in der Regel zunächst damit, die Auswahlen zu erstellen und zu speichern (erklärt im Abschnitt »Auswahlen« ab Seite 92). Wahrscheinlich hat jeder Nutzer da so seine Lieblingswerkzeuge. Ich nutze zum Auswahlen erstellen bzw. zum Maskieren hauptsächlich den Zauberstab, das Polygon-Lasso-Werkzeug, einen harten Pinsel und manchmal bei gebogenen Linien das Zeichenstift-Werkzeug.

Für dieses Bild habe ich verhältnismäßig wenig Auswahlen erstellt. In manchen, komplizierteren Bildern sind es auch schon mal 80–90 Auswahlen, hier sind es nur zwei: die Fensterfront des Gebäudes links und der Himmel.

Bei fast jedem Bild erstelle ich eine Auswahl für den Himmel, um diesen getrennt vom restlichen Bild bearbeiten zu können. In Abbildung 10.14 wird die Auswahl des Himmels im sogenannten *Maskierungsmodus* angezeigt (d.h. was nicht ausgewählt wurde – hier das Gebäude – wird durch eine Maskierung vor der weiteren Bearbeitung geschützt – diese wirkt sich also nur auf den Himmel aus).

Abb. 10.14

Außerdem habe ich eine zweite Auswahl für das verglaste Gebäude links erstellt, in Abbildung 10.15 zu sehen in der Standardansicht, nach Deaktivieren des Maskierungsmodus.

Abb. 10.15

> **Tipp**
> Besonders wenn Sie mit vielen Auswahlen arbeiten, die Sie dann unterschiedlich bearbeiten, wirkt das Bild dadurch besonders scharf. Um das etwas abzufangen, nutze ich bei meinen Auswahlen eine *Weiche Kante*. Diese rufe ich auf über *Auswahl → Auswahl verändern → Weiche Kante*. Dort wähle ich dann den *Radius 1 Pixel* aus, beim Übergang Gebäude zu Himmel manchmal auch *2* oder *3 Pixel*.

Wenn ich alle Auswahlen erstellt und gespeichert habe, beginnt die eigentliche Bearbeitung (natürlich können Sie später auch noch weitere Auswahlen erstellen, wenn es notwendig wird). Da ich hierfür zunächst keine aktive Auswahl benötige, deaktiviere ich die zuletzt vorgenommene mit [Strg]+[D] (Mac: [CMD]+[D]).

Bei der Bearbeitung dieses Bilds geht es hauptsächlich darum, bestimmte Bereiche abzudunkeln oder aufzuhellen. Die beiden Hauptwerkzeuge, die ich dazu nutze, sind die Gradationskurve und das Verlaufswerkzeug.

Wenn ich mein Ursprungsbild so betrachtete, empfinde ich den Vordergrund bzw. den unteren Teil des Bilds als zu hell und entscheide mich daher, ihn abzudunkeln.

Hierzu erstelle ich zunächst (siehe Abbildung 10.16) über das kleine Symbol im Ebenenfenster eine neue Einstellungsebene mit einer Gradationskurve, die über der Hintergrundebene angelegt wird.

Abb. 10.16

Mithilfe einer Gradationskurve können Sie ganz gezielt einzelne Tonwerte verändern oder Kontraste erzeugen (zu Gradationskurven mehr ab Seite 66).

In Abbildung 10.17 ziehe ich die Gradationskurve mittig leicht nach unten. So werden alle Töne leicht abgedunkelt, mit einem Schwerpunkt auf den mittleren Tönen. Die Veränderung wird dabei zunächst auf das gesamte Bild angewandt, ich achte hierbei aber nur auf den Bereich, den ich eigentlich verändern möchte, in diesem Fall den unteren Teil des Bilds.

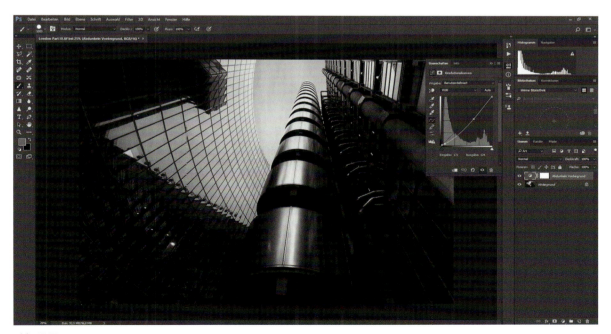

Abb. 10.17

Um die Abdunkelung nun nur auf den unteren Bereich anzuwenden, nutze ich als Nächstes das Verlaufswerkzeug.

> **Tipp**
> Warum ich bei meinen Bildern so gern mit dem Verlaufswerkzeug arbeite, können Sie vielleicht besser nach Lesen des Absatzes über »Helligkeitsverläufe zur Schaffung von mehr Dreidimensionalität und Präsenz« auf Seite 292 nachvollziehen.

Bei aktiviertem Verlaufswerkzeug können Sie in der Optionsleiste fünf verschiedene Verläufe auswählen: den *linearen Verlauf*, den *Radialverlauf*, den *Verlaufswinkel*, den *reflektierten Verlauf* und den *Rauteverlauf*. Ich nutze fast ausschließlich den linearen Verlauf, den Radialverlauf und den reflektierten Verlauf. Neben der Art des Verlaufs können Sie außerdem auswählen, von welcher Farbe zu welcher Farbe der Verlauf wechseln soll. Aber da ich mit den Verläufen auf *Ebenenmasken* arbeite (Sie erinnern sich: Ebenenmasken arbeiten mit Schwarz-Weiß- und Grauwerten), nutze ich nur die Einstellungen *Vorder- zu Hintergrundfarbe* und *Vordergrundfarbe zu Transparent*.

In Abbildung 10.18 habe ich einen *linearen Verlauf*, von *Vorder- zu Hintergrundfarbe* und die *Vordergrundfarbe weiß* eingestellt. (Wenn Sie sich unsicher sind, lesen Sie noch mal den Abschnitt »Arbeiten mit Ebenenmasken« ab Seite 137.)

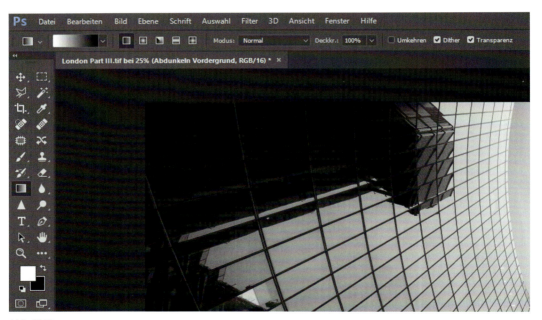

Abb. 10.18

> **Tipp**
> Diese Dinge müssen Sie beim Arbeiten mit dem Verlaufswerkzeug beachten:
> - Achten Sie darauf, dass die Deckkraft in der Optionsleiste auf dem gewünschten Wert steht (meist 100%).

> - Der erste Verlauf, den Sie setzen, ist immer der von der Vorder- zur Hintergrundfarbe. Beide Farben legen Sie im Farbwahl-Feld in der Werkzeugleiste links unten fest – wichtig ist, dass dies Schwarz und Weiß sind (wie Sie aus dem Grundkurs wissen, wendet Weiß den gewählten Effekt an – hier die Gradationskurve – und Schwarz nicht).
> - Sie können den Verlauf von der Vorder- zur Hintergrundfarbe immer nur einmal pro Bild oder Auswahl setzen. Wenn Sie weitere Verläufe setzen wollen, nutzen Sie den Verlauf von der Vordergrundfarbe zu Transparent. Hiervon können Sie beliebig viele Verläufe setzen.
> - Je länger Sie einen Verlauf ziehen, umso sanfter wird der Übergang von hell nach dunkel – je kürzer, desto härter. Sie können einen Verlauf auch außerhalb des Bilds beginnen lassen oder über das Bild hinaus ziehen.
> - Die gesetzten Verläufe sehen Sie in der Ebenenmaske rechts (denken Sie daran: Weiß wendet den gewählten Effekt an, Schwarz nicht). Um die Maske größer anzeigen zu lassen, klicken Sie mit gedrückter [Alt]-Taste darauf – ein Klick auf die Hintergrundebene bringt Sie zurück zur Bildansicht.

In Abbildung 10.19 setze ich das Verlaufswerkzeug etwa im unteren Viertel des Bilds an und ziehe den Verlauf etwa ein weiteres Viertel nach oben. Beobachten Sie, was rechts in der Anzeige der Einstellungsebene passiert: Hier sehen Sie nun den genauen Verlauf des Filters. Sie haben das Bild also in einen weißen und einen schwarzen Bereich eingeteilt – und die Gradationskurve wirkt nur im weißen Bereich (dem unteren Teil des Treppenhauses). Wenn Ihnen Ihr erster Versuch des Verlaufs nicht gefällt, können Sie den Verlauf einfach nochmal ziehen. So wie die Einstellungen hier sind (*Vorder- zu Hintergrundfarbe*), bekommen Sie jedes Mal einen neuen Verlauf.

Abb. 10.19

Da mir der abgedunkelte Bereich noch zu klein ist, füge ich in Abbildung 10.20 zwei weitere Verläufe auf der *Ebenenmaske* hinzu. Dazu ändere ich die Einstellung von *Vorder- zu Hintergrundfarbe* auf *Vordergrundfarbe zu Transparent*, weil in dieser Einstellung der bisherige Verlauf erhalten bleibt und ich beliebig viele Verläufe hinzufügen kann.

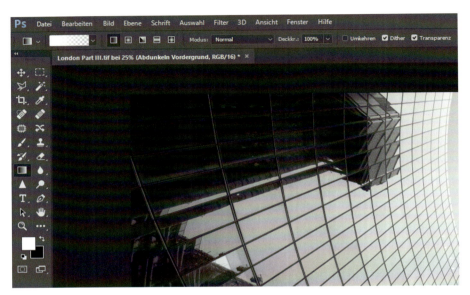

Abb. 10.20

Mit insgesamt drei kombinierten Verläufen sieht die Ebenenmaske nun so aus wie in Abbildung 10.21 (klicken Sie bei gedrückter [Alt]-Taste in die Ebenenmaske, um diese Ansicht zu erhalten – auf die gleiche Weise gelangen Sie zurück in die Standardansicht).

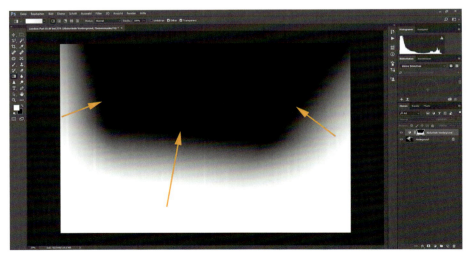

Abb. 10.21

Abb. 10.22

Weil mir die Gebäude im Bild aber noch nicht dunkel genug sind, kopiere ich die Einstellungsebene (Rechtsklick auf die Einstellungsebene → *Ebene duplizieren* ...). Da ich damit nicht nur die Gradationskurve, sondern auch die Ebenenmaske kopiere, aber hier einen anderen Verlauf haben möchte, wähle ich wieder die Verlaufsart *Vorder- zu Hintergrundfarbe*. Damit ziehe ich dann von unten einen neuen Verlauf in das Bild, der den vorherigen überschreibt, ergänzt durch einen weiteren mit der Einstellung *Vordergrund zu Transparent* (etwas härter, also kürzer), den ich von oben rechts ins Bild ziehe. Um den Himmel unbeeinflusst zu lassen, habe ich diesen vorher als umgekehrte Auswahl über *Auswahl → Auswahl laden → Himmel → Umkehren → OK* (siehe Abbildung 10.23) geladen und ziehe dann den Verlauf wie schon beschrieben (siehe Abbildung 10.24).

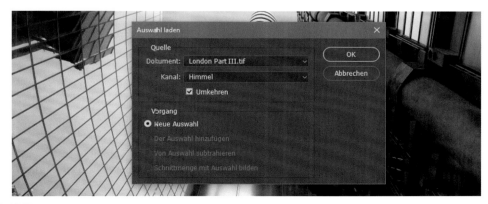

Abb. 10.23

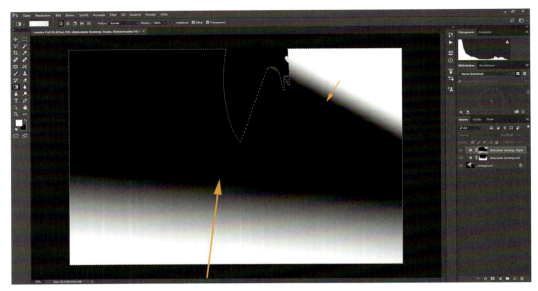

Abb. 10.24

Nun gefällt es mir nicht, dass man unter dem Treppenhaus noch so viele Details erkennen kann, und so erstelle ich – die Auswahl des Himmels habe ich mit [Strg]+[D] (Mac: [CMD]+[D]) deaktiviert – eine neue Einstellungsebene mit einer Gradationskurve und dunkle noch mal speziell die dunkleren Töne weiter ab. Anschließend ziehe ich (siehe Abbildung 10.25) wieder einen eher kurzen Verlauf (Vorder- zu Hintergrundfarbe) von unten in das Bild, damit die Gradationskurve nur in diesem Bereich angewendet wird (prüfen Sie die Wirkung auch auf der Ebenenmaske).

Abb. 10.25

Nachdem ich erst einmal viel abgedunkelt habe, möchte ich nun einige Highlights setzen, also bestimmte Bereiche im Bild aufhellen, um so einzelne Teile des Bilds mehr hervorzuheben. Durch das gezielte Setzen von Licht oder auch Schatten wirken Objekte auf einem Foto bzw. das gesamte Bild insgesamt plastischer (ich erkläre das näher im Abschnitt »Helligkeitsverläufe zur Schaffung von mehr Dreidimensionalität und Präsenz« ab Seite 292).

In Abbildung 10.26 starte ich mit dem Treppenhaus, bei dem ich die schon vorhandene Helligkeit und die Wölbung noch mehr betonen möchte. Dazu erstelle ich wieder eine Einstellungsebene mit einer Gradationskurve und ziehe die Kurve vor allem in den hellen Bereichen leicht nach oben. Danach invertiere ich diese mit [Strg]+[i] (Mac: [CMD]+[i]), sodass die gesamt Ebenenmaske nun schwarz wird und somit nicht mehr angewandt wird.

Da die Gradationskurve nur in einem bestimmten Bereich des Bilds angewandt werden soll, lade ich zunächst wieder die umgekehrte Auswahl *Himmel* (damit sich die folgenden Bearbeitungen nicht auf diesen auswirken) und ziehe nun einen reflektierten Verlauf (*Vorder- zu Hintergrundfarbe*) entlang der Spiegelung auf der Wendeltreppe auf, um diese zu betonen. In Abbildung 10.27 sehen Sie dabei entstandene Maske (nach [Alt]-Klick auf die Maske im Ebenenstapel) – der Pfeil zeigt wieder die Zugrichtung der Maus. Auch das ist Übungssache und Sie werden mehrmals ansetzen müssen.

Abb. 10.26

Tipp
Bei den reflektierten Verläufen sollten Sie etwas üben und ausprobieren, bis der Verlauf wirklich genau in dem Winkel durchs Bild läuft, wie Sie es möchten. Schon minimale Abweichungen beim Aufziehen des Verlaufs können dazu führen, dass der Verlauf einen ganz anderen Winkel bekommt. Kleine Hilfe: Das helle Zentrum des reflektierten Verlaufs steht immer im rechten Winkel zur Zugrichtung der Maus.

Abb. 10.27

Das Resultat dieser Bearbeitung sehen Sie in Abbildung 10.28 – die Rundungen des Treppenhauses wirken deutlich plastischer.

Abb. 10.28

In gleicher Weise verfahre ich dann in Abbildung 10.29 mit den Rohren und Streben rechts im Bild, indem ich wie zuvor beim Treppenhaus jeweils eine Einstellungsebene mit Gradationskurve und einem reflektierten Verlauf erstelle, den ich entlang der Rohre nach oben aufziehe. So betone ich auch hier die Highlights und Rundungen der Elemente.

Abb. 10.29

Als Nächstes widme ich mich in Abbildung 10.30 dem Himmel. Dazu kehre ich die bestehende Auswahl (die den Himmel ja maskiert) über *Auswahl → Auswahl umkehren* um und dunkle den gesamten Himmel zunächst mithilfe einer neuen Einstellungsebene mit einer Gradationskurve ab.

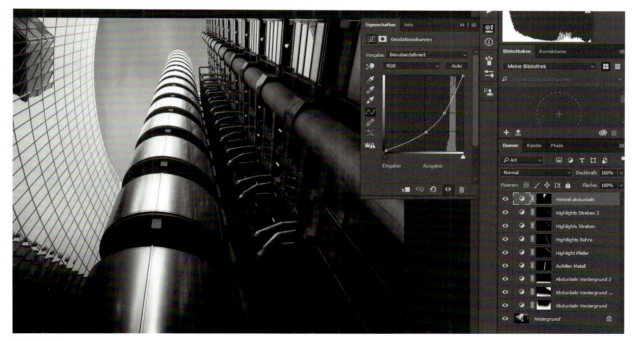

Abb. 10.30

> **Hinweis**
> Aktive Auswahlen werden beim Erstellen einer Einstellungsebene in eine Maske umgewandelt und deaktiviert. Wenn Sie die Auswahl noch benötigen, müssen Sie diese neu laden.

Anschließend lade ich in Abbildung 10.31 die Auswahl des Himmels erneut, erstelle eine neue Einstellungsebene mit Gradationskurve und ziehe die Gradationskurve im hellen Bereich nach oben. Nun muss ich die Auswahl erneut laden, um nur innerhalb des Himmels zu arbeiten, und setze mit einem reflektierten Verlauf (*Vorder- zu Hintergrundfarbe*, von links oben nach rechts unten) ein Highlight im Himmel.

Das Ergebnis sehen Sie in Abbildung 10.32.

Abb. 10.31

Abb. 10.32

Da mir der Effekt noch nicht ausreicht, dupliziere ich die Einstellungsebene. Dies mache ich oft, weil es mir günstiger erscheint, als die Gradationskurve noch steiler zu ziehen. Wenn mir der Effekt durch die Verdoppelung zu stark erscheint, reguliere ich dies über die *Deckkraft* der neu gesetzten Einstellungsebene (wie Sie in Abbildung 10.33 sehen, ist das hier aber nicht nötig).

Abb. 10.33

Nun möchte ich in Abbildung 10.34 mithilfe einer Gradationskurve und eines Radialverlaufs eine Weiterführung des Lichteffekts des Himmels auf der gebogenen Fensterfront herstellen. Dafür lade ich nun auch die Auswahl, die ich zu Beginn von dem Gebäude erstellt habe (die nachfolgende Bearbeitung wird sich also nur auf diese Auswahl auswirken). Dann erstelle ich eine neue Einstellungsebene mit Gradationskurve, ziehe hier den hellen Anteil hoch und lade anschließend die Auswahl erneut und setze einen Radialverlauf (*Hintergrund- zu Vordergrundfarbe*), ausgehend vom Rand des Gebäudes bis in die vierte, fünfte Fensterreihe von oben.

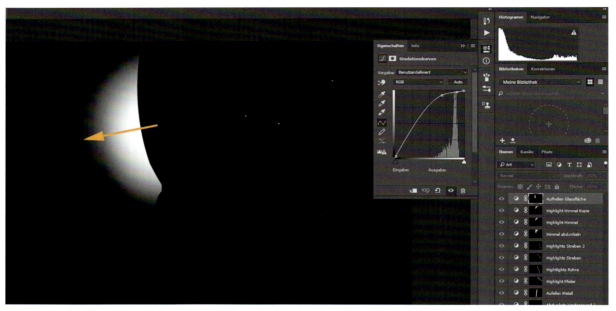

Abb. 10.34

Abb. 10.35

Auch hier reicht mir der Effekt noch nicht aus, sodass ich die Einstellungsebene ebenfalls kopiere. Nun möchte ich aber nicht denselben Verlauf verwenden, sondern kombiniere mehrere Verläufe. Alle Verläufe sollen nur auf die Fensterfront wirken, also lade ich erneut die entsprechende Auswahl. Dann ziehe ich einen reflektierten Verlauf (*Vorder- zu Hintergrundfarbe*) von der obersten Etage des Treppenhauses nach links oben, tausche Vorder- und Hintergrundfarbe und ziehe mehrere lineare Verläufe (*Vordergrund zu Transparent*) von links ein – in Abbildung 10.36 sehen Sie die dabei entstandene Maske und in Abbildung 10.37 das Ergebnis im Bild.

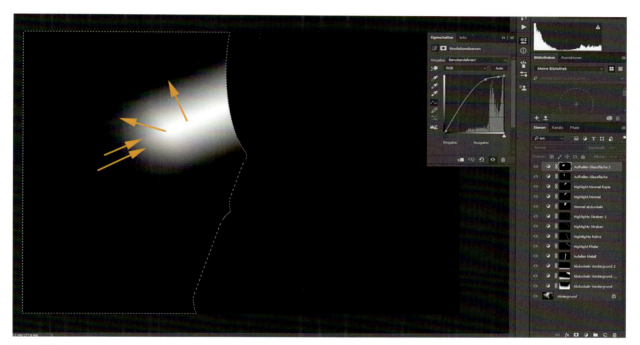

Abb. 10.36

Da mir die Fensterfront nun etwas zu hell ist und ich außerdem ihre Rundung noch etwas betonen möchte, erstelle ich wieder eine Einstellungsebene mit Gradationskurve und ziehe die helleren Töne leicht nach unten (die Auswahl der Fensterfront bleibt aktiv). Damit die dunkleren Töne unverändert bleiben, ziehe ich die Gradationskurve ab der Mitte zurück auf die Diagonale. Anschließend lade ich die Auswahl erneut und kombiniere zwei lineare Verläufe, indem ich einen von schräg oben und einen von schräg unten aufziehe (siehe Abbildung 10.38). Vorher habe ich Vordergrund- und Hintergrundfarbe wieder getauscht, sodass Weiß wieder die Vordergrundfarbe ist.

286 Die Photoshop CC-Workshops

Abb. 10.37

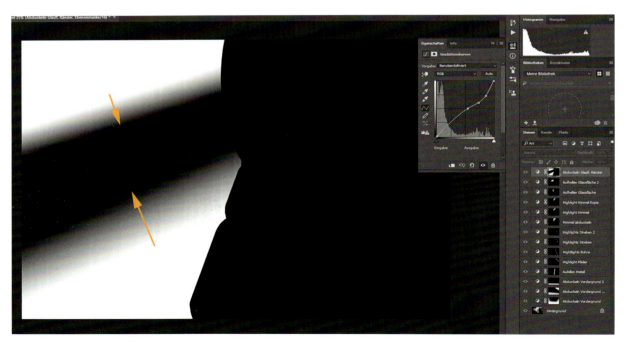

Abb. 10.38

Abb. 10.39

Auch hier reicht mir der Effekt nicht aus, daher ziehe ich bei noch geladener Auswahl des Gebäudes auf einer neuen Einstellungsebene erneut an der Gradationskurve, lade wiederum die Auswahl und füge – siehe Abbildung 10.40 und Abbildung 10.41 – zwei steilere, lineare Verläufe ein.

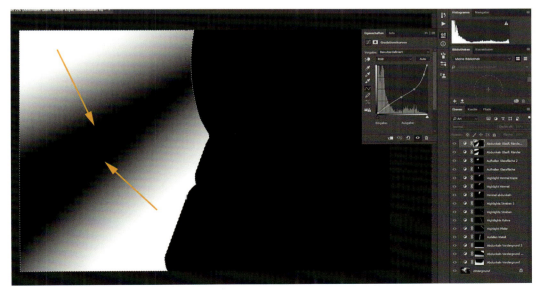

Abb. 10.40

Abb. 10.41

Die Spitzen der Wendeltreppe und des Gebäudes rechts erscheinen mir nun im Vergleich etwas zu dunkel. Da ich den Himmel nicht weiter beeinflussen möchte, lade ich die Auswahl des Himmels und kehre sie um, sodass nun nur die Gebäude ausgewählt sind. Nun erstelle ich eine neue Einstellungsebene mit Gradationskurve, ziehe diese leicht nach oben, lade die vorherige Auswahl erneut und ziehe einen kleinen Radialverlauf auf (Abbildung 10.42). Wie Sie sehen, liegt das Zentrum des kreisförmigen Radialverlaufs im nicht ausgewählten Bereich des Himmels.

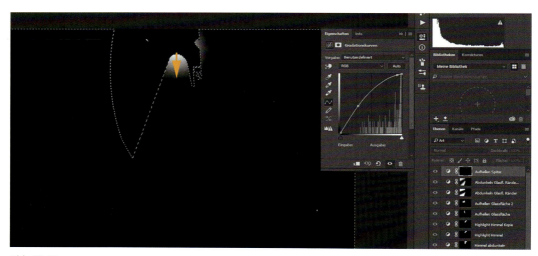

Abb. 10.42

Nun ist das Bild soweit eigentlich fertig (Abbildung 10.43).

Abb. 10.43

Anschließend mache ich die letzten Anpassungen in Lightroom. Ich exportiere meine Bilder immer von dort aus und auch das Schärfen mache ich in der Regel dort.

Da mich nun doch noch die Lichter im Gebäude und die Beule an der Wendeltreppe stören, führe ich noch ein paar Bereichsreparaturen in Lightroom durch. Diese hätte ich prinzipiell auch bereits in Photoshop machen können und mache sie dort auch oft (ich erkläre weiter unten ab Seite 332 im Abschnitt »Retusche«, welche Hilfsmittel Photoshop dafür zur Verfügung stellt).

Außerdem stört es mich nun irgendwie doch, dass die Linie an der Spitze des rechten Gebäudes nicht wirklich senkrecht verläuft, und ich drehe das Bild ein bisschen. Zudem gefällt mir der Ausschnitt im Verhältnis 2:3 nicht mehr so gut und ich wähle stattdessen das Format 3:4.

Zusätzlich erhöhe ich noch etwas den *Kontrast* und die *Klarheit*.

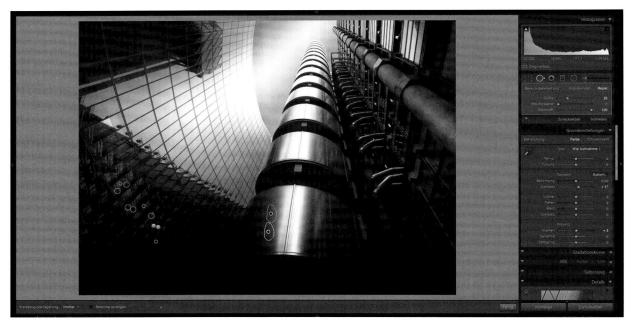

Abb. 10.44

Abb. 10.45

Ganz zum Schluss schärfe ich das Bild noch etwas nach. Dabei nutze ich immer die Funktion *Maskieren*. Wenn Sie diesen Regler mit gedrückter Alt-Taste bewegen, werden Ihnen die Bereiche angezeigt, die geschärft (weiß) bzw. nicht geschärft (schwarz) werden. Ich achte immer darauf, den Himmel möglichst wenig zu schärfen und primär die Kanten und nicht so sehr die Flächen nachzuschärfen.

Abbildung 10.46 zeigt das fertige Bild.

Abb. 10.46

Wie Sie sehen konnten, besteht die Bearbeitung meiner Architekturbilder in Photoshop hauptsächlich darin, bestimmte Bereiche aufzuhellen oder abzudunkeln, also gezielt Licht und Schatten zu setzen. Dies wiederhole ich solange, bis das Ergebnis meiner Vision oder Wirklichkeit von dem Gebäude oder Gebäudekomplex entspricht. Vor und nach der Bearbeitung in Photoshop kommt jeweils Lightroom zum Einsatz.

10.3 Hilfreiche Tricks und Techniken

Nachdem Sie nun einen Überblick bekommen haben, wie ein Workflow aussehen könnte und wie er bei mir auch tatsächlich aussieht, möchte ich Ihnen in diesem Absatz anhand von verschiedenen Bildern meine Arbeitsweise und weitere Techniken noch etwas genauer erläutern.

10.3.1 Helligkeitsverläufe zur Schaffung von mehr Dreidimensionalität und Präsenz

Am Beispiel des oben beschriebenen kompletten Workflows haben Sie es gesehen: Eines der wesentlichen Werkzeuge in meiner Arbeit mit Photoshop neben der Gradationskurve ist das Verlaufswerkzeug. Warum nutze ich das eigentlich so viel – ich könnte dieselben Effekte doch auch zum Beispiel mithilfe von Dodge & Burn erreichen? Ja, das könnte ich sicherlich auch. Ich finde das Verlaufswerkzeug allerdings unglaublich vielseitig, leicht und schnell einzusetzen und man erhält je nach Länge des Verlaufs sehr sanfte Übergänge, was mithilfe von Dodge & Burn deutlich schwerer und zeitaufwendiger zu erreichen ist. Außerdem eignet sich dieses Werkzeug wunderbar dazu, den Effekt von Dreidimensionalität und Präsenz im Bild zu erhöhen.

Vielleicht erinnern Sie sich noch an Ihren Kunstunterricht und daran, wie Sie beim Zeichnen zum Beispiel mithilfe von Schraffuren – also letztlich mit dem Einsatz von Licht und Schatten – Dreidimensionalität erzeugen sollten. Genauso können Sie das Verlaufswerkzeug nutzen.

Um zu illustrieren, was ich meine, habe ich Ihnen in Abbildung 10.47 drei einfache geometrische Figuren zusammengestellt, wie sie auch häufig in der Architektur vorkommen.

Abb. 10.47

Die obere Reihe wirkt dabei trotz gewisser Dreidimensionalität doch eher zweidimensional und wenig plastisch. Die untere Reihe zeigt genau dieselben geometrischen Figuren, nur dass ich diesmal mit Verläufen (reflektiert, radial und linear) gearbeitet habe. In der Folge wirken die unteren Figuren deutlich dreidimensionaler. Genau diesen Effekt können Sie mithilfe der Verläufe auch in Ihren Bildern erzeugen.

Wenn Sie sich noch einmal den Würfel genauer anschauen, dann sehen Sie, dass auch die Kanten durch die Verläufe deutlich schärfer wirken als oben. Auch dies ist ein positiver Aspekt bei der Arbeit mit dem Verlaufswerkzeug.

Nun möchte ich Ihnen den Effekt an einem weiteren meiner Bilder veranschaulichen.

Abb. 10.48

In Abbildung 10.48 habe ich in Photoshop bereits einiges bearbeitet und es gefällt mir auch schon sehr gut. Ich möchte allerdings die Kanten des Brückenpfeilers und seine Dreidimensionalität noch mehr betonen. Deswegen erstelle ich zunächst mehrere Auswahlen von den einzelnen Flächen des Brückenpfeilers und speichere diese. Dann lade ich die Auswahl der mittigen Fläche und erstelle wieder eine Einstellungsebene mit einer Gradationskurve und ziehe die Kurve leicht nach unten, sodass primär die hellen Töne – aber nur in der Auswahl – abgedunkelt werden. Da die Auswahl durch die Erstellung der Einstellungsebene verschwindet, muss ich sie für die nächsten Schritte erneut laden. Weil die Fläche eine starke Biegung aufweist, arbeite ich hier mit mehreren Verläufen mit der Einstellung *Vordergrund- zu Hintergrundfarbe* (Weiß zu Schwarz) bzw. ab dem zweiten Verlauf mit der Einstellung *Vordergrundfarbe (Weiß) zu Transparent*, die ich von unten oder schräg unten auf der Einstellungsebene in die Auswahl ziehe (siehe die Pfeile in der Maskenansicht von Abbildung 10.49).

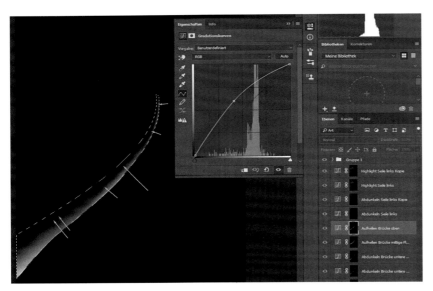

Abb. 10.49

Der Effekt reicht mir noch nicht aus, deswegen kopiere ich die Einstellungsebene.

Um den Effekt dann weiter zu verstärken, erstelle ich in Abbildung 10.50 eine weitere Einstellungsebene mit Gradationskurve, nur ziehe ich die Kurve diesmal leicht nach oben. Dann wiederhole ich den Ablauf: Ich lade die Auswahl erneut und kombiniere mehrere Verläufe, die ich von unten in die Auswahl ziehe. Diesmal nutze ich Schwarz als Vorder- und Weiß als Hintergrundfarbe – zunächst mit einem Verlauf *Vorder- zu Hintergrundfarbe* und ab dem zweiten Verlauf *Vordergrund zu Transparent*.

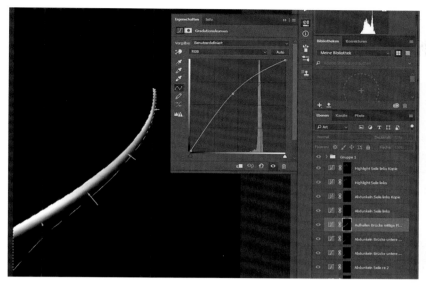 

Abb. 10.50

Da ich auch die oberste Fläche der Brücke bearbeiten möchte, lade ich in Abbildung 10.51 die Auswahl der entsprechenden Fläche und erstelle wieder eine Einstellungsebene mit einer Gradationskurve, die ich ein ganzes Stück nach oben ziehe. Mit den Verläufen verfahre ich dann genauso wie bei der letzten Auswahl.

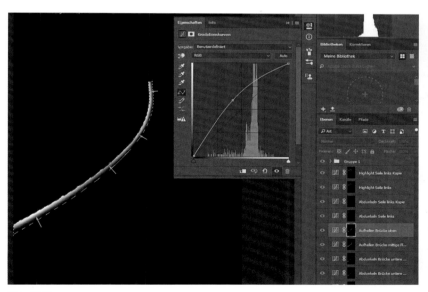 

Abb. 10.51

Der Effekt reicht mir noch nicht ganz und so dupliziere ich die Einstellungsebene. Nun bin ich zufrieden. Die Kanten sind betont und der Brückenpfeiler wirkt deutlich dreidimensionaler als zuvor.

Abb. 10.52

Meine beiden nachfolgenden Bilder in Abbildung 10.53 wirken ebenfalls primär durch die oben beschriebenen Effekte.

Workshop Architekturfotografie 297

Abb. 10.53

Unerwünschtes im Dunkeln verschwinden lassen, Akzente setzen mit Licht

Als Architekturfotograf hat man oft das Problem, dass die Gebäude eher nicht frei und mit viel Platz um sie herum stehen, sondern dicht an dicht gebaut sind, oder dass Laternen, Ampeln, Bäume, parkende Autos oder auch Menschen davor stehen. Für manche Arten der Architekturfotografie stellt das auch sicher kein Problem dar. Bei mir ist es so, dass ich das Gebäude absolut im Fokus habe und meistens keine lebenden oder ablenkenden Elemente im Bild haben möchte. Im ersten Abschnitt habe ich Ihnen schon erklärt, wie Sie mithilfe von Langzeitbelichtungen sich bewegende Menschen und Autos verschwinden lassen können. Im nächsten Abschnitt zeige ich Ihnen, wie Sie Störendes in *Unschärfe* verschwinden oder zumindest in den Hintergrund treten lassen können. In diesem Abschnitt lernen Sie, wie Sie Unerwünschtes in der *Dunkelheit* verschwinden lassen können oder andererseits bestimmte Elemente mithilfe von Licht hervorheben können.

Abbildung 10.54 zeigt den Großmarkt in Hamburg. Leider ist es mir nicht gelungen, das Gebäude ohne die vielen störenden Lkw und den Zaun zu fotografieren. Mir gefiel aber die Form des Gebäudes so sehr, dass ich trotzdem etwas daraus machen wollte. Einige Bearbeitungsschritte sind in Lightroom, Silver Efex 2 und in Photoshop schon erfolgt, die störenden Elemente sind allerdings noch gut im Bild zu sehen.

Abb. 10.54

Diese möchte ich nun verschwinden lassen und zwar in der Dunkelheit.

Dazu gehe ich nach der nun schon bekannten Methode vor: Ich erstelle eine Einstellungsebene mit einer Gradationskurve und ziehe den Weißpunkt (das rechte, obere Ende der Kurve) stark nach unten. Dann ziehe ich von unten einen linearen Verlauf in das Bild.

Der Effekt ist mir noch nicht stark genug und ich kopiere die Einstellungsebene zweimal. Damit der Verlauf nicht zu abrupt endet, ziehe ich nun auf der zuletzt kopierten Einstellungsebene einen neuen linearen Verlauf bis etwa zur Mitte des sichtbaren Teils des Gebäudes. Diese Einstellungsebene kopiere ich erneut und bin nun zufrieden mit dem Ergebnis (Abbildung 10.55).

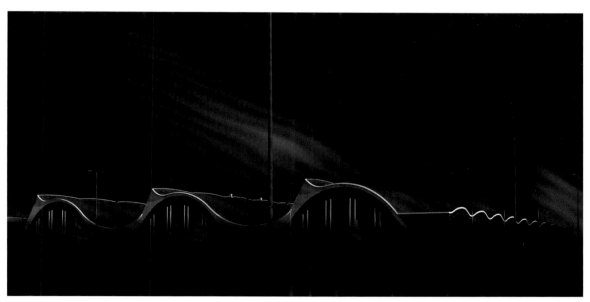

Abb. 10.55

Mich faszinieren an diesem Gebäude besonders die organischen Formen und diese möchte ich nun noch ein bisschen in den Vordergrund rücken. Dazu erstelle ich eine Auswahl der Formen, die ich betonen möchte und hel e diese Bereiche mithilfe einer Einstellungsebene und einer Gradationskurve auf (Abbildung 10.56).

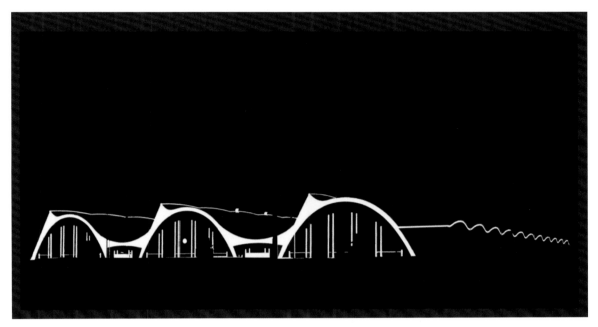

Abb. 10.56

Nun bin ich mit dem Bild zufrieden (Abbildung 10.57).

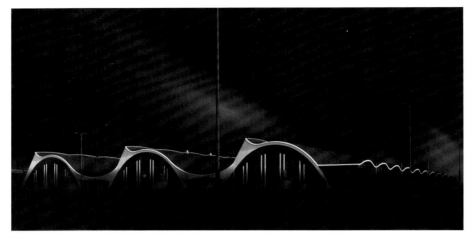

Abb. 10.57

In Abbildung 10.58 sehen Sie zwei weitere meiner Bilder, die ich in ähnlicher Weise bearbeitet habe, um Unerwünschtes in der Dunkelheit fast verschwinden zu lassen und mir wichtige Dinge und Formen mithilfe von Licht hervorzuheben.

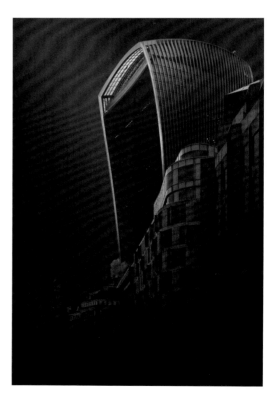

Abb. 10.58

Unerwünschtes/Unwichtiges in Unschärfe verschwinden lassen

Eine weitere Möglichkeit, Unerwünschtes oder Unwichtiges in den Hintergrund treten zu lassen, ist die Verwendung von Weichzeichnungsfiltern. Das Olympia-Schwimmstadion in London ist sehr groß und entsprechend musste ich etwas weiter zurückgehen, um es als Ganzes zu fotografieren. Sowohl im Vordergrund als auch um das Gebäude herum gibt es einige Dinge, die ich eher in den Hintergrund treten lassen möchte, um den Fokus voll auf das Gebäude zu richten.

Wie Sie in Abbildung 10.59 sehen, habe ich an dem Bild bereits ein paar Änderungen bezüglich des Himmels und des Gebäudes vorgenommen. Auch habe ich die mich störenden Elemente schon etwas abgedunkelt.

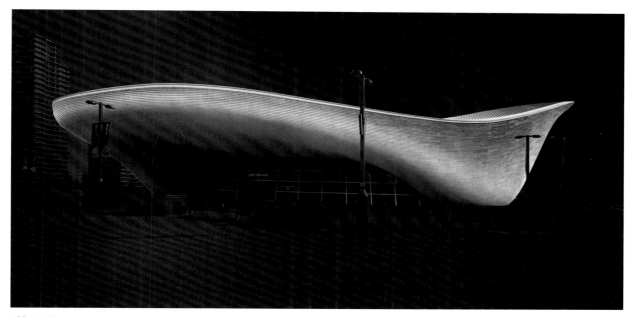

Abb. 10.59

Dadurch ist die Umgebung um das Stadion schon deutlich weniger prägnant. Ich möchte sie aber noch mehr in den Hintergrund treten lassen. Da unsere Wahrnehmung so organisiert ist, dass Unscharfes in den Hintergrund tritt und Scharfes mehr in den Fokus gerät, möchte ich diesen Effekt hier nutzen.

Dazu erzeuge ich mit der Tastenkombination [Strg]+[⇧]+[Alt]+[E] (auf dem Mac: [CMD]+[⇧]+[Alt]+[E]) eine neue Ebene, auf der alles Sichtbare abgebildet ist (im Protokoll sehen Sie darauf den Eintrag *Stempel:Sichtbar*). Dann wandle ich – siehe Abbildung 10.60 – die Ebene über *Ebene → Smartobjekte → in Smartobjekt konvertieren* in ein Smartobjekt um. Das hat den Vorteil, dass aus dem Filter, den Sie gleich anwenden, ein Smartfilter wird, den sie auch verändern können, wenn Sie die Datei später erneut öffnen (mehr zu Smartobjekten ab Seite 158 und zu Smartfiltern ab Seite 169).

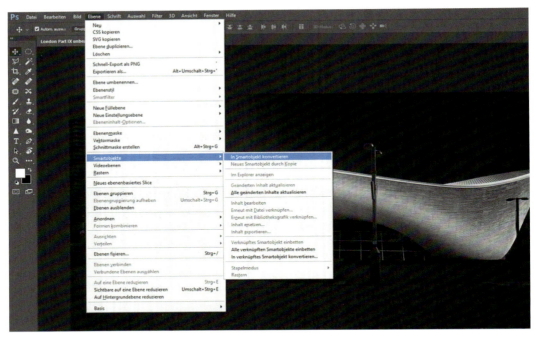

Abb. 10.60

Auf dieses Smartobjekt wende ich nun in Abbildung 10.61 über *Filter* → *Weichzeichnungsfilter* → *Gaußscher Weichzeichner* einen Weichzeichner an.

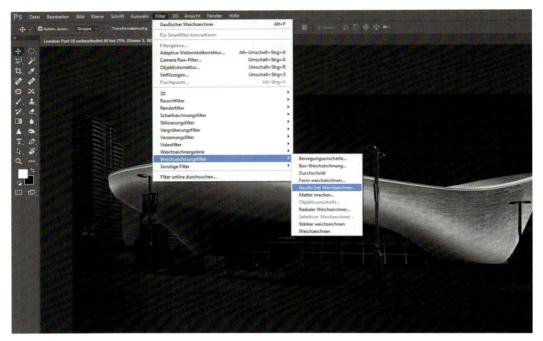

Abb. 10.61

Für den *Radius* wähle ich hier den Wert *3,5* (Abbildung 10.62). Ich probiere dabei immer etwas herum, verschiebe den Regler hin und her und schaue, was mir gefällt. Hier wollte ich nur einen dezenten Effekt. Bei anderen Bildern oder je nach Geschmack kann daher ein anderer Wert sinnvoll sein. Da ich bei *Vorschau* ein Häkchen gesetzt habe, sehe ich sofort, wie sich der Filter auf das Bild auswirkt.

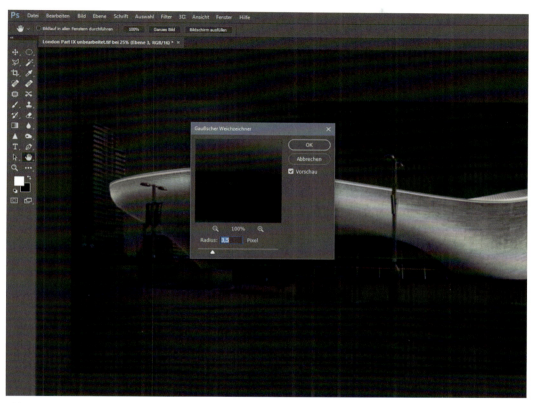

Abb. 10.62

Nun möchte ich aber natürlich nicht das gesamte Bild unscharf haben. Daher lade ich eine Auswahl des Gebäudes und der Laternen und gehe mit einem großen Pinsel mit *100 % Deckkraft* und schwarzer Farbe über die Ebenenmaske des Filters (Sie erinnern sich: Schwarz hebt den Effekt der zugehörigen Ebene auf). Diese so übermalten Elemente sind nun wieder scharf. Dann mache ich mir den Pinsel etwas kleiner und ganz weich und male mit nur etwa *25 % Deckkraft* mehrfach über den zentralen Bereich des Himmels und über den Bereich vor dem Stadion, da ich primär die Gebäude rechts und links unscharf haben möchte und nicht den Himmel und den Bereich vor dem Stadion. Die Ebenenmaske sieht dann am Ende aus wie in Abbildung 10.63.

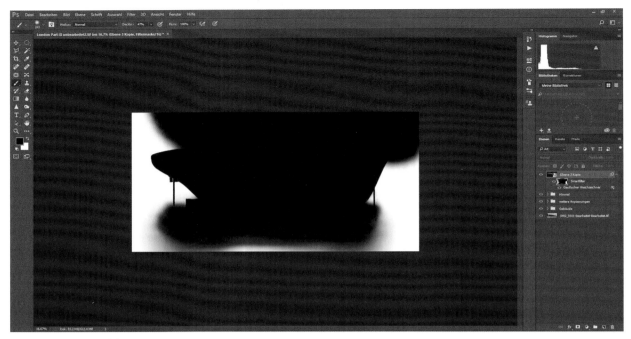

Abb. 10.63

Das Ergebnis gefällt mir nun sehr gut, das Schwimmstadion tritt mehr in den Vordergrund und die ablenkenden Elemente eher in den Hintergrund.

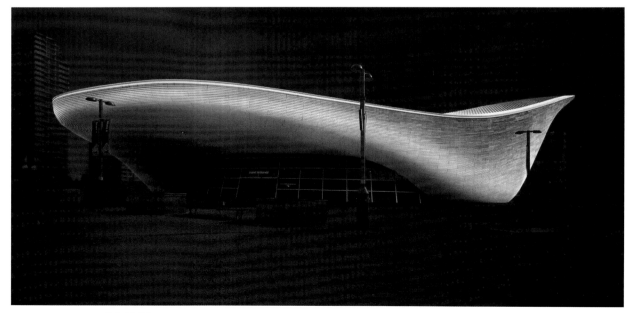

Abb. 10.64

Meine beiden Bilder in Abbildung 10.65 habe ich auf ähnliche Weise bearbeitet:

Abb. 10.65

Bewegung/Dynamik erzeugen mithilfe des Filters Bewegungsunschärfe
Mithilfe einer Langzeitbelichtung können Sie Zeit in gewisser Weise auf dem Bild sichtbar machen. Es entsteht so ein Eindruck von Bewegung und Dynamik.

Sollten Sie nicht die Möglichkeit haben, eine Langzeitbelichtung zu machen, oder sich noch Objekte im Bild befinden, die zu langsam oder statisch waren und die Sie nicht in der Art im Bild haben möchten, so können Sie den Weichzeichnungsfilter *Bewegungsunschärfe* nutzen, um den Effekt zu simulieren.

Ich zeige Ihnen dies am Beispiel von Abbildung 10.66. Die Gebäude und der Himmel sind hier schon bearbeitet. In meinen Bildern mag ich üblicherweise keine lebenden Objekte, sodass ich einzelne Personen gerne *verschwinden* lasse.

Abb. 10.66

Um den Effekt zu erzeugen, erzeuge ich mit der Tastenkombination [Strg]+[Shift]+[Alt]+[E] eine neue Ebene, auf der alles Sichtbare abgebildet ist (*Stempel:Sichtbar*) und wende auf diese über *Filter → Weichzeichnungsfilter → Bewegungsunschärfe* den entsprechenden Filter an (Abbildung 10.67). Wenn Sie die Möglichkeit haben möchten, den Filter im Nachhinein noch zu verändern, können Sie die Ebene vorher in ein Smartobjekt konvertieren, wie im letzten Abschnitt beschrieben. Den *Winkel* stelle ich auf *0 Grad* und den *Abstand* auf *75*.

Abb. 10.67

Dann erstelle ich eine Ebenenmaske für diese Ebene und invertiere sie mit der Tastenkombination [Strg]+[i] (auf dem Mac: [CMD]+[i]), sodass die Ebene nicht mehr angezeigt wird (Schwarz wendet den Ebeneneffekt nicht an). Als Nächstes aktiviere ich das Pinselwerkzeug (Abbildung 10.68) und nutze einen sehr weichen, kleineren Pinsel. Die Deckkraft lasse ich bei 100%, den Fluss stelle ich auf 20%.

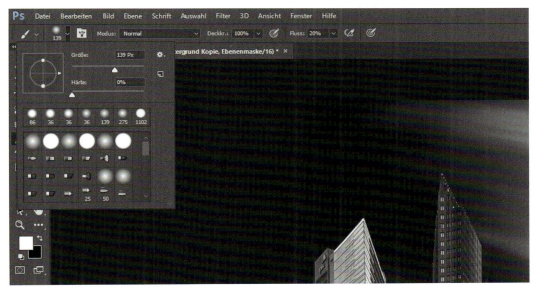

Abb. 10.68

Dann male ich so lange auf der Ebenenmaske über die Menschen, Autos und Fahrräder, bis sie in der Unschärfe fast verschwinden (Abbildung 10.69).

Abb. 10.69

Da mir der Effekt nun etwas zu stark ist, verringere ich die Deckkraft der Ebene auf 90 %, sodass die untere Ebene leicht durchscheint. Das gefällt mir und das Bild ist fertig (Abbildung 10.70).

Abb. 10.70

Diesen Effekt habe ich in ähnlicher Form auch bei den beiden Bildern in Abbildung 10.71 angewandt:

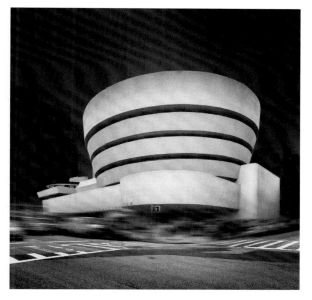

Abb. 10.71

Himmel tauschen

Zu Beginn habe ich Ihnen schon beschrieben, warum ich gerne mit Langzeitbelichtungen arbeite. Tatsächlich ist es aber so, dass es sich bei meinen Gebäudefotografien nicht jedes Mal um eine Langzeitbelichtung handelt. Viele meiner Bilder entstehen auf Reisen und ich kann Glück haben mit dem Wetter oder eben auch nicht. Bei völlig klarem Himmel oder bei Windstille machen Langzeitbelichtungen wenig Sinn. Wenn es regnet, hat man ständig Tropfen auf den Filtern. Außerdem ist das Erstellen von Langzeitbelichtungen zeitaufwendig (manuelle Belichtungsmessung, Fokussierung etc.). Oft bin ich nur kurze Zeit vor Ort und schaffe einfach mehr Motive, wenn ich normal belichte.

Ich bin daher dazu übergegangen, den Himmel gegebenenfalls in Photoshop durch einen langzeitbelichteten Himmel zu ersetzen. Ich erstelle sowieso immer eine eigene Auswahl für den Himmel und bearbeite dieser getrennt vom Rest des Bilds, insofern stellt der Tausch keinen besonderen Aufwand dar. Dazu habe ich mir eine Art *Wolkendatenbank* angelegt, d.h., ich habe bei geeignetem Wetter ausschließlich Langzeitbelichtungen des Himmels erstellt. Diese Bilder habe ich mithilfe von Silver Efex 2 in Schwarz-Weiß konvertiert und füge sie dann in Photoshop als TIFF auf einer neuen Ebene ein. Durch die Möglichkeit, einen bestimmten Himmel zu wählen, diesen durch Drehen, Spiegeln usw. zu verändern, habe ich außerdem die Möglichkeit, meine Bildkomposition und Vision des Bilds durch den Zug der Wolken noch weiter zu unterstützen.

Ich möchte Ihnen dies an einem Beispiel zeigen. In Abbildung 10.72 sehen Sie das ursprüngliche Bild nach den Anpassungen in Lightroom und der Schwarz-Weiß-Umwandlung mithilfe von Silver Efex 2 und einigen weiteren Anpassungen am Gebäude in Photoshop.

Abb. 10.72

Bei diesem Bild hatte ich nie vor, den ursprünglichen Himmel zu verwenden. Auch möchte ich die Strahler mit ihren Halterungen nicht im Bild haben. Daher erstelle ich mit dem Zauberstab und einem Pinsel eine Auswahl vom Himmel inklusive der Strahler und speichere diese – in Abbildung 10.73 zu sehen im Maskierungsmodus. Ich wechsle zurück in den Standardmodus und deaktiviere die Auswahl.

Workshop Architekturfotografie 311

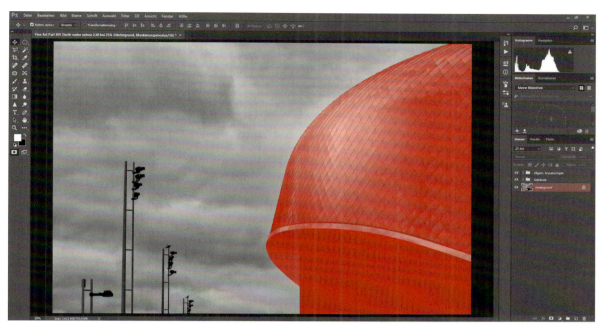

Abb. 10.73

Anschließend öffne ich eine TIFF-Datei aus meiner Wolkendatenbank und ziehe sie in die andere Datei hinüber (d.h. erst auf deren Tab und dann ins Bild, Abbildung 10.74). Das Wolken-TIFF wird dann als eigene Ebene eingefügt.

Abb. 10.74

In Abbildung 10.75 sehen Sie, dass das Wolkenbild etwas kleiner ist als das Bild, an dem ich arbeite. Wenn der Unterschied nicht zu groß ist, ist das kein großes Problem. Ich möchte die Wolkenebene sowieso noch etwas drehen. Um mir besser vorstellen zu können, wie es am Ende aussehen wird, lade ich die Auswahl des Himmels im ersten Bild und erstelle daraus eine Ebenenmaske für die Ebene des Himmels. Damit wird nun das Gebäude eingeblendet und ich kann so schon einmal sehen, wie die neue Wolkenebene als Himmel wirken wird bzw. wie groß ich sie noch transformieren muss.

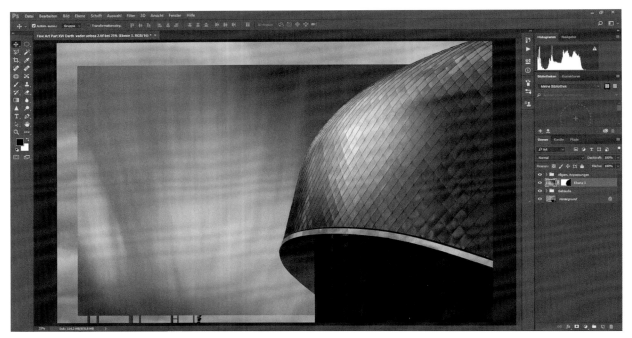

Abb. 10.75

Damit ich die Ebene mit dem neuen Himmel gleich transformieren – also vergrößern und drehen – kann und die Ebenenmaske so bleibt, wie sie ist, klicke ich mit der Maus auf das kleine Kettensymbol zwischen Ebene und Maske und löse so die Verbindung (Abbildung 10.76).

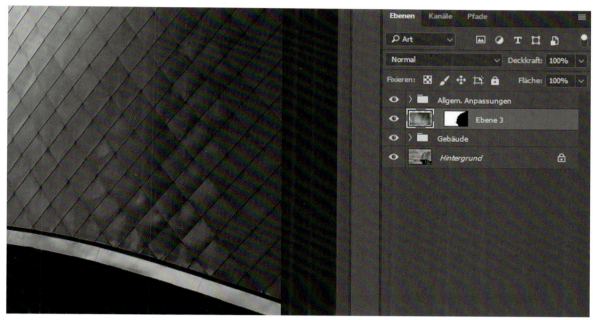

Abb. 10.76

Dann klicke ich mit der Maus auf die Wolkenebene, damit diese als Nächstes bearbeitet werden kann, und aktiviere in Abbildung 10.77 das freie Transformieren der Ebene über den Pfad *Bearbeiten → Frei transformieren* oder über die Tastenkombination [Strg]+[T] (Mac: [CMD]+[T]).

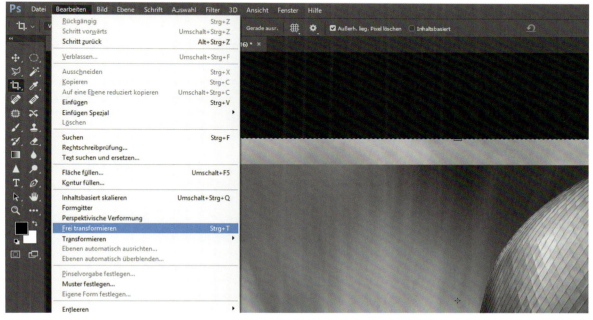

Abb. 10.77

In Abbildung 10.78 vergrößere und drehe ich die Ebene etwas und klicke dann auf den Haken oben.

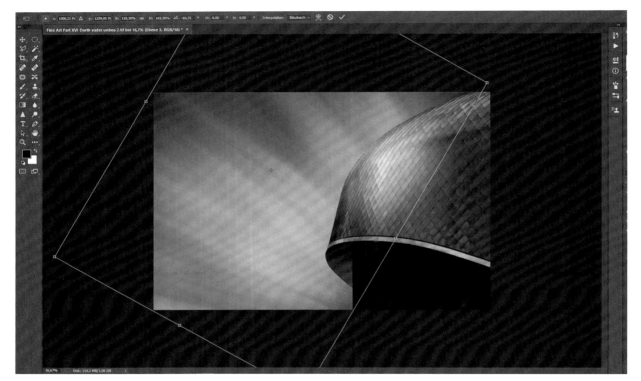

Abb. 10.78

Der Himmel ist mir noch zu hell, also dunkle ich ihn mithilfe einer Einstellungsebene und einer Gradationskurve ab. Damit davon nur der Himmel betroffen ist, klicke ich anschließend mit der Maus bei gedrückter [Alt]-Taste – dabei erscheint ein kleines Pfeilsymbol nach unten – auf die Einstellungsebene. Damit habe ich eine Schnittmaske erstellt, sodass die Gradationskurve nur auf die Auswahl der Ebenenmaske des Himmels wirkt. Alternativ hätte ich natürlich auch vor Erstellen der Einstellungsebene mit Gradationskurve die Auswahl des Himmels laden können. So geht es aber schneller.

Der Effekt in Abbildung 10.79 ist mir noch nicht stark genug und so kopiere ich die Einstellungsebene. Nun ist er mit allerdings etwas zu stark und ich reduziere die Deckkraft der Einstellungsebene auf 88 %.

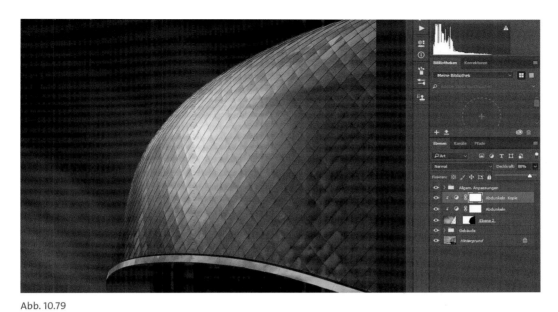

Abb. 10.79

So wie Abbildung 10.80 gefällt mir das Bild und es ist damit fertig.

Abb. 10.80

Bei den beiden Bildern in Abbildung 10.81 konnte ich durch das Tauschen des Himmels die Wolken als gestaltendes Element einsetzen:

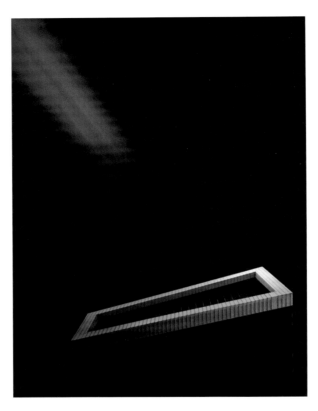

Abb. 10.81

10.3.2 Wasser glätten

Wenn Sie Wasserflächen im Bild haben, lohnt es sich eigentlich immer, eine Langzeitbelichtung zu machen. Wenn dies aus irgendwelchen Gründen nicht möglich ist, können Sie diesen Effekt aber auch in Photoshop simulieren. Am einfachsten gelingt dies mit dem Filter *Bewegungsunschärfe*.

Bei dem in Abbildung 10.82 zu sehenden, in New York aufgenommenen Bild konnte ich aufgrund meines wackligen Aufnahmestandpunkts keine Langzeitbelichtung machen.

Abb. 10.82

Um den Effekt nun zu simulieren, erstelle ich zunächst mit der Tastenkombination [Strg]+[⇧]+[Alt]+[E] (auf dem Mac: [CMD]+[⇧]+[Alt]+[E]) eine neue Ebene, wähle dann in Abbildung 10.83 unter *Filter → Weichzeichnungsfilter* den Filter *Bewegungsunschärfe* aus und stelle den *Winkel* auf *0* und den *Abstand* in diesem Fall auf *550 Pixel*. Wie immer habe ich den Regler etwas hin und her geschoben, bis mir das Ergebnis gefällt. Wenn Sie die Möglichkeit haben möchten, den Filter im Nachhinein noch zu verändern, können Sie die Ebene vorher in ein Smartobjekt konvertieren, wie weiter oben in den Abschnitten »Smartobjekte« und »Smartfilter« ab Seite 158 bzw. Seite 169 beschrieben.

Abb. 10.83

Dabei wird nun ein Problem dieses Filters deutlich. Wie Sie in Abbildung 10.84 sehen, wirkt der Filter an den Rändern weniger sanft, sondern irgendwie grafischer (die linke Seite des Bilds zeigt den linken Seitenrand von Abbildung 10.83).

Abb. 10.84

Günstig ist es, wenn Sie rechts und links noch etwas Platz haben und den Bildausschnitt nach dem Weichzeichnungsfilter einfach etwas verkleinern können.

Bei mir geht das nicht, weshalb ich einen anderen Weichzeichnungsfilter anwende, um den Effekt zu reduzieren. Ich wähle dazu unter *Filter* → *Weichzeichnungsfilter* den *Gaußschen Weichzeichner* und stelle den *Radius* auf *3,5 Pixel*. So wirkt auch der Randbereich weicher und weniger grafisch (Abbildung 10.85).

Abb. 10.85

Natürlich möchte ich den Filter letztlich nur auf das Wasser anwenden und erstelle daher für die Ebene eine Ebenenmaske, invertiere sie mit ⌜Strg⌝+⌜I⌝ (auf dem Mac: ⌜CMD⌝+⌜I⌝), sodass der Effekt nicht mehr angezeigt wird, und ziehe einen kurzen Verlauf (von weißer Vordergrundfarbe zu schwarzer Hintergrundfarbe) von kurz vor der Kaimauer bis zur Kaimauer. Da die Kaimauer keine gerade Linie ergibt, male ich mit einem kleinen, leicht weichen Pinsel noch mal mit weißer Farbe an den Konturen entlang und verbessere so die Maske etwas.

Abbildung 10.86 zeigt das fertige Bild:

Abb. 10.86

Eine weitere Möglichkeit besteht darin, direkt den Filter *Gaußscher Weichzeichner* zu benutzen. Dies ist aber auch mit bestimmten Schwierigkeiten verbunden, wie Sie gleich sehen werden.

Auch für das Bild in Abbildung 10.87 habe ich keine Langzeitbelichtung gemacht und möchte ganz besonders weiches Wasser in Photoshop erzeugen.

Abb. 10.87

Ich erstelle über die Tastenkombination [Strg]+[⇧]+[Alt]+[E] (auf dem Mac: [CMD]+[⇧]+[Alt]+[E]) eine neue Ebene und lade dann eine zuvor gespeicherte Auswahl des Wassers. Nun wähle ich über *Filter* → *Weichzeichnungsfilter* → *Gaußscher Weichzeichner* den Filter aus und stelle in Abbildung 10.88 den *Radius* auf *55 Pixel*.

Dabei wird nun auch das Problem dieses Filters deutlich. Gerade auch in Verbindung mit Gradationskurven kann es durch den Filter zu Tonwertabrissen kommen, wie Sie sie in Abbildung 10.88 z.B. links um den helleren Bereich des Wassers sehen können. Wie Sie dieses Problem weitgehend beherrschen können, zeige ich Ihnen weiter unten im Abschnitt »Tonwertabrisse« ab Seite 324.

Abb. 10.88

10.3.3 Wasserspiegelungen erzeugen

Vielleicht haben Sie auch schon mal Bilder von Skylines mit tollen Spiegelungen bewundert. Wenn diese Skylines an Flüssen liegen, würde ich bei einem großen Teil dieser Bilder davon ausgehen, dass die Spiegelungen in Photoshop erzeugt wurden. Fließende Gewässer stehen sehr selten still und auch mithilfe von Langzeitbelichtungen sind solche perfekten Spiegelungen wohl nur sehr selten zu erreichen. Nachdem mir dies erst mal bewusst geworden war, nutze ich den Effekt nun auch manchmal für meine Bilder.

Bei dem in Abbildung 10.89 gezeigten Bild der New Yorker Skyline habe ich mehre Langzeitbelichtungen gemacht und diese zu einem Panorama zusammengefügt. Das Bild an sich ist auch schon fertig bearbeitet, allerdings möchte ich hier nun noch eine Spiegelung im Wasser erzeugen.

Abb. 10.89

Dazu erzeuge ich mit der Tastenkombination [Strg]+[⇧]+[Alt]+[E] (auf dem Mac: [CMD]+[⇧]+[Alt]+[E]) eine neue Ebene (Spiegelung) und spiegele diese vertikal über *Bearbeiten* → *Transformieren* → *Vertikal spiegeln*.

Dann erstelle ich eine Ebenenmaske für die Ebene und invertiere diese mit der Tastenkombination [Strg]+[I] (auf dem Mac: [CMD]+[I]), sodass die Ebene nicht mehr angezeigt wird. Jetzt wähle ich das Verlaufswerkzeug aus und ziehe auf der Ebenenmaske einen kleinen Verlauf von etwas unter der Kaimauer bis zur Kaimauer.

Das Ergebnis sieht zunächst so aus wie in Abbildung 10.90.

Abb. 10.90

Per Mausklick auf das Kettensymbol entferne ich die Verbindung zwischen Ebene und Ebenenmaske, klicke anschließend mit der Maus auf die Ebene, um diese für die Bearbeitung zu aktivieren, und aktiviere dann über *Bearbeiten* → *Frei transformieren* oder über die Tastenkombination [Strg]+[t] (auf dem Mac: [CMD]+[t]) die freie Transformation. Ich ziehe die Spiegelung ein ganzes Stück nach unten, um sie zu verlängern und positioniere sie dann passend. Mit einem Klick auf den Haken oben bestätige ich die Transformation.

Abb. 10.91

Der Spiegelungseffekt in Abbildung 10.91 ist jedoch viel zu stark und unrealistisch. Daher setze ich die *Deckkraft* der Ebene auf *30%* herab (Abbildung 10.92).

Abb. 10.92

Manchmal hilft es hier auch, wenn man auf die Ebene noch einen leichten Weichzeichnungsfilter wie den *Gaußschen Weichzeichner* anwendet. Bei dem Bild in Abbildung 10.93 empfinde ich das aber als nicht nötig.

Abb. 10.93

Der untere Teil des Bilds erscheint mir nun etwas zu hell und daher erstelle ich eine Einstellungsebene mit einer Gradationskurve, die ich leicht nach unten ziehe. Anschließend ziehe ich einen sanften linearen Verlauf von unten in das Bild – fertig (Abbildung 10.94)!

Abb. 10.94

10.4 Abschließende Arbeiten und Fehlerbehebung

Nachdem Sie in den letzten Abschnitten die grundlegenden Techniken kennengelernt haben, geht es nun um die abschließenden Arbeiten und mögliche Fehlerkorrekturen.

Bevor Sie Ihr Bild exportieren, sollten Sie es sich noch einmal ganz genau ansehen, am besten bei einer Ansicht von etwa 100 % bis 300 %, denn sowohl während des Fotografierens als auch während der Bearbeitung können sich Fehler einschleichen.

10.4.1 Tonwertabrisse

Durch die Bearbeitung mit Gradationskurven und Verläufen kann es manchmal zu Tonwertabrissen kommen. Diese fallen vor allem am Himmel auf. Glücklicherweise gibt es in Photoshop eine Möglichkeit, dieses Problem zu beheben.

In Abbildung 10.95 ist genau das passiert: Die Übergänge zwischen den einzelnen Grautönen im Himmel sind nicht fließend, sondern wirken ungleichmäßig. Genau dieses nennt man »Tonwertabriss« oder auch »Banding«.

Um das Problem zu lösen, erstelle ich mit der Tastenkombination [Strg]+[⇧]+[Alt]+[E] (auf dem Mac: [CMD]+ [⇧]+[Alt]+[E]) zunächst eine neue Ebene und arbeite in der Folge nur auf dieser. Über *Filter → Rauschfilter → Rauschen hinzufügen* aktiviere ich den Rauschfilter (Abbildung 10.96). Wenn Sie die Möglichkeit haben möchten, den Filter im Nachhinein noch zu verändern, können Sie die Ebene vorher in ein Smartobjekt umwandeln, wie weiter oben unter »Smartobjekte« ab Seite 158 und »Smartfilter« ab Seite 169 beschrieben.

Workshop Architekturfotografie 325

Abb. 10.95

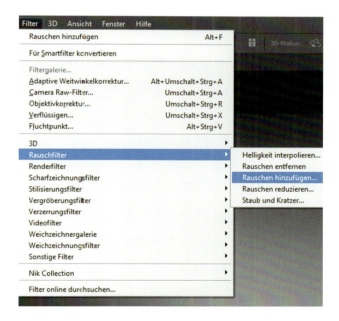

Abb. 10.96

Dabei setze ich die Einstellungen auf *gleichmäßig* und *monochromatisch*. Für die Stärke des Effekts wähle ich normalerweise einen Wert zwischen *2* und *3,5*. In Abbildung 10.97 entscheide ich mich für *3*.

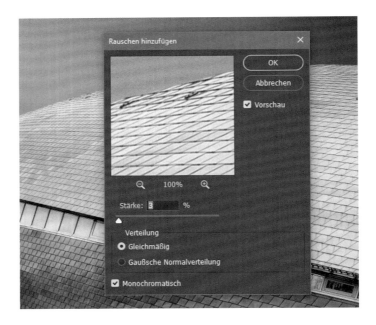

Abb. 10.97

Wenn Sie den Effekt nur auf den Himmel anwenden möchten, laden Sie im Anschluss noch eine Auswahl des Himmels und erstellen eine Ebenenmaske für diese Ebene. Da durch die Helligkeit des Gebäudes der Effekt darauf sowieso eher dezent ausfällt, erspare ich mir hier diesen Arbeitsschritt.

Abb. 10.98

Das Bild sieht nun aus wie in Abbildung 10.98. Der Verlauf der Grautöne ist jetzt deutlich harmonischer. Mit derselben Methode können Sie natürlich auch arbeiten, wenn die Tonwertabrisse auf anderen Flächen auftauchen, z.B. im Wasser, nachdem Sie das Wasser in Photoshop geglättet haben (Abbildung 10.99).

Abb. 10.99

In Abbildung 10.100 sehen Sie das Ergebnis nach Einsatz des Filters *Rauschen hinzufügen*:

Abb. 10.100

10.4.2 Sensorflecken

Ein typisches Problem bei Kameras mit Wechselobjektiven sind Sensorflecken, die durch Staub auf dem Sensor entstehen und meist als dunkle Punkte vor allem auf gleichmäßigen Flächen wie dem Himmel sichtbar werden.

Auf meinem Bild vom Potsdamer Platz in Berlin (Abbildung 10.101) finden sich im Himmel ebenfalls Sensorflecken. Da ich diese nicht in Lightroom entfernt habe, kann ich das nun in Photoshop nachholen.

Abb. 10.101

In Photoshop nutzen Sie dafür am besten den Bereichsreparatur-Pinsel auf einer neu angelegten Retuscheebene (*Ebene* → *Neu* → *Ebene* ...). Wählen Sie einen Pinsel aus, der etwas größer ist als der Sensorfleck (Abbildung 10.102) und klicken Sie auf den Fleck. Sie müssen nur darauf achten, dass Sie auch auf der richtigen Ebene arbeiten.

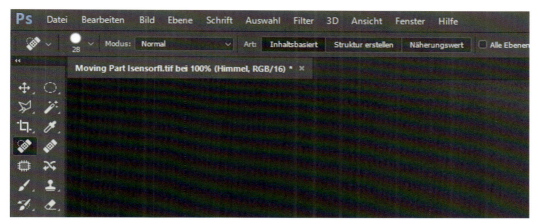

Abb. 10.102

Danach sind die Sensorflecken verschwunden (Abbildung 10.103).

Abb. 10.103

10.4.3 Kanten verbessern

Manchmal kommt es durch ungenaues Arbeiten beim Erstellen einer Auswahl zu Fehlern an den Kanten, die erst durch die Bearbeitung so richtig hervortreten. Diese Fehler treten in der Regel gar nicht erst auf, wenn Sie genau arbeiten und ausreichend Zeit in das Erstellen einer Auswahl investieren. Mir ist das aber vor allem früher manchmal passiert und falls es bei Ihnen auch mal vorkommt, möchte ich Ihnen hier zeigen, wie Sie mit dem Problem umgehen können. Bei dem Bild vom Potsdamer Platz in Abbildung 10.104 war das z. B. der Fall.

Abb. 10.104

Sie sehen in Abbildung 10.105 , dass es um die Ampel und am rechten Gebäude helle Kanten gibt, während die niedrigeren Gebäuden einen dunklen Saum haben.

Am einfachsten ist es, wenn Sie mit der Tastenkombination [Strg]+[⇧]+[Alt]+[E] (auf dem Mac: [CMD]+[⇧]+[Alt]+[E]) eine neue Ebene erstellen und auf dieser arbeiten. So mache ich es hier auch. Dann lade ich die Auswahl des Himmels und verändere sie über *Auswahl → Auswahl verändern → Erweitern*.

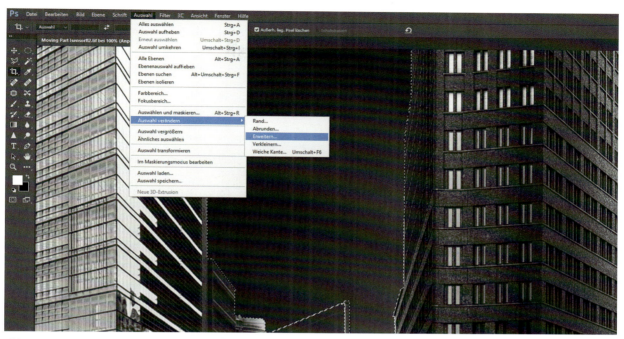

Abb. 10.105

In Abbildung 10.106 wähle ich die Erweiterung um ein Pixel, manchmal sind zwei Pixel günstiger – probieren Sie das im Einzelfall einfach aus.

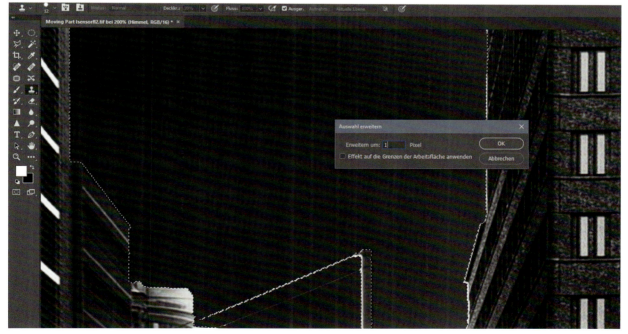

Abb. 10.106

Dann wähle ich das *Kopierstempel-Werkzeug*, stelle die *Deckkraft* auf *99 %*, definiere mit gedrückter Alt-Taste einen Referenzpunkt in direkter Nähe der zu verbessernden Kante im Himmel und fahre mit einem kleinen Stempel an den Kanten entlang. Wenn es dabei um die Ecke geht, sollten Sie darauf achten, dass Sie mit gedrückter Alt-Taste immer wieder einen neuen Referenzpunkt definieren. Im Anschluss sind die hellen bzw. dunklen Kanten verschwunden (Abbildung 10.107).

Abb. 10.107

10.4.4 Retusche

Den Begriff »Retusche« kennen Sie wahrscheinlich eher im Zusammenhang mit Porträts, aber auch bei Architekturbildern kann ein bisschen Retusche manchmal sinnvoll sein, z. B. wenn der Beton Flecken hat, ein Graffiti nicht zu Ihrer Vision passt, einzelne kleine Lichter hinter den Fenstern stören oder ein Ast ins Bild ragt.

Sie können dafür aber letztlich dieselben Werkzeuge einsetzen, die Sie auch für die Retusche verwenden würden, also den *Kopierstempel*, das *Ausbessern-Werkzeug*, den *Bereichsreparatur-Pinsel* usw. (diese Werkzeuge lernen Sie ausführlich im Abschnitt »Retuschewerkzeuge« ab Seite 80 kennen).

11

Workshops People-Fotografie

von Karsten Rose

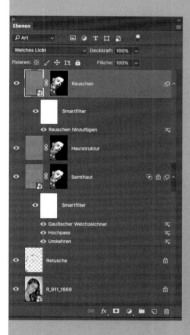

> **Beispieldaten für dieses Kapitel**
> Das Bildmaterial für diese Workshops finden Sie im Downloadarchiv zu diesem Buch im gleichnamigen Ordner unterhalb von */Beispieldaten*.

11.1 Schnelle Porträtverbesserung

Was soll gemacht werden?

- Porträt heller
- Hautfarbe weißer
- Hintergrund heller
- Himmel kontrastreicher
- Farben pastelliger
- Körnung auflegen
- dunkle Vignette anlegen

Abb. 11.1   Das Bild vor der Bearbeitung

Abb. 11.2   Das Bild nach der Bearbeitung

Schnappschuss

Abbildung 11.1 zeigt einen schnellen Schnappschuss auf einer Eisenbahnbrücke. Leider stimmt die Belichtung der Kamera oder des Smartphones nicht und das Bild liegt auch nur im JPEG-Format vor. Durch größere Kontrastkorrekturen in Photoshop können unschöne Artefakte im Bild entstehen. Aus diesem Grund werden wir dem Bild den besonderen Look in Abbildung 11.2 verleihen, mit dem wir eventuelle Fehler kaschieren können.

JPEG in Camera Raw öffnen

Wenn Sie in Lightroom arbeiten, hellen Sie die *Tiefen* so weit auf, bis Sie die Struktur der Bluse gut erkennen, und übergeben dann das Bild an Photoshop (als Smartobjekt, wenn Sie in Photoshop noch Zugriff auf die Raw-Entwicklung benötigen). Arbeiten Sie dann ab dem Abschnitt »Bild partiell aufhellen« auf Seite 337 weiter.

Falls Sie das JPEG-Bild aber direkt in Photoshop öffnen möchten, sollten Sie das auf dem Weg über den Raw-Konverter tun. Damit das JPEG-Bild im Raw-Konverter geöffnet wird, müssen Sie dies in den Voreinstellungen von Photoshop vorgeben.

Klicken Sie wie in Abbildung 11.3 oben in der Menüleiste beim Mac auf *Photoshop → Voreinstellungen → Camera Raw...* und bei Windows auf *Bearbeiten → Voreinstellungen → Camera Raw...*. Aktivieren Sie im sich öffnenden Dialog (Abbildung 11.3 unten) die Option *Alle unterstützten JPEG-Dateien automatisch öffnen*. Dies beeinflusst nur die Übergabe an Photoshop – nicht, mit welchem Programm Ihre JPEGs geöffnet werden, wenn Sie diese direkt aus Ihrer Dateiverwaltung heraus öffnen.

> **Hinweis**
> Wenn Sie bei diesen Voreinstellungen mehrere JPEGs oder TIFFs an Photoshop übergeben, werden diese in Camera Raw in Tabs angezeigt – denken Sie daran, alle Tabs abzuarbeiten, bevor Sie sich wundern, dass immer nur das erste Bild in Photoshop geöffnet wird.

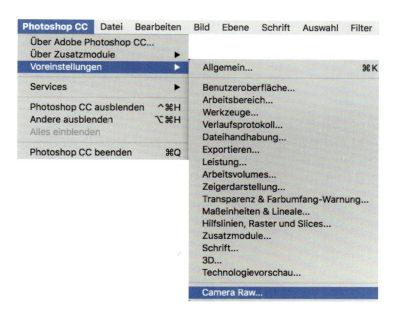

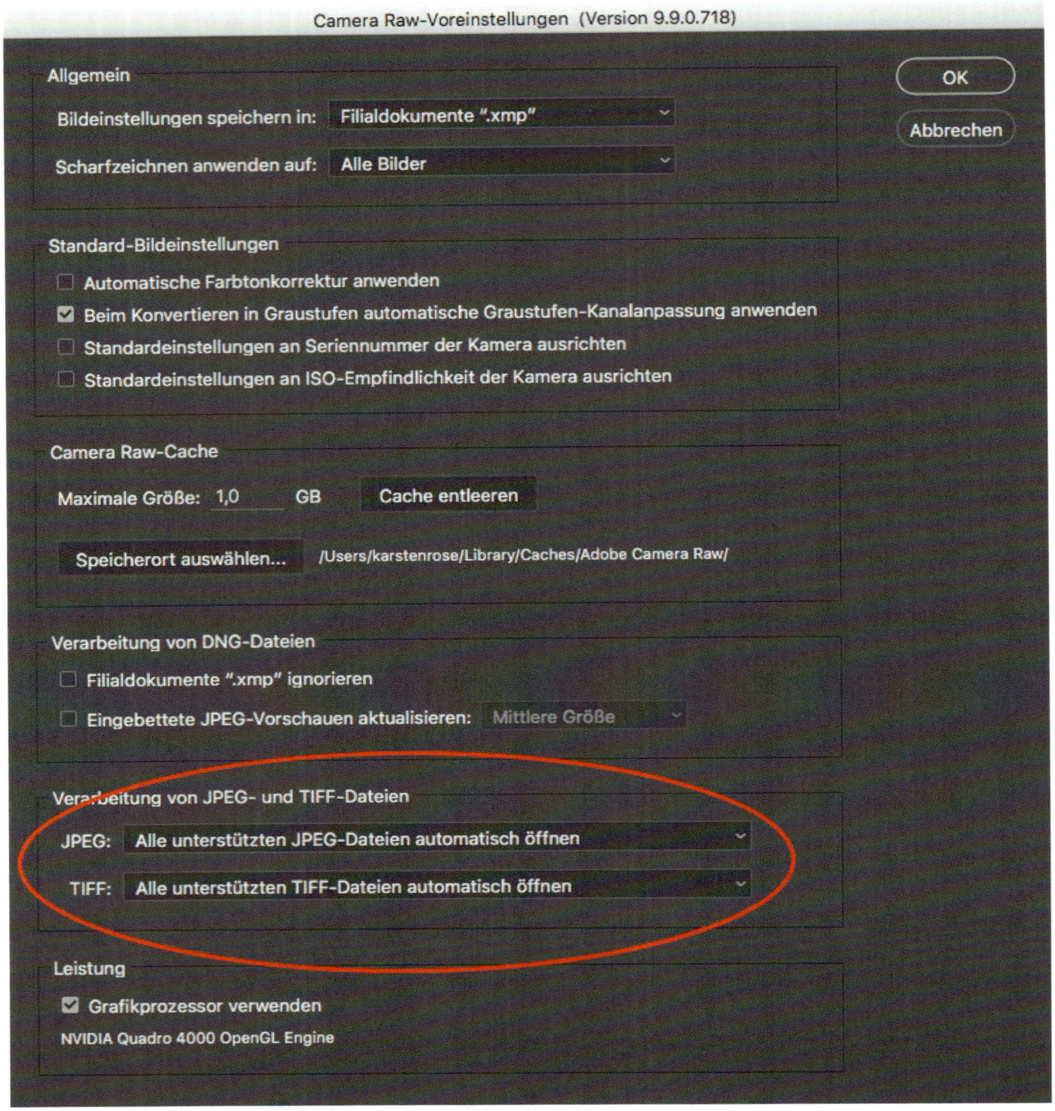

Abb. 11.3

Wenn Sie nun das Bild öffnen, öffnet sich dieses im Raw-Konverter von Photoshop. Bei diesem Beispiel hellen Sie nur die Tiefen auf, aber mit zunehmender Erfahrung können Sie viele Bearbeitungen auch direkt im Raw-Konverter vornehmen. Klicken Sie nun auf *OK*, um mit der Bearbeitung in Photoshop zu beginnen.

Abb. 11.4

Bild partiell aufhellen

Abbildung 11.4 ist noch zu dunkel. Legen Sie eine Einstellungsebene *Gradationskurve* an, nennen Sie diese *Kurven 1* und hellen Sie das Bild sehr stark auf wie in Abbildung 11.5. Beachten Sie dabei nur das Model.

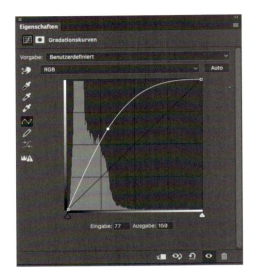 

Abb. 11.5

Der Himmel verliert nun seine Struktur. Malen Sie mit dem *Pinsel* und *Schwarz* in der *Maske* der Gradationskurve über alle Bereiche, welche nicht aufgehellt werden sollen (wie in Abbildung 11.6 links; lesen Sie ggf. nochmal den Abschnitt »Arbeiten mit Ebenenmasken« ab Seite 137).
Die Struktur und die Farben des Himmels kommen zurück.

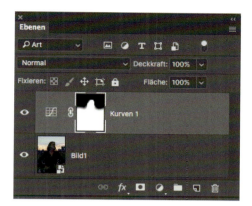

Abb. 11.6

Haut aufhellen

Damit die Haut heller wird, legen Sie eine zweite Einstellungsebene *Gradationskurve* an und nennen Sie diese *Kurven 2* (Abbildung 11.7). Verstellen Sie den Kontrast so weit, bis die Haut einen großen Kontrast aufweist und sehr hell wird. Den übrigen Teil des Bilds müssen Sie nicht beachten.

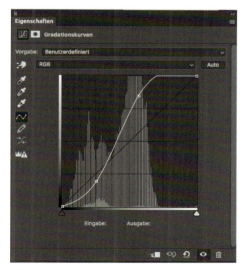

Abb. 11.7

Die Aufhellung wirkt auf das ganze Bild, muss aber auf die Haut beschränkt werden. Klicken Sie auf die Ebenenmaske der Gradationskurve, um diese zu aktivieren. Füllen Sie die Ebenenmaske mit Schwarz über *Bearbeiten* → *Fläche füllen* → *Schwarz*, damit die Wirkung aufgehoben wird. Malen Sie nun mit dem Pinsel, einer geringen Deckkraft und *Weiß* über alle Hautbereiche, welche aufgehellt werden müssen (Abbildung 11.8 links).

Abb. 11.8

Hintergrund abdunkeln

Der Hintergrund in Abbildung 11.8 unten ist noch viel zu hell. Über eine dritte Einstellungsebene Gradationskurve (*Kurven 3*) dunkeln Sie diesen stark ab (Abbildung 11.9 oben links). Beschränken Sie die Wirkung wieder über eine Ebenenmaske auf den Hintergrund (Abbildung 11.9 rechts). Bei all diesen Masken müssen Sie in diesem Beispiel nicht sehr genau arbeiten. Das leichte Abdunkeln der Haar- und Körperränder fällt später nicht negativ auf.

Abb. 11.9

Farbe abmildern

Wie Sie in Abbildung 11.9 rechts sehen, leuchten die Farben durch die verschiedenen Korrekturen sehr intensiv. Legen Sie über allen Ebenen im Ebenenstapel eine Einstellungsebene *Dynamik* an (*Dynamik 1*) (Abbildung 11.10 oben links) und reduzieren Sie die Dynamik auf *−67* bzw. bis Ihnen die Hautfarbe gefällt (Abbildung 11.10 unten links).

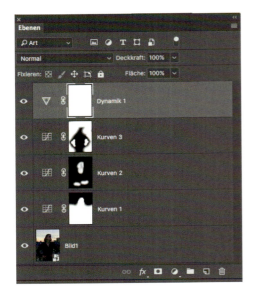

Abb. 11.10

Einheitlicher Look

Legen Sie zuoberst eine neue leere Ebene an, indem Sie wie in Abbildung 11.11 auf das Symbol *Neue Ebene erstellen* in der Ebenenpalette klicken.

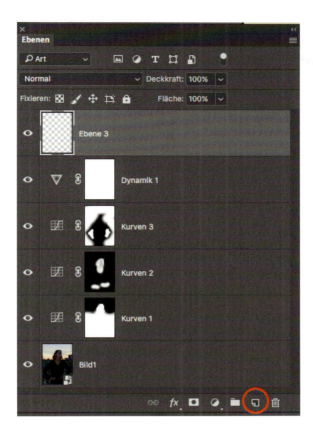

Abb. 11.11

Damit Sie den *Rauschen*-Filter anwenden können, füllen Sie die Ebene über *Bearbeiten* → *Fläche* → *Füllen* mit *50% Grau*. Stellen Sie den Mischmodus (in Abbildung 11.12 noch auf *Normal*) auf *Weiches Licht*, das Grau wird unsichtbar, und nennen Sie die Ebene *Rauschen*. Wandeln Sie die Ebene in ein Smart-Objekt um, damit Sie den Filter jederzeit wieder ändern können.

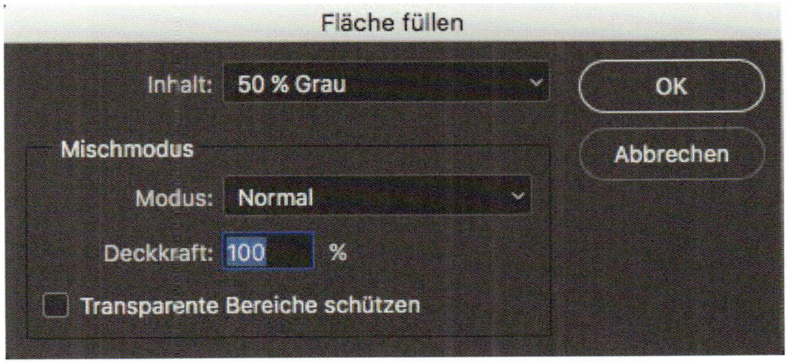

Abb. 11.12

Um die Größe der Rauschenstruktur richtig beurteilen zu können, skalieren Sie das Bild mit einem Doppelklick auf das Zoom-Werkzeug auf *100% Ansichtsgröße*. Bei *100% Ansichtsgröße* entspricht ein Pixel des Bilds einem Pixel auf dem Monitor. Nur so ist gewährleistet, dass Sie die Wirkung des Filters richtig sehen. Über *Filter → Rauschfilter → Rauschen hinzufügen…* rufen Sie den Filter auf (Abbildung 11.13 oben).

Wählen Sie eine *Stärke* von *20%*, aktivieren Sie die *Gaußsche Normalverteilung* und stellen Sie *Monochromatisch* ein, damit es kein Farbrauschen gibt. Klicken Sie auf *OK* (Abbildung 11.13 unten).

Abb. 11.13

Dunkle Vignette erstellen

Für eine dunkle Vignette legen Sie wieder eine leere *Ebene* an oberster Stelle im Ebenenstapel an und nennen sie *Vignette*. Wählen Sie eine sehr große Werkzeugspitze von ca. *1600 Pixel* und eine Deckkraft von ca. *10%* für das Pinselwerkzeug. Malen Sie nun mit Schwarz über alle Ecken des Bilds und dunkeln Sie diese so weit ab, bis Ihnen die Vignette gefällt (Abbildung 11.14 links). Sollte sie zu stark werden, reduzieren Sie einfach die Deckkraft der Ebene.

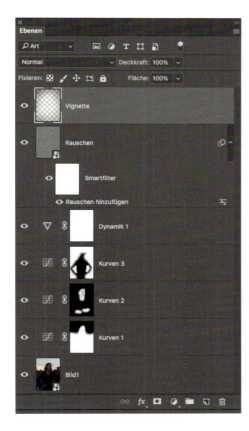

Abb. 11.14

Tipp
Wenn Sie zu dieser Technik noch eine weitere Ebene mit einer Struktur anlegen, können Sie viele Looks erstellen, für die Sie normalerweise zusätzliche Plug-ins benötigen.

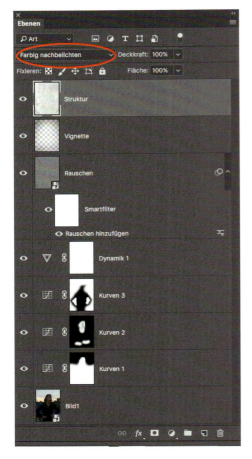

Abb. 11.15

11.2 Schnelle Lookänderung

11.2.1 Was soll gemacht werden?

Wir wollen mit wenigen Mitteln zwei Looks umsetzen:

- Aluminium und
- Teal and Orange

Abb. 11.16 Das Bild vor der Bearbeitung

Abb. 11.17 Das Bild nach Bearbeitungen mit verschiedenen Looks

Hinweis

Die in Abbildung 11.18 rechts gezeigte Porträtretusche, auf deren Grundlage diese Looks erstellt wurden, können Sie mithilfe der Workshops »Einfache bis komplexe Porträtretuschen« ab Seite 358 und »Hautretusche, Kontrast- und Farbausgleich mit der Frequenztrennung« ab Seite 402 und des Ausgangsbilds in Abbildung 11.16 nachvollziehen – es ist zum Verständnis dieses Workshops aber nicht unbedingt notwendig. Der in Abbildung 11.18 links gezeigte Ebenenstapel ist nur ein Beispiel und kann bei Ihrer eigenen Porträtretusche anders aussehen.

Speichern Sie Ihr Bild nach der Retusche mit allen Ebenen ab. Für diese Workshops benötigen wir aber nicht alle Ebenen. Reduzieren Sie deshalb alle Ebenen auf den Hintergrund und speichern Sie das Bild unter einem neuen Namen. Dies hat auch den Vorteil, dass die Dateigröße kleiner und somit die Bearbeitung schneller wird.

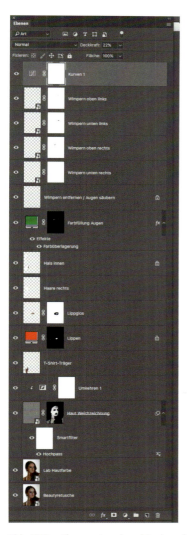

Abb. 11.18 Ebenenstapel und Endresultat einer umfassenden Porträtretusche

11.2.2 Aluminium-Look

Bei diesem Look (nicht zu verwechseln mit dem Look eines AluDibond-Drucks) müssen größere Flächen strukturlos und unterschiedlich grau werden. An diesen Look müssen wir uns langsam herantasten. Legen Sie als Erstes eine Einstellungsebene *Farbfüllung* an, die Farbe spielt keine Rolle. Öffnen Sie das Bedienfeld *Ebenenstil,* indem Sie unten auf das *fx*-Symbol im Ebenenbedienfeld klicken. Wählen Sie dort wie in Abbildung 11.19 oben die *Verlaufsüberlagerung* aus. Achten Sie darauf, dass links bei den *Stilen* nur die *Verlaufsüberlagerung* aktiviert ist. Stellen Sie die *Füllmethode* auf *Abdunkeln*. Klicken Sie nun auf den *Verlauf*, es öffnet sich das Bedienfeld *Verläufe bearbeiten* (Abbildung 11.19 unten). Erstellen Sie einen Verlauf *Dunkelgrau-Weiß*.

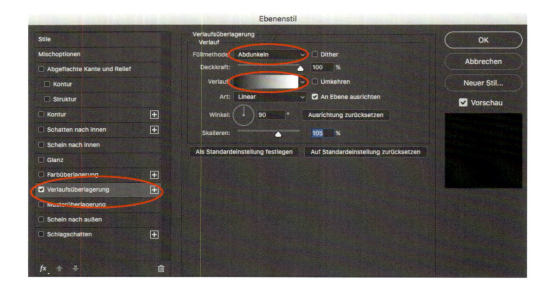

Abb. 11.19

Bestätigen Sie beide Einstellungen mit *OK*. Sie sehen nun einen grauweißen Verlauf. Reduzieren Sie jetzt wie in Abbildung 11.20 links die *Fläche* auf *0%*. Warum die *Fläche*? Reduzieren Sie die *Deckkraft*, wird die komplette Ebene ausgeblendet. Das Reduzieren der *Fläche* blendet nur die *Farbfläche* aus, aber der Effekt *Verlaufsüberlagerung* bleibt weiterhin sichtbar.

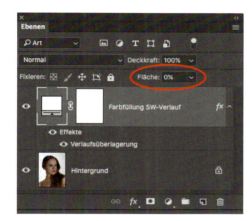

Abb. 11.20

Damit der Aluminium-Look auch im Gesicht mehr zu sehen ist, muss dieses heller werden. Legen Sie unter der Einstellungsebene *Farbfüllung* eine Einstellungsebene *Gradationskurve* an und nennen sie *Kurven 1* (Abbildung 11.21).

Abb. 11.21

Hellen Sie nun mit der *Gradationskurve* das Bild wie in Abbildung 11.22 links auf. Achten Sie genau auf Ihr Bild, wenn Sie die *Kurve* vom Mittelpunkt aus nach oben ziehen. Es gibt hier keinen Punkt, welcher der richtige ist. Entscheiden Sie selber, wann Ihnen das Bild gefällt.

Dieses Bild ist ein gutes Beispiel dafür, dass Sie die verschiedenen Möglichkeiten immer wieder neu miteinander kombinieren können.

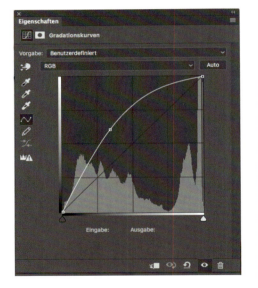

Abb. 11.22

11.2.3 Teal and Orange

Schnelle Tonungen erreichen Sie mit den *Color-Lookup*-Einstellungen. Legen Sie wie in Abbildung 11.23 oben links an oberster Stelle im Ebenenstapel eine Einstellungsebene *Color Lookup 1* an. Im Eigenschaftenbedienfeld (Abbildung 11.23 rechts links) können Sie verschiedene Farb- und Kontrastlooks nur auswählen, aber nicht in den Einstellungen verändern. Hier wählen Sie bei *3DLUT-Datei* den *TealOrangePlusContrast* (der Teal-and-Orange-Look ist sehr beliebt und macht sich etwa im Zusammenspiel mit Hauttönen ganz hervorragend). Sie können hier nur die normalen Einstellungen vornehmen, wie Sie diese bei jeder Ebene einstellen können, also *Mischmodus*, *Deckkraft* und *Fläche*.

Abb. 11.23

11.2.4 Silber-Schwarz-Grafik

Für den nächsten schnellen Look löschen Sie in Abbildung 11.23 oben links die Ebenen *Color Lookup 1* und *Kurven 1*. Legen Sie zwischen dem Hintergrund und der Ebene *Farbfüllung* eine Einstellungsebene *Schwellenwert* an (Abbildung 11.24).

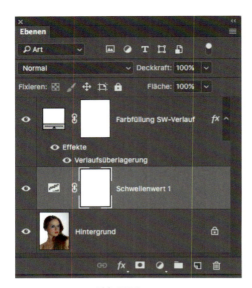

Abb. 11.24

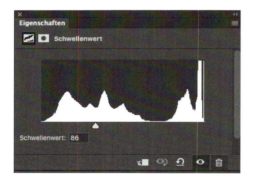

Verstellen Sie den *Schwellenwert*-Regler (Abbildung 11.25 links) so, dass das Gesicht in der Kontur und an den wichtigen Details wie Mund, Nase und Augen gut erkennbare Linien erhält (Abbildung 11.25 rechts).

Es werden aber einige schwarze Stellen nicht optimal schwarz werden. Legen Sie über der Ebene *Schwellenwert 1* eine neue leere *Ebene* für die Retusche an. Im schwarzen Bereich können Sie einfach mit dem *Pinsel* und schwarzer Farbe über alle hellen Flecken malen, damit diese schwarz werden. Da das Grau hier verlaufend ist, können Sie nicht einfach darüber malen. Retuschieren Sie hier mit dem Kopierstempel die Flecken. Im Gegensatz zu »normalen« Bildern müssen Sie hier die *Werkzeugspitze* auf *100% Härte* stellen, damit es keine unscharfen Kanten gibt.

Abb. 11.25

11.2.5 Tonwertabrisse

Bei künstlichen Verläufen kann es immer wieder passieren, dass Sie bei *100% Ansichtsgröße* Stufen im Verlauf sehen (Abbildung 11.26). Diese können Sie auch nicht mit einer Weichzeichnung minimieren.

Abb. 11.26

Damit diese Stufen nicht mehr sichtbar sind, müssen wir ein leichtes Rauschen über das Bild legen. Legen Sie an oberster Stelle im Ebenenstapel wie in Abbildung 11.27 eine neue leere Ebene an. Füllen Sie diese über *Bearbeiten → Fläche füllen* mit *50% Grau* (Abbildung 11.28 – das Grau benötigen Sie, weil der Filter sonst nicht funktioniert).

Damit Sie den folgenden Filter immer wieder verändern können, wandeln Sie die Ebene in ein Smartobjekt um und stellen den Mischmodus auf *Weiches Licht*. Die graue Fläche wird ausgeblendet. Über *Filter → Rauschfilter → Rauschen hinzufügen* aktivieren Sie den Filter (Abbildung 11.29).

Zoomen Sie auf *100% Ansichtsgröße* und suchen Sie eine Stelle, an der Sie die Abstufungen sehr gut sehen. Wählen Sie die *Gaußsche Normalverteilung* und aktivieren Sie wie in Abbildung 11.30 das Häkchen bei *Monochromatisch*. Die *Stärke* liegt hier bei *1*, bei anderen Bildern oder Verläufen kann dies jedoch abweichen.

Abb. 11.27

Abb. 11.28

Abb. 11.29

Abb. 11.30

Die Stufen sind nicht mehr zu sehen und das leichte Rauschen fällt bei Ausdrucken, Ausbelichtungen oder auf dem Bildschirm nicht auf.

> **Tipp**
> Probieren Sie weitere Farbverläufe bei der *Verlaufsüberlagerung* aus, wie etwa in Abbildung 11.31.

Abb. 11.31

11.3 Einfache bis komplexe Porträtretuschen

11.3.1 Was soll gemacht werden?

- Bild insgesamt heller
- Hautfarbe verbessern
- Hautunreinheiten entfernen
- Haare deutlicher
- Haare am Hals entfernen
- Schwarzen Träger entfernen
- Haut absoften
- Neue Hautstruktur anlegen
- Hautfarbe anpassen
- Lippen schminken
- Augenlider schminken
- Rouge auflegen
- Kinnkonturen hervorheben
- Blick auf das Gesicht lenken

Abb. 11.32   Das Bild vor der Bearbeitung

Abb. 11.33 Das Bild in zwei Stufen der Bearbeitung

11.3.2 Manchmal ist weniger mehr

Aufwendige Hautretusche-Techniken in Photoshop sind nicht immer notwendig. Vieles können Sie schon im Raw-Konverter von Lightroom oder Photoshop korrigieren. Dafür werden Sie erst eine globale Änderung des Bilds vornehmen, dann einige Bereiche in der Schärfe und Weichheit korrigieren. Die Hautunreinheiten sollten Sie zum Schluss machen, da diese durch die vorherigen Korrekturen stark beeinflusst werden und Sie eventuell nicht so viel retuschieren müssen. Im Folgenden arbeiten wir zunächst in Camera Raw – öffnen Sie das Bild daher direkt in Photoshop (über *Datei* → *Öffnen* …).

11.3.3 Kontrastkorrekturen

Der Gesamteindruck von Abbildung 11.32 muss leicht heller werden, damit Haare, Augen und der Hintergrund klarer werden. Weil wir nach rein visuellem Eindruck vorgehen, können die numerischen Werte der Einstellungen etwas krumm werden. Damit das Bild gleich knackiger wird, erhöhen Sie die *Klarheit* auf *+12* (Abbildung 11.34).

Dadurch wird das Bild leicht abgedunkelt. Erhöhen Sie die *Belichtung* auf *+0,36*, das Gesamtbild wird aufgehellt. Dadurch geht in den Lichtern etwas Zeichnung verloren, dunkeln Sie die *Lichter* also etwas ab, ca. auf *−9*. Die Schatten in den Haaren sind noch zu dunkel, hellen Sie diese etwas auf, indem Sie die *Tiefen* auf *+9* erhöhen und auch das *Schwarz* mit *+10* etwas heller machen (Abbildung 11.34).

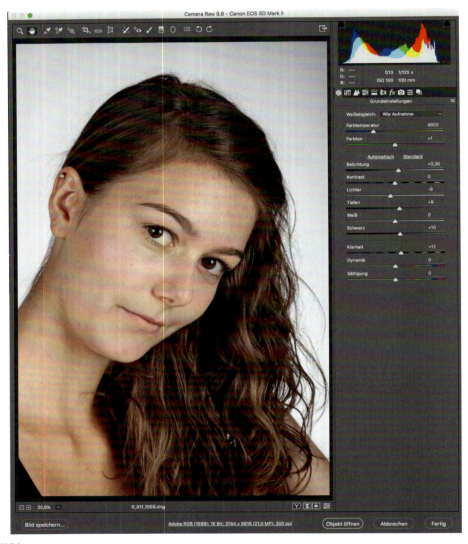

Abb. 11.34

Diese globalen Änderungen müssen noch durch einige selektive Korrekturen ergänzt werden. Wechseln Sie auf den *Korrekturpinsel*. In den folgenden Screenshots von Abbildung 11.35 sehen Sie, welche Bereiche mit welchen Einstellungen gemacht worden sind. Damit Sie die jeweils bearbeiteten Bereiche besser erkennen, habe ich Ihnen diese über eine graue *Maskenfarbe* hervorgehoben.

Workshops People-Fotografie 361

Abb. 11.35

11.3.4 Hautunreinheiten entfernen

Für die Retusche der Hautunreinheiten wechseln Sie zum Werkzeug *Makel entfernen* (Abbildung 11.36). Zoomen Sie auf 100% Bildgröße und entfernen Sie alles, was Sie als störend empfinden. Sie können eventuell nicht alles mit *Makel entfernen* retuschieren, wie beispielsweise die Haare am Nacken. Dies werden wir später mit den Photoshop-Werkzeugen machen.

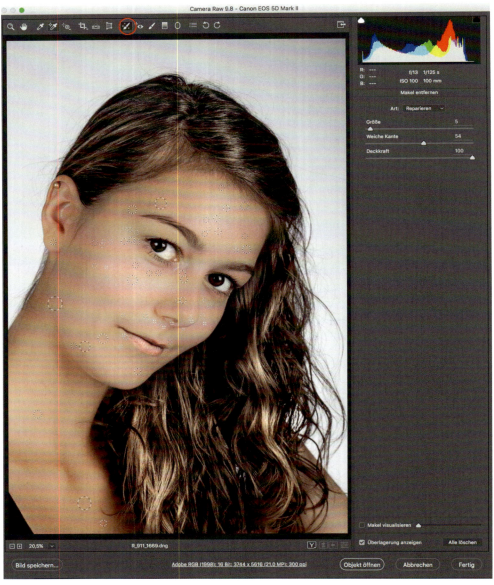

Abb. 11.36

Öffnen Sie nun die Datei in Photoshop. Wenn Sie die ⇧-Taste gedrückt halten, wird aus der *Bild öffnen-* eine *Objekt öffnen*-Schaltfläche – Sie können also bei Bedarf die gerade unter Camera Raw gemachten Bearbeitungen in Photoshop editieren, wenn Sie das Smartobjekt dort öffnen.

11.3.5 Retusche in Photoshop

Für eine Retusche in Photoshop legen Sie eine neue leere Ebene über dem Porträt an (Abbildung 11.37). Schützen Sie diese am besten vor dem Bewegen, indem Sie bei *Fixieren* das kleine Kreuz aktivieren. Damit sind Sie davor sicher, dass Sie Ihre Retusche zufällig verschieben.

Abb. 11.37

Aktivieren Sie den *Reparatur-Pinsel* oder den *Kopierstempel* und entfernen Sie alle Unreinheiten und Haare, die Sie stören. Damit die Retusche-Werkzeuge auch auf einer leeren Ebene arbeiten, aktivieren Sie die entsprechende Option in der *Optionsleiste* (beim Bereichsreparatur-Pinsel haken Sie wie in Abbildung 11.38 *Alle Ebenen aufnehmen* an, beim Kopierstempel wählen Sie *Akt. u. darunter*).

Abb. 11.38

> **Tipp**
> Der *Bereichsreparatur-Pinsel* ist meistens nicht geeignet für eine Hautretusche. Die retuschierten Stellen werden oft unscharf.

11.3.6 Auswahl erstellen

Wenn Sie die Nackenhaare entfernen möchten, sollten Sie dies am besten mit einer Auswahl machen, damit Sie eine gute Halslinie bekommen. Legen Sie mit dem *Zeichenstift-Werkzeug* einen Pfad am Nacken an (Abbildung 11.39).

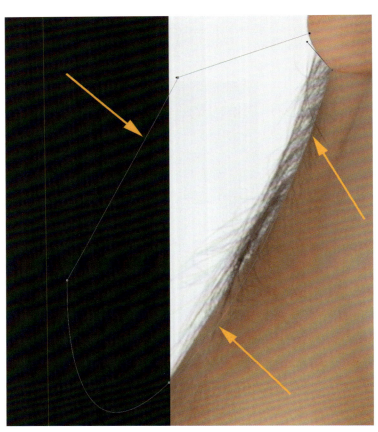

Abb. 11.39

Speichern Sie diesen dann über das Flyout-Menü des Pfade-Bedienfelds.

Im gleichen Menü wählen Sie *Auswahl erstellen* (Abbildung 11.40 links) und geben im darauffolgenden Dialog einen *Radius* von *2 Px* für eine weiche Kante ein (Abbildung 11.40 rechts).

Abb. 11.40

Je nachdem, wie Sie den Pfad angelegt haben, ist nur das Porträt oder auch der Hintergrund ausgewählt. Falls das Porträt ausgewählt ist, drehen Sie die Auswahl über *Auswahl → Auswahl umkehren* um. Entfernen Sie mit dem *Kopierstempel* alle Haare, die Ihren nicht gefallen, kehren Sie danach wieder die Auswahl um, um den Bereich im Hals zu korrigieren. Heben Sie anschließend die Auswahl über *Auswahl → Auswahl aufheben* (oder mit Strg+h bzw. CMD+h auf dem Mac) auf und entfernen Sie noch den schwarzen Träger mit dem *Kopierstempel*. Das Resultat könnte nun aussehen wie in Abbildung 11.41.

Abb. 11.41

11.3.7 Samtweiche Haut

Für die Samthaut benötigen wir eine Ebene, auf der alle anderen zusammengefasst sind. Aktivieren Sie die oberste Ebene und wählen Sie mit gedrückter Alt-Taste aus dem Ebenenbedienfeld den Befehl *Sichtbare auf eine Ebene reduzieren*. Nennen Sie diese *Samthaut*. Da wir verschiedene Filter auf dieser Ebene anwenden möchten, wandeln Sie die Ebene in ein Smartobjekt um.

Für die Samthaut werden wir den Hochpass-Filter benutzen. Vielen ist dieser Filter aber als Scharfzeichnungsfilter bekannt. Damit wir diesen für die weiche Haut einsetzen können, konvertieren Sie die Ebene über *Bild* → *Korrekturen* → *Umkehren* in ein Negativ. Stellen Sie dann den Mischmodus von *Normal* auf *Strahlendes Licht*. Ihr Bild sieht nun aus wie in Abbildung 11.42.

Abb. 11.42

> **Hinweis**
> Um die Wirkung eines Filters richtig beurteilen zu können, sollten Sie dies immer bei einer Ansichtsgröße von 100% oder einem Vielfachen davon machen. Machen Sie dazu einen Doppelklick auf das Lupensymbol in der Werkzeugleiste.

Wählen Sie nun den Hochpass-Filter unter *Filter* → *Sonstige Filter* → *Hochpass-Filter aus*.

Wählen Sie eine Stärke aus, bei der Ihnen die Hautstruktur gefällt (Abbildung 11.43). Die Poren gehen dadurch verloren. Achten Sie dabei nur auf die Hautstruktur. Wie die Haare, Augen oder andere Bereiche aussehen, ist an dieser Stelle nicht wichtig. Diese Fehler werden Sie später korrigieren.

Abb. 11.43

11.3.8 Poren hervorholen

Durch den Hochpass-Filter sind auch die Poren verloren gegangen. Mit *Filter → Weichzeichnungsfilter → Gaußscher Weichzeichner* (Abbildung 11.44 oben) holen Sie die Poren wieder vor (Abbildung 11.44 Mitte). Wählen Sie eine Einstellung, welche die größten Poren wieder sichtbar macht. Hautpartien, welche zu glatt bleiben, werden Sie später anpassen. Das Resultat der Bearbeitung sehen Sie in Abbildung 11.44 unten.

Abb. 11.44

Abb. 11.45

Damit die weiche Hautstruktur nur auf der Haut wirkt, legen Sie mit gedrückter [Alt]-Taste eine *Ebenenmaske* an. Diese wird schwarz und die weiche Haut wird folglich ausgeblendet. Malen Sie nun mit *Weiß* und geringer *Deckkraft* des Pinsels über alle Hautpartien, welche Sie weicher haben möchten. Den Fluss belassen Sie auf 100%. Durch eine niedrige *Deckkraft* des Pinsels können Sie so genau steuern, wie stark der Effekt auf verschiedene Hautpartien wirkt (Abbildung 11.46).

Abb. 11.46

11.3.9 Eigene Hautstruktur erstellen

Damit Sie eine eigene Hautstruktur erstellen können, benötigen Sie ein Bild mit einer schönen Struktur. Diese kann auch aus einem anderen Bild stammen. Achten Sie aber darauf, dass die beiden Bilder in der Größe, Auflösung und in der Abbildungsgröße der Person fast gleich sind. Ist dies nicht der Fall, können die Poren eine falsche Größe bekommen. Wählen Sie mit dem *Lasso-Werkzeug* und einer *harten Kante* die Hautstruktur aus (Abbildung 11.47).

Abb. 11.47

Abb. 11.48

Legen Sie nun eine neue Datei an, welche die gleiche Größe besitzt wie Ihr Originalbild. Fügen Sie dann die Hautstruktur ein (Abbildung 11.48 links). Da wir nur die Struktur und nicht die Farbe und Helligkeit benötigen, wenden Sie den *Hochpass-Filter* an. Suchen Sie einen *Radius*, der Ihnen eine gute Hautstruktur erstellt (Abbildung 11.48 rechts).

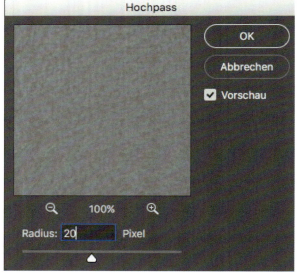

Die Hautstruktur ist im Bild sehr klein. Sie könnten nun mit dem Kopierstempel die fehlenden Bereiche ergänzen, dies wäre aber sehr viel Arbeit. Zum Glück kann Photoshop leere Bereiche selbst »inhaltsbasiert« auffüllen. Wählen Sie dazu die kleine Hautstruktur aus, indem Sie mit gedrückter Strg- bzw. CMD-Taste auf das Thumbnail im Ebenenbedienfeld klicken (Abbildung 11.49).

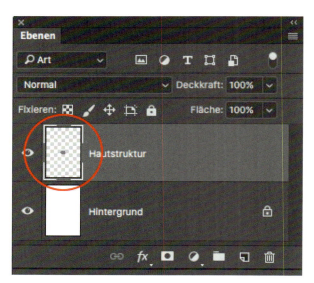

Abb. 11.49

Die Auswahl muss verkleinert werden. Wählen Sie *Auswahl → Auswahl verändern → Verkleinern*. Stellen Sie einen Wert von *10 Pixel* ein und klicken Sie auf *OK*. Über *Auswahl → Auswahl umkehren* kehren Sie die Auswahl um. Rufen Sie *Bearbeiten → Fläche füllen* auf. Wählen Sie bei *Inhalt → Inhaltsbasiert* und belassen Sie alle anderen Einstellungen, wie sie sind (Abbildung 11.50).

Abb. 11.50

Klicken Sie auf *OK* und die leere Fläche wird gefüllt (Abbildung 11.51). Heben Sie die Auswahl auf, zoomen Sie groß in das Bild hinein und retuschieren Sie eventuell zu gleichmäßige Muster mit dem *Kopierstempel*. Speichern Sie das Bild als »Hautstruktur« ab.

Abb. 11.51

11.3.10 Hautstruktur einfügen

Kopieren Sie die Hautstruktur in Ihr Porträtbild. Achten Sie darauf, dass die Ebene an oberster Stelle im Ebenenstapel liegt. Passen Sie die Hautstruktur über eine Ebenenmaske an die weiche Haut an. Achten Sie darauf, dass die Hautstruktur nicht gleichmäßig auf der Haut liegt. Auf der Nase und der Oberlippe sind die Poren sehr klein und weich, auf der Backe oder der Stirn können diese intensiver sein. Das Resultat könnte nun aussehen wie in Abbildung 11.52.

Abb. 11.52

Durch die Ebene *Hautstruktur* können kleine Muster und unnatürliche Übergänge in den Hautpartien im Gesicht entstehen. Diese können Sie mit einer leichten Pixelstruktur ausblenden. Legen Sie an oberster Stelle im Ebenenstapel eine neue leere Ebene an und füllen Sie diese über *Bearbeiten → Fläche füllen* mit *50% Grau* (Abbildung 11.53).

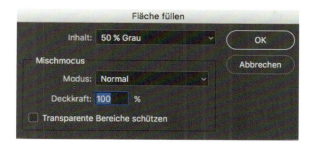

Abb. 11.53

Stellen Sie den *Mischmodus* von *Normal* auf *Weiches Licht* um, die graue Ebene wird unsichtbar. Wandeln Sie die Ebene in ein Smartobjekt um. Wählen Sie *Filter → Rauschfilter → Rauschen hinzufügen*. Wählen Sie eine *Stärke 4*, die *Gaußsche Normalverteilung* und *Monochromatisch* (Abbildung 11.54). Die Stärke sollte so stark sein, dass die Muster und Übergänge natürlich wirken. Dies ist bei jedem Bild verschieden.

Abb. 11.54

Passen Sie das *Rauschen* über eine Ebenenmaske an. Dazu können Sie mit gedrückter [Alt]-Taste die Ebenenmaske der Ebene *Hautstruktur* auf die Ebene mit dem Rauschfilter ziehen. Die Ebenenmaske wird dabei kopiert (Abbildung 11.55 links). Sie können natürlich weitere Anpassungen mit dem Pinselwerkzeug in der Ebenenmaske vornehmen, das Endergebnis könnte dann aussehen wie in Abbildung 11.55 rechts.

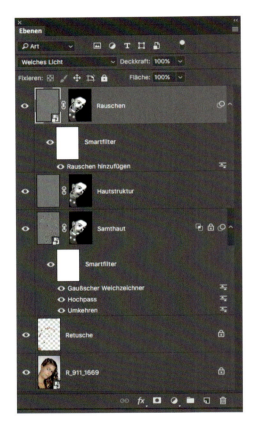

Abb. 11.55

11.3.11 Hautfarbe angleichen

Die Hautfarbe ist noch ungleichmäßig und weist verschiedene Rottöne auf. Legen Sie zuoberst im Ebenenstapel eine Einstellungsebene *Verlaufsumsetzung* an. Abbildung 11.56 zeigt das Eigenschaftenmenü der Ebene.

Abb. 11.56

Damit Sie die eigenen Farben auswählen können, klicken Sie im Eigenschaftenbedienfeld auf den *Verlauf*. Es öffnet sich das Bedienfeld *Verläufe bearbeiten* (Abbildung 11.57).

Abb. 11.57

Für das Ändern der Farben klicken Sie zuerst auf das kleine linke Symbol unter dem Verlauf. Jetzt können Sie auf das Farbfeld bei *Farbe* klicken, es öffnet sich der *Farbwähler* (Abbildung 11.58).

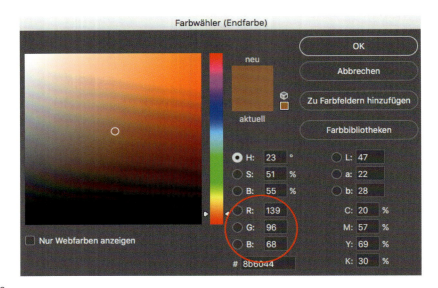

Abb. 11.58

Wählen Sie hier eine dunkle Hautfarbe und klicken Sie auf *OK*.

Verfahren Sie genauso mit dem rechten Regler unter dem Verlauf. Wählen Sie hier aber eine helle Hautfarbe.

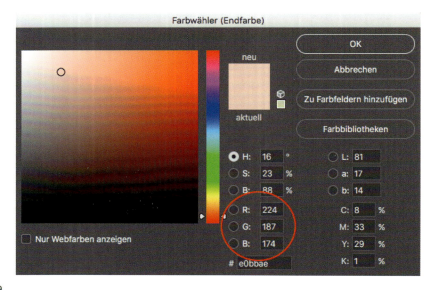

Abb. 11.59

Wählen Sie nun den Mischmodus *Weiches Licht* und passen Sie die Hautfarbe über eine Ebenenmaske an (Abbildung 11.60).

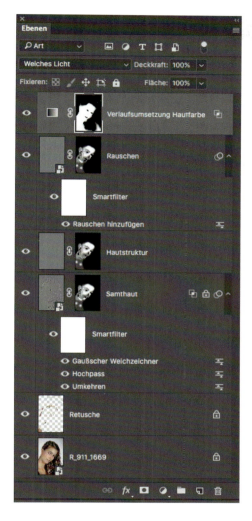 

Abb. 11.60

> **Hinweis**
> Bevor Sie fortfahren, speichern Sie diesen Arbeitsstand und legen ihn zusätzlich mit *Datei → Speichern unter …* als separate PSD-Datei ab – Sie benötigen dieses Zwischenergebnis noch für den Workshop zum Thema *Color Key*. Laden Sie jetzt wieder die Datei, mit der Sie bis gerade gearbeitet hatten, und fahren Sie mit dem Workshop fort.

Das Make-up werden Sie in verschiedenen Schritten auflegen. Nach den Lippen und den Augenlidern werden Sie die Wangen mit Rouge hervorheben und auch die Kinnkonturen betonen.

11.3.12 Lippenrot betonen

Abb. 11.61

Für die Lippen legen Sie eine Einstellungsebene *Farbton/Sättigung* an. Setzen Sie das Häkchen bei *Färben*. Verschieben Sie den Regler bei *Farbton* so lange, bis Sie ein schönes Lippenrot erzielt haben. Hier ist es der *Wert 0*. Erhöhen Sie die *Sättigung* auf *52* und verringern Sie die *Helligkeit* auf *–28* (Abbildung 11.61). Beachten Sie, dass diese Werte nur für dieses Bild gelten – bei Ihren eigenen Bildern müssen Sie verschiedene Einstellungen ausprobieren.

Abb. 11.62

Invertieren Sie die Ebenenmaske der *Farbton/Sättigungs*-Einstellungsebene und malen Sie mit Weiß das Rot in die Lippen zurück (Abbildung 11.62).

11.3.13 Lidschatten auftragen

Legen Sie für den Lidschatten eine weitere Einstellungsebene *Farbton/Sättigung* an und nennen diese *Farbton/Sättigung Augenlid*. Suchen Sie einen goldenen Farbton. Klicken Sie dafür wieder *Färben* an. Der *Farbton* steht hier bei 28, *Sättigung* bei 58 und die *Helligkeit* bei –12 (Abbildung 11.63).

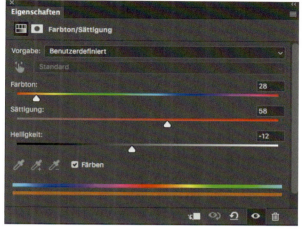

Abb. 11.63

Die Einfärbung wirkt auf das ganze Gesicht. Füllen Sie die Ebenenmaske mit *Schwarz*, die Farbe wird unsichtbar. Malen Sie mit einem ganz *harten Pinsel*, der Farbe *Weiß* sowie *Deckkraft* und *Fluss* bei *100%* Farbe in etwa in der Form ein, welche der Lidschatten haben soll (Abbildung 11.64).

Abb. 11.64

Die Farbe passt sich nicht dem Auge an. Aktivieren Sie die Ebenenmaske, indem Sie sie einmal anklicken. Rufen Sie nun den *Gaußschen Weichzeichner* auf und wählen Sie hier einen *Radius* von 50 Pixel. Achten Sie dabei auf das Augenlid (Abbildung 11.65).

Abb. 11.65

11.3.14 Rouge auftragen

Für das Rouge legen Sie wieder eine neue leere Ebene an und nennen diese *Rouge*. Malen Sie dort mit einem großen Pinsel einfach einen Strich in dunkler Hautfarbe über die Wange (Abbildung 11.66).

Abb. 11.66

Dieser sollte etwa vom oberen Ohransatz bis zu den Mundwinkeln verlaufen. Der Farbstrich ist natürlich viel zu hart. Wandeln Sie die Ebene in ein *Smartobjekt* um. Zeichnen Sie den Farbstrich über den *Gaußschen Weichzeichner* sehr weich (Abbildung 11.67).

Abb. 11.67

Die Farbe verteilt sich schön über die Wange, sieht aber etwas schmutzig aus. Stellen Sie den *Mischmodus* auf *Hartes Licht* und reduzieren Sie die *Deckkraft* auf *80%*. Das Rouge ist noch zu hell und fällt kaum auf. Um nur die Farbe zu beeinflussen, legen Sie mit gedrückter Alt-*Taste* eine Einstellungsebene *Gradationskurve* als Schnittmaske an. Setzen Sie im darauffolgenden Dialog das Häkchen bei *Schnittmaske aus vorheriger Ebene erstellen* und klicken Sie *OK* (Abbildung 11.68).

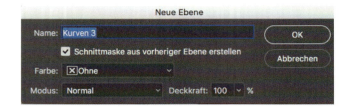

Abb. 11.68

Ziehen Sie in der Gradationskurve die *Kurve* leicht nach unten, um die Farbe abzudunkeln. Damit sich dabei nicht die Farbe verändert, stellen Sie den *Mischmodus* auf *Luminanz*. Das Ergebnis sieht in etwas so aus wie in Abbildung 11.69.

Abb. 11.69

11.3.15 Kinnkonturen verstärken

Für das Betonen der Kinnkonturen malen Sie auf einer neuen leeren Ebene einen hellen hautfarbenen Strich von der Mitte des Kinns bis zum Halsansatz (Abbildung 11.70).

Abb. 11.70

Wandeln Sie die Ebene auch in ein Smartobjekt um und wenden Sie darauf den *Gaußschen Weichzeichner* mit einem *Radius* von *120 Pixel* an (Abbildung 11.71 links). Über eine Ebenenmaske korrigieren Sie die Form der Farbe, diese muss der Form der Kinnlinie entsprechen (Abbildung 11.71 rechts).

Abb. 11.71

Erstellen Sie auch für die Kinnlinie eine Einstellungsebene *Gradationskurve* als Schnittmaske und dunkeln Sie diese leicht ab (Abbildung 11.72 links). Wählen Sie als Mischmodus hier ebenfalls *Luminanz*, damit sich nicht die Farbe ändert.

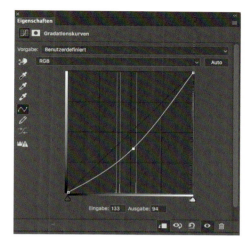

Abb. 11.72

11.3.16 Blick auf das Gesicht lenken

Damit der Blick sofort auf das Gesicht fällt, werden Sie mit einer Vignette die Ränder abdunkeln. Dies können Sie auf verschiedenen Arten erreichen. Einmal über eine neue leere Ebene (*Vignette*), in der Sie mit dem *Pinsel* und wenig *Deckkraft* einfach mit *Schwarz* über alle Bereiche malen, die Sie abdunkeln möchten. Sie werden hier aber eine andere Möglichkeit kennenlernen. Dafür müssen Sie alle Ebenen zu einer Gesamtebene vereinen. Aktivieren Sie die oberste Ebene und wählen Sie aus dem Pop-up-Menü des Ebenen-Bedienfelds mit gehaltener Alt-Taste den Befehl *Sichtbare auf eine Ebene reduzieren* (Abbildung 11.73).

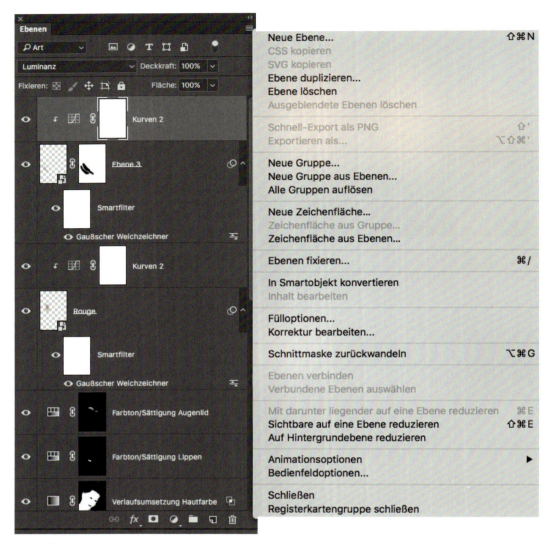

Abb. 11.73

Wandeln Sie die Ebene in ein *Smartobjekt* um, damit Sie den folgenden Filter immer wieder ändern können. Über *Filter → Camera-Raw-Filter* öffnet sich der *Raw-Konverter* als *Filter*.

Wählen Sie dort den *Radial-Filter*. Ziehen Sie den Filter einfach irgendwie auf und machen Sie dann einen Doppelklick innerhalb des Filters. Der *Radial-Filter* wird mittig und passgenau ins Bild gesetzt. Jetzt können Sie diesen der Form des Gesichts einfacher anpassen. Aktivieren Sie ganz unten rechts im Filter bei *Effekt Auße*n, damit die folgenden Einstellungen nur außen wirken. Schieben Sie die Regler *Belichtung*, *Lichter* und *Tiefen* sehr weit nach links in den negativen Bereich, die Bildkanten werden dunkler. Stellen Sie auch den *Klarheit*-Regler auf *−100*, damit werden die Bildbereiche weicher. Damit der äußere Rand kühler wirkt, stellen Sie die *Farbtemperatur* auf *−30*. Klicken Sie auf *OK* (Abbildung 11.74).

Abb. 11.74

Wenn das Gesicht und der Hals zu dunkel geworden sind, legen Sie eine Ebenenmaske an und malen mit *Schwarz* bei geringer *Deckkraft* und *100% Fluss* über alle Bereiche, die nicht so dunkel werden dürfen.

388 Die Photoshop CC-Workshops

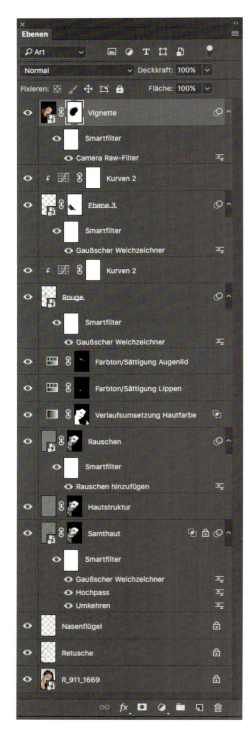

Abb. 11.75

Dieser Ebenenstapel gibt Ihnen nochmal einen Überblick über die gemachten Bearbeitungen (Ihren eigenen Ebenenstapel haben Sie im vorletzten Schritt auf Seite 385 auf eine Ebene reduziert).

11.4 Beautyretusche mit Nik-Filter

11.4.1 Was soll gemacht werden?

- Samthaut ausarbeiten
- 70er-Jahre-Look erstellen

Abb. 11.76 Das Bild vor der Bearbeitung

Abb. 11.77   Das Bild in zwei Versionen nach der Bearbeitung

Wie Sie im letzten Workshop gesehen haben, erfordert das Erstellen einer schönen samtigen Haut mit Porenstruktur in Photoshop viel Aufwand. Auch das Erstellen von Farblooks kann zur langwierigen Arbeit werden. Sehr oft ist nicht die Zeit oder das Budget vorhanden für eine aufwendige Bearbeitung. Hier hilft Software von Drittherstellern. In diesem Workshop werden Sie eine schöne Haut und verschiedene Farblooks mit der Nik Collection erstellen. Unter diesem Link können Sie die Software für Mac und Windows kostenlos herunterladen: *http://www.google.de/intl/de/nikcollection/*.

> **Hinweis**
> Es gibt allerdings einen kleinen Haken bei der Nutzung der Nik Collection. Nachdem Google das Programm erworben hatte, ist es seit 2016 unter der oben genannten Adresse kostenfrei herunterzuladen, im Frühsommer 2017 hat Google aber die Weiterentwicklung des Programms eingestellt. Das bedeutet, dass es in Zukunft womöglich mit neuen Betriebssystemen und/oder neueren Versionen von Lightroom bzw. Photoshop nicht mehr nutzbar ist. Zum Zeitpunkt der Drucklegung dieses Buchs (September 2017) läuft das Programm aber zuverlässig unter den jeweils aktuellen Versionen.

Nach der Installation finden Sie die Nik Collection unten in Photoshops Filtermenü (Abbildung 11.78).

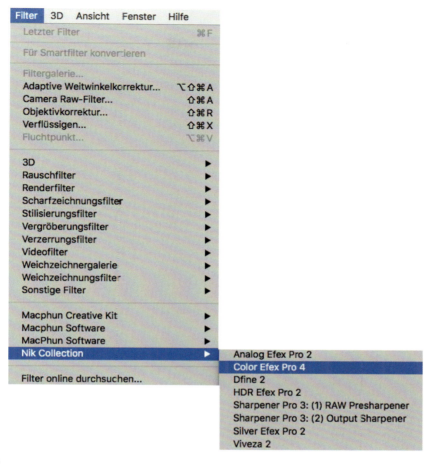

Abb. 11.78

> **Tipp**
> Nach der Installation der Filter kann es manchmal zu Fehlern in Photoshop kommen. Schuld daran ist das *Selektiv Tool* der Nik-Filter. Dieses Tool benötigen Sie nicht, alle Filter können Sie über das *Filter*-Menü in Photoshop aufrufen. Sie können das Selektiv Tool einfach löschen oder Sie setzen vor den Namen des Ordners eine Tilde (~) (Abbildung 11.79). Sie finden das Tool unter *Programme → Adobe Photoshop CC2017 → Plug-ins → Google*.

Abb. 11.79

11.4.2 Erste Retusche

Die Nik-Filter entfernen leider keine Hautunreinheiten, Narben oder größere Haare, welche deutlich im Gesicht zu sehen sind. Retuschieren Sie diese also als Erstes. Das können Sie im Raw-Konverter (mit dem Werkzeug *Makel entfernen*) oder vorab in Lightroom machen. Sie können auch eine Methode aus dem vorangegangenen oder dem nachfolgenden Workshop anwenden. Korrigieren Sie auch die Kontraste und Glanzstellen. Reduzieren Sie dann alle Ebenen auf den Hintergrund und wandeln Sie die Ebene danach in ein Smartobjekt um. Haben Sie die Retuschen im Raw-Konverter oder in Lightroom gemacht, übergeben Sie das Bild als Smartobjekt an Photoshop.

Dynamik Skin Softener

Damit wir so flexibel wie möglich arbeiten können, verdoppeln Sie die Ebene, indem Sie mit der rechten Maustaste beim PC oder gehaltener [CMD]-Taste beim Mac auf die Ebene klicken und *Smartobjekt durch Kopie* wählen. So ist gewährleistet, dass beide Ebenen voneinander unabhängig sind. Wählen Sie nun *Filter → Nik Collection → Color Efex Pro* – der Filter öffnet sich und Sie können im Filterfenster oben links den Button *Portrait* anklicken. So sehen Sie darunter nur die Filter, welche für die Porträtretusche am geeignetsten sind. Wählen Sie im linken *Filtermenü* den *Dynamik Skin Softener* aus. Damit Sie die Filtereinstellungen genau beurteilen können, zoomen Sie bitte auf *100%* Ansichtsgröße. Auf der rechten Seite sehen Sie nun die Einstellungsmöglichkeiten des Filters (Abbildung 11.80).

Abb. 11.80

Stellen Sie alle Regler erst auf *0%*. Klicken Sie nun auf die Pipette bei *Hautfarbe*. Damit legen Sie die Hautfarbe fest, welche Sie absoften möchten. Das Farbkästchen neben der Pipette zeigt Ihnen die gewählte Farbe an. Die Größe des Bereichs zeigt Ihnen an, um wie viel Prozent die Farben voneinander abweichen dürfen, damit diese noch geändert werden. Bei *0%* wird genau der aufgenommene Farbton geändert. Je größer der Wert, desto größer die Abweichungen. Bei den folgenden *Reglern* werden nur die entsprechenden Bereiche geändert. *Kleine Details* verändert hauptsächlich die Porenstruktur. *Mittlere Details* bezieht die kleinen weißen Härchen im Gesicht mit ein. *Große Details* macht sich besonders im Auge und am Kinn bemerkbar. Achten Sie aber nur auf die Hautstruktur. Wie die Augen, Lippen, Haare und der Hintergrund aussehen, ist vollkommen unwichtig. Diese werden wir im nächsten Schritt wieder hervorholen.

> **Tipp**
> Probieren Sie besonders bei Ihren eigenen Bildern verschiedene Einstellungen aus. Welche Einstellungen den gewünschten Effekt ergeben, hängt von der Auflösung des Bilds und der Größe des Gesichts im Bild ab.

Bestätigen Sie den Filter – die Wirkung betrifft das ganze Bild (Abbildung 11.81).

Abb. 11.81

Details hervorholen

Im Ebenenbedienfeld ist nun eine Filterebene mit einer Smartfilter-Maske angelegt worden (Abbildung 11.82). Klicken Sie auf die weiße Filtermaske, um diese zu aktivieren. Über *Bearbeiten* → *Fläche füllen* → *Schwarz* heben Sie die Filterwirkung auf. Malen Sie nun mit dem Pinsel, einer geringen Deckkraft und *Weiß* über alle Bereiche, welche Sie weichzeichnen möchten (Abbildung 11.83 links). Durch die geringe Deckkraft des *Pinsels* können Sie die Weichzeichnung partiell dem Bild anpassen.

Speichern Sie das Bild (Abbildung 11.83 rechts) unter einem neuen Namen, z.B. »Bild-Hautretusche«, da Sie dieses Bild im nächsten Workshop benötigen.

Abb. 11.82

Abb. 11.83

Weitere Filter anwenden

Sie können selbstverständlich weitere Filter auf das Bild anwenden, aber diese werden dann durch die Maske mit beeinflusst. Für einen weiteren Filter mit eigener Filtermaske wandeln Sie die Smartobjekt-Ebene wieder in ein Smartobjekt um. Rufen Sie erneut den *Color Efex Pro Filter* auf und wählen dort *Cross Balance* (vermutlich ist noch die Auswahl an Porträt-Filtern aktiv, klicken Sie daher vorher auf den Button *Alle*). Klicken Sie rechts neben *Cross Balance* auf das kleine *Symbol*. Es öffnet sich ein weiteres Vorgabenfeld (Abbildung 11.84). Klicken Sie auf *02-Türkis* oder eine andere Farbe, welche Ihnen gefällt. Auf der rechten Seite des Filters können Sie weitere Einstellungen vornehmen, um die Filterwirkung zu verändern. Klicken Sie auf *OK*.

Abb. 11.84

Filterwirkung anpassen

Damit wir wieder die Lippen in ihren natürlichen Farbtönen bekommen, klicken Sie in die Smartfilter-Maske und malen Sie mit dem Pinsel und *Schwarz* über die Lippen – die Filterwirkung wird dort aufgehoben (denken Sie daran, die Deckkraft ggf. wieder hochzusetzen). Speichern Sie das Bild.

Unbegrenzte Möglichkeiten

Eine der interessantesten Möglichkeiten der Bildbearbeitung finden Sie im Ebenenbedienfeld. In der Smartfilter-Ebene können Sie auf der rechten Seite unten auf das kleine Regler-Symbol doppelklicken (Abbildung 11.85). Es öffnen sich die Fülloptionen für den Filter. Hier können Sie den Modus des Filters einstellen. Probieren Sie verschiedene Fülloptionen aus. Hier zwei Beispiele (Abbildung 11.86 – Abbildung 11.87):

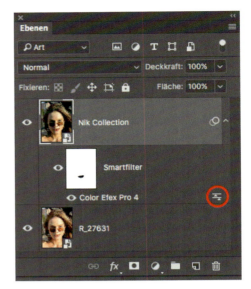

Abb. 11.85

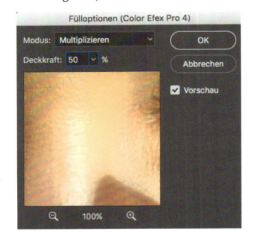

Abb. 11.86 Multiplizieren

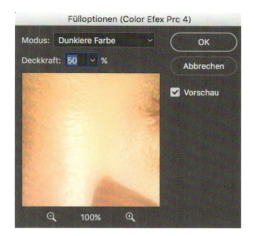

Abb. 11.87   Dunklere Farbe

70er-Jahre-Look

Die Farbgebung in den 70er-Jahren wies sehr viele Orange-, Gelb-, aber auch Apfelgrün- und Brauntöne auf. Da der Hintergrund nicht so interessant ist, können wir diesen mit einer weißen Vignette leicht ausblenden Eine weiße oder schwarze Vignette legen Sie am einfachsten an, indem Sie auf einer leeren Ebene mit einer sehr großen und weichen Pinselspitze über die Ränder des Bilds mit der entsprechenden Farbe malen. Reduzieren Sie dafür auch die Deckkraft des Pinsels auf *10%*. So können Sie die verschiedenen Bereiche unterschiedlich stark beeinflussen.

Denken Sie auch daran, dass Sie auch die Deckkraft der Ebene ändern können, wenn der Farbauftrag zu stark ist.

11.4.3 Ebenen zusammenfügen

Öffnen Sie das Bild, bei dem Sie nur die Hautstruktur geändert haben. Das Bild besteht aus zwei Ebenen. Auf der obersten wirkt der erste Nik-Filter, aber durch die Smartfilter-Maske wird der Mund nicht beeinflusst. Wenn Sie nun einen weiteren Filter anwenden, wirkt dieser ebenfalls nicht auf den Mund. Möchten Sie den neuen Filter aber an einer anderen Stelle maskieren, wird auch der erste Filter an dieser Stelle aufgehoben. Damit Sie jedoch immer jeden Filter einzeln einstellen und maskieren können, wandeln Sie die Ebene mit dem Nik-Filter wieder in eine Smartfilter-Ebene um (Abbildung 11.88).

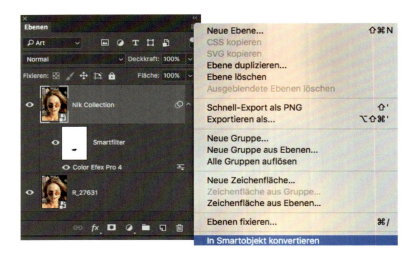

Abb. 11.88

Nostalgie-Filter

Rufen Sie die *Color Efex Pro Filter* auf. Wählen Sie auf der linken Seite den Filter *Film Efex: Nostalgic* aus (mehr Filter sehen Sie, wenn Sie oben auf die Schaltfläche *Alle* klicken – gehen Sie ruhig einmal alle Filter durch). Wählen Sie als Erstes auf der rechten Seite den Filmtyp aus, dessen Farben Ihnen am besten gefallen. Die Filmtypen sind leider nur mit Nummern und nicht mit Filmnamen, wie z. B. Fujichrome 100, versehen. In Abbildung 11.89 habe ich die *Nr. 12* gewählt.

Die Vignette ist ein wichtiges Bilddetail, sie lenkt den Blick auf das Gesicht. Stellen Sie deshalb als Erstes die Vignette auf *100%*. Damit das Blau in den Augen und Schatten nicht verloren geht, achten Sie auf die Regler *Perzeptive Sättigung*. In Abbildung 11.90 steht dieser schon richtig. Ziehen Sie diesen Regler mehr nach links, wird das Bild immer gelber und oranger, entgegengesetzt wird dieses Bild in den Schatten blauer. Erhöhen Sie dann den *Schein* leicht, damit wird besonders die rechte Gesichtshälfte noch etwas weicher. Suchen Sie nun bei *Körnung pro Pixel* eine Einstellung, bis eine leichte Kornstruktur das Bild überzieht. Da sich dieser Regler auf die Pixel bezieht, ergibt eine Einstellung auf der linken Seite eine starke, je weiter Sie den Regler nach rechts ziehen, eine schwächere Körnung (Abbildung 11.91). Bestätigen Sie mit *OK*.

Abb. 11.89

Abb. 11.90

Die Schattenbereiche sind etwas zu dunkel geworden. Das rechte Auge und die Ohrringe sind davon betroffen. Damit diese deutlicher werden, müssen Sie nur den Mischmodus von *Normal* auf *Aufhellen* umstellen (Abbildung 11.91).

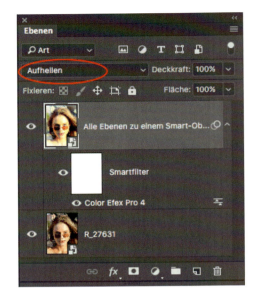

Abb. 11.91

Mikrokontrast verstärken

Die Augen, der Mund und einzelne Haarsträhnen wirken etwas unscharf und die Farben sollten mehr leuchten. Es fehlt ihnen der kleine Kick. Fassen Sie alle Ebenen zu einer neuen Gesamtebene zusammen, indem Sie die oberste Ebene aktivieren, die [Alt]-Taste halten und im Menü des Ebenenbedienfelds auf *Sichtbare auf eine Ebene reduzieren* klicken. Alle Ebenen werden zusammengefasst. Damit Sie den folgenden Filter immer wieder ohne Qualitätsverlust anpassen können, wandeln Sie die Ebene in ein Smartobjekt um. Stellen Sie den Mischmodus auf *Weiches Licht*, das Bild steigert sich im Kontrast. Wählen Sie nun unter *Filter → Sonstige Filter* den *Hochpass-Filter* (Abbildung 11.92).

Achten Sie bei der Einstellung nicht auf das Vorschaubild im Filter. Dies zeigt Ihnen nicht die richtige Wirkung an, da die Anzeige im Filter den Mischmodus nicht berücksichtigt. Achten Sie auf das Bild. Hier passt die Einstellung von *120 Pixel*, um die genannten Bereiche schön hervorzuheben.

Klicken Sie auf *OK*. Damit der Filter nur auf einzelne Bereiche wirkt, legen Sie eine schwarze Ebenenmaske an und malen mit *Weiß* und einer geringen Deckkraft über alle Bereiche, welche Sie schärfen möchten (Abbildung 11.93 links).

Abb. 11.92

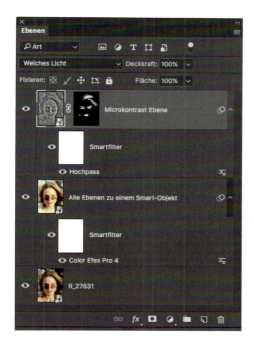

Abb. 11.93

> **Hinweis**
> Bedenken Sie bitte, dass die Angaben sich auf die Größe und Auflösung dieses Bilds beziehen und bei anderen Bildern entsprechend variieren.

Wie Sie in (Abbildung 11.93 links) sehen, wird durch die Schärfe der Kontrast gesteigert und die Farben werden somit klarer und leuchtender.

11.5 Hautretusche, Kontrast- und Farbausgleich mit der Frequenztrennung

11.5.1 Was soll gemacht werden?

- Hautunreinheiten korrigieren
- Haare im Gesicht entfernen
- Haut weicher mit Erhalt der Poren
- Ausgleich der hohen Kontraste
- Hautfarbe angleichen
- Gesichtsform ändern
- Augengröße anpassen
- Lippenfarbe intensivieren
- Augen klarer und farbiger
- Haare verfeinern
- Make-up auflegen
- Details schärfen
- Blick auf das Gesicht lenken

Abb. 11.94   Das Bild vor der Bearbeitung

Abb. 11.95 Das Bild nach der Bearbeitung

11.5.2 Hautbild verbessern

Die Hautbearbeitung per Frequenztrennung gehört inzwischen zu den Standardtechniken der Porträtretusche. Das Prinzip dahinter ist einfach: Sie entkoppeln die Hauttöne (die hochfrequenten Bildanteile) von der Hautstruktur (den niederfrequenter Bildanteilen) und bearbeiten beide auf getrennten Ebenen.

Dazu verdoppeln Sie als Erstes die Hintergrundebene zweimal. Nennen Sie die mittlere Ebene *Haut soft* und die obere *Haut Struktur*. Blenden Sie die oberste Ebene aus und aktivieren Sie die Ebene *Haut soft*.

Abb. 11.96

Über *Filter* → *Weichzeichnungsfilter* → *Gaußscher Weichzeichner* aktivieren Sie den *Weichzeichnungsfilter*. Stellen Sie einen nicht zu starken Wert für *Radius* ein, hier *15 Pixel*. Größere Hautunreinheiten können übrig bleiben.

Abb. 11.97

Hinweis
Denken Sie daran, dass sich der Wert von *15 Pixel* nur auf die Größe und Auflösung dieses Bilds bezieht. Testen Sie bei Ihren Bildern verschiedene Werte.

Wechseln Sie nun auf die Ebene *Haut Struktur*. Das Bild wird sehr kontrastreich und farbig. Über *Bild* → *Bildberechnungen* kommen Sie in den folgenden Dialog.

Hier können Sie verschiedene Ebenen mit verschiedenen *Mischmodi* verrechnen. Wählen Sie bei *Ebene Haut soft* und belassen Sie *Kanal* bei *RGB*. Den Mischmodus stellen Sie auf *Subtrahieren*. Die *Deckkraft* belassen Sie auch auf *100%*. Bei *Skalieren* setzen Sie den Wert auf *2* und bei *Versatz* auf *128*. Das Bild wird grau und nur die Konturen kommen leicht hervor.

Klicken Sie auf *OK* und stellen Sie den Mischmodus auf *Lineares Licht*. Wenn Sie nun die beiden Ebenen *Haut soft* und *Haut Struktur* aus- und wieder einblenden, dürfen Sie keinen Unterschied zum Originalbild sehen.

Aktivieren Sie die Ebene *Haut Struktur* und entfernen Sie dort mit den üblichen Retuschewerkzeugen, wie den *Kopierstempel* oder das *Ausbessern-Werkzeug*, alle Hautunreinheiten und Haare.

Abb. 11.98

Abb. 11.99

Achten Sie darauf, dass der *Kopierstempel* in der oberen Optionsleiste bei *Aufnehmen* auf *Aktuelle Ebene* steht, sonst erzeugt der Kopierstempel Farbflecken. Zoomen Sie für die Retusche auf *100% Ansichtsgröße* oder mehr.

> **Tipp**
> Damit Sie die zu retuschierenden Bereiche besser erkennen, können Sie sich eine Hilfsebene anlegen. Positionieren Sie an oberster Stelle des Ebenenstapels eine Schwarz-Weiß-Ebene. Reduzieren Sie die Rot- und Gelbtöne sehr stark, da diese sich nur auf die Hautfarbe auswirken.
> Retuschieren Sie aber weiterhin auf der Ebene *Haut Struktur*. Wenn Sie fertig sind, können Sie die Schwarz-Weiß-Ebene wieder löschen.

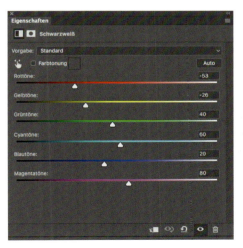

Abb. 11.100

11.5.3 Farbkontraste angleichen

Ein Problem in diesem Bild sind die großen Kontraste, die angeglichen werden müssen. Die Lichter an der Stirn, unter dem linken Auge und auf dem Nasenrücken sollten abgedunkelt, die Schattenbereiche aber mehr aufgehellt werden. Wechseln Sie dazu auf die Ebene *Haut soft*. Mit dem *Lasso*-Werkzeug und einer sehr *weichen Kante*, hier *15 Pixel*, markieren Sie die Bereiche, welche Sie angleichen möchten.

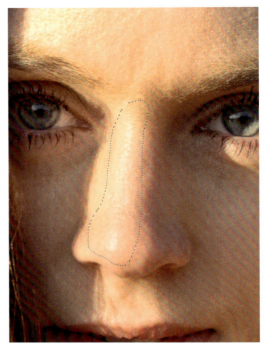

Abb. 11.101

Die Angleichung machen Sie mit dem *Gaußschen Weichzeichner*. Wählen Sie einen großen *Radius* von *35 Pixel*.

Achten Sie aber darauf, dass der Bereich nicht grau oder zu dunkel wird. Sie haben den richtigen Radius, wenn die Farb- und Helligkeitsverteilung die Kontraste schön ausgleicht. Markieren Sie nacheinander alle Bereiche im Gesicht, welche Sie ausgleichen möchten. Dabei können verschiedene Stellen mehrfach ausgewählt werden. Versuchen Sie unterschiedliche *Radien* beim *Gaußschen Weichzeichner*.

Abb. 11.102

Abb. 11.103

11.5.4 Hautfarbe angleichen

Für das Angleichen der Hautfarbe werden wir den Lab-Farbmodus verwenden, da sich dieser besonders gut dafür eignet.

> **Arbeiten mit dem Lab-Farbmodus**
> Das Lab-Farbsystem kann alle wahrnehmbaren Farben darstellen. Dadurch werden Farbverläufe von einer Farbe in die andere oder von hellen zu dunklen Bildteilen wesentlich gleichmäßiger und schöner dargestellt. Im Lab-Farbmodus werden alle Farben, ihre Intensität und Helligkeit über ein dreidimensionales Koordinatensystem bestimmt – anders als etwa im Farbmodus RGB, wo Farben, ihre Intensität und Helligkeit aus einer Mischung aus anderen Farben entstehen.

> Im Lab-Modus können Sie viele Bearbeitungen machen, die in RGB unmöglich sind. Den vielen Vorteilen stehen allerdings auch Nachteile gegenüber. Einer davon: Arbeiten Sie im Lab-Modus mit Einstellungsebenen und wandeln Sie das Bild nach der Bearbeitung in den RGB-Farbraum um, gehen die Einstellungsebenen verloren. Dies umgehen wir mit einem Trick: Bis auf die Retusche der Hautfarbe führen wir nachfolgend alle Arbeiten wie gewohnt in RGB aus, ziehen dann alle Ebenen auf der Hintergrundebene zusammen, konvertieren diese in ein Smartobjekt, öffnen es in einem neuen Reiter und konvertieren hier das Bild in den Lab-Modus. Dann führen wir die Hauttonretusche aus, speichern und schließen das Smartobjekt wieder und arbeiten wie gewohnt weiter.
>
> So haben wir das Beste aus beiden Welten. Auf diese Weise bleiben sogar Masken erhalten, die wir im Lab-Modus angelegt haben. Probieren Sie im Lab-Modus auch die Mischmodi *Farbe* und *Farbton* aus: Die Hautfarbe ändert sich immer leicht und passt sich unterschiedlich den Kontrasten im Bild an.

Dafür benötigen wir eine Ebene, auf der alle anderen Ebenen vereint sind. Aktivieren Sie die oberste Ebene und wählen Sie mit gedrückter Alt-Taste aus dem Flyout-Menü des Ebenenbedienfelds *Sichtbare auf eine Ebene reduzieren*. Es entsteht an oberster Stelle eine neue Ebene, in der alle anderen Ebenen vereinigt sind. Alle anderen Ebenen bleiben erhalten. Wandeln Sie diese neue Ebene in ein Smartobjekt um. Öffnen Sie das Smartobjekt, indem Sie auf das Ebenen-Thumbnail doppelklicken. Das Smartobjekt öffnet sich in einem neuen Tab. Wandeln Sie diese Datei über *Bild → Modus → Lab-Farbe* um.

Abb. 11.104

Die Hautfarbe werden wir nun über die Gradationskurve ändern. Legen Sie eine Einstellungsebene *Gradationskurve* an. Wählen Sie dort den *a-Kanal*. Aktivieren Sie links vom *a-Kanal* die kleine Hand mit dem Doppelpfeil. Klicken Sie nun im Bild auf eine Hautfarbe, die Ihnen gefällt. Ich habe die Farbe in der Mitte der Stirn gewählt. Es entsteht ein kleiner Punkt auf der Gradationskurve. Klicken Sie nun auf eine Farbe, die Ihnen nicht gefällt, hier z. B. das Rot auf der Nase. Es entsteht ein zweiter Punkt auf der Gradationskurve. Setzen Sie die beiden Punkte parallel zueinander. Dabei gibt es jedes Mal eine neue Farbe, je nachdem, ob Sie den unteren Punkt nach oben ziehen, den oberen nach unten ziehen oder beide in der Mitte zusammentreffen lassen. Probieren Sie verschiedene Einstellungen aus.

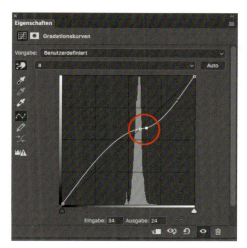

Abb. 11.105

Die Änderung wirkt sich auf das ganze Bild aus. Speichern Sie das Bild und schließen Sie es. Das Ursprungsbild im ersten Tab wird aktualisiert und zeigt die Bearbeitungen. Legen Sie nun mit gedrückter Alt -Taste eine Ebenenmaske an. Durch das Halten der Alt -Taste wird die Ebenenmaske schwarz, der durch die Bearbeitung erreichte Effekt wird aufgehoben. Malen Sie nun mit Weiß und einem weichen Pinsel mit wenig Deckkraft über alle Gesichtsbereiche, welche die zuvor vergebene Hautfarbe benötigen.

Abb. 11.106

11.5.5 Gesichtsform harmonisieren

Für das Ändern von Gesichtsformen müssen alle Ebenen auf eine Ebene reduziert werden. Damit wir so optimal wie möglich arbeiten und die Datei nicht zu groß wird (was den Arbeitsspeicher belastet), speichern Sie das Bild und reduzieren Sie alle Ebenen auf die Hintergrundebene. Nennen Sie diese *Porträt*. Speichern Sie dann das Bild unter einem neuen Namen. Durch die Haare an ihrer linken Seite hat man den Eindruck, dass das Kinn auf der linken Seite leicht nach unten hängt.

Wandeln Sie die Hintergrundebene in ein Smartobjekt um, damit Sie den folgenden Filter immer wieder korrigieren können. Über *Filter → Verflüssigen* öffnet sich der Filter. Für das Kinn wählen Sie das Mitziehen-Werkzeug (dies ist das erste Werkzeug in der linken Werkzeugleiste).

Workshops People-Fotografie 411

Abb. 11.107

Reduzieren Sie bei den Einstellungen auf der linken Seite die *Dichte* und den *Druck* auf den *Wert 10* und belassen Sie *Rate* bei *80*. Der große Pinsel ist notwendig, damit nicht nur die Kinnlinie verändert wird, auch die umgebende Haut und die Haare müssen ebenfalls leicht korrigiert werden, damit ein harmonischer Eindruck entsteht. Setzen Sie die Mitte des Pinsels unterhalb der Kinnlinie an und schieben Sie diese dann leicht nach oben. Passen Sie auch die rechte Seite des Kinns leicht an.

> **Hinweis**
> Wenn Fotografen mit Models arbeiten, geben sie Posing-Anweisungen mit »links« und »rechts« immer aus Sicht des Models. In diesen Workshops ist es andersherum – ich schreibe sozusagen aus Ihrer Perspektive, »links« und »rechts« sind für Sie also am gewohnten Ort.

Abb. 11.108

Auch die rechte Gesichtsseite muss leicht runder werden. Verwenden Sie hier einen extrem großen Pinsel und belassen Sie die anderen Einstellungen auf den niedrigen Werten. Schieben Sie nun nur mit der Pinselkante ihre rechte Gesichtslinie leicht nach innen. Durch die Größe und die niedrigen Werte können Sie sehr genau arbeiten.

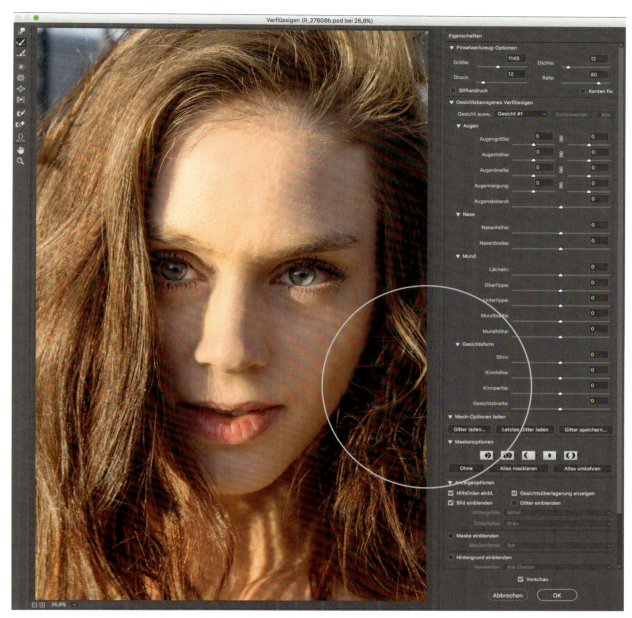

Abb. 11.109

Tipp
Damit Sie ein Gefühl dafür bekommen, welche Einstellung was beeinflusst, stellen Sie alle Regler auf den höchsten Wert und versuchen dann die gleichen Änderungen zu machen. Sie werden sehen, wie sich das Gesicht extrem verändert und Sie keine Kontrolle darüber haben.

11.5.6 Augen angleichen

Die Augen sind wie bei jedem Menschen unterschiedlich groß. Je symmetrischer sie sind, desto schöner und harmonischer wirkt ein Porträt. Das rechte Auge des Models können Sie im *Verflüssigen-Filter* etwas runder und größer gestalten, es muss auch etwas gedreht werden (es sind nur wenige Pixel, die verschoben werden). Beim linken Auge funktioniert dies nicht. Bestätigen Sie den Filter mit *OK*. Damit wir die Augen in der Größe anpassen können, legen Sie mit dem *Linienzeichner-Werkzeug* eine Hilfslinie am oberen linken Augenlid an und eine an dessen unterer Kante.

Abb. 11.110

Beide Linien müssen parallel zueinander laufen. Sie sehen nun, dass das rechte Auge wesentlich schmaler ist. Wählen Sie das rechte Auge mit dem Lasso-Werkzeug und einer *weichen Kante* von *2 Pixel* aus.

Kopieren Sie das Auge über *Bearbeiten → Kopieren* und *Bearbeiten → Einfügen* auf eine neue Ebene. Um das Auge in der Größe und Position zu ändern, wandeln Sie die Ebene erst in ein Smartobjekt um. Über *Bearbeiten → Frei Transformieren* vergrößern und drehen Sie das Auge leicht.

Abb. 11.111

Die Größe der Augen stimmt nun, aber die Wölbung ist noch zu gering. Rufen Sie über *Bearbeiten → Transformieren → Verformen* das *Verformungsgitter* auf. Ziehen Sie die oberste der mittleren Linien leicht nach oben und die darunter leicht nach unten, so geben Sie dem Auge mehr Rundung. Bestätigen Sie danach mit der ⏎-Taste.

Abb. 11.112

Löschen Sie die Hilfslinien und passen Sie die Ränder über eine Ebenenmaske an.

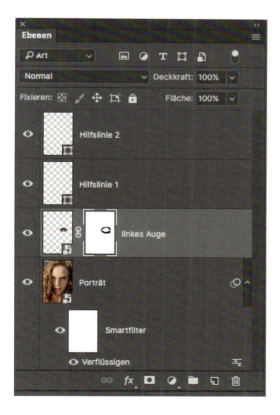

Abb. 11.113

11.5.7 Haare verfeinern

Die Haare auf der rechten Seite sehen sehr zerwühlt aus und müssen glatter werden. Wählen Sie großzügig auf der aktivierten Ebene *Porträt* mit dem Lasso-Werkzeug und einer harten Kante die Haare auf der rechten Seite aus (bei einer weichen Kante können Sie die nächsten Arbeitsschritte nicht richtig beurteilen).

Abb. 11.114

Kopieren Sie diese auf eine neue Ebene und wandeln Sie sie in ein Smartobjekt um. Spiegeln Sie nun die Ebene über *Bearbeiten → Transformieren → Horizontal spiegeln*. Verschieben Sie die Haare auf die andere Seite.

Damit die Haare auf beiden Seiten nicht exakt gleich aussehen, verzerren Sie diese über *Bearbeiten → Transformieren → Verformen*.

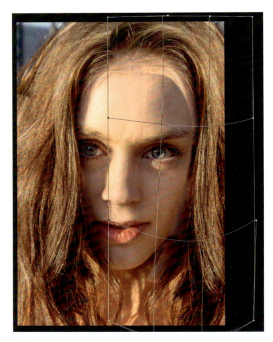

Abb. 11.115

Passen Sie nun die Kanten über eine Ebenenmaske an. Dies ist etwas schwierig beim oberen Haaransatz. Hier habe ich die Haare unter der kleinen Haarsträhne enden lassen.

Auf diese Weise können Sie weitere Lücken in den Haaren schließen.

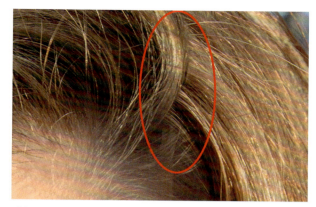

Abb. 11.116

11.5.8 Augen klarer machen

Die Augen wirken noch etwas matt. Sie sollten schärfer, farbiger und leuchtender sein. Legen Sie an oberster Stelle des Ebenenbedienfelds eine Einstellungsebene *Gradationskurve* an. Dunkeln Sie die *Tiefen* ganz leicht ab und hellen Sie die *Lichter* etwas stärker auf. Dabei ändert sich nicht nur der Kontrast, auch die Augenfarbe wird intensiver. Besonders negativ fällt das Rot im Auge auf. Stellen Sie den Mischmodus von *Normal* auf *Luminanz*, so wird nur der Kontrast geändert und nicht die Farbe. Trotzdem wirkt auch die Augenfarbe klarer, obwohl die Farbe nicht geändert wurde. Beschränken Sie die Wirkung der Einstellungsebene über eine Ebenenmaske auf die Augen, indem Sie die Maske invertieren (oder mit *Schwarz* füllen) und nun mit dem Pinsel und *Weiß* über alle Bereiche malen, die heller werden müssen.

Abb. 11.117

11.5.9 Lippenfarbe intensivieren

Für eine intensivere Lippenfarbe legen Sie eine neue Einstellungsebene *Farbton/Sättigung* an. Aktivieren Sie das *Häkchen* bei *Färben*. Verschieben Sie den *Farbton* auf *360*, erhöhen Sie leicht die *Sättigung* und stellen Sie die Ebene auf den Modus *Weiches Licht*. Beschränken Sie die Wirkung über eine Ebenenmaske auf die Lippen. Dazu invertieren Sie die Maske und legen mit Weiß die entsprechenden Bereiche wieder frei.

Abb. 11.118

> **Tipp**
> Durch einfaches Verstellen des Farbtons oder auch des Mischmodus können Sie so verschiedene Effekte erreichen.

11.5.10 Rouge auflegen

Ein pinkfarbenes Rouge passt immer gut zu intensiven roten Lippen. Legen Sie eine Einstellungsebene *Gradationskurve* an. Erhöhen Sie im Rot- und Blau-Kanal die *Gradationskurve*. Spielen Sie etwas mit den Kurven, um die passende Farbe zu finden.

Füllen Sie die Ebenenmaske mit *Schwarz* und malen Sie mit einem harten *Pinsel* und Weiß über die Wangenknochen. Sie können dabei ohne Weiteres auch über die Haare malen.

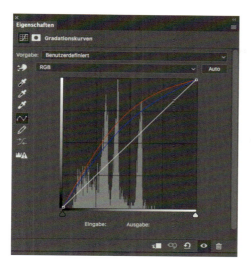

Abb. 11.119

Damit das Rouge weich auf der Haut liegt, aktivieren Sie die Ebenenmaske und rufen über *Filter → Weichzeichnungsfilter* den *Gaußschen Weichzeichner* auf. Wählen Sie einen *Radius*, welcher die Farbe weich in das Gesicht laufen lässt.

Abb. 11.120

Klicken Sie auf *OK* und entfernen Sie in der Ebenenmaske mit dem Pinsel und *Schwarz* die Farbe überall dort, wo sie Ihnen nicht gefällt. Ändern Sie den Mischmodus von *Normal* auf *Farbe* und reduzieren Sie eventuell auch die Deckkraft, wenn die Farbe zu dominant erscheint.

Abb. 11.121

11.5.11 Smokey eyes

Damit die Augen einen etwas düsteren Touch bekommen, legen Sie wieder eine Einstellungsebene *Gradationskurven* an und dunkeln die Augen stark ab. Füllen Sie die Ebenenmaske mit *Schwarz* und malen Sie mit einem harten Pinsel und *Weiß* um die Augen und über die Augenlider.

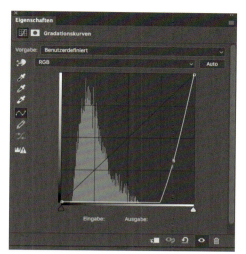

Mit dem *Gaußschen Weichzeichner* und einem *Radius* von *40 Pixel* passen Sie wieder die dunkle Farbe der Haut und dem Auge an. Entfernen Sie mit *Schwarz* und einem weichen Pinsel die Abdunkelung im Auge, den Haaren und den Augenbrauen.

Abb. 11.122

Abb. 11.123

Wenn Sie noch etwas Farbe in den Augenlidern haben möchten, verdoppeln Sie die Ebene *Kurven Rouge*, schieben diese an die oberste Stelle im Ebenenstapel und füllen die Ebenenmaske mit *Schwarz*. Malen Sie nun wieder über die Augenlider mit Weiß und wenden Sie auf die Maske den *Gaußschen Weichzeichner* an. Achten Sie darauf, dass der Mischmodus auf *Farbe* steht, damit auch die dunklen Bereiche eingefärbt werden. Wenn die Farbe zu stark ist, reduzieren Sie die Deckkraft der Ebene.

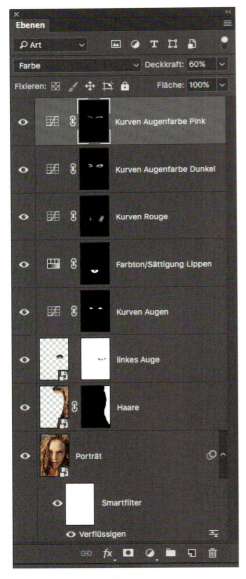

Abb. 11.124

11.5.12 Details schärfen

Lippen, Augen und Augenbrauen sollten etwas schärfer werden. Erstellen Sie dazu eine neue Gesamtebene, auf der alle anderen Ebenen vereinigt sind: Aktivieren Sie die oberste *Ebene*, halten Sie die [Alt]-Taste gedrückt und rufen Sie aus dem Flyout-Menü des Ebenenbedienfelds den Befehl *Sichtbare auf eine Ebene reduzieren* auf. An oberster Stelle wird eine neue Ebene angelegt.

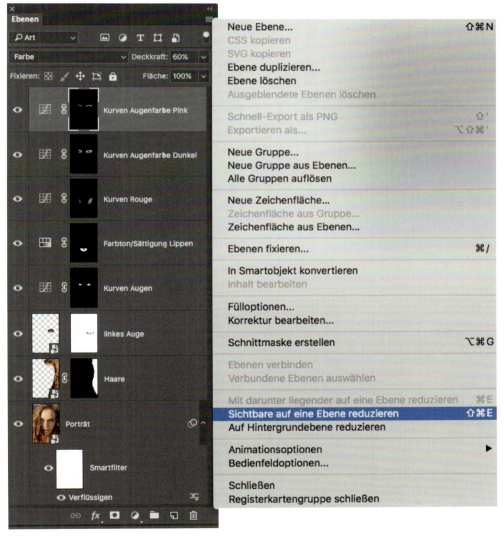

Abb. 11.125

Wandeln Sie diese wieder in ein Smartobjekt um, damit Sie den folgenden Filter immer wieder ändern können. Stellen Sie den Mischmodus auf *Weiches Licht*. Rufen Sie nun über *Filter → Sonstige Filter* den *Hochpass-Filter* auf.

Abb. 11.126

Suchen Sie im *Filter* einen Radius, der besonders die Lippen, Augen und Augenbrauen schärft.

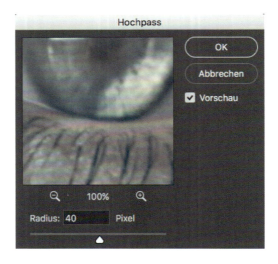

Abb. 11.127

Bestätigen Sie den *Filter* mit *OK*. Legen Sie eine schwarze Ebenenmaske an und malen Sie mit Weiß und einer geringen Deckkraft mit dem Pinsel über alle Bereiche, die Sie schärfen möchten.

Abb. 11.128

Beachten Sie, dass durch die Schärfung auch die Kontraste steigen.

11.5.13 Blick auf das Gesicht lenken

Durch den Hintergrund oben links und rechts sowie durch die Haare auf der rechten Seite wird der Blick vom Gesicht abgelenkt. Das Gesicht können wir durch eine Vignette besser betonen. Legen Sie an der obersten Stelle des Ebenenstapels eine Einstellungsebene *Farbfläche* an. Wählen Sie als Farbe *Schwarz*, das ganze Bild wird schwarz. Damit das Gesicht wieder hervorkommt, klicken Sie auf die Ebenenmaske, welche die Ebene automatisch bekommen hat. Invertieren Sie die Ebenenmaske oder füllen Sie diese mit Schwarz, wodurch das Bild wieder sichtbar wird. Malen Sie nun mit einem sehr großen Pinsel, einer Deckkraft von *10%* und *Weiß* über alle Ecken und Kanten, die abgedunkelt werden müssen. Achten Sie dabei auf das Bild, es ist nicht notwendig, die Vignette gleichmäßig zu machen. Wenn Ihnen die Farben zu kräftig sind, legen Sie an oberster Stelle eine Einstellungsebene *Dynamik* an und reduzieren die Dynamik bis Ihnen die Farben gefallen.

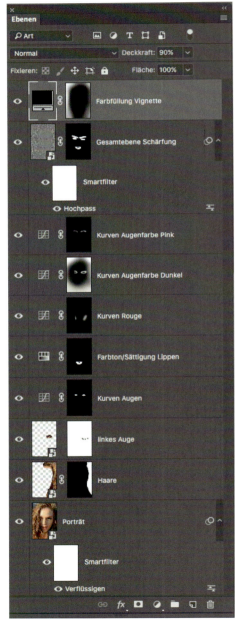

Abb. 11.129

Dieser Ebenenstapel gibt Ihnen nochmal einen Überblick über die gemachten Bearbeitungen (Ihren eigenen Ebenenstapel haben Sie auf Seite 423 auf eine Ebene reduziert).

11.6 Augen betonen

11.6.1 Was soll gemacht werden?

- Augenbrauen auffüllen
- Augenbrauen akzentuieren
- Wimpern verbessern

Abb. 11.130   Das Bild vor der Bearbeitung

Abb. 11.131   Das Bild nach der Bearbeitung

Die Augen sind die Fenster zur Seele. In diesem Workshop zeige ich Ihnen, wie Sie den Augen mehr Ausdruckskraft verleihen.

> **Hinweis**
> Bei diesem Bild wurde zuerst eine Porträtretusche über die Frequenztrennung gemacht, danach die Haut abgesoftet. Anschließend wurden die Augen über den Verflüssigen-Filter leicht vergrößert und der Mund etwas lächelnder gemacht (Abbildung 11.132 rechts). Es ist für diesen Workshop nicht unbedingt notwendig – aber wenn Sie diese Bearbeitungsschritte zunächst nachvollziehen möchten, bearbeiten Sie das Beispielbild gemäß »Einfache bis komplexe Porträtretuschen« ab Seite 358 und »Hautretusche, Kontrast- und Farbausgleich mit der Frequenztrennung« ab Seite 402. Speichern Sie anschließend das Bild mit allen Ebenen (im Screenshot in Abbildung 11.132 links sehen Sie

> nur ein Beispiel, wie der Ebenenstapel aussehen könnte). Damit Sie bei der Augenretusche jetzt nicht alle Ebenen und damit eine sehr große Datei bearbeiten müssen, reduzieren Sie alle Ebenen auf den Hintergrund und speichern Sie das Bild unter einem neuen Namen.

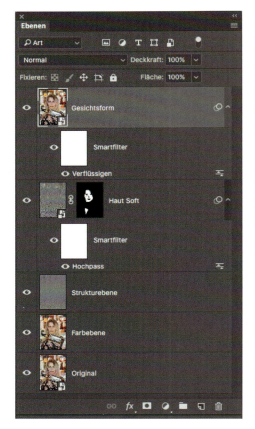

Abb. 11.132

11.6.2 Augenbrauen auffüllen

Zum Auffüllen der Augenbrauen wählen Sie diese einzeln mit dem Lasso-Werkzeug großzügig aus und kopieren sie dann auf eine eigene Ebene (Abbildung 11.133). Wir arbeiten zunächst nur am linken Auge.

Abb. 11.133

Mit dem Kopierstempel füllen Sie die Bereiche der Augenbraue auf, in denen es zu wenige Härchen gibt. Dabei kann es schnell zu Unschärfen kommen, wenn der Kopierstempel zu weich ist, variieren Sie also die Härte des Kopierstempels. Das Endergebnis sehen Sie in Abbildung 11.134.

Abb. 11.134

11.6.3 Augenbrauen in der Form anpassen

Damit Sie die Augenbraue in der Form immer wieder ohne Qualitätsverlust anpassen können, wandeln Sie die gerade neu angelegte Ebene in ein Smartobjekt um. Über *Bearbeiten → Transformieren → Verformen* können Sie nun der Augenbraue eine neue Form geben (Abbildung 11.135 unten).

Abb. 11.135

Dazu können Sie innerhalb des Verformungsgitters an jede beliebige Stelle klicken und die Augenbraue so verformen, wie Sie es möchten. Hier habe ich die Augenbraue leicht nach links und rechts verlängert und ihr einen leichten Schwung nach oben gegeben (Abbildung 11.135 rechts). Zum Bestätigen der Transformation drücken Sie ⏎. Falls die Kantenübergänge der Augenbraue sichtbar sind, legen Sie eine Ebenenmaske an und malen mit einem weichen Pinsel und Schwarz über die Kanten, bis sich die Augenbraue harmonisch einfügt (Abbildung 11.136). Verfahren Sie mit der zweiten Augenbraue in gleicher Weise.

Abb. 11.136

11.6.4 Wimpern entfernen

Die Wimpern sind hier nicht besonders ausgeprägt, sie sind nur sehr schwer zu erkennen. Bevor wir neue Wimpern erstellen, müssen störende Originalwimpern entfernt werden. Legen Sie dazu an oberster Stelle des Ebenenstapels eine neue leere Ebene an. Wählen Sie den Kopierstempel und die Einstellung in der Optionsleiste *Aufnehm: Akt. u. darunter*, damit Sie auf der leeren Ebene arbeiten können (Abbildung 11.137). Entfernen Sie nun alle Originalwimpern. Achten Sie auch auf die Wimpern, welche in das Auge und die Pupille ragen.

Abb. 11.137

11.6.5 Wimpern vorbereiten

Für das Erstellen von einfachen Wimpern bietet Photoshop schon die richtige Werkzeugspitze an.

Legen Sie zuerst wieder eine neue leere Ebene an. Aktivieren Sie den Pinsel und rufen Sie in der Optionsleiste das Pinselbedienfeld (rechts neben der ausgewählten Pinselspitze) auf. Bei der *Pinselform* wählen Sie die Werkzeugspitze *Dune Grass* (Abbildung 11.138). Stellen Sie den *Winkel* auf etwa *49 Grad* und vergrößern Sie den *Abstand* etwas. *Winkel*, *Abstand* und Größe müssen Sie später genauer anpassen, da Sie die genauen Angaben noch nicht erkennen können.

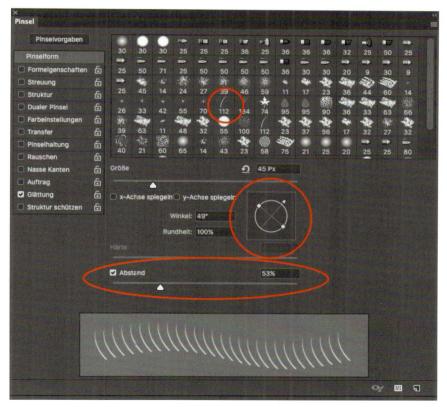

Abb. 11.138

Damit sich der Pinselstrich an eine Richtung anpasst, wechseln Sie in die *Formeigenschaften* (Abbildung 11.139). Stellen Sie alle Regler auf 0 und die *Steuerung* auf *Aus*. Nur bei der Einstellung *Winkel-Jitter* wählen Sie bei *Steuerung Richtung*. Entfernen Sie alle Häkchen bei den weiteren Einstellungen. Nur die Glättung können Sie aktiviert lassen, damit die Werkzeugspitze nicht zu hart ist. Speichern Sie die Werkzeugspitze, indem Sie unten im Bedienfeld auf das Feld *Neue Pinselspitze erstellen* klicken und dieser einen eindeutigen Namen geben.

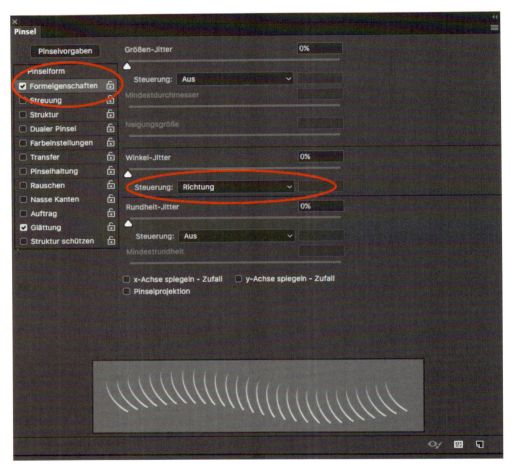

Abb. 11.139

11.6.6 Wimpern erstellen

Die Wimpern werde ich etwas »übertrieben« in der Stärke darstellen, damit dies im Buch gut zu sehen ist. Sie können jederzeit die Deckkraft der Ebenen ändern, damit die Wimpern natürlicher wirken. Damit die Wimpern automatisch gleich in die passende Richtung gezeichnet werden, legen Sie durch ein paar Klicks mit dem *Zeichenstift-Werkzeug* (Abbildung 11.140) entlang der Wimpernlinie einen Pfad an, in der Form, wie die Wimpern laufen müssen.

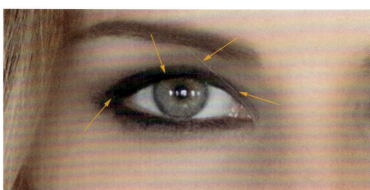

Abb. 11.141

Abb. 11.140

Achten Sie darauf, dass in der Optionsleiste der Pfad aktiviert ist (Abbildung 11.142).

Abb. 11.142

Wenn der Pfad fertig ist, sichern Sie diesen in der Palette *Pfade* und nennen Sie ihn *Wimpern rechtes Auge* (Abbildung 11.143).

Abb. 11.143

Legen Sie zuerst eine neue leere Ebene an. Die passende Werkzeugspitze haben Sie ja am Pinsel schon eingestellt. Um diese auf den Pfad anzuwenden, aktivieren Sie diesen und wählen im Flyout-Menü des Pfads *Pfadkontur füllen …* (Abbildung 11.144).

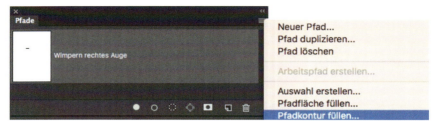

Abb. 11.144

Im darauffolgenden Dialog wählen Sie bei *Werkzeug: Pinsel* (Abbildung 11.145). Klicken Sie auf *OK* und der Pfad wird mit den »Wimpern« gefüllt.

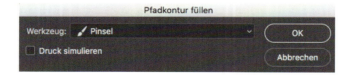

Abb. 11.145

Liegen die Wimpern zu nah beieinander oder sind sie zu groß, so wählen Sie andere Einstellungen und wiederholen alles noch mal auf einer neuen, leeren Ebene. Wenn die Wimpern fast richtig sind, deaktivieren Sie den Pfad, indem Sie in einen freien Bereich des Pfadebedienfelds klicken. Die Wimpern laufen durch die Mitte des Pfads. Verschieben Sie nun die Ebene mit den Wimpern so weit, bis diese am oberen Augenlid anliegen (wie gesagt, damit sie hier im Buch gut sichtbar sind, habe ich die Wimpern extra größer angelegt) (Abbildung 11.146).

Abb. 11.146

11.6.7 Wimpernform anpassen

Damit die Wimpern nicht zu gleichmäßig sind, müssen sie noch angepasst werden. Wandeln Sie die Ebene dafür erst in ein Smartobjekt um. Über *Bearbeiten → Transformieren → Verformen* können Sie nun den Wimpern die endgültige Form geben (Abbildung 11.147).

Abb. 11.147

Damit die Wimpern nicht plötzlich über dem Augenlid liegen, passen Sie die Wimpern am unteren Ende des Auges über eine Ebenenmaske an. Für die unteren Wimpern verdoppeln Sie einfach die Wimpern-Ebene und drehen die Wimpern über *Bearbeiten → Transformieren → Vertikal spiegeln* um. Passen Sie diese dem unteren Augenlid wieder über *Verformen* an (Abbildung 11.148) und über eine weitere Ebenenmaske lassen Sie die Wimpern aus der Haut wachsen.

> **Tipp**
> Löschen Sie einfach die Ebenenmaske einer duplizierten Ebene und legen Sie eine neue an. Dann müssen Sie sich keine Gedanken darüber machen, wie sich die alte Ebenenmaske auf die Wimpern und die Wimpernform auswirkt.

Abb. 11.148

Machen Sie dies auch für das rechte Auge. Sie müssen die Wimpern-Ebene dann aber noch Horizontal spiegeln. Verdoppeln Sie die Wimpern nun für das rechte Auge. Damit die Wimpern in die richtige Richtung laufen, spiegeln Sie die Wimpern über *Bearbeiten → Transformieren → Horizontal spiegeln*. Falls die Wimpern zu stark sein sollten, wählen Sie eine geringere Deckkraft. Sind die Wimpern zu schwach, verdoppeln Sie die entsprechende Ebene und passen Sie diese auch über die Deckkraft an (Abbildung 11.149).

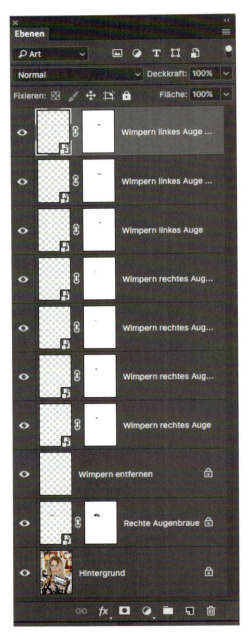

Abb. 11.149

11.6.8 Lidschatten auftragen

Um einen Lidschatten aufzutragen, gibt es verschiedene Techniken. Sie können einen solchen einfach auf einer neuen leeren Ebene mit dem Pinsel malen. Wenn Sie dann die Farbe ändern möchten, müssen Sie jedes Mal mit der neuen Farbe darüber malen. Eine bessere Methode ist das Schminken über eine Gradationskurve. Legen Sie über der Ebene »Wimpern entfernen« eine

Einstellungsebene *Gradationskurve* an. Verändern Sie die Farbe, indem Sie in den einzelnen Farbkanälen die Kurve verstellen (Abbildung 11.150). Für dieses Pink müssen Sie die Rotkurve leicht anheben, Grün senken und Blau etwas stärker erhöhen. Sehen Sie sich bei allen Änderungen genau die Farbe an, wie sie sich verändert.

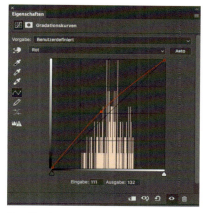
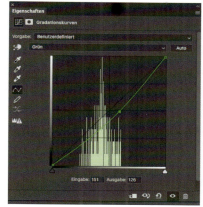
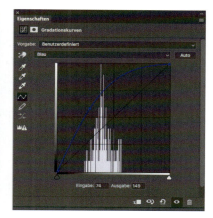

Abb. 11.150

Die Farbänderung wirkt auf das ganze Bild (Abbildung 11.151).

Abb. 11.151

Legen Sie eine Ebenenmaske an und füllen Sie diese mit Schwarz, der Effekt ist nicht mehr sichtbar. Malen Sie nun mit einem ganz weichen Pinsel und Weiß die Form des Lidschattens ein. Sie werden feststellen, dass die Kante nicht weich genug wird. Damit diese weicher wird, rufen Sie über *Filter* → *Weichzeichnungsfilter* → *Gaußschen Weichzeichner* den Filter auf. Wählen Sie einen großen Radius von *30 Pixel*. Der Lidschatten wird viel sanfter, beeinflusst aber auch die Augenbraue und das Auge (Abbildung 11.152).

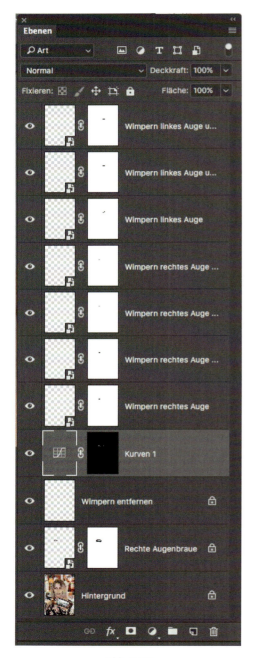

Abb. 11.152

Malen Sie mit dem Pinsel und Schwarz über alle Bereiche, die nicht umgefärbt werden dürfen.

Nun können Sie die unterschiedlichsten Farbeffekte erreichen, indem Sie die Gradationskurven in den Farben verstellen oder verschiedene Mischmodi wählen (Abbildung 11.153 – Abbildung 11.155).

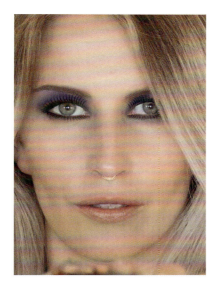

Abb. 11.153   Mischmodus: Differenz

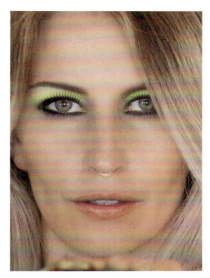

Abb. 11.154   Mischmodus: Dividieren

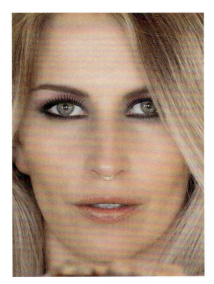

Abb. 11.155   Mischmodus: Abdunkeln

Tipp
Schminken in Photoshop und im richtigen Leben sind sich sehr ähnlich. Besuchen Sie einen Kurs über Schminken oder lassen Sie sich dies von jemandem zeigen. So lernen Sie, was für ein Gesicht von Vorteil ist und wie Sie dies unterstützen können.

11.7 Alter betonen

11.7.1 Was soll gemacht werden?

- Falten betonen
- Altern verstärken
- Hautfarbe blasser
- Haare grauer
- Dunkle Vignette erstellen

Aus diesem Porträt in Abbildung 11.156 möchten wir ein Charakterporträt erstellen und das Alter betonen. Die vorhandenen Falten müssen hervorgehoben werden, die Hautfarbe soll blasser erscheinen. Die Haare sollten in der gesamten Länge grauer werden.

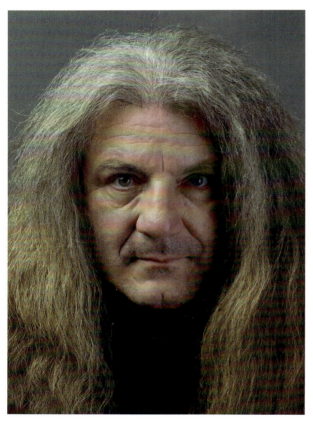

Abb. 11.156   Das Bild vor der Bearbeitung

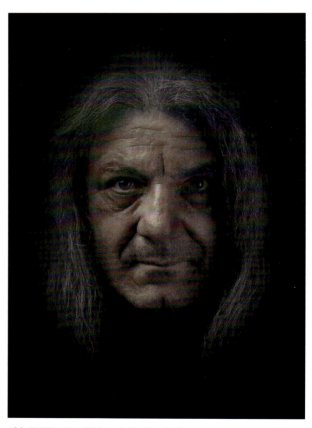

Abb. 11.157   Das Bild nach der Bearbeitung

11.7.2 Farbstich entfernen

Öffnen Sie das Beispielbild (entweder über Lightroom, wenn Sie es vorher importiert haben, oder direkt aus seinem Ordner heraus). Die Falten werden wir im *Camera-Raw*-Filter bearbeiten. Wandeln Sie die Hintergrundebene in ein Smartobjekt um, damit Sie den folgenden Filter immer wieder neu einstellen können.

Warum aber bearbeiten wir das Bild im *Camera-Raw*-Filter, wir könnten es ja auch im Raw-Konverter öffnen? Der Grund ist, dass wir beim *Camera-Raw*-Filter eine Filtermaske haben und damit den Filter partiell verwenden können und auch die Füllmethode des Filters ändern können. Über *Filter* → *Camera-Raw-Filter* ... öffnet sich der Dialog des Raw-Konverters. Als Erstes sollten wir den Farbstich beseitigen, damit wir die anschließenden Änderungen besser beurteilen können. Aktivieren Sie das Weißabgleich-Werkzeug und klicken Sie in den Hintergrund (Abbildung 11.158). Die Farben werden neutraler.

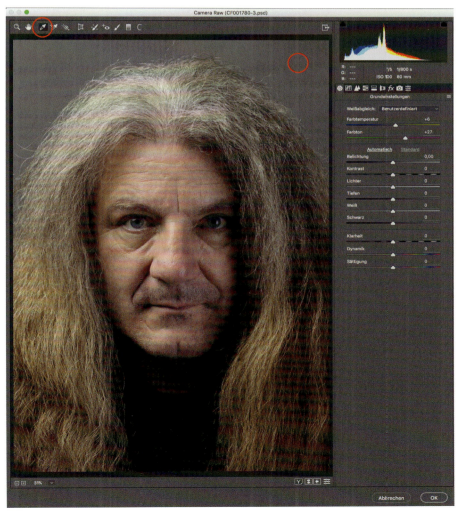

Abb. 11.158

11.7.3 Falten betonen

Die Haut muss dunkler und kontrastreicher werden. Bei den folgenden Einstellungen müssen Sie nicht das ganze Bild beachten, sondern nur die Falten, der Rest des Bilds ist uninteressant. Erhöhen Sie die *Klarheit* auf *+100* und dann den *Kontrast* auf *+64*. Die Lichter werden zu hell, deshalb reduzieren Sie sie auf *−73*. Durch die Änderungen sind die Schatten etwas zu dunkel geworden. Damit sind nicht die Schatten unter dem Kinn oder im Schattenbereich der Haare gemeint, sondern die Schatten in den Falten. Hellen Sie *Schwarz* auf *+22* leicht auf (Abbildung 11.159). Bestätigen Sie mit *OK*.

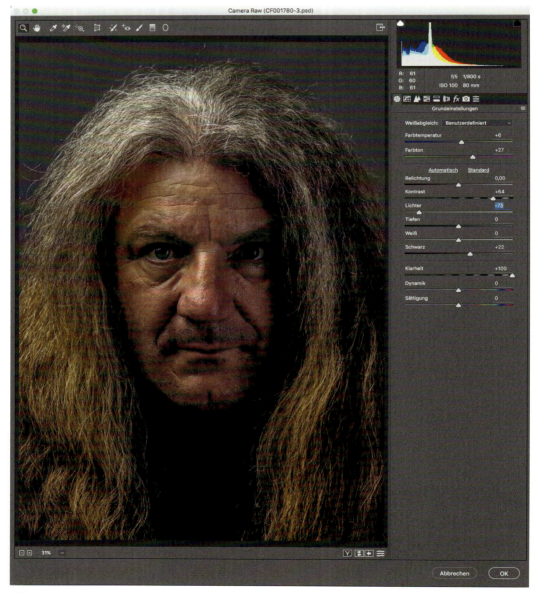

Abb. 11.159

11.7.4 Falten herausarbeiten

Die Änderung betrifft das ganze Bild. Damit die Änderung nur auf die Falten wirkt, klicken Sie im Ebenenbedienfeld auf die Smartfilter-Maske (Abbildung 11.160).

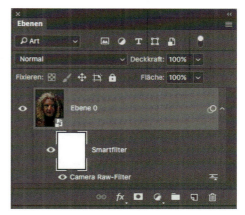

Abb. 11.160

Füllen Sie diese mit Schwarz (durch Invertieren mit [Strg]+[i], auf dem Mac [CMD]+[i]), der Effekt wird aufgehoben. Malen Sie mit dem Pinsel, einer sehr weichen Werkzeugspitze und Weiß über alle Bereiche, die Sie betonen möchten.

Abb. 11.161

Durch die Bearbeitung hat sich in Abbildung 11.161 nicht nur der Kontrast geändert, sondern auch die Farbe. Doppelklicken Sie in dem Ebenenbedienfeld auf das kleine Symbol rechts neben dem Smartfilter *Camera-Raw-Filter* (Abbildung 11.162).

Abb. 11.162

Es öffnen sich die *Fülloptionen* des Smartfilters. Damit sich der Camera-Raw-Filter nur auf den Kontrast und nicht auch auf die Farbe auswirkt, stellen Sie den Modus von *Normal* auf *Luminanz* (Abbildung 11.163). Klicken Sie auf *OK* und die unnatürliche Farbe verschwindet.

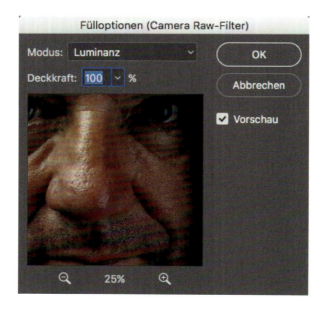

Abb. 11.163

11.7.5 Smartfilter-Maske anpassen

Die Übergänge der dunklen Falten sind noch zu stark. Denken Sie bitte daran, dass eine Maske ein Schwarz-Weiß-Bild ist und genauso bearbeitet werden kann. Aktivieren Sie die Smartfilter-Maske, indem Sie einmal darauf klicken. Zeichnen Sie über *Filter* → *Weichzeichnungsfilter* → *Gaußscher Weichzeichner...* die Maske leicht unscharf, bis die Übergänge weicher werden (Abbildung 11.164).

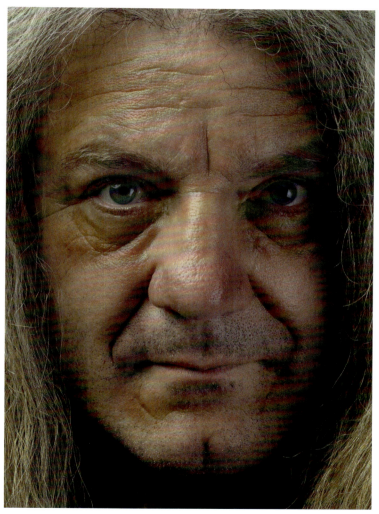

Abb. 11.164

11.7.6 Hautfarbe verblassen

Die Hautfarbe ändern wir über eine Einstellungsebene. Legen Sie an oberster Stelle im Ebenenstapel eine neue Einstellungsebene *Dynamik* an. Reduzieren Sie in den Ebeneneigenschaften zuerst leicht die Sättigung auf *–25*. Die Farbe wird insgesamt zurückgenommen. Der Hautton ist aber zu gleichmäßig, reduzieren Sie deshalb auch die *Dynamik* auf *–31* (Abbildung 11.165). Dadurch bleibt ein Unterschied zwischen den einzelnen Farbsättigungen.

Abb. 11.165

11.7.7 Haare ergrauen lassen

Zum Ergrauen der Haare legen Sie eine neue leere Ebene über der Einstellungsebene *Dynamik* an. Stellen Sie den Mischmodus auf *Farbton*. Malen Sie nun mit *Weiß* über die Haare, so werden diese schön grau (Abbildung 11.166).

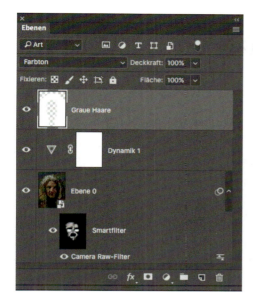 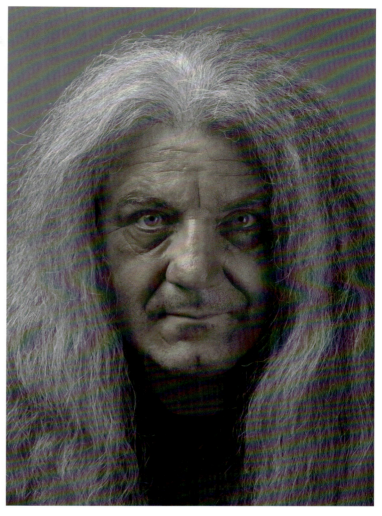

Abb. 11.166

Ganz grau sehen die Haare etwas unnatürlich aus. Um etwas Farbe zurückzuholen, können Sie verschiedene Methoden anwenden. Sie können über eine Ebenenmaske die Farbe partiell verändern. Oder Sie reduzieren die Deckkraft der Ebene. Eine weitere Möglichkeit ist die Anpassung über die Mischoptionen. Öffnen Sie diese, indem Sie auf einen leeren Bereich in der Ebene doppelklicken. Bei den Mischoptionen holen Sie die dunklen Bereiche und somit die Farbe der Haare zurück, indem Sie bei *Darunter liegende Ebene* den *Tiefenregler* mit der Alt -Taste teilen und die eine Hälfte leicht nach rechts ziehen (durch das Teilen der Regler werden die Übergänge weicher) (Abbildung 11.167 oben). Beobachten Sie dabei genau das Bild und wählen Sie eine Einstellung, bis Ihnen die Haarfarbe gefällt. Versuchen Sie es auch mit dem Lichterregler am rechten Rand der Skala. Durch das Verschieben der Regler werden die dunklen oder auch hellen Bereiche des unteren Bilds wieder eingeblendet. Verschieben Sie den ganzen Regler, gibt es harte Übergänge.

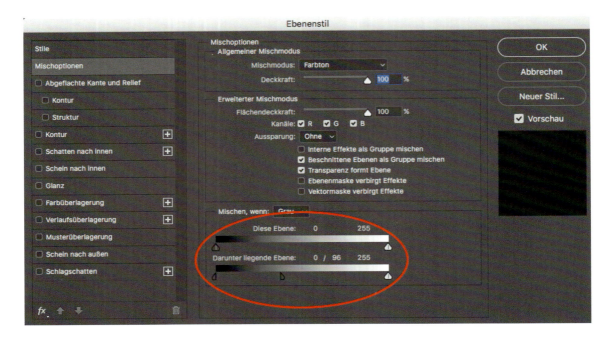

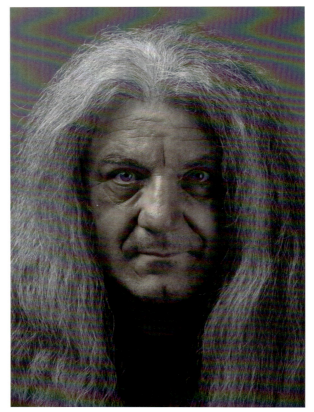

Abb. 11.167

11.7.8 Dunkle Vignette erstellen

Erstellen Sie wieder eine leere Ebene, wählen Sie den Pinsel mit einer sehr großen und weichen Werkzeugspitze und einer Deckkraft von ca. 10%. Malen Sie nun mehrfach über alle Bereiche, welche Sie abdunkeln möchten (Abbildung 11.168).

Abb. 11.168

11.7.9 Porträt abdunkeln

Das Porträt in (Abbildung 11.168) wirkt noch zu hell. Über eine Einstellungsebene mit Gradationskurve, welche über allen Ebener liegt, dunkeln Sie das Bild etwas ab.

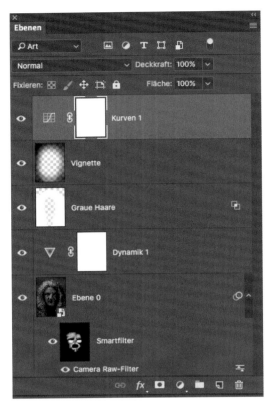

Abb. 11.169

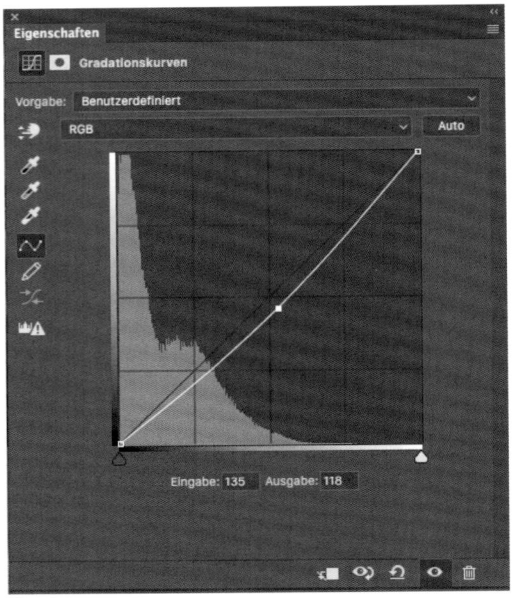

Abb. 11.170

Sie können jetzt noch die Struktur »Alterbetonen« (Abbildung 11.171) aus dem Ordner mit den Beispieldaten auf das Bild auflegen oder auch jede andere, die Sie im eigenen Bildarchiv haben.

Abb. 11.171

> **Tipp**
> Fotografieren Sie immer die verschiedensten Strukturen in verschiedenen Größen, so legen Sie sich im Laufe der Zeit eine große Textursammlung an.

Kopieren Sie die Struktur in Ihr Bild, indem Sie das Bild in Photoshop öffnen und die Ebene in das erste Bild ziehen. Die Datei muss an oberster Stelle im Ebenenstapel liegen, damit alle anderen Ebenen davon beeinflusst werden. Wählen Sie den Mischmodus *Dunklere Farbe*. Erstellen Sie eine Ebenenmaske auf dieser Ebene und malen Sie darauf mit dem Pinsel (wechseln Sie Vorder- und Hintergrundfarbe, um den Effekt hier und dort mit Schwarz oder Weiß partiell zu ändern) (Abbildung 11.172).

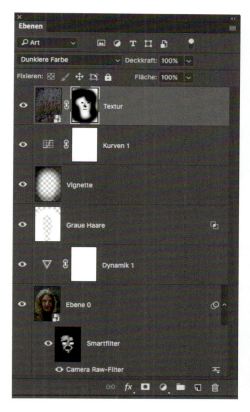

Abb. 11.172

11.8 Falten abmildern

11.8.1 Was soll gemacht werden?

- Falten abmildern
- Verjüngen
- Haare entfernen
- Hautfarbe verbessern

Abb. 11.173 Das Bild vor der Bearbeitung

Abb. 11.174 Das Bild nach der Bearbeitung

Eine ältere Dame in einem sonnigen Garten. Eine Momentaufnahme, welche sich sehr gut für das Familienalbum eignet. Damit auch die Porträtierte Freude daran hat, müssen wir ein paar Kleinigkeiten ändern. Die kleinen Haare hinten und im Gesicht müssen entfernt werden und die Falten sollten leicht abgemildert werden, ohne jedoch den Charakter zu verändern.

11.8.2 Erste Retuschen

Verdoppeln Sie für die Retuschen die Hintergrundebene und nennen Sie diese *Retusche*. Entfernen Sie zuerst mit dem Kopierstempel und dem Ausbessern-Werkzeug alle störenden Elemente, wie die Haare um Nase, Mund und Kinn. Zoomen Sie auf mindestens *400%* Ansichtsgröße und retuschieren Sie auch die Haare am Auge.

Abb. 11.175

Beim Entfernen von Haaren achten Sie darauf, dass das neue Haarende leicht spitz zuläuft (lesen Sie ggf. den Abschnitt »Retuschewerkzeuge« ab Seite 80). Den Stand vor und nach dieser Bearbeitung sehen Sie in Abbildung 11.175.

Falten abmildern

Damit Sie so flexibel wie möglich arbeiten können, verdoppeln Sie die Ebene »Retusche Haare« und nennen diese »Retusche Falten«.

Bevor wir nun die Falten abmildern, müssen wir über Falten Folgendes wissen: Falten haben einen Anfang und ein Ende. Betrachten Sie Abbildung 11.176: Der Anfang (Pfeil 1) ist immer tiefer, dunkler und breiter als das Ende einer Falte (Pfeil 2).

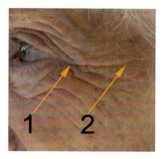

Abb. 11.176

Das einfache »Abschneiden« einer ausgeprägten Falte sieht sehr unnatürlich aus (Abbildung 11.177).

Abb. 11.177

Entfernen Sie im ersten Schritt alle kleinen Falten komplett, damit Sie größere, faltenfreie Flächen bekommen. Benutzen Sie dafür das Ausbessern-Werkzeug, den Kopierstempel oder den Reparatur-Pinsel. Gerade bei den beiden letzten Werkzeugen müssen Sie die Größe der Werkzeugspitze den Falten anpassen. Achten Sie auch auf kleine Hautdellen. Hautunreinheiten und kleine rote Adern können Sie gleich mit retuschieren. Altersflecken sollten Sie jedoch nicht alle entfernen. Den Vorher-/Nachher-Zustand sehen Sie in Abbildung 11.178.

Abb. 11.178

Jetzt können wir uns den großen Falten zuwenden. Verdoppeln Sie dafür die Ebene *Retusche Falten* und nennen Sie diese *Retusche große Falten* (Abbildung 11.179).

Abb. 11.179

Wählen Sie mit dem Ausbessern-Werkzeug eine oder mehrere Falten aus und verschieben Sie die Auswahl dann auf einen faltenfreien Bereich (Abbildung 11.180).

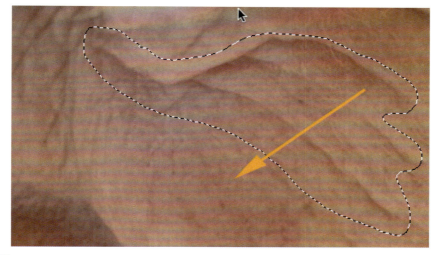

Abb. 11.180

Die Falten sind ganz verschwunden. Damit wir diese wieder teilweise sichtbar machen können, wählen Sie *Bearbeiten → Verblassen: Auswahl ausbessern*. In der folgenden Dialogbox können Sie die Retusche stufenlos wieder rückgängig machen. Reduzieren Sie die Deckkraft so weit, bis Ihnen die Falten gefallen (Abbildung 11.181).

Tipp
Merken Sie sich bei dieser Arbeit am besten den Shortcut für den Befehl *Verblassen*, da Sie diesen jetzt sehr häufig benötigen. Den Shortcut finden Sie im Menü rechts vom Befehl.

Abb. 11.181

Achten Sie darauf, keine Falten zu entfernen oder zu stark abzumildern, welche dem Gesicht die Kontur verleihen. Dies sind die Backen-Kinn-Linie und die Nasen-Backen-Mund-Linie (Abbildung 11.182).

Abb. 11.182

Hautfarbe angleichen

Die Hautfarbe muss hier nur angeglichen werden, um die blauen Adern und den Bereich zwischen Nase und Auge harmonischer zu gestalten. Dies werden wir wieder im Lab-Farbmodus vornehmen, da dieser sich besonders gut für feine Farbkorrekturen eignet (warum, erfahren Sie im Exkurs »Arbeiten mit dem Lab-Farbmodus« auf Seite 407).

Verdoppeln Sie die Ebene *Retusche große Falten* und nennen Sie diese *Farbretusche* (Abbildung 11.183). Wandeln Sie die Ebene in ein Smartobjekt um. Öffnen Sie das Smartobjekt durch einen Doppelklick auf das Ebenensymbol.

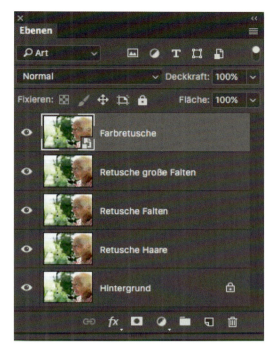

Abb. 11.183

Wandeln Sie das Smartobjekt über *Bild → Modus → Lab-Farbe* um. Legen Sie eine Einstellungsebene *Gradationskurven* an und wählen Sie den *a-Kanal*. Aktivieren Sie die kleine Hand neben dem Kanalmenü. Gehen Sie mit dem Cursor in das Bild, suchen Sie eine schöne Hautfarbe (1) und klicken Sie einmal in das Bild. Auf der Gradationskurve wird ein Punkt aktiv.

Klicken Sie als Nächstes in eine Hautfarbe (2), die Ihnen nicht gefällt. Es erscheint ein zweiter Punkt auf der Gradationskurve. Diese beiden Punkte müssen Sie nun etwa parallel nebeneinandersetzen (Abbildung 11.184). Sie können den oberen Punkt nach unten oder den unteren Punkt nach oben verschieben. Beobachten Sie dabei die Farbänderung. Probieren Sie auch den Mischmodus *Farbe* oder *Farbton*. Die Hautfarbe ändert sich immer leicht und passt sich unterschiedlich den Kontrasten im Bild an.

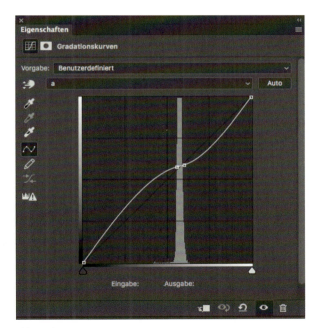

Abb. 11.184

Über eine Ebenenmaske beschränken Sie die Wirkung auf das Gesicht (Abbildung 11.185).

Abb. 11.185

Die Farbe wirkt noch unnatürlich und macht sich auch in den feinen Haaren bemerkbar. Über eine Ebenenmaske können wir nicht so genau arbeiten, dass nur die Haut, aber nicht die Haare gefärbt werden. Dies können wir jedoch über die Mischoptionen erreichen. Wählen Sie bei den *Ebeneneffekten* am unteren Rand des Ebenenbedienfelds die *Fülloptionen*. Blenden Sie bei *Darunter liegende Ebene* die hellen Bereiche wieder ein, indem Sie den Lichterregler, der rechte Regler, mit gedrückter Alt-Taste teilen. Ziehen Sie die linke Hälfte sehr weit nach links und den rechten Teil nur ein wenig nach links (Abbildung 11.186 oben). Achten Sie dabei auf Ihr Bild und wie sich die Farbe in den hellen Bereichen ausblendet (Abbildung 11.186 unten).

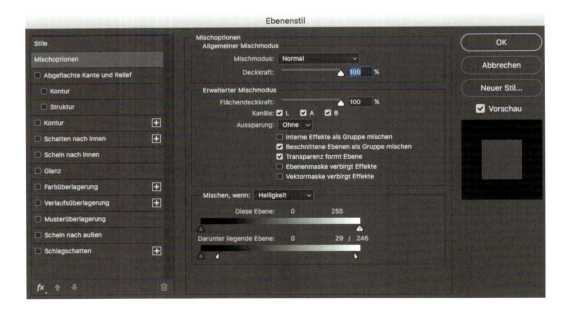

Abb. 11.186

Bestätigen Sie mit *OK*, speichern und schließen Sie danach das Bild. Das Originalbild im ersten Reiter wird aktualisiert (Abbildung 11.187). Speichern Sie auch dieses Bild, da Sie vorher nur das Smartobjekt gespeichert haben.

Abb. 11.187

Die ältere Dame ist sie selbst geblieben, hat nichts von ihrem Charakter verloren und wird sich über dieses Bild sehr freuen.

11.9 Color Key und Tonung

Beispieldaten für dieses Kapitel
Wenn Sie den Workshop »Einfache bis komplexe Porträtretuschen« ab Seite 358 absolviert haben, können Sie hier mit dem dort abgespeicherten Bearbeitungsstand weiterarbeiten. Ansonsten finden Sie das Bildmaterial für diesen Workshop im Downloadarchiv zu diesem Buch im gleichnamigen Ordner unterhalb von */Beispieldaten*.

11.9.1 Was soll gemacht werden?

- Schwarz-Weiß-Bild erstellen
- Helle, weiße Hautfarbe
- Farbtonung auflegen
- Lippen und Augen farbig
- weiße Vignette

Abb. 11.188 Das (retuschierte) Bild vor der Bearbeitung

Abb. 11.189 Zwei Color Key-Versionen des Bilds der Bearbeitung

11.9.2 Color Key

Color Key ist ein altes analoges Verfahren. Sie kennen die Bilder – die rote Rose auf einem Bett oder in der Hand einer Frau. Dazu wurden Schwarz-Weiß-Bilder mit Eiweißlasurfarbe partiell eingefärbt. Heutzutage müssen wir uns nicht mehr mit Farbtuben und Pinsel herumschlagen. Malen müssen wir aber immer noch.

11.9.3 Porträtretusche

Laden Sie den als PSD-Datei abgelegten Zwischenstand Ihrer Arbeit aus dem Porträtretusche-Workshop, reduzieren Sie das Bild auf die Hintergrundebene und speichern Sie es unter einem neuen Namen.

> **Hinweis**
> Es ist für Ihr Verständnis in diesem Workshop nicht unbedingt nötig, dass Sie mit der retuschierten Datei arbeiten, Sie können auch das Bild aus dem Beispielordner nehmen. Ohne Retusche wird das Ergebnis Ihrer Bearbeitung allerdings nicht so aussehen wie auf den hier gezeigten Screenshots.

Schwarz-Weiß-Umwandlung

Für die Schwarz-Weiß-Umwandlung legen Sie eine Einstellungsebene *Kanalmixer* an. Aktivieren Sie im Eigenschaftenbedienfeld den Modus *Monochrome* (Abbildung 11.190 links).

Abb. 11.190

Die Einstellungen stehen auf einer Standardeinstellung, das Bild wird schwarz-weiß, ohne dass die Tonwerte besonders herausgearbeitet sind (Abbildung 11.190 rechts). Wenn Sie die Regler nach rechts schieben, hellen Sie die entsprechende Farbe auf bzw. Sie dunkeln die Farbe ab, wenn Sie die Regler nach links schieben (Abbildung 11.191 links). Probieren Sie verschiedenste Einstellungen aus und sehen Sie sich das Bild immer genau an, damit Sie sehen, welche Einstellung welche Wirkung hat.

Abb. 11.191

Beim Ausprobieren werden die Ergebnisse nicht unbedingt schön werden. Die Summe der Werte aller Regler sollte für einen »normalen« Eindruck immer ca. *+100%* ergeben. Wir möchten hier aber eine sehr helle, fast weiße Haut haben. Erhöhen Sie das *Rot* auf *+190%*, das Bild wird fast weiß (Hauttöne enthalten sehr viel Rot) (Abbildung 11.191 rechts).

Tipp
So können Sie eine interessante Schwarz-Weiß-Version des Bildes erstellen.

Verringern Sie *Grün* auf *–140%* und erhöhen Sie *Blau* auf *+70%*. Der Wert *Gesamt* liegt jetzt bei *+120%*. Das Gesicht wirkt sehr weiß, aber es verliert keine Konturen und Strukturen (Abbildung 11.192).

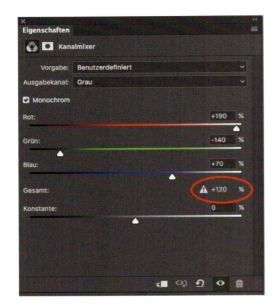

Abb. 11.192

Lippen und Augen ausarbeiten

Damit die Lippen und die Augen wieder farbig werden, klicken Sie auf die Ebenenmaske und malen mit dem Pinsel und Schwarz über die Lippen und Augen. Der Schwarz-Weiß-Effekt wird aufgehoben, die Farben kommen hervor (Abbildung 11.193).

Abb. 11.193

Farben verstärken

Die wenigen Farben sollen leuchtender und kräftiger werden. Legen Sie an oberster Stelle im Ebenenstapel eine Einstellungsebene *Dynamik* an. Erhöhen Sie die Sättigung, bis Ihnen die Farben intensiv genug sind. Es werden nur die Lippen- und die Augenfarben verstärkt, da der Rest des Bilds ja in Schwarz-Weiß ist und die Einstellung keine Wirkung darauf hat (Abbildung 11.194).

Abb. 11.194

Weiße Vignette

Legen Sie über allen Ebenen eine neue leere Ebene an. Malen Sie mit einem sehr großen weichen Pinsel, hier mit *3200 Pixel Durchmesser*, ca. *5%* Deckkraft und Weiß über die Bildecken, Haare und Schulter. Damit die Vignette sehr weich wird, malen Sie nur mit einer Hälfte des Pinsels über das Bild (Abbildung 11.195).

Abb. 11.195

Das Color-Key-Bild wäre jetzt fertig, aber selbstverständlich können Sie es nun auch noch tonen.

Die Farbtonung

Für eine Farbtonung legen Sie über der Ebene »Vignette« eine Einstellungsebene *Farbfläche* an. Wählen Sie im Farbwähler eine Farbe (Abbildung 11.196) und klicken Sie auf *OK*.

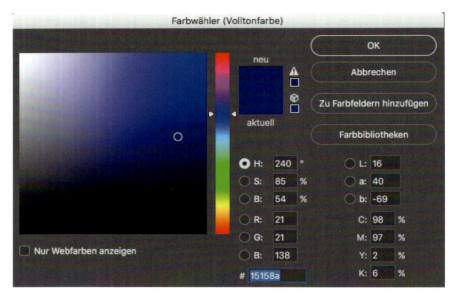

Abb. 11.196

Stellen Sie den Mischmodus von *Normal* auf *Negativ multiplizieren*. Die Grautöne im Bild werden eingefärbt. Aber auch die Lippen und die Augen. Sie können entweder in der Ebenenmaske mit Schwarz den Effekt aufheben oder Sie ziehen einfach mit gedrückter Alt-Taste die Maske der Ebene *Kanalmixer* auf die Ebene *Farbfüllung*. Dadurch wird die Ebenenmaske auf die Ebene kopiert. Bestätigen Sie, dass Sie die Ebenenmaske ersetzen möchten (Abbildung 11.197).

Abb. 11.197

So haben Sie zwei exakt gleiche Ebenenmasken auf verschiedenen Ebenen. Wenn die Farbtonung zu stark ist, reduzieren Sie etwas die Deckkraft der Ebene (Abbildung 11.198).

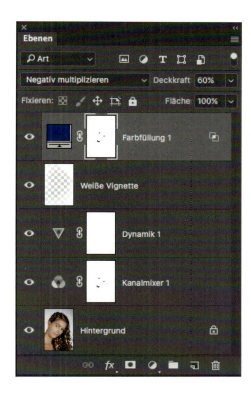 

Abb. 11.198

Spielen Sie auch mit anderen Farben und Ebenenmodi, um unterschiedliche Farbtonungen zu erreichen.

> **Tipp**
> Wenn Sie eine tolle Bearbeitung gemacht haben, könnten Sie sich alle Schritte merken oder sich diese aufschreiben, damit Sie das Ergebnis wiederholen können – das wäre aber viel Schreibarbeit. Stellen Sie einfach alle Bedienfelder und Farbinformationen nebeneinander und machen Sie einen Screenshot (Abbildung 11.199). Sie können diesen als PDF speichern und ausdrucken (so mache ich das noch sehr oft) und sich weitere wichtige Parameter aufschreiben. Im Laufe der Zeit erstellen Sie sich Ihr eigenes Nachschlagewerk.

Abb. 11.199

11.10 Erstellung von Color Lookups

Color Lookups stammen aus der Filmindustrie. Damit ist es möglich, verschiedenen Filmteilen den gleichen Look zu geben, sprich Farben und Kontrast anzupassen. Seit einigen Versionen von Photoshop kann man diese Looks auf Bilder anwenden. Damit ist z.B. gewährleistet, dass Standfotos vom Filmset den gleichen Look bekommen wie der Film selbst. In diesem Workshop werde ich Ihnen zeigen, wie Sie eigene Color Lookups erstellen und diese für Ihre Bilder anpassen. Lookups wirken am besten auf Bildserien, welche unter ähnlichen Bedingungen entstanden sind. Die wichtigste Frage ist nun, was für einen Look möchte ich für meine Bildserie erstellen? Hier möchte ich einen Look erarbeiten, der einer alten Glasplattenaufnahme entspricht.

Analysieren wir zuerst, welche Eigenschaften eine Glasplattenaufnahme besitzt – diese setzen wir dann in diesem Workshcp Schritt für Schritt um:

- Schwarz-Weiß
- Eventuell eine bräunliche Verfärbung
- Hoher Kontrast
- Schatten werden verstärkt
- Dunkle Bereiche ohne Struktur
- Helle Bereiche vergrauen
- Beschädigung der Bildränder
- Bild weist unscharfe Bereiche auf, die eventuell durch eine Bewegung des Objekts entstanden sind
- Details gehen verloren
- Stellenweise wird ein silbriger Schleier sichtbar

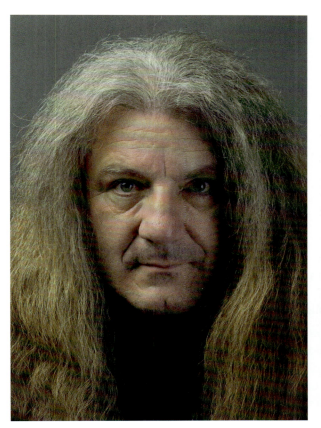

Abb. 11.200 Das Bild vor der Bearbeitung

Abb. 11.201 Das Bild nach der Bearbeitung

Abb. 11.202   Weitere Beispiele für die Anwendung von Color Lookups

11.10.1   Entwickeln des Ausgangsbilds

Entwickeln Sie Ihr Ausgangsbild in Lightroom, bis es Ihnen gefällt. Retuschieren Sie keine Hautunreinheiten oder Haare aus dem Gesicht. Dies verstärkt noch den Anschein eines alten Bilds. Für den hohen Kontrast stellen Sie nun die *Klarheit* auf *+100*. Die Lichter werden heller, stellen Sie die Lichter auf *−100*. Die Lichter dürfen dabei vergrauen. Die Schattenbereiche um das Kinn sind nun zu dunkel, hellen Sie diese in den Tiefen mit *+100* auf (Abbildung 11.203).

Sehr wichtig ist nun, dass Sie das Bild als Smartobjekt an Photoshop übergeben. Damit können Sie später in Photoshop alle Parameter in Ihrem Bild noch einmal anpassen. Sie stellen z. B. fest, dass die Schatten zu hell sind, dann können Sie diese in Photoshops Raw-Konverter ohne Qualitätsverlust wieder ändern (allerdings nur hier und nicht nach dem Zurückspeichern in Lightroom).

Workshops People-Fotografie 473

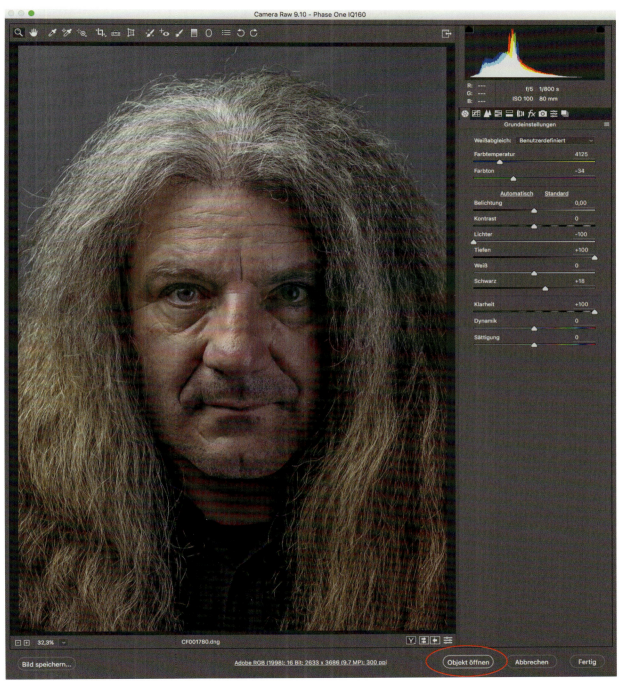

Abb. 11.203

Steigerung des Mikrokontrasts

Der Mikrokontrast steigert noch einmal die Kontraste. Verdoppeln Sie die Bildebene, indem Sie mit gehaltener ⌥-Taste auf die Ebene klicken und aus dem Flyout-Menü den Befehl *Neues Smartobjekt durch Kopie* wählen. Damit Sie den folgenden Filter sofort im Bild beurteilen können, stellen Sie den Mischmodus auf *Weiches Licht*. Rufen Sie nun über *Filter → Sonstige Filter* den Hochpass-Filter auf. Wählen Sie einen Radius, welcher das Gesicht sehr viel härter und schärfer macht. Hier ist es ein Radius von *43 Pixel* (Abbildung 11.204).

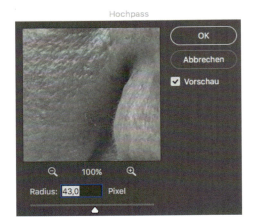
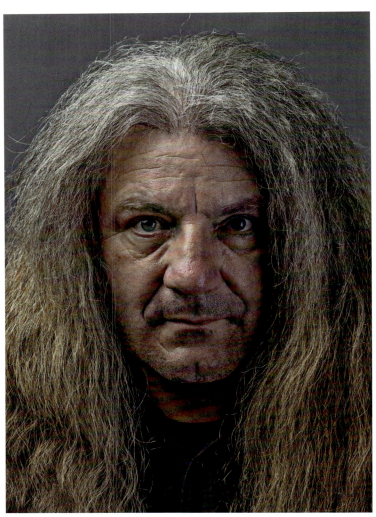

Abb. 11.204

Verwacklungsunschärfe anlegen

Bei alten Aufnahmetechniken mussten die Menschen sehr lange sehr ruhig sitzen bleiben. Die Belichtungszeiten betrugen damals mehrere Sekunden bis Minuten. Sehr schön ist das bei Wikipedia zu sehen (*https://de.wikipedia.org/wiki/Porträtfotografie*).

Deshalb sind sehr oft Haare oder Kleider bei solchen Aufnahmen leicht unscharf. Verdoppeln Sie wie vorher die unterste Ebene im Ebenenstapel und ziehen Sie diese an die oberste Stelle. Wählen Sie *Filter → Weichzeichnungsfilter → Bewegungsunschärfe*. Bei diesem Bild stellen Sie den *Winkel* auf *0 Grad* und den *Abstand* auf *50 Pixel* und klicken auf *OK* (Abbildung 11.205).

Damit die Unschärfe nur auf die Haare wirkt, entfernen Sie über eine Ebenenmaske die Unschärfe im Gesicht (Abbildung 11.206).

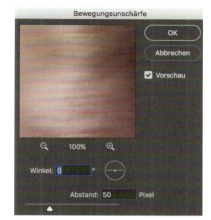

Abb. 11.205

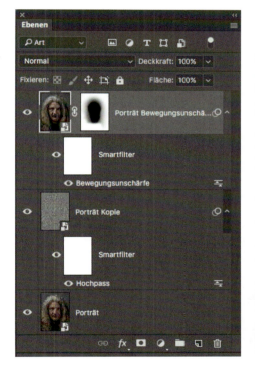

Abb. 11.206

11.10.2 Erstellung des Color Lookup Table

In der Einstellungsebene *Color Lookup* finden Sie einige vorgefertigte Looks. An diesen können Sie nichts mehr einstellen, außer der Deckkraft oder dem Mischmodus. Ich möchte Ihnen hier zeigen, wie Sie ein eigenes *Color Lookup* erstellen. Dafür werden wir im Folgenden einige weitere Einstellungsebenen anlegen.

Schwarz-Weiß-Umwandlung

Für die Schwarz-Weiß-Umwandlung legen Sie eine Einstellungsebene *Kanalmixer* an. Aktivieren Sie das Häkchen bei *Monochrom*. Reduzieren Sie das *Rot* auf −26% und erhöhen Sie das *Blau* auf +200% (Abbildung 11.207). Sie müssen mit den verschiedenen Reglern etwas »spielen«.

Abb. 11.207

Abb. 11.208

Durch das Verändern der Rotanteile wird das Bild zuerst schwarz, das Erhöhen der Blauanteile hellt dieses wieder auf. Bei Ihren eigenen Bildern sollten Sie eine Einstellung finden, bei der die hellen Bereiche nicht zu sehr ausfressen und große Schattenbereiche nicht zu schwarz werden (Abbildung 11.208).

Die weißen Bildbestandteile müssen jedoch wieder einen Grauschleier bekommen. Legen Sie eine Einstellungsebene *Tonwertkorrektur* an und verschieben Sie in deren Eigenschaften den untersten Lichterregler im *Helligkeitsverlauf* etwas nach links (Abbildung 11.209). Achten Sie dabei auf die hellen Bereiche im Bild, die nun grau werden.

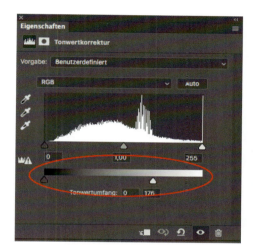
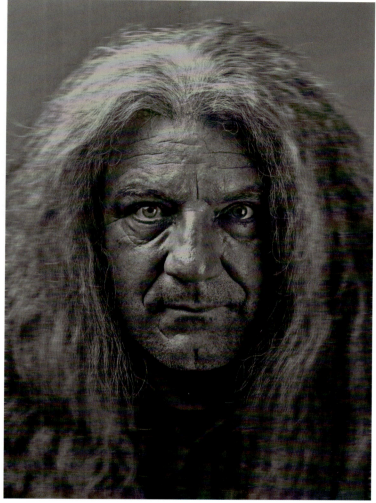

Abb. 11.209

Farbtonung

Durch das Altern von Film und Bildmaterial verfärben sich diese gerne, die berühmte Sepiatönung bei alten Bildern resultiert daraus. Bei alten Glasplattenaufnahmen kann dies aber auch andere Farben annehmen. Legen Sie an oberster Stelle im Ebenenstapel eine Einstellungsebene *Fotofilter* an. Wählen Sie bei *Filter Sepia* und aktivieren Sie das Häkchen bei *Luminanz erhalten*. Dies bewirkt, dass sich die Helligkeit des Bilds nicht ändert. Wählen Sie eine Dichte, bis Ihnen der Farbton gefällt (Abbildung 11.210). Möchten Sie einen eigenen Farbton auswählen, aktivieren Sie den Button *Farbe*, klicken einmal auf das Farbfeld und wählen eine Farbe.

Abb. 11.210

> **Tipp**
> Versuchen Sie bei dieser Ebene auch mal einen anderen Mischmodus wie *Ineinanderkopieren*. Die Resultate sind ganz beeindruckend (Abbildung 11.211).

Abb. 11.211

Textur auflegen

Kopieren Sie die Datei »Textur 1« aus dem Ordner mit den Beispieldaten in Ihr Bild und stellen Sie den Mischmodus auf *Weiches Licht*. Damit die Textur deutlicher wird, verdoppeln Sie diese Ebene und wählen den Mischmodus *Abdunkeln*. Diese Ebene überdeckt große Teile des Bilds, reduzieren Sie die Deckkraft der Ebene auf ca. *15%* (Abbildung 11.212).

Abb. 11.212

Silberschleier erzeugen

Verdoppeln Sie wieder diese Ebene, wählen Sie den Mischmodus *Aufhellen* und stellen Sie die Deckkraft wieder auf *100%*. Damit die Struktur nicht zu eintönig wird, spiegeln Sie die Ebenen über *Bearbeiten* → *Transformieren* → *Horizontal Spiegeln* (Abbildung 11.213).

Abb. 11.213

Damit dieser nur partiell wirkt, füllen Sie die Ebenenmaske mit Schwarz (durch Invertieren mit Strg+i bzw. CMD+i auf dem Mac) (Abbildung 11.214 links). Der Effekt wird komplett unsichtbar. Malen Sie mit dem Pinsel, der Farbe Weiß und einer großen weichen Werkzeugspitze mit wenig Deckkraft des Pinsels über alle Bereiche, welche diesen Silberschleier bekommen sollen (Abbildung 11.214 rechts).

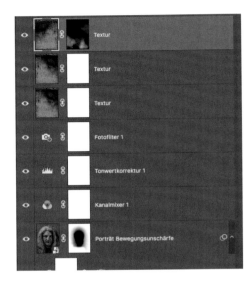

Abb. 11.214

Weitere Beschädigungen

Durch das Alter ist die Oberfläche der Bilder sehr oft beschädigt. Diese Beschädigungen können auch durch Feuchtigkeit, starke Sonneneinstrahlung oder einfach mechanische Beanspruchung entstehen. Kopieren Sie die »Textur 2« aus dem Ordner mit den Beispieldaten ins Bild und wählen Sie den Mischmodus *Ineinanderkopieren* (Abbildung 11.215 links). Ist der Effekt im Allgemeinen zu stark, reduzieren Sie die Deckkraft der Ebene. Im Gesicht können Sie den Effekt noch partiell über eine Ebenenmaske reduzieren (Abbildung 11.215 rechts).

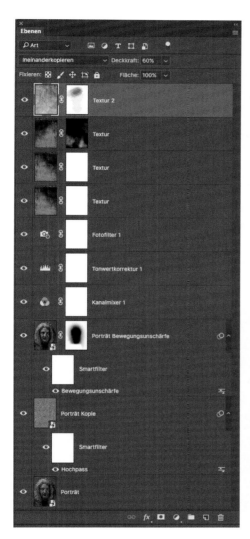

Abb. 11.215

Bis hierhin war alles die übliche Bildbearbeitung und hat noch nichts mit den Color Lookups zu tun. Um diesen Farbkontrastlook nun für andere Bilder schneller zu erarbeiten, können alle Einstellungsebenen zusammengefasst werden. Dafür gibt es verschiedene Methoden, die ich Ihnen hier zusammen mit den jeweiligen Vor- und Nachteilen zeigen möchte.

11.10.3 Color Lookup

Zum Erstellen des Color Lookup müssen Sie eigentlich nur alle Einstellungsebenen markieren. Wählen Sie nun *Datei → Exportieren → Color Lookup-Tabellen*. Jetzt bekommen Sie aber die Fehlermeldung in Abbildung 11.216:

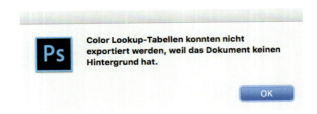

Abb. 11.216

Der Grund: In unserem Bild gibt es keine Hintergrundebene. Die Lösung ist sehr einfach. Legen Sie eine neue leere Datei über *Datei → Neu* an. Die Größe spielt keine Rolle. Achten Sie aber darauf das der Farbmodus mit dem Ihres bestehenden Bilds übereinstimmt. Hier ist es Adobe RGB. Der Hintergrundinhalt sollte weiß sein, aber auf keinen Fall transparent (Abbildung 11.217). Klicken Sie auf *OK*.

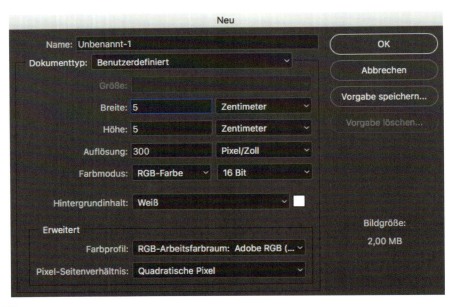

Abb. 11.217

Ziehen Sie nun die Einstellungsebenen aus Ihrem Porträtbild auf diese neue Datei (Abbildung 11.218 links). Löschen Sie alle Masken in den Einstellungsebenen, da Sie diese für andere Bilder neu anlegen müssen (praktischer Nebeneffekt: Sie reduzieren damit die Dateigröße). Dieses neue Bild ist einfach nur leicht bräunlich, sonst sehen Sie nichts, da die Einstellungsebenen nicht auf Weiß wirken (Abbildung 11.218 rechts).

Abb. 11.218

Aktivieren Sie nun mit gehaltener Alt -Taste die Einstellungsebenen.

Wählen Sie *Datei → Exportieren → Color Lookup-Tabellen*. Es öffnet sich der entsprechende Dialog. Wählen Sie bei Beschreibung einen passenden Namen, hier ist es »Glasplatte«. Aktivieren Sie das Häkchen bei *Dateierweiterungen in Kleinbuchstaben verwende*n und wählen Sie eine *hohe Qualität*. Bei den Formaten klicken Sie *3DL* an (wenn Sie die Color Lookup-Tabellen noch in anderen Programmen verwenden möchten, informieren Sie sich, welche Formate diese benötigen) (Abbildung 11.219). Klicken Sie auf *OK* und speichern Sie die Datei an einem beliebigen Ort.

Abb. 11.219

Öffnen Sie nun ein anderes Bild und legen Sie dort eine Einstellungsebene *Color Lookup* an.

Abb. 11.220

Klicken Sie auf das Flyout-Menü bei *3DLUT-Datei* auf *3D LUT laden* (Abbildung 11.221 links). Es öffnet sich der *Öffnen*-Dialog, in dem Sie Ihre »Glasplatte« auswählen – die Lookup-Tabelle wird sofort angewendet (Abbildung 11.221 rechts).

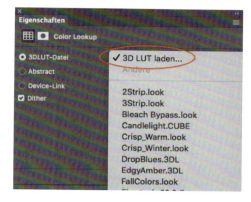

Abb. 11.221

Kopieren Sie nun noch die Texturen in das Bild und Sie sind fertig (Abbildung 11.222).

Abb. 11.222

Damit Sie nicht jedes Mal Ihre eigene Color-Lookup-Tabelle laden müssen, ist es besser, diese in die Auswahl vom Panel zu integrieren. Gehen Sie in Ihren Programme-Ordner, dort auf Photoshop, dann auf die Presets und darin auf den Ordner *3DLUTs*. Kopieren Sie Ihre Color-Lookup-Datei »Glasplatte« hinein (Abbildung 11.223).

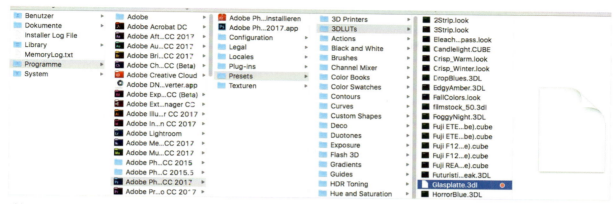

Abb. 11.223

Wenn Sie nun das Menü in der Einstellungsebene öffnen, finden Sie dort auch Ihre Einstellung (Abbildung 11.224).

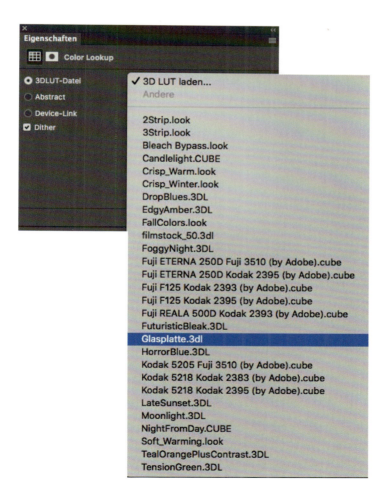

Abb. 11.224

Der Vorteil dieser Methode ist die Schnelligkeit, mit der Sie arbeiten können. Der Nachteil ist, dass Sie an diesen Einstellungen nichts mehr verändern können und die Texturen in einem eigenen Schritt einfügen müssen.

11.10.4 Die Bildmethode

Diese Methode nenne ich so, weil ich aus dem ersten Bild, welches wir bearbeitet haben, nur die Einstellungs- und Texturebenen behalte und alles andere lösche. Ich speichere dann dieses Bild und wenn ich etwas benötige, öffne ich diese Datei und kopiere die Ebenen einfach in das andere Bild (Abbildung 11.225 und Abbildung 11.226).

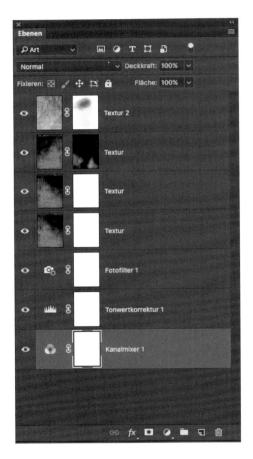

Abb. 11.225

Diese Methode hat den Vorteil, dass ich alle Parameter der Einstellungsebenen ändern kann, ebenso die Texturen. Der Nachteil ist, dass dieses Bild sehr groß ist und ich es auf andere Rechner kopieren muss, wenn ich es an mehreren Bildbearbeitungsstationen benutzen möchte.

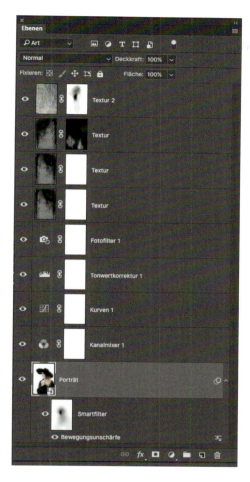 

Abb. 11.226

Das Bibliotheken-Modul

Seit Einführung der Creative-Cloud-Version von Photoshop ist es möglich, Arbeitsmittel wie Pinselspitzen oder Arbeitsmedien wie Bilder an verschiedenen Photoshop-Arbeitsplätzen zu nutzen. Im *Bibliotheken*-Panel kann man verschiedene Dateien ablegen. Das geht mit eigenen Pinselspitzen sowie Logos, Farben und auch Bildern. Einmal in der Bibliothek abgelegt, stehen diese Dateien in allen Adobe-Programmen mit Bibliothek zur Verfügung. Dies funktioniert auf allen mit der gleichen Adobe-ID angemeldeten Rechnern. So stehen diese Dateien auf meinem Hauptrechner und meinen Laptops zur Verfügung. Dies funktioniert aber nur, wenn man die Cloud-Version der Programme besitzt.

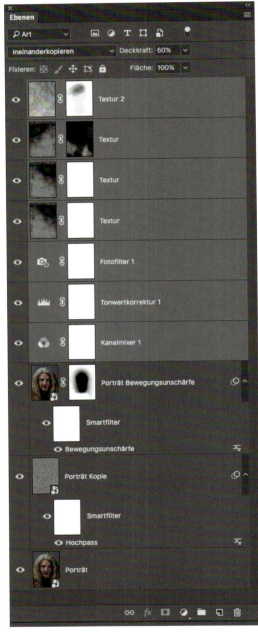

Abb. 11.227

Aktivieren Sie in Ihrem Programm alle Ebenen, die Sie auch in anderen Bildern verwenden möchten. Dies können Einstellungsebenen, Texturen und weitere Ebenen sein (Abbildung 11.227).

Ziehen Sie diese Ebenen nun in die Bibliothek hinein. Je nach Größe der Datei kann dies einige Zeit dauern. Sie können der Datei danach einen Namen geben, indem Sie unterhalb des Bilds auf den automatisch vergebenen Namen doppelklicken (Abbildung 11.228).

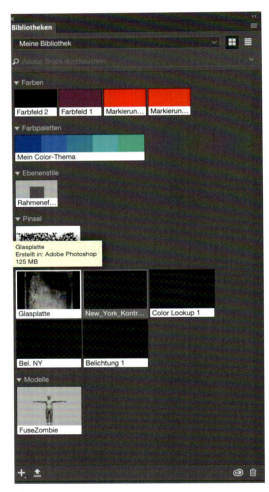

Abb. 11.228

Öffnen Sie nun ein weiteres Bild (Abbildung 11.229).

Abb. 11.229

Ziehen Sie die Datei »Glasplatte« mit gedrückter [Alt]-Taste aus der Bibliothek auf das Bild (und passen Sie ggf. die Größe an). Jetzt können Sie jede Einstellungsebene verändern, die Texturen austauschen oder *transformieren* und auch auf Masken, Ebenendeckkraft und Ebenenmodi Einfluss nehmen (Abbildung 11.230).

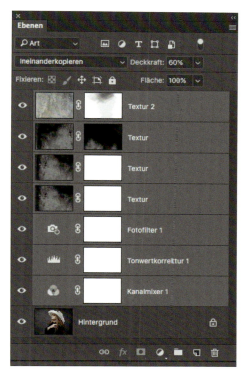

Abb. 11.230

> **Hinweis**
> Das Drücken der `Alt`-Taste beim Ziehen ist wichtig: Ohne sie hätten Sie sonst keine Möglichkeit, auf die einzelnen Einstellungsebenen zuzugreifen.

Sie sehen, dass es für ein und dieselbe Aufgabenstellung verschiedene Arbeitsweisen gibt. Suchen Sie sich Ihre Methode aus.

11.11 Analoger Filmlook

In diesem letzten Workshop lernen Sie, in Photoshop den Look analoger Filme nachzustellen. Filme unterscheiden sich untereinander in puncto Farb- und Kontrastverhalten sowie Körnigkeit (was ihre Schärfe und ihr Auflösungsvermögen bestimmt). Die daraus resultierenden unterschiedlichen Film-Looks können wir heutzutage mithilfe von Lightroom oder Photoshop und fertigen Filterpaketen umsetzen. Zu den bekanntesten Filtern gehören neben den nicht ganz billigen, aber professionellen Ansprüchen genügenden Produkten der Firma VSCO, das *Analog Efex Pro*-Plugin der kostenlosen Nik-Filtersuite von Google (für Mac und PC) und der kostenpflichtige Filter *Tonality Pro* von Macphun (nur für Mac).

In Abbildung 11.231 und Abbildung 11.232 sehen Sie ein Beispiel mit *Tonality Pro* von Macphun, mit dem ich meine Bilder sehr gerne bearbeite. Bei den Vorgaben stellen Sie die Film-Emulation ein, dann stehen Ihnen von Agfa, Fuji, Ilford und Kodak die verschiedensten Filme und Empfindlichkeiten zur Verfügung. Zusätzlich können Sie auf der rechten Seite des Filters weitere Einstellungen vornehmen.

An diesem Beispiel können Sie sehr schön erkennen, wie zwei Schwarz-Weiß-Filme, vom gleichen Hersteller, aber mit unterschiedlichen Empfindlichkeiten, sich sehr in der Bildwirkung unterscheiden.

Google deckt mit seinen kostenlosen Nik-Filtern eine große Palette an Kamera- und Filmeffekten ab — etwa den außergewöhnlichen Look der Nassplatte (Abbildung 11.233). Charakteristisch für diesen ist eine leichte Unschärfe — aufgrund der langen Belichtungszeit von manchmal mehreren Minuten kann die Person nicht lange genug ruhig sitzen.

Alle diese Filter bieten tolle Effekte, aber leider sind sie entweder nicht gerade preiswert oder man weiß nicht, wie lange es sie noch geben wird (wie im Falle von Googles Nik Collection). Wenn Sie also einen eigenen Look entwickeln möchten, sollten Sie sich lieber nicht von diesen Produkten abhängig machen. Im Folgenden möchte ich Ihnen zeigen, wie Sie mit Bildanalyse und Photoshop zu Ihrem eigenen Look kommen.

Workshops People-Fotografie   495

Abb. 11.231   Fuji Neopan Pro 1600

Abb. 11.232 Fuji Neopan 100

Workshops People-Fotografie 497

Abb. 11.233

11.11.1 Schwarz-Weiß-Umwandlung

Bilder in Schwarz-Weiß zu konvertieren, können Sie schon wunderbar in Lightroom oder im Raw-Konverter von Photoshop bewerkstelligen. Falls Sie aber Photoshop haben, ist es besser, die Schwarz-Weiß-Umwandlung in Photoshop vorzunehmen. Sie haben dann viel mehr Möglichkeiten, das Bild zu beeinflussen.

Die Einstellungsebene Schwarz-Weiß

Ein farbiges Bild in Schwarz-Weiß umzuwandeln, ist grundsätzlich sehr einfach. Über die Einstellungsebene *Farbton/Sättigung* stellen Sie einfach die Sättigung der Farben auf *0* – dann wird das Bild schwarz-weiß. Eine Farbtafel mit maximal gesättigten Grundfarben des RGB-Farbraums wie in Abbildung 11.234 sieht dann so aus wie in Abbildung 11.235: alle Farben sind gleich grau.

Abb. 11.234   Abb. 11.235

Das heißt: In einem solcherart nach Schwarz-Weiß umgewandelten Bild würden Sie viele Details nicht mehr erkennen, da diese alle gleich grau wären.

Die Einstellungsebene *Schwarz-Weiß* lässt hier bessere Differenzierungen bei den Farben zu und öffnet sich immer in der gleichen Grundeinstellung.

Diese Grundeinstellung entspricht unserer normalen Wahrnehmung. Sehen wir zwei Farben in der gleichen Helligkeit und Sättigung, sieht Rot dunkler aus als Gelb. Natürlich sind beide gleich hell bzw. dunkel und würden somit in einer Schwarz-Weiß-Darstellung den gleichen Grauwert ergeben – wie oben in der gleichmäßig grauen Farbtafel mit der Farbton/Sättigung-Einstellungsebene. In der Schwarz-Weiß-Einstellungsebene haben Sie die Möglichkeit, die Farben einzeln in der Helligkeit zu ändern. Ziehen Sie die Regler nach links, so wird die Farbe dunkler, nach rechts entsprechend heller. Dies möchte ich Ihnen an diesen Farbtafeln zeigen.

In Abbildung 11.237 sehen Sie die gleiche Farbtafel wie in Abbildung 11.234, allerdings umgewandelt mit der Standardeinstellung der Schwarz-Weiß-Einstellungsebene.

Die Graustufen der Farben Rot und Grün sind kaum voneinander zu unterscheiden. Blau ist sehr dunkel, Magenta ist das hellste Feld. Gelb und Cyan unterscheiden sich nur leicht. Hier nun eine Korrektur, damit sich die Farbfelder für unser Empfinden besser unterscheiden. Bedenken Sie dabei bitte, dass jeder Mensch Farben und Helligkeiten anders empfindet.

Abb. 11.236

Abb. 11.237

Look eines Kodak P3200 T-MAX Pro

Aus dem Farbbild (Abbildung 11.238 links) werden Sie ein Schwarz-Weiß-Bild im Stil des Kodak-Films P3200 T-MAX Pro erstellen (Abbildung 11.238 rechts). Dieser Film arbeitet sehr kontrastreich und durch die hohe Empfindlichkeit weist er auch eine starke Körnigkeit auf.

Abb. 11.238

Analysieren wir erst einmal die Eigenschaften des Analogfilms.

- Schwarz-Weiß
- Hoher Kontrast (Schatten werden verstärkt, dunkle Bereiche ohne Struktur)
- Helle Bereiche überstrahlen (weißes Kleid wird heller)
- Grobkörnig (Details gehen verloren)
- Gelb (in der Haut) wird stark aufgehellt
- Rot (in der Haut) wird aufgehellt

11.11.2 Schwarz-Weiß-Konvertierung

Legen Sie eine Einstellungsebene *Schwarz-Weiß* an, in deren Eigenschaften-Dialog Sie die in Abbildung 11.239 gezeigten Farbwerte einstellen.

Abb. 11.239

Für den Hautton hellen Sie zuerst die Rottöne auf. Achten Sie darauf, dass in den hellen Stellen der Haut noch Zeichnung erhalten bleibt (Abbildung 11.240). Es wird dabei auch leicht der Hintergrund aufgehellt. Hellen Sie danach die Gelbtöne auf. Diese wirken hauptsächlich auf den Hintergrund und beeinflussen die Models nur wenig. Dunkeln Sie die Grüntöne stark ab, damit das Gras zwischen den Schienen sehr dunkel wird. Damit das weiße Kleid keine Struktur verliert, reduzieren Sie die Cyan- und Blautöne. Um die Schatten in der Haut abzudunkeln, reduzieren Sie bei Magenta leicht die Helligkeit. Sie müssen jetzt noch nicht gleich die perfekten Einstellungen finden. Wenn Sie im Laufe der Bearbeitung feststellen, dass bestimmte Bereiche in der Helligkeit nicht stimmen, klicken Sie auf die Einstellungsebene Schwarz-Weiß und passen Sie die Helligkeit an.

Workshops People-Fotografie 501

Abb. 11.240

Körnung erstellen

Für die Körnung legen Sie eine neue leere Ebene an und füllen diese über *Bearbeiten → Fläche füllen → Inhalt → 50% Grau*. Das Grau blenden Sie aus, indem Sie den Mischmodus *Weiches Licht* wählen. Wandeln Sie jetzt die Ebene in ein Smartobjekt um, damit Sie den nächsten Filter immer wieder anpassen können. Um den Filter richtig beurteilen zu können, skalieren Sie auf 100% Ansichtsgröße. Rufen Sie den Rauschen-Filter über *Filter → Rauschfilter → Rauschen hinzufügen* auf (Abbildung 11.241).

Abb. 11.241

Stellen Sie hier zunächst eine ungefähre *Stärke* von *170%* ein, achten Sie dabei nur auf die Wirkung des Rauschens auf das Bild. Die Ebene ist ein Smartobjekt, deshalb können Sie auch diesen Filter jederzeit in der Wirkung abändern.

Aktivieren Sie die *Gaußsche Normalverteilung* und klicken Sie auf das Häkchen bei *Monochromatisch*. Die Körnung ist aber nun zu hell, diese müsste dunkler sein und intensiver. Dies schaffen Sie aber nicht mit anderen Einstellungen des Filters. Klicken Sie auf *OK*.

Abb. 11.242

Damit die Körnung intensiver wird, müssen wir diese abdunkeln. Legen Sie eine Gradationskurve an und ziehen Sie den Tiefenregler sehr weit nach rechts und den Lichterregler nach links. Nun wird aber nicht nur das Rauschen, sondern das ganze Bild beeinflusst. Damit die Gradationskurve nur auf der Ebene mit dem Rauschen wirkt, wählen Sie im Flyout-Menü der Ebenenpalette den Befehl *Schnittmaske erstellen* (oder klicken Sie mit gehaltener [Alt]-Taste auf die Trennungslinie zwischen den beiden Ebenen). Die oberste Ebene rückt nun etwas nach rechts und wirkt nur noch auf die Rauschen-Ebene. Probieren Sie verschiedene Einstellungen aus (Abbildung 11.243), Sie erkennen dann, wie Sie mehr oder weniger Körnung bekommen.

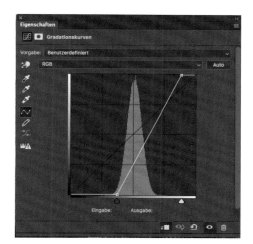

Abb. 11.243

Durch die Körnung ist das Bild wieder dunkler geworden. Für eine Aufhellung legen Sie über die Hintergrundebene eine neue Einstellungsebene *Gradationskurve* an. Hellen Sie besonders die Lichter- und Mitteltöne auf und dunkeln Sie die Tiefen nur leicht ab (Abbildung 11.244).

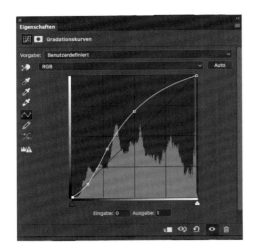

Abb. 11.244

Die Tiefen sind nicht mehr ganz so dunkel, legen Sie über der gerade gemachten Einstellungsebene eine zweite Einstellungsebene *Gradationskurve* an und dunkeln Sie die Mitteltöne leicht ab (Abbildung 11.245).

Das weiße Kleid ist nun etwas zu dunkel geworden. Dies können Sie in der Ebenenmaske korrigieren, indem Sie auf die Ebenenmaske klicken und mit Schwarz und geringer Deckkraft über das Kleid malen (Abbildung 11.246).

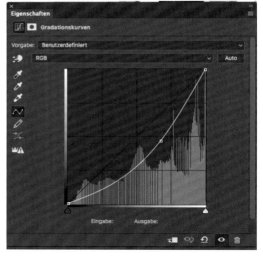

Abb. 11.245

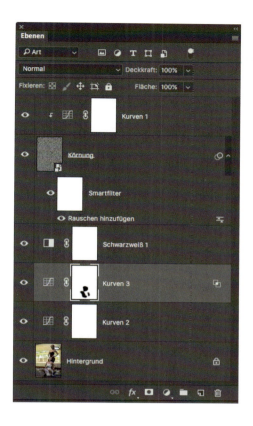

Abb. 11.246

Das ist unser Endresultat. Durch die genaue Analyse von Bildern können Sie jeden Bildlook in Photoshop nachbauen. Der große Vorteil ist gegenüber einem Klick auf ein Preset in Lightroom oder einem Filter in Photoshop, dass Sie verstehen, wie die Einstellungen funktionieren und wie Sie Ihre Looks individuell erstellen können.

11.11.3 Crossentwicklung

Bei der Crossentwicklung wird ein Film mit dem falschen Entwickler entwickelt – also etwa ein Diafilm mit einem C41-Entwickler für Negativfilm, während er korrekterweise nach dem E6-Prozess entwickelt werden müsste. Solch eine Crossentwicklung werden wir nachfolgend simulieren.

Analyse eines crossentwickelten Films:

- Gelb-Cyan-Farbstich
- Lichter werden gelb
- Mitteltöne cyanfarbig
- Kontraste steigern
- Lichter verlieren Struktur
- Schärfe geht verloren

Farbgebung

Für die Farbe legen Sie eine Einstellungsebene *Farbfläche* an. Es öffnet sich automatisch der Farbwähler. Wählen Sie dort eine blaue Farbe (Abbildung 11.247).

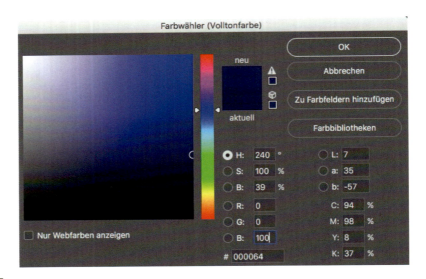

Abb. 11.247

Klicken Sie auf *OK*. Das ganze Bild ist blau. Damit die Bildstruktur wieder hervorkommt, stellen Sie den Mischmodus von *Normal* auf *Differenz* (Abbildung 11.248).

Der Mischmodus *Differenz* macht aus Blau Gelb. Das weiße Kleid wird gelb, die blauen Bretter im Hintergrund werden grün-cyanfarbig. Die Tiefen und Schatten sind fast strukturloses Blau geworden. Um diese Bereiche wieder hervorzuholen, klicken Sie im Ebenenbedienfeld auf das *fx*-Symbol und dort auf die *Fülloptionen*.

Abb. 11.248

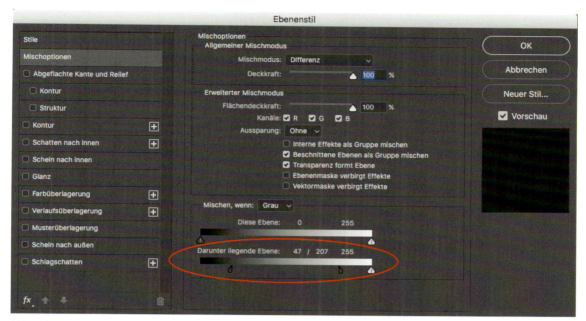

Abb. 11.249

Im Bedienfeld *Mischoptionen* finden Sie ganz unten zwei Helligkeitsverläufe. Die Regler des unteren Verlaufs *Darunter liegende Ebene* ermöglichen es Ihnen, die Helligkeitswerte des Originalbilds einzublenden.

Ziehen Sie den linken Tiefen-Regler nach rechts und verfolgen Sie, wie die blaue Farbe in den Tiefen und Schatten verschwindet. Um die Übergänge weicher zu gestalten, können Sie mit gedrückter Alt-Taste den Regler auftrennen und so schönere Übergänge erstellen.

Abb. 11.250

In Abbildung 11.250 ist die Farbe noch zu intensiv. Reduzieren Sie die Deckkraft der Ebene bei diesem Bild auf *60%* (Abbildung 11.251).

Abb. 11.251

Lichter verstärken

Die Lichter sind noch zu flau. In einigen Bereichen vom Kleid müssen diese hel er werden. Legen Sie eine Einstellungsebene *Gradationskurve* an und hellen Sie das Bild stark auf (Abbildung 11.252).

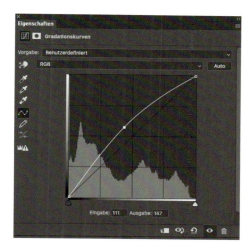

Abb. 11.252

Füllen Sie nun über *Bearbeiten → Fläche füllen …* die Ebenenmaske mit Schwarz und malen Sie mit dem Pinselwerkzeug, einer geringen Deckkraft und Weiß über alle Bereiche, die Sie aufhellen möchten. Dies sind besonders die Vorderseite des Kleids, die Kanten an der Schleppe, welche das Model in den Händen hält, die Arme und die linke Gesichtshälfte (Abbildung 11.253).

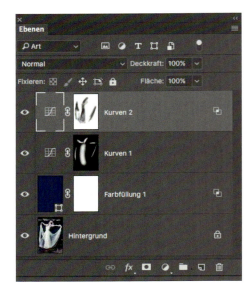

Abb. 11.253

Crosseffekt verstärken

Das Bild muss noch etwas cyanfarbiger werden. Legen Sie an oberster Stelle im Ebenenstapel eine weitere Einstellungsebene *Gradationskurve* an. Wechseln Sie in den *Rot*-Kanal und ziehen Sie die Kurve in der Mitte leicht nach unten, bis Ihnen der Farbton gefällt. Das gesamte Bild wird cyanfarbig (denn Cyan ist die Komplementärfarbe von Rot – wenn Sie Rot zurücknehmen, dominiert Cyan).

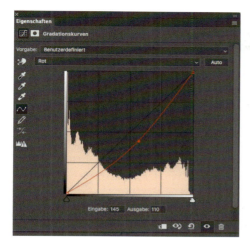

Abb. 11.254

Damit die dunklen Grautöne wieder neutraler werden, öffnen Sie über das *fx*-Symbol die Fülloptionen. Verschieben Sie wieder den unteren Tiefenregler wie schon im vorherigen Beispiel (Abbildung 11.255). Über die Ebenenmaske können Sie weitere Anpassungen vornehmen.

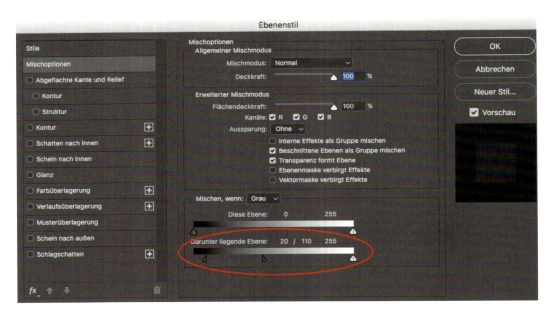

Abb. 11.255

> **Tipp**
> Allein durch das Verändern der letzten Gradationskurve können Sie unzählige weitere Crossentwicklungen erreichen (Abbildung 11.256).

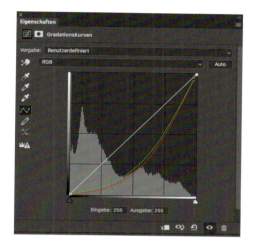

Abb. 11.256

11.11.4 Der Vintage Look

Den Vintage Look – den Look alter, leicht vergilbter Fotos – kann man im Prinzip auf jedes Bild anwenden, aber das Motiv sollte dann doch dazu passen. Menschen in moderner Kleidung mit einem modernen Auto oder in der neuen Elbphilharmonie einen Look wie aus den Anfängen der Fotografie zu verpassen, macht das Bild nicht unbedingt glaubwürdig. Gut eignen sich normale Porträtaufnahmen. Hier zwei Beispiele von original gealterten Schwarz-Weiß-Bildern.

Abb. 11.257

Sie sehen, je nach Alter, Lagerung und Feuchtigkeit verändern sich die Bilder unterschiedlich. Beginnen wir erst einmal wieder mit der Bildanalyse. Die folgenden Eigenschaften machen den Vintage Look aus (auch wenn das Bild, das wir gleich bearbeiten werden, im Resultat nicht alle diese Eigenschaften aufweisen muss):

- Unterschiedliche Brauntonung
- Unterschiedliche Ausbleichung
- Lichteinfall
- Wasserflecken
- Kratzer
- Knicke
- Niedriger Kontrast
- Lichter ausgefressen
- Tiefen zugelaufen
- Eventuell in einem runden Passepartout

Brauntonung

Für die Brauntonung legen Sie eine Einstellungsebene *Farbfläche* an. Es öffnet sich der Farbwähler. Suchen Sie sich einen schönen Braunton (Abbildung 11.258 oben). Diesen können Sie jederzeit noch mal ändern.

Damit Sie das Bild sehen, stellen Sie den Mischmodus auf *Farbton*. Das Bild ist aber nicht ganz braun, die Bluse schimmert immer noch leicht blau. Legen Sie *unter* der Ebene *Farbfüllung* eine Einstellungsebene *Schwarz-Weiß* an und das gesamte Bild (Abbildung 11.258 unten) wird braun getönt.

Workshops People-Fotografie 515

Abb. 11.258

Kontrast steigern

Für die erste Kontraststeigerung ziehen Sie die Farbregler der Schwarz-Weiß-Ebene nach links, um die verschiedenen Bereiche abzudunkeln. Die Rot- und Gelbtöne beeinflussen hauptsächlich das Gesicht. Grün beeinflusst die Haare links, Cyan und besonders Blau dunkeln die Bluse stark ab (Abbildung 11.259).

Abb. 11.259

Alterungsspuren hinzufügen

Für Kratzer und andere Beschädigungen können Sie verschiedene Bilder benutzen. Fotografieren Sie dazu einfach verschiedenste Strukturen. Hier können Sie das Bild »Textur.jpg« (Abbildung 11.260) aus dem Ordner mit den Beispieldateien laden und in Ihr Bild kopieren. Selbstverständlich können Sie auch eigene Texturen verwenden.

Abb. 11.260

Wählen Sie den Mischmodus *Weiches Licht* und es bleiben nur die dunklen Kratzer und Flecken im Bild übrig (Abbildung 11.261). Wenn Ihnen die Kratzer und Flecken zu stark sind, reduzieren Sie die Deckkraft dieser Ebene.

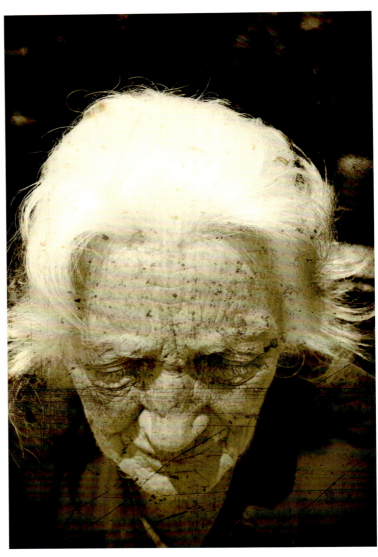

Abb. 11.261

Ovalen Bildrahmen erstellen

Für den ovalen Bildrahmen wählen Sie in der Werkzeugpalette das *Ellipse*-Werkzeug (Abbildung 11.262 links) und ziehen ein Oval über das Gesicht auf. Über *Bearbeiten → Pfad frei transformieren* können Sie die Form und Größe anpassen (Abbildung 11.262 rechts). Bestätigen Sie die Transformation mit ⏎.

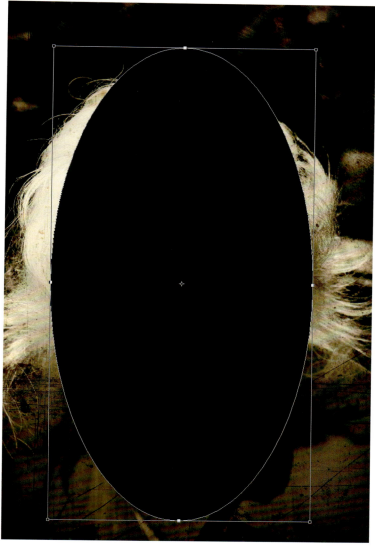

Abb. 11.262

Damit Sie die Farbe wechseln können, klicken Sie direkt auf das Thumbnail der Formebene, es öffnet sich der Farbwähler. Sie können sich dort eine Farbe auswählen oder Sie gehen mit dem Cursor in das Bild und nehmen dort eine Farbe auf. Klicken Sie auf *OK*. Die Füllung der Formebene muss aber außerhalb des Ovals liegen und nicht innen. In der Optionsleiste des Ellipse-Werkzeugs klicken Sie auf das kleine Quadrat neben der Pixelgrößenangabe. In dem sich öffnenden Menü wählen Sie *Vordere Form subtrahieren* (Abbildung 11.263), die Füllung liegt nun außen.

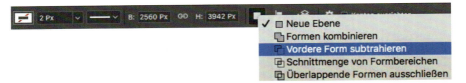

Abb. 11.263

Damit das Oval auch mittig vom Bild liegt, klicken Sie einmal auf die unterste Ebene und mit gedrückter `Strg`-Taste (Mac: `CMD`-Taste) auf die Formebene. Hintergrund- und Formebene sind nun aktiv. Klicken Sie auf das Verschieben-Werkzeug und in der Optionsleiste werden die Ausrichtungsbuttons aktiviert (Abbildung 11.264).

Abb. 11.264

Klicken Sie auf den Button zum horizontalen und vertikalen Ausrichten (Abbildung 11.264), das Oval ist nun exakt in der Mitte des Bilds. Aktivieren Sie nur die Ebene mit dem Porträt und verschieben Sie diese, bis das Porträt mittig im Oval steht (Abbildung 11.265).

Abb. 11.265

Das Oval ist noch viel zu sauber. Wenn Kratzer und Flecken auf dem Bild sind, so hören die nicht einfach am Bildrand auf. Verdoppeln Sie die Ebene *Textur* und schieben Sie die Kopie über die Formebene mit dem Oval. Damit die Textur nur auf dem Oval wirkt, klicken Sie mit gedrückter `Alt`-

Taste auf die Trennungslinie zwischen den beiden Ebenen. Sie erstellen damit eine Schnittmaske und die Textur wirkt nur auf dem Oval. Stellen Sie den Mischmodus auf *Ineinanderkopieren* (Abbildung 11.266 links).

Abb. 11.266

Das Oval in (Abbildung 11.266 rechts) ist immer noch zu »sauber«. Wandeln Sie die Ebene in ein Smartobjekt um und legen Sie mit dem *Rauschen*-Filter ein leichtes Rauschen auf (Abbildung 11.267).

Dem Rahmen fehlt immer noch die eigene Struktur. Aktivieren Sie die Formebene und klicken Sie im Ebenenbedienfeld auf das *fx*-Symbol. Wählen Sie dort *Abgeflachte Kante* und *Relief* (Abbildung 11.268).

Abb. 11.267

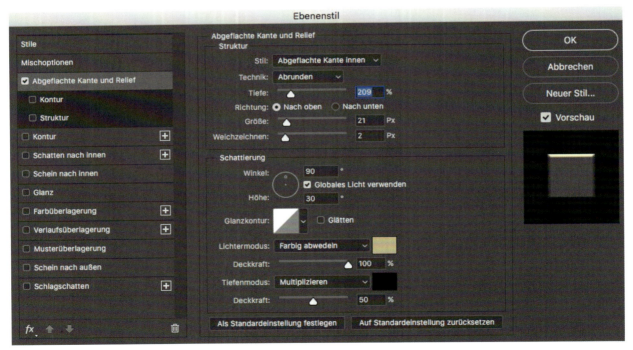

Abb. 11.268

Probieren Sie verschiedene Parameter aus, bis das Oval eine eindeutig schräge Kante hat. Achten Sie darauf, dass bei *Lichtermodus* nicht *Weiß* angewählt ist. Klicken Sie auf das Farbsymbol und wählen Sie im Farbwähler eine ähnliche Farbe an, wie sie auch das Oval hat. Klicken Sie dann auf *Struktur* und wählen Sie eine Struktur aus, die einer alten Papieroberfläche entspricht (Abbildung 11.269). Allein für den Papierrahmen haben Sie mit den Ebeneneffekten unzählige Möglichkeiten, diesen zu gestalten.

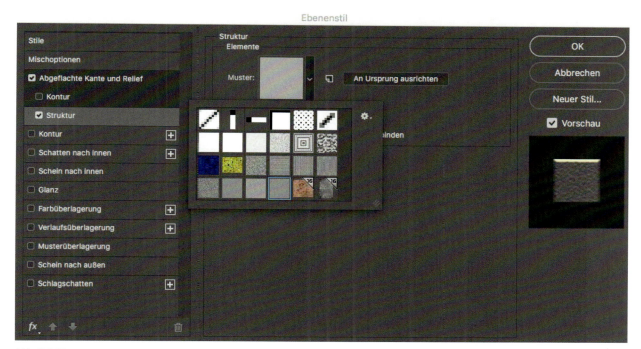

Abb. 11.269

Unser Endergebnis sehen Sie in Abbildung 11.270.

Abb. 11.270

Anhang: Die Banane

von Harald Löffler

Falls Ihnen beim Lesen dieses Buchs an manchen Stellen ob dieser köstlichen kleinen Banane in unserer Werkzeugleiste das Wasser im Mund zusammenlief, möchten wir Ihnen an dieser Stelle gerne noch verraten, wie Sie dieses eigentlich »unverzichtbare« Hilfsmittel ebenfalls anzeigen lassen können.

Klicken Sie zuerst auf die drei Punkte in der Werkzeugleiste direkt unter der Lupe. Halten Sie dabei die Maustaste so lange gedrückt, bis das Flyout-Menü mit der Option *Symbolleiste bearbeiten…* sichtbar wird, und wählen Sie anschließend diese Option aus.

Daraufhin wird der zugehörige Dialog sichtbar. Halten Sie nun die ⇧-Taste gedrückt und klicken Sie auf den Button *Fertig*.

Voilà! :-)

Index

Numerisch

50% Grau
    und Weiches Licht (Mischmodus) 229, 502
70er-Jahre-Look 397

A

Abdunkeln (Mischmodus) 439
Abdunkeln-Gruppe 136
Adobe Camera RAW
    Versionen (LR/PS) 38, 44–45
AdobeRGB
    siehe auch Farbräume
    vs. Lab und sRGB 54
    vs. ProPhoto RGB und sRGB 52–53
Akt. u. darunter (Option) 156, 205, 218
Aktuelle Ebene (Option) 405
Akzente setzen mit Licht 298
Alter betonen 440
Altersflecken 454
Alterungsspuren hinzufügen 517
Ameisenstraße 90
Analoger Filmlook 494
Ansel Adams 270
Arbeitsfarbräume 51
    im Vergleich 52–56
    Umwandlung 55–56
Arbeitsfläche
    erweitern 107, 249
    verbreitern 113
Architekturfotografie 257
    Ausrüstung 261
    Bildausschnitt finden 258
    Kameraeinstellungen 262
    kompletter Workflow 264
    Langzeitbelichtungen 260
    Voraussetzungen und Vorgehensweise 258

Aufhellen und abdunkeln *siehe* Dodge & Burn
Aufhellen-Gruppe 135
Augen
    angleichen 414–415
    betonen 427
    klarer machen 417
Augenbrauen
    auffüllen 428
    Form anpassen 429
Ausbessern-Werkzeug 88
    Anwendung 89–91
    inhaltsbasiert 89
    Optionen 89
Auswahlen 92
    deaktivieren (Tastenkombination) 272
    ein-/ausblenden 96
    erstellen 270, 364
    erweitern 108
    Kanten verbessern mit 205, 330, 332
    laden 202
    Lasso-Werkzeug 97
    mit weicher Kante 364
    miteinander addieren 94
    Modi 94–96, 99
    Schnellauswahlwerkzeug 99
    Schnittmengen aus 95
    speichern 201
    speichern und laden 103
    umkehren (Tastenkombination) 200
    verändern 99, 103
    vergrößern 99
    verkleinern 100
    voneinander subtrahieren 95
    weiche Kante 272
    weiche/harte Kante 96
    Werkzeuge zum Erstellen von 270

Auswahlrechteck-Werkzeug 92
    Modi 93, 97
    Optionenleiste 93
    Tastenkombination 93
Automatisches Synchronisieren (LR-Befehl) 181

B
Banding *siehe* Tonwertabrisse
Bearbeitung, nicht-destruktive 148
Bearbeitungen dokumentieren 469
Beautyretusche mit Nik Collection 389
Beispielbilder 9
Belichtungsreihe 181, 193
    Markierung (LR) 181
Bereiche anzeigen (LR-Funktion) 185
Bereichsreparatur-Pinsel 81
    gegen Sensorflecken 328
    inhaltsbasiert 82
    Kopierstempel statt 84
    Probleme an Kanten 83
    Retusche 155
    Tastenkombination 81
    vs. Reparatur-Pinsel/Kopierstempel 88
Bereichsreparatur-Werkzeug in LR 185
Beschneiden *siehe* Freistellungswerkzeug,
    Beschneiden
Bewegungsunschärfe (Filter) 305, 309
    Abstand 317, 475
    anwenden 306, 317
    Bewegung und Dynamik mit 305, 309
    für Verwacklungsunschärfe 474
    Grad 475
    Wasser glätten mit 317
    Winkel 317
Bibliotheken-Modul 491
Bikubisch glatter *siehe* Bild, Größe verändern
Bikubisch schärfer *siehe* Bild, Größe verändern
Bild
    als eigene Ebene einfügen 311
    als neue Ebene einfügen 122
    als Smartobjekt an Photoshop übergeben
        185, 472
    als Smartobjekt in Photoshop öffnen 196
    an Silver Efex übergeben 268

aus Lightroom öffnen als Smartobjekt
    167–169
ausrichten (LR) 265
Größe bestimmen 73–74
Größe verändern 72–74
mehrere: Photoshop als Ebenen öffnen
    185
nach Einfügen platzieren 122
Navigieren im 60–61
partiell aufhellen 337
Rahmen und Text hinzufügen 242
von PS nach LR speichern 191
Zoomen 60, 62–63
Bildausschnitt finden 258
Bildrahmen erstellen 518, 521–523
Brauntonung 514

C
Camera Standard (Farbprofil in LR) 50
Camera-Raw (Filter) anwenden 441
Color Key 460
Color Lookup 353
    Einstellungsebene 476
    erstellen 470
Cross Balance (Nik-Filter) 395
Crossentwicklung 505

D
Dateien benennen 28
    Editor (LR) 40–41
Dateien neu anlegen 119
Dateien öffnen 29
    anpassen (Voreinstellungen) 31
    per Drag&Drop 30
    RAW 30
Dateien speichern 28, 32
    16 Bit (LR) 39, 44
    8 Bit (LR) 44
    Ebenen (Option) 33
    Farbprofil einbetten (Option) 33
    Format (Option) 33
    JPEG (Optionen) 36
    TIFF (Optionen) 35
Dateiformate, Vor-/Nachteile 33–34

Dateinamenvorlagen-Editor (LR) 40
Dateiworkflow 27, 38
    Abschluss in LR 192, 212, 289, 291
    Dateien an PS übergeben 43–45, 217
    Ebenen beim Öffnen in PS erhalten 44,
        243
    Farbräume (LR) 39–40
    Master-Datei (LR) 40
    Vorbereitung in LR 181–182, 184–185, 193,
        214, 232, 265
    Voreinstellungen (LR) 38–42
Deckkraft 125, 130
    bei Smartfiltern 172
    via Tastatur 130
Details schärfen 423
Differenz (Mischmodus) 439, 506
Dinge verschwinden lassen
    im Dunkeln 298, 300
    in Unschärfe 301
Dividieren (Mischmodus) 439
Dodge & Burn 223
    Malen auf Ebenenmasken 225–227
    mit Ebenen-Gruppe 225
Doppelbelichtung, Effekt via Ebenen 229, 234,
    236, 239
Downloads 9
Drehen *siehe* Freistellungswerkzeug, Drehen
Drehung, freie Flächen füllen nach 106–108
Dynamik (Einstellungsebene) 341, 466
Dynamik (LR) 194
    vs. Sättigung (LR) 184
Dynamik Skin Softener (Nik-Filter) 392
    Details hervorholen 394

E
Ebene 317
    alles Sichtbare auf neuer (Tastenkombi-
        nation) 301, 320, 324, 408
    Bild einfügen, als neue 122
    Deckkraft 125
    Deckkraft bei Mischmodus 130
    fixieren (zum Schutz gegen Verschieben)
        363
    in Smartobjekt umwandeln 301

    invertieren 366
    Retusche auf eigener 154–155
Ebenen 117
    Arbeiten mit 119
    benennen 123
    ein-/ausblenden 127
    Funktionsweise 119
    Größe verändern 127
    Karo-Muster 121
    Komprimierung (Option) 35
    Maske, Verbindung lösen zur 312, 322
    mischen 128
    Smartobjekt konvertieren 160
    spiegeln 322
Ebenengruppe erstellen 220
Ebenenmasken 137
    anlegen 140
    anpassen im Maskierungsmodus 140
    anzeigen 141, 189
    Arbeiten mit 137–141, 143, 146
    auf Ebene kopieren 468
    auf Einstellungsebenen 152
    bearbeiten 188
    bei Smartobjekten 163
    erstellen 188
    Helligkeit anpassen mit 210
    invertieren 225, 279, 319
    invertieren (Tastenkombination) 225, 307
    kopieren 240
    Malen auf (Dodge & Burn) 225–227
    Maskierungsmodus anpassen im 209
    Messen von Transparenz in 237
    mit Schwarz füllen 509 *siehe auch*
        Ebenenmasken, invertieren
    Schwarz und Weiß 142
    sind Graustufenbilder 142
    Verläufe auf *siehe* Verlaufswerkzeug,
        Arbeiten mit dem
    vorbereiten mit Auswahl 138, 199
Ebenenpalette 121
    Aufbau 121
    Reihenfolge Ebenen 188
    Schaltflächen 121
Ebenenstapel 188

Ebenenstil 247
Einstellungen synchronisieren (LR) 181
    Optionen 216
Einstellungsebenen 148
    anlegen 149
    arbeiten mit 148
    auf Bild kopieren 484
    Ebenenmasken auf 152
    Farbton/Sättigung 498
    kopieren 277
    Mischmodus 153
    Schwarzweiß 498
    weißer Hintergrund 243
Ellipse-Werkzeug 126
    Optionen 126

F

Falten
    abmildern 452–453
    betonen 442
    herausarbeiten 443
Farbeinstellungen in Photoshop 56–57
Farben
    abmildern 341
    in Schwarzweiß umwandeln 498, 500
    verstärken 466
Farbfläche (Einstellungsebene) 468
Farbkontraste angleichen, mit Gaußschem
    Weichzeichner 406
Farbmanagement 47
    Arbeitsfarbräume 51
    Funktionsweise 50–51
    Gründe für 49
Farbprofile 50
    einbetten, Speichern-Dialog (Option) 33
    immer einbetten 52
    nachträglich einbetten 57–58
Farbräume, Dateiworkflow, Voreinstellungen
    (LR) 39
Farbstich entfernen 441
Farbtiefe
    8 Bit/16 Bit 30
Farbtonung 468, 478
Farbübergänge weicher gestalten 507

Farbwähler 77–78
Fotofilter (Einstellungsebene) 478
    Dichte 478
    Luminanz erhalten 478
Freies Transformieren 313
    Tastenkombination 313
Freistellen 69
Freistellungswerkzeug 69
    autom. Ausrichtung deaktivieren 70
    Beschneiden 69
    Drehen 70
    Optionenleiste 69
    Seitenverhältnis 69
    Tastenkombination 69
Frequenztrennung 402
    arbeiten mit 404–405
Füllmethode *siehe* Mischmodus

G

Gaußscher Weichzeichner (Filter)
    anwenden 302, 318, 320, 404
    auf Ebenenmaske malen 303
    Farbkontraste angleichen 406
    Poren hervorholen mit 368
    Radius 303, 318, 320, 404, 406
Gesicht betonen 385, 425
Gesichtsform harmonisieren 410
Gradationskurve 66
    Architektur-Workshop 273
    Bild partiell aufhellen 337
    Dodge & Burn 225
    Kontraste verstärken mit 68
    Kontrollpunkte setzen/löschen 67
    Tastenkombination 66
    Tonwertabrisse bei 320
    verschieben 67
    zum Verbergen der Retusche 220
    zur Aufhellung 503

H

Haare
    ergrauen 446
    verfeinern 416
    verschieben 416

Hauptauswahl (LR) 215
Haut
    aufhellen 339
    samtene 366
Hautbild verbessern 403
Hautfarbe
    angleichen 375, 407
    im Lab-Modus 456
    verblassen 446
Hautretusche 402
Hautstruktur
    eigene erstellen 369–370
    einfügen 372
Hautunreinheiten entfernen 362
HDR 193
Herunter-/Hochskalieren *siehe* Bild, Größe ver-
    ändern
High Dynamic Range *siehe* HDR
Himmel tauschen 309, 312, 314–315
Hintergrund abdunkeln 341
Hintergrundebene
    duplizieren (Tastenkombination) 129
    neue, anlegen 484
Histogramm, Erklärung 64
Hochpass-Filter
    anwenden 474
    für Samthaut 366
    Radius 474

I

ICC-Profile *siehe* Farbprofile
inhaltsbasiertes Skalieren 111, 114–115
    und Füllen 104–110
Interpolation 74
iTunes, Motivation beim Stempeln 206

J

JPEG
    Artefakte 36
    in Camera Raw öffnen 335
    Komprimierung 36
    Komprimierung (Facebook) 38
    Speichern (Optionen) 36
    vs. PSD, TIFF und PNG 33–37

K

Kameraprofile *siehe* Farbprofile
Kanalmixer (Einstellungsebene) 462
    Gesamtwert aller Regler 100% 463
Kanten verbessern 205, 330
Karo-Muster, leere Ebene 121
Kinnkonturen verstärken 383
Kodak P3200 T-MAX Pro (Look) 499
Kolorimeter 51
Kompatibilität
    Adobe Camera Raw (LR/PS) 38, 44–45
    PSD 34
Kompatibilitätsebene 243
Kontraste
    korrigieren 359
    verstärken 516
    verstärken mit Gradationskurve 68
Kontrastgruppe 135
Kontrastumfang meistern 178
    mit Belichtungsreihe 179, 181, 193
    mit HDR 180, 193
    mit Verlaufsfilter 179
Kontrastverstärkung
    in LR 184
    über Mischmodus 131
Kopie mit Lightroom-Anpassungen bearbeiten
    (LR) 44
Kopierstempel
    Anwendung 86–87
    Größe, Härte und Deckkraft 84
    Kanten verbessern mit 205
    Quelle festlegen 85
    statt Bereichsreparatur-Pinsel 84
    vs. Reparatur-Pinsel (LR) 185
    vs. Reparatur-Pinsel/Bereichsreparatur-
        Pinsel/ 88
Körnung erstellen 502

L

Lab-Farbraum
    Hautfarbe angleichen 456
    im Farbmanagement 50
    mit Smartobjekt arbeiten 456
    und Smartobjekte 408

vs. RGB und sRGB 54
warum arbeiten im 407
Lab-Tripel *siehe* Farbmanagement
Landschafts-/Naturfotografie, Retusche in der
213
Langzeitbelichtungen 260
Apps 263
Belichtungszeit 263
Bewegung und Dynamik mit 305
Neutraldichtefilter 262
Stativ 262
Wasser 260, 263
Lasso-Werkzeug 97
Lichter verstärken 509
Lidschatten auftragen 379, 436
Lightroom vs. Photoshop 15, 17–19
Linealwerkzeug 105
Lippenfarbe intensivieren 378, 417
Lookänderung, schnelle 346
Looks
Aluminium 346, 350
Silber-Schwarz-Grafik 353
Teal and Orange 346, 353
vereinheitlichen 342

M
Makel entfernen Werkzeug 362
Malen auf Ebenenmasken 143, 145
Dodge & Burn 225–227
Maske, Ebene, Verbindung lösen zur 312, 322
Maskierungsmodus 139, 271, 310
Ebenenmaske anpassen im 140, 209
Master-Datei 38
Voreinstellungen (LR) 40
Menschen verschwinden lassen 260
Belichtungszeit 263
Mikrokontraste verstärken 400, 474
Mischmodus 128
Abdunkeln-Gruppe 136
Aufhellen-Gruppe 135
bei Smartfiltern 172
Deckkraft der Ebene 130
Funktionsweise (Farbkeil) 136
Funktionsweise (Graukeil) 133–135
Kontrastgruppe 135

Kontrastverstärkung, über 131
Negativ multiplizieren 468
Otter 129
Weiches Licht und 50% Grau 229
Weiches Licht vs. Gradationskurve 153
Mischoptionen
anpassen 447
Mit Original stapeln (LR-Befehl) 40
Mittelton-Pipette 66
Mitziehen-Werkzeug 410
Monitorkalibrierung 51

N
Namensschema, Dateien (Photoshop) 28
Nassplatten-Look 494
Neutraldichtefilter 262
Nik Collection
Aufruf in PS 390
Beautyretusche mit 389
Download 268, 390
künftige Kompatibilität 268, 390
Nostalgie-Filter (Nik) 398

O
Optionsleiste, Arbeitsfläche 23
Original bearbeiten (LR) 44, 270

P
Paletten anpassen 24–26
Photoshop
Arbeitsfläche (Überblick) 21–23
vs. Lightroom 15, 17–19
Pinsel, Vorder- und der Hintergrundfarbe 77
Pinselwerkzeug 76
auf Ebenenmasken 143, 145
Deckkraft via Tastatur 79
Ebenenmasken ändern mit 140
gerade Linie via Shift 189
Größe, Härte, Deckkraft 76–77
Härte und Größe via HUD 79
Optionenleiste 76
Tastenkombination 76
PNG vs. PSD, TIFF und JPEG 33–36, 38
Polfilter 262
Poren hervorholen 368

Porträt
    abdunkeln 449
    Details schärfen 423
    Retusche 358
    verbessern 334
Porträtretusche, Frequenztrennung 402
Presets 269
ProPhoto RGB *siehe auch* Farbräume
    speichern nach sRGB 55–56
    vs. AdobeRGB und sRGB 52–53
Protokoll 71–72
PSD
    Kompatibilität 34
    vs. JPEG, TIFF und PNG 33–36

R

Rahmen hinzufügen 242
Rauschfilter
    anwenden 324, 343, 502
    Einstellungen 325
    Gaußsche Normalverteilung 502
    Hautstruktur angleichen mit 373
Rauschreduzierung (LR)
    Maskierung 194
Rechteck-Werkzeug 123
    Optionen 124
Reiter
    Dateiinfos im 30
    zwei zu einem machen 196
Rendern 43
    mit Lightrom 45
Reparatur-Pinsel (LR)
    Sensorstaub entfernen 185
    vs. Kopierstempel (LR) 185
Reparatur-Pinsel vs. Bereichsreparatur-Pinsel/
    Kopierstempel 87–88
Retusche 213
    auf eigener Ebene 154–155, 217, 363
    in der Landschafts-/Naturfotografie 213
    nicht-destruktiv *siehe* Retusche, auf eige-
    ner Ebene
    verbergen 218–220
    Werkzeuge 80, 82–91
RGB-Tripel *siehe* Farbmanagement

Rouge auftragen 381, 418, 422
Rückgängig *siehe* Undo-Funktion

S

Samthaut *siehe* Haut, samtene
Sättigung (LR) vs. Dynamik (LR) 184
Schärfen (LR-Befehl) 182, 194
    Details 194
    Maskieren 182, 291
Schlagschatten 246
Schnellauswahlwerkzeug 99
    Auswahl verändern 99–100, 102–103
Schnittmaske erstellen 220, 314, 503
Schwarz und Weiß auf Ebenenmasken 142
Schwarz-/Weißpunkt 63
    LR 184
Schwarz-Weiß-Konvertierung m. Silver
    Efex 2 268
Schwarzweiß-Umwandlung 462, 476, 498,
    500
Schwerkraftsteuer 104
Sensorflecken
    anzeigen in LR 185
    entfernen in LR 185
    entfernen in PS 328–329
Silver Efex 2 268
    arbeiten mit 269
    Bild aus LR laden 268
Skalieren, inhaltsbasiertes 111, 114–115
S-Kurve *siehe* Gradationskurve, Kontraste ver-
    stärken mit
Skylines spiegeln 321
Smartfilter 169, 301
    einsetzen 170–172
    Fülloptionen 444
    Funktionsweise 170
    Multiplizieren (Mischmodus) 396
Smartfilter-Maske
    bearbeiten 445
    invertieren (Tastenkombination) 443
    weichzeichnen 445
Smartobjekte 158, 160
    als Ebenen 198
    bearbeiten 162, 408

Bild aus Lightroom öffnen als 167–169
Bilder in Photoshop öffnen als 196
Ebene umwandeln in 301
Ebenen konvertieren in 160
Funktionsweise 158, 161
im Lab-Farbmodus 408
öffnen 162
rastern 165
speichern/schließen 164
und Ebenenmaske 163
Smokey Eyes 420
Speicherbedarf, RAW/PSD vs. Smartobjekt (16 Bit) 169
Spiegeln
horizontal *siehe* Transformieren, horizontal spiegeln
vertikal *siehe* Transformieren, vertikal spiegeln
Spitze, einstellen (Stempel u.a.) 204
sRGB
siehe auch Farbräume
von ProPhoto RGB speichern nach 55–56
vs. Lab und AdobeRGB 54
vs. ProPhoto RGB und AdobeRGB 52–53
Stürzende Linien 259
vermeiden mit Tilt-Shift-Objektiv 262

T

Text
formatieren 249, 251, 253
hinzufügen 242
Werkzeug 249–250
Texturen einbinden 451, 517
TIFF
Komprimierung 35
Speichern (Optionen) 35
vs. PSD, JPEG und PNG 33–36
Tilt-Shift-Objektiv 259, 262
Tonality Pro 494
Tonung 460
Tonwertabrisse 320
beheben 324, 327, 355
Tonwertkorrektur 63
Einstellungsebene 477
Tastenkombination 65

Tonwertspreizung 64
Transformieren
freies *siehe* Freies Transformieren
horizontal spiegeln 481
vertikal spiegeln 322
Transparenz messen 237

U

Undo-Funktion 71
Tastenkombination 71
Upright-Werkzeug (LR) 265–267

V

Verblassen (PS-Befehl) 455
Verflüssigen (Filter) anwenden 410
Verläufe, reflektierte 279
siehe auch Verlaufswerkzeug, Optionen
Verlaufswerkzeug
Arbeiten mit dem 275–279, 281, 283, 285, 288
Architektur-Workshop 274
Dreidimensionalität (Beispiele) 292
Dreidimensionalität mit dem 279, 281, 294–296
Optionen 274
Tipps zum Arbeiten 274
Verschieben-Werkzeug 126, 253
Verwacklungsunschärfe mit Bewegungsunschärfe (Filter) 474
Vignette 398
dunkle 345, 449
erstellen 385
weiße 467
Vintage-Look 513–514
Vorder- und der Hintergrundfarbe, Pinsel 77
Vorder- zu Hintergrundfarbe *siehe* Verlaufswerkzeug, Optionen
Vordergrundfarbe zu Transparent *siehe* Verlaufswerkzeug, Optionen
Voreinstellungen 30

W

Wasser glätten mit Bewegungsunschärfe (Filter) 317
siehe auch Langzeitbelichtungen, Wasser

Wasserspiegelungen erzeugen 321
Weichzeichnungsfilter für Unschärfe 301
Weiß und Schwarz auf Ebenenmasken 142
Weiß- und Schwarzpunkt (LR) 184
Weiß-/Schwarzpunkt 63
Wide Gamut Monitor 54
Wimpern
    entfernen 430
    erstellen 432
    Form anpassen 435
    vorbereiten 431
Wolken verwischen lassen
    Belichtungszeit 263

Wolkendatenbank 309
Workflow LR/PS
    Beispiel Landschafts-/Naturfotografie
      181, 193
    Lightroom/Photoshop 18–19

Z
Zonensystem
    in Silver Efex 270
Zoomen
    im Bild 60, 62–63
im Bild 60, 62–63